Lehrbuch

des

Allgemeinen Deutschen Wechselrechts.

Von

Dr. Achilles Renaud.

Dritte vermehrte und verbesserte Auflage.

Gießen, 1868.

J. Ricker'sche Buchhandlung.

Vorwort
zur ersten Auflage.

Der Verfasser beabsichtigte ursprünglich erst nach Vollendung seines Lehrbuchs des Gemeinen Deutschen Privatrechts eine Bearbeitung des Wechselrechts, welches wie das übrige Handelsrecht von jenem Werke aus den in dessen Vorrede angedeuteten Gründen ausgeschlossen bleiben sollte, zu veröffentlichen. Nachdem aber in Folge der Auflösung der Verlags-Firma eingetretene Verhältnisse das Erscheinen des Zweiten Bandes seines Privatrechts, dessen Beendigung durch die seit der Herausgabe des ersten Theils stattgehabte zweimalige Wohnorts-Veränderung des Verfassers verzögert worden war, in Zweifel gestellt haben, wollte derselbe mit der Veröffentlichung gegenwärtiger Schrift nicht länger anstehen.

Das Erscheinen der Schrift selbst aber dürfte kaum einer Rechtfertigung bedürfen. So treffliche Arbeiten auch über die

Deutsche Wechsel-Ordnung ein Liebe, Brauer, Koch, Bluntschli u. A. geliefert haben, so hat doch das neue Wechselrecht noch keine systematische Behandlung erfahren. Der Verfasser, der eine solche Bearbeitung für ein Bedürfniß hielt, glaubte nun damit eine Darstellung der Grundsätze des Gemeinen Deutschen Rechts aus dem zweifachen Grunde verbinden zu sollen, weil dasselbe die Grundlage der Deutschen Wechsel-Ordnung bildet, und neben dieser, die noch keineswegs in allen Gebietstheilen Deutschlands eingeführt worden, eine unmittelbare practische Anwendbarkeit bewahrt hat.

Heidelberg, den 24. October 1853.

Der Verfasser.

Vorwort
zur zweiten Auflage.

Indem der Verfasser die zweite Auflage seines Lehrbuchs des Wechselrechts der Oeffentlichkeit übergiebt, sieht er sich nur zu der Bemerkung veranlaßt, daß er, ermuntert durch den Beifall, welcher seiner Schrift namentlich auf den bedeutendsten Handelsplätzen Deutschlands zu Theil geworden, vorzüglich dahin strebte, die practische Brauchbarkeit des Werks sowohl durch eine umfassende Benutzung der Jurisprudenz der A. Deutschen Wechsel-Ordnung, als auch durch eine vollständigere Zusammenstellung der Bestimmungen der Einführungs-Gesetze zu erhöhen.

Daß übrigens der der D. W. O. nachgebildete und nunmehr definitiv abgeschlossene Entwurf einer schweizerischen Wechselordnung mehr wie andere Entwürfe in seiner Schrift berücksichtigt worden, rechtfertigt sich wohl dadurch, daß derselbe demnächst die Wechselgesetzgebung einer Mehrzahl schweizerischer Cantone, welche in den lebhaftesten Handelsbeziehungen zu Deutschland stehen, bilden dürfte.

Heidelberg, den 22. August 1857.

Der Verfasser.

Vorwort
zur dritten Auflage.

Die im Titel dieser Auflage vorgenommene Aenderung weist darauf hin, daß der Verfasser bei seiner Arbeit das in der A. D. W. O. enthaltene Wechselrecht in den Vordergrund gestellt hat, wobei er jedoch von einer Darstellung des bisherigen Gemeinen Rechts, soweit es die Grundlage der D. W. O. bildet und zu deren wissenschaftlichem Verständnisse dient, nicht absehen zu sollen glaubte. Auch wurden in dieser wesentlich vermehrten Auflage die ausländischen Gesetzgebungen in höherem Maße wie früher berücksichtigt, so wie alle seit dem Erscheinen der zweiten Auflage ergangenen wichtigeren Entscheidungen deutscher Gerichtshöfe benutzt.

Heidelberg, den 14. November 1867.

Renaud.

Inhalts-Verzeichniß.

Einleitung.

Erstes Buch.

Allgemeine Lehren.

Erstes Kapitel.

Wechselversprechen und Wechselverträge.

Zweites Kapitel.

Der Wechselbrief.

A. Das ältere Recht.

B. Das heutige Recht.

Drittes Kapitel.

Die Wechselstrenge und die Wechselfähigkeit.

A. Das ältere Recht.

B. Das heutige Recht.

Viertes Kapitel.

Die Formen zur Geltendmachung und Wahrung der wechselmäßigen Rechte: Präsentation und Protest. — Die Wechselpräjudizirung.

Zweites Buch.

Die einzelnen Wechselrechts-Institute.

Erstes Kapitel.

Der gezogene Wechsel.

A. Das ältere Recht.

B. Das heutige Recht.

I. Das Verhältniß des Wechselnehmers zum Bezogenen.

II. Das Verhältniß des Wechselnehmers zum Trassanten.

II. Das uneigentliche Indossament.

Viertes Kapitel.

Die Wechselzahlung.

Fünftes Kapitel.

Die Intervention.

I. Die Nothadressaten.

Seite

III. Die Wechselverjährung.

IV. Die Geltendmachung der Wechselrechte im Falle eines Concurses des Wechselschuldners.

Achtes Kapitel.

Die Klagen auf den Wechsel und die Rechte aus dem abhanden gekommenen Wechsel.

Einleitung.

§. 1.

Die verschiedenen Bedeutungen des Worts Wechsel *.

Wechsel (cambium) heißt ursprünglich so viel wie Tausch [1], dann ein Tausch von Geld gegen Geld [2]. Heutzutage bezeichnet man mit dem Ausdruck Wechsel ein eigenthümliches Geschäft, welches aus dem zuletzt genannten sich entwickelt hat [3], dann aber

* Sigismundi Scacciae juriscons. rom. tractatus de commerciis et cambio, edit. tertia, Genevae 1664, §. 1. Quaest. IV. No. 1 sqq.

[1] Lex Salica (Ausg. von Merkel) tit. XLVII. — Lex Bajuw. tit. XV. c. 8. — Cap. 6 X. de except. (2, 25).

[2] Thomas de Vio tract. de cambiis (1499) cap. 7 : „est contractus „emtionis et venditionis per quandam analogiam ad cambia pertinentem; „commutatur enim numisma praesens cum numismate distante localiter et „numisma in hac commutatione materialiter et ut res quaedam accipitur…“ Scaccia tractat. §. 1. Quaest. V. No. 3 : „. . cambium, quod fit de pecunia „praesenti cum pecunia absenti…“ — Bologneser W. O. vom J. 1569 (bei Siegel corp. jur. camb. Th. I. S. 500) §. 1 : „Ein würcklicher Wechsel „ist, wenn man in der That Geld giebet, dafs selbiges an einem andern „Orte, nach Inhalt des Wechselbriefs, bezahlet werden soll. . .“

[3] Oesterr. W. O. vom 1. October 1763. Art. I : „Der Wechsel ist ein „Handel, oder eine Verkehrung des Geldes oder Geldwerths, um dasselbe „in gewisser Zeit an einem andern Ort in gedungenem Werth wiederum zu empfangen“. Bad. Einf. Ges. der D. W O. Art. 7 : „Als Handelsgeschäfte . . . . werden auch eigene Wechsel . . . betrachtet.“ — Frémery, études de droit commercial, p. 91.

das jenem Geschäfte zum Grunde liegende Versprechen (Wechselversprechen [4]), sowie endlich auch die Urkunde (Wechselbrief), mittelst welcher dieses Versprechen gegeben wird [5]).

§. 2.

Die Entstehung des Wechselinstituts *.

Die Entstehung des Wechselinstituts [1], welche weder mit römischen Verhältnissen zusammenhängt [2], noch auch auf eine Erfindung der

---

[4] Thöl, Wechselr. (2. Aufl.) §. 159.

[5] Biener, Abhandlungen aus dem Gebiete der Rechtsgeschichte, S. 107. Stern im Arch. f. d. W. XIV. S. 13 f.

* Büsch, von dem wahren Grunde des Wechselrechts, sammt einem Beitrage zur Geschichte desselben, in dessen sämmtlichen Schriften über die Handlung, Th. VI. S. 155 f. — G. F. v. Martens, Versuch einer historischen Entwicklung des wahren Ursprungs des Wechselrechts, Göttingen 1797. 8. — Leisewitz, Abhandl. über den Ursprung des Wechsels, in v. Selchow jur. Bibl. Th. V. S. 750 f. — Frémery, études de droit commercial, ou du droit fondé par la coutume universelle des commerçans. Paris 1833. 8. p. 87 sqq. — Holtius, das Wechselrecht im 14. Jahrh. nach den Consilien des Baldus (in den Abhandlungen civilistischen und handelsrechtlichen Inhalts, übersetzt von Sutro. Utrecht 1852). — J. L. U. Dedekind, Abriß einer Geschichte der Quellen des Wechselrechts und seiner Bearbeitung in sämmtlichen Staaten Europa's. Braunschweig 1843. 8. S. 87 f. — Derselbe: Vergangenheit und Gegenwart des deutschen Wechselrechts...Braunschweig 1844. 8. S. 1 f. — Noback, über Wechsel und Wechselrecht. Berlin 1845. S. 26 f. — F. A. Biener, historische Erörterungen über den Ursprung und den Begriff des Wechsels (in dessen Abhandlungen aus dem Gebiete der Rechtsgeschichte, Leipzig 1846) S. 62 f. — C. Arenz, über Ursprung und Entwicklung des Wechselrechts, Leipzig 1855. — F. A. Biener, wechselrechtliche Abhandlungen, Leipzig 1859.—Allg. Oesterr. Gerichtszeitung, Jahrg. XII (1861), No. 42. 43. 47. — C. de Kaltenborn, de cambiis statuta Hamburgensia anno 1603 et 1605, prima legislationis cambialis vestigia, Regim. Borussor. 1862. — M. Neumann, Geschichte des Wechsels im Hansagebiete bis zum 17. Jahrhundert. Erlangen 1863.

[1] Vgl. über die verschiedenen älteren Ansichten über den Ursprung des Wechselinstituts: v. Martens, Versuch S. 4 f.; Bender, Grunds. des Wechselrechts Bd. I. S. 16 f.; Noback, über Wechsel und Wechselrecht, S. 22 f.; Gengler, Lehrb. des pract. deutschen Privatrechts, S. 548 f.

[2] Koch, Wechselrecht, S. 6 not. *.

Juden zurückzuführen ist [3], wurde im Mittelalter durch ein Bedürfniß veranlaßt, welches namentlich [4] in dem geographisch beschränkten Curse der Münzen [5], so wie in der Seltenheit und Unsicherheit der Mittel zu entfernteren Geldsendungen seinen Grund hatte [6]. Die Art nämlich, wie diese zwiefache Schwierigkeit bei Geldzahlungen an einen entfernten Ort, welche vorzüglich im Handelsverkehre der Kaufleute, dann aber auch bei Geldsendungen an die Päbste [7], so wie innerhalb des Hanseatischen Städtebundes hervortrat [8], überwunden wurde, war die, daß man einem Geldwechsler (campsor) [9] eine Geldsumme gab, wogegen derselbe entweder unter Ausstellung einer Urkunde (schedula cambiaria, literae cambiales, cambiariae oder cambitoriae [10]) oder ohne dieses [11] sich verpflichtete,

---

[3] Arenz, a. a. O. S. 7 f.; Biener, Wechselrechtl. Abhandl. S. 2.

[4] Allg. Oesterr. Gerichtszeitung, Jahrg. XII. S. 165 — Frémery, a. a. O. p. 88.

[5] Kaltenborn, l. c. p. 2.

[6] Raphael de Turri, tract. de cambiis, Disp. I. qu. 3. no. 2 : „Cum „enim commerciorum, bellorum ac peregrinationum frequentia saepius „exigeret, ut quis necessario egeret pecunia in loco dissito ab illo, ubi „eam habebat, cujus transportatio vel propter inimicorum latronumve „intercedentium rapacitatem erat suspecta vel propter maris inconstantiam „infida vel per legem vectita, hinc ad bonum praedictae transportationis „adinventa est commutatio pecuniae absentis cum praesenti.“ — Neumann, a. a. O. S. 84 f

[7] Biener, wechselrechtl. Abh. S. 67 f.; Neumann, a. a. O. S. 27 f.

[8] Neumann, a. a. O. S. 124 f.; 143 f.

[9] v. Martens, Versuch, S. 21 f.: Frémery, études, p. 14 sqq.; Biener, wechselrechtl. Abh. S. 11 f.; Neumann, a. a. O. S. 19 f.; 133 f., S. 137.

[10] „Cambium per litteras“ (Scaccia, tract. §. 1. Quaest. V. No. 3.

[11] Handelsprivileg. Johannes v. Brabant für die Hanse vom J. 1315 (bei Willebrandt, Hanseat. Chronik, Abth. III. S. 19) : „Item volumus et concedimus eisdem mercatoribus, quod possint cambiare „et cambia facere cum quibuscunque, et solutiones facere ac recipere „unus cum alio cum litteris vel sine litteris, prout sibi visum „fuerit expedire.“ Scaccia, tract. §. 1. Quaest. V. No. 10 : „Licet cam„bium regulariter fiat per litteras, potest fieri etiam sine litteris, quando

eine bestimmte Summe [12] an dem andern Platze [13] durch einen Dritten zahlen zu lassen [14], oder selbst zu zahlen [15]. Auch im letztern Falle konnte übrigens die Zahlung am dritten Orte durch einen Mandatar bewerkstelligt werden [16], welcher in ähnlicher Weise avisirt werden mußte, wie wenn der Wechsler die Zahlung durch einen Dritten versprochen hatte [17].

In dieser Gestalt bot aber das Wechselgeschäft (contractus cambii [18]), welches als bloßer Geldtausch de loco in locum erschien [19], mit dem sich allerdings ein Geldzahlungs-Auftrag an einen Dritten verbinden konnte, keine juristische Eigenthümlichkeit dar, und lag eine solche namentlich nicht in dem strengen Verfahren, welches

---

„fides habetur mercatori, scriptura non est de essentia cambii; requiritur „solum ad probationem et celerem executionem.“ Derselbe § 6, Gl. 1, No. 76 : „hec litterae, neque scriptura sunt de essentia cambii.“ Raph. de Turri, tract. Disp. I, Quaest. 11. No. 14 : „Litterae cambii non sunt „de substantia contractus cambii.“

12 Scaccia, tract. §. 1, Quaest. VII. Par. 1, No. 43 sqq. und Ampl. VI.

13 Zum ursprünglichen Geschäfte der Wechsler, dem cambium manuale oder minutum (Biener, rechtsg. Abh. S. 67, Noback, a. a. O. S. 30) kam also ein anderes hinzu. Scaccia, tract. §. 1. Quaest. IV. No. 14 : „ . . . in „cambio saltem reali et vero, quod fit ratione loci, et per litteras, necesse „est, ut commutetur pecunia unius loci pro pecunia alterius loci.“ v. Martens a. a. O. S. 31. Frémery, études, p. 89.

14 Der Auftrag, der hier nöthig ward, wurde an einen socius des Wechslers gerichtet. — Ueber die Innungen der campsores vergl. v. Martens, a. a. O. S. 25 f. Mittermaier, Grundſ. §. 319.

15 Duranti spec. lib. IV. Part. III, Rubr. de obligat. et solut. §. Praenotandum no. 8. — Biener, rechtsgeschichtl. Abh. S. 118 u. wechselrechtl. Abhandl. S. 55. 56.

16 Biener, rechtsgeschichtl. Abh. S. 92. — Neumann, a. a. O. S. 94 f. u. S. 122.

17 Neumann, a. a. O. S. 99 f. u. S. 119 f.

18 Ordonn. Carl's VI. v. Frankreich v. J. 1385 bei v. Martens, a. a. O., S. 39 Not.

19 S. oben §. 1, Not. 2 und Biener, rechtsg. Abh. S. 91 f.

im Falle der nicht rechtzeitigen Zahlung der Wechselsumme gegen den Schuldner Statt hatte [20].

Als ein eigenthümliches Rechtsinstitut gestaltete sich vielmehr der Wechsel erst spät [21], zunächst wohl in Italien [22], wie sich die Ansicht festgestellt hatte, daß Wechselverträge ohne Wechselbrief, dessen übliche Bezeichnung als Wechsel allmählig zur rechtlichen Nothwendigkeit geworden [23], nicht möglich [24], wie ferner die Geltendmachung der Rechte aus dem Wechsel durch besondere Förmlichkeiten, wie Präsentation und Protest, bedingt worden war, und endlich hiermit im Zusammenhange das Interesse des kaufmännischen Credits zugleich mit der Beseitigung des Erfordernisses der Valuta-Bekenntniß auf dem Wechsel [25] die Ausschließung der exceptio non numeratae pecuniae nach sich gezogen hatte [26], so daß die Wechselverträge nunmehr als rein formelle Verträge erschienen [27].

---

[20] Denn dieses Verfahren fand für alle Handels- oder Meßschulden Statt (Biener, a. a. O. S. 78 und Noback S. 31), und erklärt sich theils aus dem Umstande, daß die Gerichtsbarkeit in Handelssachen durch die Innungen der Kaufleute ausgeübt wurde (v. Martens, a. a. O. S. 50 f., Biener, a. a. O. S. 77 u. wechselrechtl. Abh. S. 75 f.), theils daher, daß auf den Messen die Contracte der Kaufleute unter öffentlicher Autorität (sous scel de foire) abgeschlossen zu werden pflegten (v. Martens, a. a. O. S. 18 a. E. u. f. u. S. 31; Schäffner, franz. Rechtsgesch. III. S. 285), und daß die Scheine der campsores öffentlichen Urkunden gleichgeachtet wurden. — Noback, S. 31. Biener, wechselrechtl Abh. S. 27.

[21] S. auch Holtius, a. a. O. S. 171 f., S. 177 f. und das. S. 184 f. die Auffassung von Baldus über Wechsel, aus welcher hervorgeht, daß zu dessen Zeit der Wechsel noch nicht als eigenthümliches Rechtsgeschäft bestand; ferner S. 196 u. S. 203.

[22] Biener, wechselrechtl. Abh. S. 68 f.

[23] Neumann, a. a. O. S. 159 f.

[24] Die ältesten deutschen Gesetze, welche sich auf die Wechselverhältnisse beziehen, setzen alle einen Wechselbrief voraus. Hamburg Stat. u. Ger.-O. v. 1603, 1605 Th. II, Tit. VII „Vom Wechsel und von Wechselbriefen"; Churfürstl. Sächs. Leipzig. Markt-Rescript v. J. 1621 (bei Siegel corp. jur. camb. I. p. 61).

[25] Biener, wechselrechtl. Abh. S. 421.

[26] Leipzig. Handelsgerichts-Ordn. v. J. 1682. Art. XI. (bei Siegel, corp. jur. camb. I S. 104) : „Allermassen ferner die exceptio non nu-

§. 3.

Das Wechselrecht im Allgemeinen.

Das Wechselgeschäft bedurfte, so lange es ein bloßer Geldtausch de loco in locum war, an sich besonderer Rechtsnormen nicht. Doch setzten sich schon früh im Interesse des kaufmännischen Verkehrs einzelne eigenthümliche Bestimmungen für dasselbe auf dem Wege des Handelsgebrauchs fest [1]. — Dieser Handelsgebrauch (consuetudo mercantiae, stylus mercantilis) aber war es, der, indem er die Formen [2] und Arten des Wechsels [3], die Solennien

---

„meratae pecuniae wider einen Wechselbrief, ungeachtet die Valuta nicht „darinnen begriffen, nicht zulässlich, also ist auch darauf, wenn aus einem „Wechsel-Briefe geklaget wird, nicht zu sehen, es wäre denn, dass durch „des Creditoris eigenhändigen Schein oder Verschreibung alsobald dargethan werden könnte, dass der Ausgeber des Wechsel-Briefs von dem„selben nichts empfangen." Doch behauptet noch Scaccia, tract. §. II. Glos. 8 die Statthaftigkeit der exceptio non numeratae pecuniae. — Ueber die Ausschließung der exc. n. n. pec. auf Seiten des Acceptanten, s. dies. Lehrb. §. 31 zu Note 8.

[27] W. O. Bergamo v. J. 1591, §. 10 (bei v. Martens, Anhang, S. 33): „Alle dette Lettere di cambio reale, che ritornassero indietro ricusate, „col protesto, non si possa opponere eccezione alcuna, salvo o che la „Lettera non sia scritta ovvero sottoscritta di mano di chi vi è nominato „per scrivente, ovvero sotttoscrivente, o di suo institore, o veramente „ch'ella sia stata pagata."

[1] So bemerkt schon Baldus (geb. um 1327) in seinen Consilia, daß „secundum consuetudinem mercantiae" auf Verlangen secundae et tertiae ausgefertigt werden müßten (Biener, rechtsgesch. Abh. S. 94); — so war bereits im 14. Jahrh. der Uso zwischen Florenz und einer Mehrzahl von andern Handelsplätzen durch den Handelsgebrauch festgestellt. Siehe die Auszüge aus Francesco Balducci Pegolotti pratica della mercatura vom Anfange des 14. Jahrh. bei v. Martens, Versuch, Anh. S. 2 f.

[2] Leipzig. W. O. v. J. 1682. §. III. (bei Siegel, corp. jur. camb. I. S. 5): „So viel nun die Form und Art der Wechselbriefe betrifft, dieweil „selbige unter Handelsleuten genugsam bekannt und einge„führt, so hat es damit auch forthin sein Bewenden . . "

[3] Reichsgutachten v. 31. Juni 1668: „. . . nach der kekannten „Handelsregel: Qui acceptat, solvat . . "

für die Ausübung der Rechte aus demselben [4], sowie die Verpflichtungen des Wechselschuldners [5] und die Rechte des Wechselgläubigers [6] in eigenthümlicher Weise feststellte, das Wechselinstitut und das dasselbe beherrschende Recht als ein selbstständiges schuf und fortbildete [7].

Das Wechselrecht war demnach ursprünglich lediglich ungeschriebenes Recht, und zwar ein solches, welches bei dem Umstande, daß dessen Entstehung vorzüglich durch die Handelsleute vermittelt worden [8], daß deren Ansichten und Gebräuche aber in den verschiedenen Plätzen und Ländern wesentlich übereinstimmten [9], in höherem Maße als andere Theile des Privatrechts den Character der Allgemeinheit an sich trug.

Doch wurde das Wechselrecht seit dem 16. Jahrhundert [10] allmählig für einzelne Handelsplätze in authentischer Weise aufge-

---

[4] Ordonn Ludwigs XI. v. J. 1462 (Ord. XV. 644) Art. 8: „... „en faisant aucune protestation, ainsi que ont accoustumé faire marchands fréquentans foire, tant à nostre royaume que ailleurs . . "

[5] Antwerp. W. O. v. J. 1578. §. 2 (b. Siegel I. S. 409): der Trassant ist im Falle der Nichtacceptation „nach Börsengebrauch" zur Bürgschafts-Stellung verpflichtet.

[6] Erneuerte W. O. der Stadt Frankfurt a. M. v. J. 1666 (bei Siegel I, S. 384) §. XII: — der Präsentant soll „wie bishero allhie üblich gewesen" nach dem Verfalltage des Wechsels noch 4 Discretionstage haben.

[7] Leipz. W. O. v. J. 1682 (b. Siegel I. S. 18) §. XI: — bei der vielfältigen Girirung, die anderswo verboten, soll es sein Verbleiben haben, „dieweil . . . selbige sowohl hier als anderer Orten in starkem Brauch ist . . . "

[8] „Stylus mercatorum jus facit." Biener, wechselrechtl. Abhand. S. 274 u. S. 428. — Die Handelsleute verlangten auch vielfach die Anerkennung ihrer Gebräuche durch die Staatsgewalt. Frémery, étud. p. 88 u. 89. — Ueber die Usance überhaupt s. Goldschmidt, Handb. des Handelsrechts, Bd. I. S. 223 f. —

[9] S. oben Note 4. — Frémery, étud. p. 13. — — Bender, Wechselr. I. S. 93 f. — Gaupp, deutsche Stadtrechte des Mittelalters, Bd. II. S. 20, Nro. 7.

[10] Vor dieser Zeit wurde nur Einzelnes aus dem Wechselrechte einzelner

zeichnet [11], womit denn, da die Gesetzgebung hierbei vielfach in selbstständiger Weise einzelne Seiten des Wechselinstituts ordnete, ein weiteres Auseinandergehen des Wechselrechts in seinen localen Gestaltungen herbeigeführt ward [12].

§. 4.

Das gemeine, particuläre und allgemeine Wechselrecht.

Das Wechselrecht ist theils gemeines, theils particuläres Recht; das particuläre, wie das gemeine kann allgemeines Wechselrecht sein.

1. Das gemeine deutsche Wechselrecht [1] beruht im Wesentlichen

Plätze aufgezeichnet. — Daniels, Wechselr. S. 20 und 21. (Ueber das statutum Avenionense vom J. 1243 f. Mittermaier, Grundſ. §. 319, Note 21.) — Im 15. Jahrh. wurden bereits einzelne Wechselgesetze erlassen; so z. B. die Ord. Ludwigs XI. von Frankreich v. J. 1462. S. auch Schäffner, Gesch. der Rechtsverfassung Frankreichs, Bd. III. S. 285 f.

[11] Die ältesten bekannten W. O. sind: die von Bologna v. J. 1569 (bei Siegel, corp. jur. camb. I. p. 499 sqq.), — die Rechten en Costumen van Antwerpen van Wisselen v. J. 1578 (bei Siegel I. p. 408 f.), die W. O. von Genua v. J. 1589 (ein Inbegriff wechselrechtlicher Bestimmungen, welche in den „statutorum civilium reipublicae Genuensis nuper reformatorum libri VI" enthalten sind; s. v. Martens, Anhang S. 40 f.), „die Willekeuren der Stadt Amsterdam van Wisselen vom J. 1601—1683 (bei Siegel I. p. 481 sqq.); der Stadt Hamburg Statuten und Gerichtsordnung von 1603, 1605, Th. II. Tit. 7: „Vom Wechsel und von Wechselbriefen". (v. Kaltenborn, de cambiis statuta Hamburgensia anni 1603 et 1605, Regimonti Borussor. 1862); die Nürnberger W. O. v. J. 1621; die Statuten von Friedrichsstadt v. J. 1633, P. II. sect. II, tit. 16 „de collybo, von Wechseln u. Wechselbriefen"; u. a. m. — S. Dedekind, Abriß einer Geschichte der Quellen des Wechselrechts, S. 92; Kaltenborn, l. c. p. 13.

[12] Dedekind, a. a. O. S. 92; Noback, über Wechsel und Wechselrecht, S. 28; — Ditscheiner, das allgemeine deutsche und neue österr. Wechselrecht, S. 15.

[1] Die Frage, ob es ein gemeines deutsches Wechselrecht giebt, ist bestritten. Verneint wird dieselbe vorzüglich aus dem Grunde, weil der Personalarrest

auf gemeinen deutschen Gewohnheiten, welche nicht in authentischer Weise gesammelt und niedergeschrieben worden sind [2]. Daneben erscheinen als Quellen desselben die Reichsgesetze [3] und der Gerichtsgebrauch des Reichskammergerichts [4]. Von der practischen Anwendbarkeit des gemeinen deutschen Wechselrechts aber gilt das Nämliche, was von derjenigen des gemeinen deutschen Privatrechts überhaupt [5].

2. Das particuläre deutsche Wechselrecht ist im Wesentlichen gesetzliches Recht; dem Umfange seiner Geltung nach ist dasselbe das Recht einzelner Handelsplätze (Platzrecht) oder Provinzen oder Staaten [6].

---

das Characteristische der Wechselschuld bilde, derselbe aber nur auf particulärer Gesetzgebung beruhe (Eichhorn, Einl. §. 127); — doch fällt, abgesehen davon, daß die letztere Behauptung unrichtig ist (dies. Lehrb. §. 20), dieser Grund mit der richtigen Erkenntniß des Wesens der Wechselschuld hinweg. — Vergl. über die verschiedenen Ansichten: Dedekind, Abriß, S. 139 f. — Auf einer Verwechslung der Begriffe allgemeines und gemeines Recht beruhen die Ausführungen bei Daniels, Grundſ. S. 36 f.

[2] Das Vorhandensein solcher gemeiner deutscher Gewohnheiten läßt sich nicht in Abrede stellen. Gemeines deutsches Gewohnheitsrecht ist es z. B., daß das Wort „Wechsel" in der Wechselurkunde wesentlich, die Zahl der Indossamente unbeschränkt ist, daß der Wechsel nicht de loco in locum zu gehen braucht, u. a. m. — Dieß gegen Treitschke, Encyc. I. S. 337. — Eine Verordnung vom 2. Januar 1728 erkannte das gemeine Wechselrecht für Hessen-Darmstadt an, während das Großh. Hess. Einf. G. der D. W. O. §. 26 dasselbe in den Provinzen Starkenburg und Oberhessen wieder außer Kraft setzte. — S. auch Platner im Arch. f. d. W. IV. S. 60.

[3] I. R. A. §. 107. — Der Reichsschluß v. 1671, §. 5, welchem Reichsgutachten von den J. 1668 und 1669 vorhergingen (Thöl, Wechselr. S. 9 Not.), wurde nicht publicirt. S. Dedekind, Abriß, S. 138 f.

[4] Eichhorn, Einl. §. 127, Note g.

[5] Anders Thöl, Wechselrecht, S. 5 u. f., dessen Unterscheidungen dermalen jedoch ohne practische Bedeutung sind.

[6] Eine Uebersicht der particulären deutschen Wechselrechte, die bis zur Einführung der D. W. O. gegolten haben, giebt Dedekind, Abriß, S. 93—133. — Diese Wechselrechte, 56 an der Zahl (Noback, über Wechsel und Wechselrecht, S. 39, die allg. D. W. O. mit Einleit. und Erläuter., Leipz. 1848, S. XV und XVI), sind abgedruckt in J. K. Meißner, Codex der europäischen

3. Das allgemeine deutsche Wechselrecht beruht im Wesentlichen auf der allgemeinen deutschen Wechselordnung.

Daneben giebt es ein allgemeines deutsches und außerdeutsches Wechselrecht, dessen Bedeutung für die Theorie des Wechselrechts nicht unterschätzt werden darf [7].

§. 5.

Die allgemeine deutsche W. O.

Die große Zahl der particulären Wechselrechte und das Auseinandergehen derselben sowohl in den Grundprincipien als auch in den einzelnen Bestimmungen, wodurch das Wechselinstitut, seinem eigentlichen Zwecke entgegen, für den internationalen Verkehr beinahe untauglich geworden war [1], rief das Bedürfniß nach einem gemeinsamen Wechselrechte, und zwar zunächst für die Zollvereinsstaaten, hervor [2]. Durch die auf verschiedenen Zollconferenzen deshalb stattgehabten Verhandlungen veranlaßt [3], berief Preußen nach Beschluß der Zollvereinsregierungen mittelst Denkschrift vom 31. August 1847 [4] die Regierungen sämmtlicher deutschen Bundesstaaten auf den 20. October d. J. zu einer, von der Mehrzahl derselben auch beschickten [5]

Wechselrechte, Bd. I. Nürnberg 1836. — Die Entwürfe projectirter neuer particulärer W. O. sind verzeichnet bei Dedekind, Abriß S. 133–137; Goldschmidt, Handb. des Handelsrechts, I. S. 96, Not. 7.

[7] Thöl, Wechselrecht, S. 5. — Goldschmidt, Handb. I S. 211.

[1] Brauer, die allgem. D. W. O., 2. Aufl. S. 2. — Koch, Wechselr. S. 1.

[2] Mittermaier, über den Zustand der Gesetzgebung für das Wechselr., über die an den Gesetzgeber in dieser Beziehung zu stellenden Forderungen und über das Bedürfniß einer gemeinsamen Wechselgesetzgebung für die Staaten des deutschen Zollvereins, im Arch. für civil. Prax. Bd. XXV. S. 114 f. —

[3] Goldschmidt, Handb. des Handelsrechts, I. S. 94 f.; Biener, wechselrechtliche Abhandl. S. 446 f.

[4] Abgedruckt in der Leipziger Ausgabe der Conferenz-Protocolle, S. I—IV.

[5] Goldschmidt, Handb. I. S. 99; Thöl, Wechselrecht, S. 30 f.

Conferenz nach Leipzig, deren bis zum 9. December 1847 auf die Grundlage eines von Preußen ausgearbeiteten Entwurfes [6] gepflogene Berathungen einen Entwurf einer allgemeinen deutschen Wechselordnung ergaben [7].

Dieser Entwurf wurde, nachdem er bereits in Anhalt-Dessau-Köthen, Sachsen-Meiningen und Nassau eingeführt worden, durch Beschluß der inzwischen zusammengetretenen Reichsversammlung vom 24. November 1848 unverändert als Reichsgesetz angenommen [8], und als solches durch den Reichsverweser unter'm 26. November d. J. verkündet.

Bezweckte nun die Reichswechselordnung die Aufstellung eines gemeinen sowohl als auch eines allgemeinen [9] deutschen Wechselrechts, so ist das darin enthaltene Wechselrecht in Wirklichkeit

---

[6] Ueber die Quellen dieses Entwurfs s. Brauer, im Arch. f. deutsches Wechselrecht, Bd. III. S. 169 f. Hoffmann, Erläut. der Allg. D. W. O. S. 161 f. — Volckmar u. Loewy, die D. W. O. S. 2 f.

[7] Ausgabe: Protokolle der zur Berathung einer allgem. D. W. O. in der Zeit vom 20. October bis zum 9. December 1847 in Leipzig abgehaltenen Conferenz, nebst dem Entwurfe einer W. O. für die Preussischen Staaten, den Motiven zu demselben, und dem aus den Beschlüssen der Conferenz hervorgegangenen Entwurfe, Leipzig b. Hirschfeld, 1848. 4. — Sowohl die Berathungen der Leipz. Conferenz als auch die Preuss. Motive sollen im Folgenden nach dieser Ausgabe citirt werden. — Eine andere Ausgabe der Leipz. Protocolle ist in Mannheim bei Fr. Bassermann 1848 erschienen. — Endlich hat Thöl einen Abdruck der zu Ende des December 1847 den in der Leipziger Conferenz vertretenen Regierungen mitgetheilten Original-Folio-Ausgabe, welcher mit dieser nach Seiten und Zeilen übereinstimmt, besorgt. Göttingen 1866. 8.

[8] Brauer, die Allg. D. W. O. S. 9 f. — Goldschmidt, Handb. I. S. 104 f. — Ueber die Auslegung der D. W. O. s. Brauer, im Arch. f. deutsches Wechselrecht Bd. III. S. 160 f.

[9] Einführungsgesetz Art. 1. „Die nachstehende allgemeine „deutsche Wechselordnung tritt mit dem 1. Mai 1849 in dem deutschen „Reiche in Gesetzeskraft." Art. 2: „Die zur Ausführung dieser Wechsel-„ordnung in den Einzelstaaten etwa erforderlichen, von diesen zu erlassenden Bestimmungen dürfen keine Abänderungen derselben enthalten."

kein gemeines[10]. Vielmehr gilt dasselbe nur als das particuläre Recht der Mehrzahl der deutschen Staaten, in welchem Sinne es als allgemeines deutsches Recht bezeichnet werden kann.

Die D. W. O. gilt zunächst in den deutschen Staaten, in welchen sie auf dem Wege der Landesgesetzgebung angenommen worden ist[11].

Diese Staaten sind nach der Reihenfolge der Publicationen[12]: Sachsen-Meiningen[13], Nassau[14], Preußen[15], Braun-

[10] S. den Bescheid des O. A G. in Cassel vom 14. September 1850 (wörtlich mitgetheilt im Arch. f. deutsch. Wechselrecht Bd. I. S. 421 f. und dazu Fick, ebendaselbst, S. 426 f.; im Auszuge in Seuffert, Archiv Bd. IV, Nr. 1.) — Walter, System des gemeinen deutschen Privatrechts, §. 330. — Voigt, im Neuen Arch. f. Handelsrecht, Bd. I. S. 127. — Goldschmidt, Handb. I. S. 105. — Dagegen Bender, Syst. des gemeinen deutschen Privatrechts (2. Aufl.), S. 961, 962; Kuntze, deutsches Wechselrecht, S. 225.

[11] Sammlungen der in den betreffenden Staaten erlassenen Einführungs- und Wechselproceßgesetze sind erschienen unter dem Titel: Allgemeine deutsche Wechselordnung nebst sämmtlichen Ein- und Ausführungsgesetzen, Verordnungen, Zusatzartikeln rc. aller der Staaten, wo solche erschienen ...., so wie den neuen Gesetzen über Wechselprozeß, kaufmännische Anweisungen u. s. w., Lützen 1849. — Taschenbuch der Handelsgesetzgebung Deutschlands, Heft 2; Leipzig bei Otto Spamer, 1850. — Am vollständigsten abgedruckt sind die Einführungsgesetze im Anhang der 2. Aufl. von Brauer, die Allg. D. W. O., Erlangen 1851; S. 157 f.; — ferner bei Kalessa, Handbuch des österreich. und gesammten deutschen Wechselr. Wien 1852. S. 205 f, u. Kletke, die Wechselgesetzgebung sämmtlicher deutschen Staaten, enthaltend die Allg. D. W O nebst den Einführungsgesetzen, den bezüglichen Verordnungen über den Wechselproceß, den Entscheidungen der höchsten Gerichtshöfe und sonstigen Erläuterungen und Ergänzungen aus älteren noch in Kraft bestehenden Gesetzen oder Verordnungen. Berlin 1854. — Eine Zusammenstellung der verschiedenen Bestimmungen der Einführungs-Ordnungen zu den einzelnen Artikeln der W. O. hat gegeben Borchardt im Arch. f. deutsch. Wechselr. Bd. I. S. 63 u. f. und S. 331 f.

[12] Brauer, das Geltungsgebiet der D. W. O. im Arch. f. deutsch. Wechselrecht Bd. VII. S. 1 f. — Thöl, Wechselrecht, S. 49, 50.

[13] Gesetz vom 22. April 1848.

[14] Gesetz vom 25. October, publ. 7. Nov. 1848, die provisorische Einführung der zu Leipzig vereinbarten W O., so wie eine Wechselprozeßordnuug betreffend.

[15] Gesetz vom 6. Januar 1849. — S. Gelpke, Beitr. zur Kenntniß des

schweig[16], Reuß-Schleiz[17], Baden[18], Hamburg[19], Frankfurt[20], Oldenburg[21], Hannover[22], K. Sachsen[23], Coburg-Gotha[24], Bremen[25], Lübeck[26], Mecklenburg-

---

Handels- und Wechselrechts, Heft 2. Berlin 1849 (die Allgem. D. W. O., ihre Bedeutung für Preußen, ihr Einfluß auf Deutschland). Derselbe im Arch. f. deutsch. Wechselrecht, Bd. I. S. 446 f.

[16] Patent vom 11. Januar 1849, die Einführung der Allgemeinen Wechselordnung für ganz Deutschland und eines Wechselproceßgesetzes betreffend.

[17] Höchste Verordnung vom 15. Januar 1849, die Einführung der Allgem. W. O. für Deutschland betreffend.

[18] Gesetz vom 19. Februar 1849, die Einführung einer Allgem. W. O. für Deutschland betreffend. — S. auch Zentner im Arch. f. deutsch. Wechselrecht. Bd. I. S. 216 f.

[19] Verordnung in Bezug auf die Einführung der Allgem. D. W. O. in Hamburg. Beliebt durch den Rath- und Bürgerschluß vom 21. Februar 1849. Auf Befehl eines Hochedlen Raths . . . publicirt den 5. März 1849.

[20] Einführungsgesetz zu der Allgem. D. W. O. vom $^{10}/_{27}$. März 1849.

[21] Gesetz betreffend die Einführung der W. O. vom 31. März 1849 (mit Zusatzartikeln [Art. 101—132], welche von Art. 103 an das gerichtliche Verfahren in Wechselsachen betreffen).

[22] Gesetz vom 7. April 1849, die Einführung der Allgem. D. W. O. betreffend. S. auch v. Düring im Arch. f. deutsch. Wechselrecht, B. IV. S. 216 f.

[23] Gesetz vom 25. April 1849, die Einführung der Allgem. D. W. O. betr. — Gesetz über den Schuldarrest und den Wechselproceß vom 7. Juni 1849. — S. auch Du Chesne im Arch. f. deutsches Wechselr. Bd. I. S. 227 f. und S. 356 f.

[24] Ausführungsgesetz, die Allg. W. O. für Deutschland betr. v. 25. April 1849, für Gotha. — Gesetz vom 27. Juni 1849 für Coburg (§. 6—24 betr. den Wechselproceß).

[25] Verordnung, die Einführung der Allg. D. W. O. betr., vom 23. April 1849, publicirt den 25. April; — (enthält auch Bestimmungen über den Wechselproceß).

[26] Gesetz, die Anwendung der Allgem. D. W. O. im Freistaate Lübeck betreffend, vom 28. April 1849. — Gesetz vom 28. April 1849 über den Wechselarrest.

Schwerin[27], Mecklenburg-Strelitz[28], Würtemberg[29], Waldeck[30], Hessen-Darmstadt[31], Lippe-Detmold[32], Weimar-Eisenach[33], Oesterreich[34], Bayern[35], Holstein[36],

---

[27] Verordnung, betreffend die Ausführung der Allgem. D. W. O. vom 28. April 1849.

[28] Verordnung, betreffend die Ausführung der Allgem. D. W. O. vom 28. April 1849.

[29] Gesetz in Betreff der Einführung der Allgem. D. W. O. im Königreiche, vom 6. Mai 1849. — J. Heß, im Arch. f. deutsch. Wechselr. Bd. II. S. 102 f.; s. auch S. 123 f.

[30] Einführungsgesetz zur Allgem. D. W. O. vom 30. Mai 1849. — Wechselproceß-Ordn. vom 30. Mai 1849.

[31] Gesetz, die Ausführung der Allgem. D. W. O. im Großherzogthum betr., vom 4. Juni 1849. — Gesetz, das Wechselverfahren in den Provinzen Starkenburg und Oberhessen betr., vom 4. Juni 1849.

[32] Einführungs-Bestimmungen zu der Allg. D. W. O. vom 5. Juli 1849. — Wechselproceßgesetz vom 5. Juli 1849.

[33] Gesetz über die Ausführung der Allgem. D. W. O. vom 13. Juli 1849.

[34] Kaiserliches Decret vom 25. Januar 1850, wodurch für den Umfang des österreichischen Kaiserthums eine Allgem. W. O. erlassen, kundgemacht und vom 1. Mai 1850 angefangen, in Wirksamkeit gesetzt wird. — Verordnung des K. K. Justizministeriums vom 25. Januar 1850, giltig für jene Kronländer, in welchen das allgem. bürgerliche Gesetzbuch in Wirksamkeit ist, mit Ausnahme des lombardisch-venetianischen Königreichs und der Militärgränze, womit die von Sr. Majestät sanctionirte provisorische Vorschrift über das Verfahren in Wechselsachen kundgemacht wird. — Verordnung des K. K. Justizministeriums vom 25. Januar 1850, wirksam für die Kronländer Ungarn, Croatien und Slavonien, die Woiwodschaft Serbien und das Temeser Banat (gleichen Betreffs wie die vorige). S. auch Blaschke, im Archiv f. deutsches Wechselrecht, Bd. I. S. 476 f.; Bd. II. S. 212 f.; Bd. III. S. 234 f. und Ditscheiner, das allgemeine deutsche und neue österr. Wechselrecht, S. 41 f.

[35] Einführungsgesetz vom 25. Juli 1850. — S. auch Petersen im Arch. f. deutsch. Wechselr., Bd. I. S. 336 f.

[36] Gesetz vom 23. Februar 1854 als Holsteinische W. O. an Stelle der durch Gesetz vom 10. April 1849 von der durch die Centralgewalt Deutschlands für Schleswig und Holstein eingesetzten Statthalterschaft in den Herzogthümern eingeführten D. W. O. — Brauer, im Arch. f. deutsch. Wechselrecht, Bd. VII. S. 3 u. S. 345 f. — Zeitsch. f. das gesammte Handelsrecht, Bd. II. S. 96 f.

Lauenburg[37], Lichtenstein[38], Churhessen[39] und Schaumburg-Lippe[40].

In der Mehrzahl der genannten Staaten wurde die D. W. O. als allgemeine deutsche Wechselordnung publicirt und unverändert in der Form, in welcher sie durch die Leipziger Conferenz festgestellt worden, eingeführt. In Oesterreich jedoch, so wie in Holstein, Lauenburg und Churhessen ward die D. W. O. lediglich als Landesgesetz verkündigt, mit einzelnen im Ganzen allerdings unwesentlichen Aenderungen, so wie theilweise mit Ergänzungen, die sich meist auf den Wechselproceß beziehen[41].

Verschieden von der Einführung der D. W. O. als einer allgemeinen deutschen auf dem Wege der Landesgesetzgebung ist deren bloße Verkündigung als Reichswechselordnung, wie eine solche in einer Reihe deutscher Gebietstheile allein stattgefunden hat, nämlich in Sachsen-Altenburg, Anhalt-Bernburg, Anhalt-Köthen, Anhalt-Dessau, den Hohenzollern'schen Fürstenthümern, Hessen-Homburg, Knyphausen, Reuß-Greiz, Schwarzburg-Rudolstadt und Schwarzburg-Sondershausen.

Unterliegt es nun keinem gegründeten Zweifel, daß die D. W. O. hier nicht als Gesetz gilt[42], so ist sie in einzelnen dieser Länder

---

37 K. Dän. Bekanntmachung vom 15. Februar 1858. Arch. f. deutsch. Wechselrecht, Bd. VII. S. 345 f.; Zeitsch. f. das gesammte Handelsrecht Bd. II. S. 96 f.

38 Verkünd. v. 20. Novemb. 1858. Goldschmidt, Handb. des Handelsrechts, Bd. I. S. 107. S. jedoch auch Brauer, im Arch. f. deutsch. Wechselrecht, Bd. VII. S. 5.

39 Gesetz vom 26. Octob. 1859, in Kraft getreten den 15. Nov. 1859. — Zeitsch. f. das gesammte Handelsrecht, Bd. III. S. 177 f. — Arch. f. deutsch. Wechselr. IX. S. 60 f.

40 Gesetz vom 28. Novemb. 1862. Goldschmidt, Handb. des Handelsrechts, I. S. 107.

41 Goldschmidt, Handb. I. S. 108, 109. Thöl, Wechselrecht, S. 48 f.

42 Goldschmidt, Handb. I. S. 108.

durch Gewohnheitsrechte recipirt worden [43], während da, wo eine gewohnheitsrechtliche Annahme nicht nachweisbar ist, die fortdauernde Geltung des ältern particulären und beziehungsweise des gemeinen Wechselrechts angenommen werden muß [44].

Im Großherzogthum Luxemburg, wo das französische Wechselrecht, und im Herzogthum Limburg, woselbst das holländische Wechselrecht gilt, wurde die D. W. O. gar nicht verkündigt [45], in Schleswig dagegen ist dieselbe, nachdem sie durch Gesetz der deutschen Statthalterschaft vom 10. April 1849 daselbst eingeführt worden, durch Dänische Bekanntmachung vom 23. Juni 1851 wieder beseitigt [46].

Dagegen gilt die D. W. O. in Folge ihrer gesetzlichen Einführung im Königreiche Preußen und im Kaiserthum Oesterreich auch in den außerdeutschen Gebieten dieser Staaten; doch ist sie für die Länder der Ungarischen Krone durch die vom Ungarischen Landtage am 21. Juni 1861 genehmigten Beschlüsse der Judex-Curial-Conferenz außer Kraft gesetzt worden [47].

Die Frage, inwieweit das ältere Wechselrecht durch die D. W. O. aufgehoben worden, beantwortet sich da, wo dieselbe gewohnheitsrechtlich recipirt ist, nach dem Umfange, in welchem das in der Reichswechselordnung enthaltene Recht durch Gewohnheit angenommen worden ist.

---

[43] So ist in Sachsen-Altenburg die Geltung der D. W. O. durch alle altenburgischen Gerichte so wie durch das O. A. G. in Jena, der erhobenen Zweifel ungeachtet, wiederholt anerkannt worden. Straß, die Allg. D. W. O. S. 32. Not. 1. — So wurde ferner in Reuß-Greiz durch Gesetz vom 5. März 1856 eine Wechselproceßordnung in Anschluß an die D. W. O. erlassen. Goldschmidt, Handb. I. S. 107; und wurden auch in beiden Ländern die Nürnberger Novellen eingeführt. S. §. 6.

[44] Zu weit geht Goldschmidt, Handb. I. S. 108, wenn er für jene Länder schlechtweg die gewohnheitsrechtliche Reception der D. W. O. behauptet.

[45] Goldschmidt, Handb. I. S. 107.

[46] Nickels, im Arch. f. deutsch. Wechselrecht, Bd. I. S. 227 f. und S. 356 f.

[47] Blodig, in der Zeitschr. f. das gesammte Handelsrecht, Bd. V. S. 446 f.

Dagegen sind die in einem Staate bisher geltenden Wechselrechte durch die gesetzliche Einführung der D. W. O. als aufgehoben zu betrachten [48], insofern als diese selbst nicht auf jene verweist [49], oder als nicht durch das Einführungsgesetz die fortdauernde Geltung einzelner Bestimmungen vorbehalten ist [50], so wie es sich endlich von selbst versteht, daß durch die Verkündigung der D. W. O. der in dem betreffenden Gebiete bestehende Wechselproceß so wenig außer Kraft gesetzt worden ist, wie das sonstige Recht, das auf Verhältnisse sich bezieht, welche das neue Gesetz nicht regelt [51].

---

[48] Dieß sagen die meisten Einführungsgesetze ausdrücklich: Einf. Ges. f. Meiningen Art. 4; Preußen §. 1; Braunschw. §. 1; Baden Art. 2; Hamburg §. 1; Frankfurt §. 1; Bremen Eing.; — Lübeck Art. 2, Mecklenb. §. 5; Würtemb. Art. 3; Großh. Hessen §. 26; Sachsen-Weimar §. 5; Oesterreich §. 5 u. 6; Baiern Art. 1.

[49] D. W. O. Art. 2 a. E.; A. 18, A. 35, A. 98. — S. auch Gengler; deutsch. Privatr. S. 565, Not. 30.

[50] K. Sächs. Einf. Ges. §. 10: „Doch bewendet es ferner bei der in „dem Decisivbefehle vom 4. Sept. 1669, §. 3, der Leipz. W. O. §. XXXIV „u. der erläuterten Processordnung ad tit. XLI, §. 1 a. E. zum Vortheile „der Waarencommissionäre enthaltenen Bestimmung. — Grofsh. Hessen §. 14: „Der Art. 176 des rheinhess. Handelsgesetzb. bleibt soweit in „Kraft, als er hinsichtlich der von den Notarien oder Gerichtsboten zu „führenden Register das Versehen mit Seitenzahlen u. das Paragraphiren, „so wie die Beobachtung der für die Repertorien bestimmten Formen „vorschreibt." Bayer. Einf. G. Art. 2: „Personen, gegen welche der „Wechselarrest in Gemässheit der in den einzelnen Landestheilen der„malen bestehenden Vorschriften über Wechselfähigkeit u. Wechselarrest „nicht Platz greifen würde, können auch nach dem im Art. 1 eingeführten „Zeitpunkte dem Wechselarrest nicht unterworfen werden."

[51] Goldschmidt, Handb. des Handelsrechts I, S. 215. Einführ. G. von Reuß-Schleiz §. 1: „Durch die Allg. D. W. O. sind alle davon ab„weichenden Vorschriften des hiesigen Wechselmandats vom 6. Febr. 1717, „welche in die Materie des Wechselrechts gehören, für aufgehoben zu „achten." Gotha §. 11: „Alle landesgesetzlichen Bestimmungen über „Wechselrecht u. Wechselprocess, welche dem Inhalte der Allg. W. O. „entgegenstehen, sind . . . aufgehoben." — Ueber die durch die D. W. O. nicht geregelten Verhältnisse S. Biener, wechselrechtl. Abhandl. S. 481 f.

§. 6.

Fortsetzung. — Die Nürnberger Novellen.

Bei dem Mangel an einem gemeinsamen obersten Gerichtshofe für Deutschland [1] konnte es nicht ausbleiben, daß die über einzelne Wechselrechtssätze so wie über einzelne Artikel der D. W. O. entstandenen Streitfragen in den verschiedenen Staaten in abweichender Weise entschieden wurden und daß hierdurch ein Auseinandergehen des Gerichtsgebrauchs sich festzusetzen begann [2]. Außerdem war von dem Vorbehalte in der D. W. O. Art. 2, Abs. 3: „Inwiefern aus Gründen des öffentlichen Rechts die Vollstreckung des Wechselarrests gegen andere als gegen die vorgenannten Personen Beschränkungen erleidet, ist in besonderen Gesetzen bestimmt", in den einzelnen Einführungsgesetzen und Wechselproceßordnungen ein so freier und verschiedenartiger Gebrauch gemacht worden, daß sich die Frage aufdrängte, in welcher Weise unter strengem Festhalten des durch die D. W. O. ausgesprochenen Princips der Rücksichtnahme auf Gründe des öffentlichen Rechts, so wie unter gleichzeitiger Berücksichtigung des Interesses des Verkehrs die Landesgesetzgebungen in Uebereinstimmung zu bringen seien.

Auf Antrag der Würtembergischen Regierung wurde nun in der Sitzung der Bundesversammlung vom 19. Februar 1857 der Beschluß gefaßt, die in Nürnberg zur Ausarbeitung des Entwurfs eines Allg. deutschen Handelsgesetzbuchs versammelte Commission einerseits mit der Erörterung der letztgedachten Frage und andrerseits mit der Berathung der Art und Weise, wie eine Anzahl bezüglich der D. W. O. entstandener Controversen zu lösen seien, zu beauftragen [3]. Die Nürnberger Conferenz kam diesem Auf-

---

[1] Darüber, daß ohne ein solches oberstes Gericht eine Rechtseinheit nicht möglich, s. Mittermaier im Arch. f. civil. Prax. Bd. XXXII. S. 124; Brauer im Arch. f. deutsch. Wechselrecht, Bd. III. S. 160 f.

[2] V. die Zusammenstellung in der Zeitsch. f. das gesammte Handelsrecht, Bd. I. S. 545 f.

[3] Protoc. der Bundesversamml. v. 1857, S. 179—182.

trage dadurch nach, daß sie, nachdem sie von den deutschen Regierungen das nöthige Material eingezogen und eine unter'm 10. März 1857 aus ihrer Mitte bestellte Subcommission mit der Berichterstattung betraut [4], in den Plenarsitzungen vom 1., 2. u. 3. März 1858 die in dem gedruckten Commissionsberichte gemachten Vorschläge discutirte [5], und als Ergebniß dieser Verhandlung eine „Zusammenstellung der Vorschläge" [6] der Bundesversammlung mittheilte [7]. Diese ersuchte auf Grund eines Bundesbeschlusses vom 15. April 1848 die deutschen Regierungen, sich über ihre Geneigtheit oder Bedenken, den Vorschlägen beizutreten, zu äußern, wonach die von 24 Bundesregierungen [8] ergangenen Aeußerungen, worin von mehreren Seiten Bedenken gegen verschiedene Punkte erhoben waren, auf Grund eines Bundesbeschlusses vom 20. December 1860 der Nürnberger Conferenz zugleich mit der Aufforderung mitgetheilt wurden, ein Gutachten darüber abzufassen, in welcher Weise im Hinblick auf die Verschiedenheit der abgegebenen Erklärungen dennoch eine Uebereinstimmung zu erzielen sein möchte [9]. Auf einen „zweiten Commissionsbericht" [10] wurden nun von der Conferenz in den Plenarsitzungen

---

[4] Nürnberger Protocolle der Commission zur Berathung eines allg. deutschen Handelsgesetzb., S. 230 u. S. 285 f.

[5] Die Verhandlungen der Conferenz und die derselben vorgelegten zwei Commissionsberichte sind gedruckt unter dem Titel: „Verhandlungen der Com- „mission zur Berathung eines allgemeinen deutschen Handelsgesetzbuches, mehrere „zur allgemeinen deutschen Wechselordnung in Anregung gekommene Fragen „betreffend", Nürnberg 1861, CXX., fol. (als Manuscript gedruckt). S. einen Auszug aus dieser Druckschrift in der Zeitsch. f. das gesammte Handelsrecht, Bd. I. S 540—553 u. Bd. V. S. 228—231, und einen Auszug aus dem ersten Commissionsberichte (Berichte der Subcommission) nebst einer Kritik desselben von Straß im Arch. f. deutsches Wechselrecht, Bd. IX. S. 217 f.

[6] Verhandlungen S. LXXXII. LXXXIII.

[7] Die mitgetheilten Vorschläge sind zusammengestellt bei Goldschmidt, Handb. I. S. 113. Not. 4.

[8] Diese sind genannt in den Verhandlungen S. LXXXV. LXXXVI.

[9] Goldschmidt, Handb. I. S. 115; Thöl, Wechselrecht, S. 58.

[10] Verhandlungen, S. LXXXV. CI.

vom 1., 9. und 11. März 1861 deren ursprüngliche Vorschläge in mehreren Punkten modificirt, und in dieser neuen Gestalt der Bundesversammlung übersandt [11]. Nachdem diese neue „Zusammenstellung der Vorschläge der Conferenz" in Folge Bundesbeschlusses vom 13. April 1861 den deutschen Regierungen mit dem Ersuchen, sich über die Annahme derselben und eventuell über die deren Durchführung entgegenstehenden Bedenken äußern zu wollen, mitgetheilt, und diese Aufforderung in verschiedenem Sinne beantwortet worden [12], wurde auf Grund eines Bundesbeschlusses vom 23. Januar 1863 an sämmtliche Regierungen, in deren Staaten die D. W. O. in Geltung, die Einladung gerichtet, die Vorschläge der Nürnberger Commission zur Ergänzung der D. W. O. baldmöglichst und unverändert in ihren betreffenden Ländern zur gesetzlichen Einführung zu bringen [13].

In Folge hiervon geschah die gesetzliche Annahme der s. g. Nürnberger Novellen, acht an der Zahl, in Bremen [14], Anhalt-Bernburg [15], Sachsen-Weimar [16], Sachsen-Meiningen [17], Frankfurt [18], Großherzogthum Hessen [19], Schaumburg-Lippe [20], Sachsen-Altenburg [21], Hessen-Homburg [22], Anhalt-Dessau [23], Braunschweig [24],

[11] Verhandlungen, S. CXIX. CXX. Diese „Zusammenstellung der Vorschläge der Conferenz" findet sich auch bei Goldschmidt, Handb. I. S. 115. 116; Thöl, Wechselrecht, S. 59. 0. S. auch Leonhard Wächter im Arch. f. d. Wechselrecht, Bd. X. S. 368 f.

[12] Goldschmidt, Handb. I. S. 117 f.

[13] Goldschmidt, Handb. I. S. 118.

[14] Ver. v. 18. Juli 1861.

[15] Gesetz vom 27. März 1862.

[16] Gesetz vom 15. April 1862.

[17] Gesetz vom 15. April 1862. S. Goldschmidt, Handb. I. S. 119.

[18] Gesetz vom 17. Juni 1862.

[19] Gesetz vom 1. u. 6. August 1862.

[20] Gesetz vom 28. Novemb. 1862. Goldschmidt, Handb. I. S. 119.

[21] Gesetz vom 10. Januar 1863 (Abgedruckt im Central-Organ für das deutsche Handels- u. Wechselrecht, N. F. Bd. II. S. 303).

[22] Gesetz vom 24. März 1863.

[23] Gesetz vom 31. März 1863.

[24] Zwei Gesetze vom 30. April 1863.

Sachsen-Coburg-Gotha [25], Preußen [26], Holstein [27], Waldeck-Pyrmont [28], Schwarzburg-Sondershausen [29], Bayern [30], Lippe-Detmold [31], Oldenburg [32], Schwarzburg-Rudolstadt [33], K. Sachsen [34], Würtemberg [35], Baden [36], Hannover [37], Mecklenburg-Schwerin [38], Mecklenburg-Strelitz [39], Chur-Hessen [40], Reuß-Greiz [41] und Reuß-Schleiz [42].

---

[25] Gesetz vom 20. Mai 1863.

[26] Gesetz vom 27. Mai 1863.

[27] Gesetz vom 4. Juli 1863. Zeitsch. f. das gesammte Handelsrecht, Bd. VII. S. 130 u. S. 134 f.

[28] Zwei Gesetze vom 25. Juli 1863. Zeitschr. f. das gesammte Handelsrecht, Bd. VII. S. 525.

[29] Gesetz vom 1. August 1863.

[30] Gesetz vom 5. October 1863, publ. den 17. October (Arch. f. deutsch. Wechselrecht, Bd. XIII. S. 337 f. u. S. 403 f.; Zeitsch. f. das gesammte Handelsrecht, Bd. VII. S. 525. 526); erläutert durch v. Völderndorf, Erlangen 1864, 52 Seiten 8. (Separatabdruck aus der „Gesetzgebung des K. Bayern.")

[31] Gesetz vom 27. Januar 1864.

[32] Gesetz vom 15. Februar 1864.

[33] Gesetz vom 19. Februar 1864.

[34] Gesetz vom 10. März 1864 (abgedruckt im Central-Organe, N. F. Bd. II. S. 488 f.)

[35] Gesetz vom 18. Mai 1864 (in Löhr's Central-Organ, Bd. I. S. 160 f.)

[36] Gesetz vom 28. Mai 1864 (in Löhr's Central-Organ, Bd. I. S. 166 f.)

[37] Gesetz vom 31. Mai 1864 (in Löhr's Central-Organ, Bd. I. S. 163 f.)

[38] Gesetz vom 30. Juli 1864 (in Löhr's Central-Organ, Bd. I. S. 359 f.)

[39] Gesetz vom 30. Juli 1864 (in Löhr's Central-Organ, Bd. I. S. 360 f.)

[40] Gesetz vom 10. August 1864 (in Löhr's Central-Organ, Bd. I. S. 358 f.) — Arch. f. deutsch. Wechselrecht, B. XIII. S. 416 f.

[41] Verordnung vom 30. November 1864 (abgedruckt im Central-Organ, N. F. Bd. II. S. 303 f.).

[42] Gesetz vom 26. April 1865 (abgedr. im Central-Organe N. F. Bd. II., S. 485 f.).

Wie demnach die Nürnberger Novellen in Nassau, Hamburg und Lübeck dermalen noch nicht eingeführt sind [43], so gilt das Nämliche von Oesterreich, welches sich darauf berufen hat, daß die meisten von der Commission beantragten Aenderungen daselbst bereits Gesetzeskraft hätten [44].

§. 7.

Die außerdeutschen Wechselgesetzgebungen.

Zu den ältesten jetzt noch in Kraft befindlichen Wechselgesetzen gehören die Dänisch-Norwegische Wechselordnung (auch Kopenhagener W. O. genannt), vom 16. April 1681 [1] und das am 28. Juni 1683 publicirte Danske Low [2], welche nebst neueren Verordnungen vom 26. Juni 1824, 18. Mai 1825, 21. September 1825, 14. Mai 1835, 12. October 1836 und 7. April 1843 [3] das im K. Dänemark geltende Wechselrecht enthalten, und außerdem, neben der W. O. vom 17. August 1843 für die Stadt Flensburg [4], im Herzogthum Schleswig gelten [5].

---

[43] Borchardt, die allg. D W. O (4. Aufl.), S. V. a. E.

[44] Goldschmidt, Handb. I. S. 118.

[1] Abgedruckt bei Siegel, corp. jur. camb I. S. 333 f; Meißner, Codex der europäischen Wechselrechte, Bd. I. S 561 f. — Ueber die irrige Bezeichnung als Kopenhagener W O s. Dedekind, Abriß einer Geschichte der Quellen des Wechselrechts, S 115. — Die Dänisch-Norwegische W. O. wurde durch Verordnung vom 16. März 1787 §. 17 auf die Isländischen Handelsplätze und die Faröer-Inseln ausgedehnt. Kletke, Encyclopädie des gesammten europäischen Wechselrechts, Bd. I S. 71.

[2] Buch V, Kap. XIV A. 8—28 (abgedruckt bei Siegel a. a. O. I, S. 329 f; und Meißner a. a. O. I. S. 558 f.). — Ueber das bestrittene Verhältniß des Danske Low zur Dänisch-Norwegischen W. O. s. Dedekind, Abriß, S. 64.

[3] Goldschmidt, Handb. des Handelsrechts, Bd. I. S. 83 a. E., S. 84.

[4] Voß, Beitrag zur Kritik der für die Stadt Flensburg erlassenen W. O. in der Jurist. Zeitung, herausgegeben von dem Schleswig-Holstein-Lauenburg- und dem Holstein. Advokaten-Verein, Kiel 1844, S. 1 f.

[5] K. Dänisch. Resolut vom 16. Juni 1851, publicirt den 33. Juni. Nickels, im Arch. f. deutsch. Wechselrecht, Bd. II. S. 454 f. S. auch oben §. 5 Not. 36.

Von besonderer Bedeutung ist jedoch unter den außerdeutschen Wechselgesetzgebungen der mit dem 1. Januar 1808 in Kraft getretene code de commerce[6], sowohl wegen des Einflusses, welchen das französische Wechselrecht auf andere Gesetzgebungen geäußert, als auch wegen des ausgedehnten Geltungsgebiets desselben. Nicht allein ist nämlich der code de commerce und damit auch das darin enthaltene Wechselrecht in den französischen Colonien, im K. Belgien[7], im Großherzogthum Luxemburg (vgl. §. 5 zu Not. 45), in Stadt und Gebiet Krakau[8], im K. Polen[9], im Canton Genf[10] und dem französischen Theile des Cantons Bern (dem neuen Cantonstheile)[11], so wie in Egypten[12], eingeführt, sondern auch der Sache nach in einer Reihe anderer Staaten und Gebietstheile in Geltung, in deren Handelsgesetzbücher er mit geringen Aenderungen wörtlich aufgenommen worden ist. Dahin gehören insbesondere der im Kirchenstaat mit dem 1. Juli 1821 in Kraft getretene Regolamento provisorio di commercio vom 1. Juni 1821[13], das Handelsgesetzbuch der

---

[6] Liv. I. tit. VIII „de la lettre de change, du billet à ordre et de la prescription" (Art. 110—189). Ergänzt durch Gesetz vom 19. März 1817 (zu Art. 115 u. 160). Ueber das Wechselrecht des code de commerce s. Dedekind, Abriß, S. 16 f.; Biener, wechselrechtl. Abhandl. S. 163 f.

[7] Goldschmidt, Handb. I. S. 17.

[8] In polnischer Uebersetzung durch Kundmachung vom 24. März 1809 eingeführt.

[9] In polnischer Uebersetzung in den J. 1811 u. 1812 publicirt. Dedekind, Abriß, S. 71. — Abgedruckt in polnischer und deutscher Sprache bei Meißner a. a. O. II. S. 440 f.

[10] Im Art. 160 modificirt durch Gesetz vom 12. Mai 1817. Fick in der Zeitsch. f. das gesammte Handelsrecht, Bd. III. S. 12.

[11] Fick in der Zeitschr. f. das gesammte Handelsrecht, Bd. III. S. 12 f. u. Beilage-Heft zu Bd. VI, S. 16. — Die neue Bernische W.O. v. 3. Nov. 1859 wurde ausdrücklich nur für den alten Cantonstheil eingeführt.

[12] Durch Mehemet Ali im J. 1826 in einer arabischen u. türkischen Uebersetzung. Dedekind, Abriß S. 86.

[13] Lib. I tit. 8 „delle lettere di cambio e dei viglietti o pagherò all'ordine,

Republik Haïti vom 28. März 1826 [14], dasjenige des K. Griechenland vom 1. Mai 1835 [15], so wie der Jonischen Inseln vom 1. Mai 1841 [16], und endlich das Handelsgesetzbuch der Wallachei vom 1. Januar 1841 [17].

Auch ist das französische Wechselrecht in mehr oder weniger selbstständiger Nachbildung in die Gesetzgebungen einer Reihe anderer Staaten übergegangen, wie in das waadtländische Gesetz vom 4. Juni 1829 [18], in das Neuenburgische Gesetz vom 3. Juni 1833 [19], in den mit dem 1. Januar 1838 in Kraft getretenen codice civile des Cantons Tessin [20], in das Handelsgesetzbuch des Cantons Freiburg vom 1. Juli 1850 [21], so wie in das Gesetz des Cantons Wallis vom 20. November 1856 [22].

---

e della relativa prescrizione (Art. 105—183), abgedr. bei Meißner a. a. O. II. S. 666 f.

[14] St. Joseph, concordance entre les codes de commerce étrangers et le code de commerce français, p. 257.

[15] St. Joseph, concordance, p. 255; Goldschmidt, Handb. I. S. 65.

[16] St. Joseph, concordance, p. 285 f.

[17] St. Joseph, concordance, p. 403 f.

[18] „Loi sur les lettres de change et les billets à ordre" (93 Art.), abgedr. bei Meißner, II. S. 746 f. im Urtexte und in deutscher Uebersetzung, in welcher letztern der Name „Waadt" durch Wallis wiedergegeben ist; ferner gedruckt bei St. Joseph, concordance, p. 392 f. — S.. auch Fick in der Zeitsch. f. das gesammte Handelsrecht, Bd. III. S. 26 f.

[19] „Loi sur quelques matières commerciales" (Art. 28 – 86). Fick in der Zeitsch. f. das gesammte Handelsrecht, Bd. III. S. 20 f.

[20] Art. 1234 bis 1316 unter dem Titel „Delle lettere die cambio e del biglietto all'ordine ossia vaglia o pagherò all' ordine". Fick in der Zeitsch. f. das gesammte Handelsrecht, Bd. III. S. 13 a. E. f. — Eine Uebersicht der Abweichungen vom code de commerce giebt St. Joseph, concordance, p. 391 f.

[21] In deutscher und französischer Sprache publicirt (Liv. I. tit. IX de la lettre de change et du billet à ordre, Art. 91—178). — Fick in der Zeitsch. f. das gesammte Handelsrecht, Bd. III. S. 31 f. und Beilage-Heft zu Bd. VI. S. 21 f.

[22] Fick in der Zeitsch. f. das gesammte Handelsrecht, Bd. III. S. 40 f.

Selbstständiger, obwohl auf die Grundlage des code de commerce bearbeitet, ist der mit dem 1. Januar 1830 in Kraft getretene spanische codigo de comercio[23], während der am 18. September 1833 publicirte codigo commercial Portuguez[24] mit auf jene beiden Gesetzbücher sich stützt[25].

Nicht weniger hat der code de commerce einen wesentlichen Einfluß auf das unter'm 10. April 1838 publicirte Niederländische Wetboek van Koophandel[26], welches seit dem 1. Januar 1842 im Herzogthum Limburg gilt, geäußert[27].

Dagegen folgt das in den Ungarischen Gesetzesartikeln vom J. 1840 enthaltene Wechselrecht[28], welches unter Beseitigung der im Jahre 1850 im Kronlande Ungarn eingeführten D. W. O.[29]

---

[23] Libr. sec. tit. IX del contrato y letras de cambio (A. 426—557) und tit. X de las libranzas y de los vales ō pagarés à la orden"(a. 558—571). — Uebersetzungen: Deutsche: v. F. C. Schumacher, Spaniens Handelsgesetzbuch ..., Hamburg 1832. Französische: v. V. Foucher, Code de commerce et de procédure commerciale du royaume d'Espagne, Paris 1838; u. in St. Joseph, concordance, p. 1 sqq.

[24] Parte Primeira, Liv. sec. tit. VII: Das lettras de cambio, Livranças, ou bilhetes a ordem, cheques e lettras da terra (Art. 1—123).

[25] Goldschmidt, Handb. I. S. 56. — Unvollständige Uebersetzung bei St. Joseph, concordance, p. 1 sqq.

[26] B. I. tit. VI Van Wisselbriefen (A. 100—207) u. tit. VII Eerste Afdeel. Van ordrebriefjes of promessen aan order (A. 208. 209).

[27] Uebersetzungen: Deutsche: von F. C. Schumacher, Holländisches Handelsgesetzb. ... Hamburg 1840. — Französische: von V. Foucher, code de commerce du royaume de Hollande, Paris 1839. — Wintgens, code de commerce du royaume de Hollande, 2 ed. la Haye 1843; und in St. Joseph, concordance, p. 1 sqq.. S. überhaupt Goldschmidt, Handb. I. S. 58 f.

[28] Gesetzes-Artikel XV enthält das Wechselrecht; theilweise modificirt durch Gesetzes-Artikel VI des Ungarischen Landtages vom J. 1844. — Uebersetzungen: deutsche von Alexander Ritter, Ungarn's Wechsel- und Credit-Gesetze ... zusammengestellt, Pesth 1862. — Französische: St. Joseph, concordance, p. 1 sqq.

[29] K. Patent vom 25. Januar 1850 bei Blaschke im Archiv f. deutsches Wechselrecht, Bd. I. S. 477 f.

durch Beschluß des Ungarischen Landtages vom 21. Juni 1861 daselbst wieder in Kraft getreten, im Wesentlichen dem im J. 1833 veröffentlichten Entwurfe einer österreichischen Wechselordnung [30].

Im Allgemeinen selbstständig ist die Russische Wechselordnung, wie sie in dem mit dem 1. Januar 1835 in Kraft getretenen, nunmehr jedoch allein in der im J. 1842 erschienenen zweiten Ausgabe geltenden Handelsgesetzbuche des Russischen Reichs enthalten ist [31].

Die Schwedische Wechselordnung vom 23. Aug. 1851, welche seit dem 1. Januar in Geltung sich befindet [32], ist der D. W. O. nachgebildet [33], während sie wieder die Grundlage der von ihr wenig abweichenden, mit dem 1. Januar 1859 in Kraft getretenen Finnländischen W. O. vom 29. März 1858 geworden ist [34].

Nicht weniger beruht auf der Grundlage der D. W. O. der allerdings manche Aenderungen und Zusätze enthaltende Concordats-Entwurf einer Schweizerischen Wechselordnung, welcher, nachdem er durch eine von 14 Cantonen zu diesem Zwecke ernannte Commission revidirt worden (zweiter Entwurf) [35], in einer im Mai 1856 von 9 Ständen beschickten Conferenz definitiv fest-

---

[30] Blodig, in der Zeitsch. f. das gesammte Handelsrecht, Bd. V. S. 463 f.

[31] Buch II von den allgemeinen und von den, verschiedenen Arten des Handels eigenthümlichen, Handelsverpflichtungen und Verträgen; Erster Abschnitt: Wechselordnung (Art. 435—578). — Uebersetzungen: deutsche: F. von Schulz, das Handelsgesetzbuch des Russischen Reichs (Ausg. v. 1842) . . . , Riga und Leipzig 1851; — Französische: St. Joseph, concordance, p. 1 sqq.

[32] J. S. Lowe, das neueste schwedische Wechsel-Gesetz, in's Deutsche übersetzt, Hamburg 1858.

[33] Schlesinger im Arch. f. deutsch. Wechselrecht Bd. IX. S. 412 f.

[34] Frank im Arch. f. deutsch. Wechselrecht, Bd. IX. S. 145 f. und Schlesinger, ebendas. S. 411 f.; in deutscher Uebersetzung von Borchardt in demselb. Arch., Bd. XVI. S. 196 f.

[35] V. über diesen Entwurf Meine Kritik des Entw. einer Schweizerischen W. O., Erlangen 1855.

gestellt (dritter Entwurf) [36] und im Canton Aargau auf Grundlage des zweiten Entwurfs durch Gesetz vom 12. Februar 1857 [37], in einigen andern Cantonen auf diejenige des dritten Entwurfs, obwohl mit einzelnen Modificationen, eingeführt worden ist. Diese Cantone sind: Solothurn [38], Bern für den deutschen Cantonstheil nebst dem Amtsbezirke Biel und den mit dem Amtsbezirke Büren vereinten Gemeinden des neuen Cantonstheils [39], Luzern [40], Basel-Stadt und Schaffhausen [41].

Dagegen ist die im Handelsgesetzbuche für das Fürstenthum Serbien vom 6. Febr. (25. Jan. älteren Styls) 1860 [42] enthaltene Wechselordnung [43] unter gelegentlicher Benutzung der D. W. O. wesentlich dem code de commerce entlehnt, so

---

[36] Veröffentlicht durch den Redacteur Burckhardt-Fürstenberger unter dem Titel „Entwurf einer schweizerischen W. O. mit Motiven" Zürich 1857; auch abgedruckt gegenüber dem Texte der D. W. O. bei Fick in dem Beilagehefte der Zeitsch. f. das gesammte Handelsrecht, Bd. VI. S. 136 f. V. über diesen dritten Entwurf Meine Kritik in der Krit. Ueberschau der deutsch. Gesetzgebung und Rechtsw., Bd. IV. S. 353 f.; Finsler in Schauberg's Zeitsch. für Kunde und Fortbildung der Zürcher'sch Rechtspflege, Bd. IV, Heft 1, S. 98 f.; Fick a. a. O. S. 99 f. — Ein neuer in einzelnen Punkten vom dritten Concordatsentwurfe abweichender Entwurf einer schweizerischen W. O. findet sich in dem von Munzinger ausgearbeiteten, in deutscher und französischer Sprache im Drucke erschienenen Entwurfe eines schweizerischen Handelsrechts (1864) (Buch III. Tit. 6. Abschn. 1 u. 2, Art. 348—440). V. darüber Munzinger in seinen trefflich ausgearbeiteten Motiven zu dem Entwurfe eines schweizerischen Handelsrechts, Bern 1865, S. 343 f.

[37] Fick im Beilagehefte der Zeitsch. f. das gesammte Handelsrecht, Bd. VI. S. 92 f.

[38] Gesetz vom 28. Febr. 1857 (abgedr. bei Fick a. a. O. S. 221 f.).

[39] Gesetz vom 3. Nov. 1859 (bei Fick a. a. O. S. 223 f.).

[40] Gesetz vom 30. Decemb. 1860 (bei Fick a. a. O. S 226 f.).

[41] In den beiden letztgenannten Cantonen durch Gesetze vom 20. April und vom 23. Febr. 1863 (Munzinger, Motive, S. 343).

[42] In deutscher Uebersetzung von Hermann Blodig, Handelsgesetzbuch für das Fürstenthum Serbien, Wien 1861.

[43] Sechstes und Siebentes Hauptstück, §§. 76—170.

wie endlich das neue Wechselrecht des Königreichs Italien vom 25. Juni 1865[44] durchaus dem französischen folgt.

Ohne Wechselordnungen sind das K. Großbritannien, die Nordamerikanischen Freistaaten so wie die deutschen Ostsee-Provinzen.

In England beruht das Wechselrecht im Wesentlichen auf Gewohnheiten (law merchant, custom of the merchants)[45], so wie auf einigen Parlaments-Acten[46], während die Vereinigten Staaten von Nordamerika sich, abgesehen von den neuern englischen Gesetzen, im Allgemeinen nach dem englischen Wechselrechte richten[47].

Was die Ostsee-Provinzen anbetrifft, so wird in Curland die Russische Reichswechselordnung angewendet[48], wogegen in Liv- und Esthland particuläre Wechselordnungen, wie die Lübische vom J. 1662, das Rigaer Stadtrecht (B. V. Tit. 81) und die Schwedische W. O. vom 10. März 1671, und subsidiär das gemeine deutsche Wechselrecht in Geltung sind[49].

§. 8.

Das internationale Wechselrecht *.

Die örtliche Geltung der Wechselrechtsquellen bestimmt sich nach den nämlichen Grundsätzen wie diejenige der Privatrechtsquellen

[44] Enthalten im codice di commercio del regno d'Italia, publ. den 25. Juni 1865 und im gesammten Königreiche Italien mit dem 1. Jan. 1866 in Kraft getreten. (Lib. I. tit. IX Delle lettere di cambio, dei biglietti all' ordine, e della prescrizione ad essi relativa, Art. 196—283.

[45] V. Foelix u. Straffort-Carrey in der Revue étrangère (1834); und die daraus entnommene Zusammenstellung der hauptsächlichsten Sätze des englischen Wechselrechts bei St. Joseph, concordance, p. 232 sqq. — S. auch Goldschmidt, Handb. I. S. 77 f.

[46] Abgedruckt bei Meißner, Codex der europäischen Wechselrechte, Bd. II. S. 204 f.

[47] Goldschmidt, Handb. I. S. 81 f.

[48] v. Bunge, das curländische Privatrecht, §. 76 Not. a.

[49] v. Bunge, das liv- und esthländische Privatrecht (2. Aufl.), Bd. I. §. 19, §. 215 und Not. c und §. 24 Not. c.

* Außer den Schriften über internationales Privatrecht überhaupt sind ins-

überhaupt. Hiernach findet denn auch auf die Wechselrechts-Verhältnisse das gemeine internationale Privatrecht Anwendung, wenn und insoweit nicht das inländische allgemeine oder Wechselrecht andere Bestimmungen über die Anwendung ausländischer Rechtssätze im Inlande giebt oder dieselbe gar ausschließt [1].

Können demzufolge fremde Rechtssätze im Inlande anzuwenden, Ausländer daselbst je nach Umständen nach inländischem oder nach ausländischem Wechselrechte zu beurtheilen sein, so ist für den Richter, in dessen Gebiete die D. W. O. gilt, bald jedes Gebiet eines andern Staates Ausland, mag es durch die allgemeine deutsche Wechselgesetzgebung beherrscht sein oder nicht, bald nur dasjenige Land, in welchem die D. W. O. nicht eingeführt ist. Jenes ist für die Länder anzunehmen, in denen, wie in Oesterreich, Holstein, Lauenburg und Churhessen, die D. W. O. lediglich als Landesgesetz verkündet ist, dieses dagegen nicht allein für die Staaten, deren Einführungsgesetz ausdrücklich das ganze Gebiet, in welchem die D. W. O. gilt, als Inland erklären [2], sondern auch für diejenigen, in denen ohne eine solche ausdrückliche Erklärung das neue Gesetz als Allgemeine deutsche Wechselordnung publicirt worden ist [3]. Indessen kömmt dieser weitere Begriff von In-

---

besondere zu vergl. Brackenhoeft im Arch. f. deutsches Wechselrecht, Bd. II. S. 129 f. u. S. 278 f.; Hoffmann im Arch. f. pract. Rechtswissenschaft, Bd. I. Heft 3. S. 46 f. — A. J. Hovy, de beginselen van het internationaal Wisselregt, Beverwijk 1858; Goldschmidt, Handb. des Handelsrechts, Bd. I. S. 269 f.

[1] So bestimmte die Cöthen. W. O. vom 31. August 1802, A. 66: „Wir „befehlen demnach gnädigst: In allen Wechselsachen, die vom heutigen „Tage an allhier in Ober- und Niedergerichten angebracht werden, ohne „alle Rücksicht auf die Länder oder Orte, woselbst die Wechsel ausge„stellt, oder wonach sich die Schuldner verschrieben, nach dieser unserer „Wechselordnung zu verfahren und zu erkennen“.

[2] Bad. Einf. O. §. 6; K. Sächs. Einf. O. §. 2; Weimar'sche Einf. O. §. 1; Bayer. Einf. O. §. 7.

[3] Platner in der Zeitsch. f. das gesammte Handelsrecht, Bd. V. S. 64 f.; Borchardt, die Allg. D. W. O. (4. Aufl.) Art. 84. Zus. 578.

und Ausland jedenfalls nur insoferne in Betracht, als es sich um Beziehungen handelt, welche durch die D. W. O. geregelt sind [4].

Die Hauptanwendungen der Grundsätze des internationalen Privatrechts auf dem Gebiete des Wechselrechts sind aber folgende:

1. Die Wechselfähigkeit einer Person richtet sich nach den Gesetzen des Staats, welchem dieselbe angehört. Indem nun diese Angehörigkeit je nach der Auffassung, von welcher die inländische Gesetzgebung ausgeht, durch die Heimathsberechtigung [5] oder durch das Domicil begründet wird [6], ist je nach dem Principe, welches in dem Lande gilt, woselbst das Wechselrechts-Verhältniß zur richterlichen Cognition gelangt, die Wechselfähigkeit eines gegebenen Schuldners nach der lex originis oder der lex domicilii desselben zu beurtheilen. Doch ist nach deutschem Rechte die letztere Gesetzgebung im Zweifel für maßgebend zu erachten [7].

Die Gesetzgebung des Staats, welchem der Schuldner angehört, entscheidet aber einerseits über die Grundsätze, nach welchen die Wechselfähigkeit anzunehmen, insbesondere darüber, ob schlechtweg jeder wechselfähig ist, welcher sich durch Verträge verpflichten kann [8],

---

O. T. in Berlin im Arch. f. deutsch. Wechselrecht. Bd. IX. S. 90 f. Goldschmidt, Handb. I. S. 270 a. E., 271. — Dagegen: Thöl, Wechselrecht, §. 156.

[4] Goldschmidt in der Zeitsch. f. d. gesammte Handelsrecht Bd. V. S. 77 f.

[5] Code civ. Art. 3; Civil-Gesetzb. v. Bern, Satz. 4; v. Zürich § 2; v. Luzern, §. 6; v. Solothurn, §. 5. — Nach dem Oesterreich. Gesetze, §§. 4 u. 34 sind dagegen Oesterreich. Staatsbürger als solche ohne Rücksicht auf ihren Wohnsitz nach österreich. Rechte zu beurtheilen, Fremde nach dem Gesetze ihres Wohnsitzes. — Arch. f. deutsch. Wechselrecht, Bd. X. S. 287 f.

[6] Bayer. Landrecht, Th. I. Kap. 2. §. 17; Preuß. Landrecht, Einl. §§. 23—27; K. Sächs. Civilg., §§. 7 u. 17. — Arch. f. deutsch. Wechselrecht, Bd. IV. S. 180 f.

[7] Goldschmidt, Handb. I. S. 274 u. Not.

[8] D. W. O. Art. 1.

oder ob und welche Ausnahmen dieses Princip erleidet [9], oder ob die Wechselfähigkeit nur den Angehörigen gewisser Classen zukömmt [10]; andrerseits ist sie für die Beantwortung der Frage maßgebend, ob in Anwendung jener Grundsätze die betreffende Person als wechselfähig zu betrachten ist.

Wird hiernach die Fähigkeit eines Ausländers, wechselmäßige Verpflichtungen zu übernehmen, nach den Gesetzen des Staats beurtheilt, welchem derselbe angehört [11], so ist die Frage, ob der Angehörige eines andern Staats, in welchem die D. W. O. gilt, sich durch Verträge verpflichten kann, nach dessen Landesrechte auch dann zu beantworten, wenn der letztere Staat nach der Art, wie die D. W. O. in dem Gebiet publicirt worden, woselbst das streitige Wechselrechts-Verhältniß zum Austrage kommen soll, nicht als Ausland im Sinne jenes Gesetzes zu betrachten [12].

Doch wird ein nach den Gesetzen seines Vaterlandes nicht wechselfähiger Ausländer durch Uebernahme von Wechselverbindlichkeiten im Inlande verpflichtet, insoferne er nach den Gesetzen des Inlandes wechselfähig, d. h., nach den Gesetzen des Staats, in welchem er die Wechselverbindlichkeit eingegangen, fähig ist, sich durch Verträge verbindlich zu machen [13].

---

[9] K. Oesterr. Verordn. vom 3. Juli 1852. — Code de commerce, Art. 113.

[10] Russ. W. O., §. 441.

[11] D. W. O., A. 84. — Schweiz. Concordats-Entw. §. 93 : „Angehö„rige der Cantone, welche dem Concordate nicht beigetreten, so wie Aus„länder, werden bei Uebernahme von Wechselverbindlichkeiten in den con„cordirenden Cantonen als wechselfähig betrachtet, insofern sie sich nach „den ihre Vertragsfähigkeit bestimmenden Gesetzen durch Verträge ver„pflichten können."

[12] Goldschmidt in der Zeitsch. f. d. gesammte Handelsr., Bd. V. S. 77 f.

[13] D. W. O., Art. 84 : „Die Fähigkeit eines Ausländers, wechselmässige „Verpflichtungen zu übernehmen, wird nach den Gesetzen des Staats be„urtheilt, welchem derselbe angehört. Jedoch wird ein nach den Gesetnen „seines Vaterlandes nicht wechselfähiger Ausländer durch Uebernahme von

2. Die Form des Wechselbriefs ist nach den Gesetzen des Orts zu beurtheilen, woselbst derselbe ausgestellt worden; die Form der verschiedenen anderen Wechselerklärungen nach den Gesetzen der Orte, wo sie erfolgt sind. Hiernach ist für die Beurtheilung der Formrichtigkeit eines im Auslande ausgestellten Wechsels [14], so wie einer jeden andern im Auslande ausgestellten Wechselerklärung das betreffende ausländische Recht maßgebend [15], während hinsichtlich der Form der auf ausländischen Wechseln im Inlande gegebenen Wechselerklärungen das inländische Gesetz entscheidet [16]. Wird aber eine Wechselerklärung im Inlande auf einen im Auslande ausgestellten Wechsel gesetzt, so ist dieselbe der Form nach verbindlich, wenn auch der Wechsel nur den Anforderungen des inländischen Gesetzes entspricht [17].

„Wechselverbindlichkeiten im Inlande verpflichtet, insofern er nach den „Gesetzen des Inlandes wechselfähig ist.“ Leipzig. Protoc., S. 144 f. Ditscheiner, Wechselrecht, S. 117. — Seuffert, Arch. Bd. XVIII. nr. 154.

[14] D. W. O., Art. 85, Abs. 1. — Ungar. Gesetzes-Art. v. 1840. Art. XV, §. 4. Schweiz. Concordats-Entw. §. 94. Bender, Grundf. II. S. 326 f. Seuffert, Arch. Bd. II. Nr. 121; Bd. VI. Nr. 1. — Arch. f. deutsches Wechselrecht Bd. X. S. 79 f.

[15] D. W. O., Art. 85, Abs. 1.

[16] Arch. f. deutsch. Wechselr. Bd. VII. S. 407. — Borchardt, die allg. D. W. O. mit Ergänz. u. Erläut. zu Art. 85, Zus. 586.

[17] D. W. O., Art. 85, Abs. 1 u. 2: „Die wesentlichen Erfordernisse eines „im Auslande ausgestellten Wechsels, so wie jeder anderen im Auslande „ausgestellten Wechselerklärung werden nach den Gesetzen des Orts beurtheilt, an welchem die Erklärung erfolgt ist.

„Entsprechen jedoch die im Auslande geschehenen Wechselerklärungen „den Anforderungen des inländischen Gesetzes, so kann daraus, dafs sie „nach ausländischen Gesetzen mangelhaft sind, kein Einwand gegen die „Rechtsverbindlichkeit der später im Inlande auf den Wechsel gesetzten „Erklärungen entnommen werden.“

Daß im zweiten Absatze keine Ausnahme von der Regel statuirt ist, s. bei Koch, Wechselrecht, S. 330. — Brackenhoeft, a. a. O., S. 140.

Eigenthümlich ist dagegen die Bestimmung der D. W. O., daß Wechselerklärungen, durch welche sich ein Inländer einem andern Inländer im Auslande verpflichtet, rücksichtlich ihrer Form Wechselkraft haben, wenn sie auch nur den Anforderungen der inländischen Gesetzgebung entsprechen [18]. Setzt hiernach die formelle Gültigkeit einer solchen Wechselobligation voraus, daß sie zwischen Inländern begründet worden, so kann die einmal begründete Forderung auch auf einen ausländischen Gläubiger übertragen werden [19].

3. Ueber die Form der mit einem Wechsel an einem bestimmten Orte zur Ausübung oder Erhaltung des Wechselrechts vorzunehmenden Handlungen entscheidet das Recht des betreffenden Platzes, also in Ansehung der an einem ausländischen Platze vorzunehmenden derartigen Handlungen das dort geltende Recht [20]. Dieses ist insbesondere maßgebend für die Form des Protestes [21] und die Erfordernisse des Inhalts einer

---

[18] D. W. O., Art. 85, Abs. 3: „Ebenso haben Wechselerklärungen, „wodurch sich ein Inländer einem andern Inländer im Auslande ver„pflichtet, Wechselkraft, wenn sie auch nur den Anforderungen der in„ländischen Gesetzgebung entsprechen." Koch, Wechselrecht, S. 330 a. E. Der Schweiz. Concordats-Entw. §. 94 nennt diese Bestimmung nicht.

[19] Dagegen: Thöl, Wechselrecht, §. 156. II.

[20] D. W. O. Art. 86: „Ueber die Form der mit einem Wechsel an „einem ausländischen Platze zur Ausübung oder Erhaltung der Wechsel„rechte vorzunehmenden Handlungen entscheidet das dort geltende Recht." Hoffmann im Arch. f. pract. Rechtsw., Bd. I, Heft 3, S. 54 f.

[21] Arch. f. deutsch. Wechselr, Bd. VII. S. 183; Bd. XIII. S. 206 f. — Nicht wesentlich ist die diplomatische Beglaubigung des im Auslande aufgenommenen Protestes (O. Trib. zu Berlin im Arch. f. deutsch. Wechselrecht Bd. V. S. 412 f.). S. auch das Großh. Hess. Einf. G. §. 4: „Wechselproteste, welche im „Auslande aufgenommen wurden, bedürfen keiner Beglaubigung durch eine „ausländische Behörde." — Lippe-Detmold. Wechselproc. Ges. §. 5: „Bei Wechselprotesten, welche in Deutschland aufgenommen sind, und bei „Urkunden, deren Aufnahme oder Beglaubigung in Deutschland durch „einen Notar oder Gerichtsbeamten erfolgt ist, bedarf es keiner weiteren „Beglaubigung Seitens anderer Behörden (Legalisation). Ebenso Braunschweig. Wechselproc. Ges. §. 5 u. Coburg. Einf. G. §. 10.

Protesturkunde [22], für die Proteststunden, so wie das Protestlocal [23].

4. Die Wirkungen einer Wechselerklärung richten sich nach den Gesetzen des Orts, woselbst die dadurch eingegangene Obligation ihren Sitz hat, also nach der Gesetzgebung des Erfüllungsorts. Der Erfüllungsort ist aber für den Aussteller eines eigenen Wechsels wie für den Trassanten der Ausstellungsort des Wechsels, für den Indossanten der Ort der Begebung, für den Acceptanten der Zahlungsort des Wechsels, wenn er nicht demselben ein anderes Domicil gegeben hat.

Hiernach entscheidet die Gesetzgebung des Ausstellungsorts einer „promissory note" über deren Wechselkraft [24], diejenige des Ausstellungsorts der Tratte über die Verpflichtungen des Trassanten [25], das Recht des Begebungsorts über die Wirksamkeit des Indossaments [26], dasjenige des Zahlungsorts über die Verhaftung des Acceptanten [27].

---

[22] O. A. G. in Darmstadt im Arch. f. pract. Rechtswiss. Bd. IV. S. 351 f. — Der Kläger ist nicht verpflichtet, bei Einreichung der Wechselklage den Beweis anzutreten, daß der im Auslande aufgenommene Protest, welcher den Erfordernissen der D. W. O. entspricht, auch den Vorschriften des ausländischen Rechts gemäß sei (O. Tr. in Berlin b. Borchardt, die Allg. D. W. O. mit den v. den . . . Gerichtshöfen ausgesprochen. Grunds. des W. Rts. Zus. 590. 591); vielmehr hat der Verklagte, welcher behauptet, daß die fremdländischen Proteste formell oder materiell dem fremden Rechte nicht genügen, die Beweislast zu übernehmen. Kletke, Samml. v. Präjudiz. S. 240 d.

[23] Thöl, Wechselrecht, §. 156. III.

[24] Löhr, Centralorgan, N. F. Bd. II. S. 108 f.

[25] Arch. f. deutsch. Wechselrecht, Bd. XI. S. 312 f. — Seuffert, Arch. Bd. XIV no. 166. — Borchardt die Allg. D. W. O. . . . mit den von den deutschen Gerichtshöfen ausgesprochenen Grundsätzen des Wechselrechts, Zus. 584.

[26] Seuffert, Arch. Bd. II. S. 3 not. 1. — Löhr, Centralorgan N. F. I. S. 328.

[27] Seuffert, Arch. Bd. VI. no. 1. — Arch. f. deutsches Wechselr. Bd. VII. S. 374 f. — Löhr, Centralorgan, N. F. Bd. II, S. 450.

Auch bezeichnet der örtliche Sitz der durch eine Wechselerklärung begründeten Obligation die Gesetzgebung, welche hinsichtlich der materiellen Zulässigkeit der Einwendungen [28] so wie der Wechselverjährung maßgebend ist [29]. Das Nämliche gilt in Betreff der Zulässigkeit der Wechselhaft [30], obwohl mit der Maßgabe, daß dieselbe alsdann nicht Statt findet, wenn und insoweit eine solche nach der Gesetzgebung des Proceßorts unstatthaft ist [31].

5. Nicht weniger ist endlich die Frage, welche Handlungen zur Ausübung und Erhaltung des Wechselrechts erforderlich, — wie Präsentation, Protesterhebung und Notification — [32], welche Zeit für deren Vornahme gestattet [33] und welche Wirkungen deren Versäumniß hat, nach der Gesetzgebung des örtlichen Sitzes der betreffenden Obligation, oder mit a. W. regelmäßig des Orts ihrer Begründung zu beantworten, da es sich hier um die Bedingungen der Wirksamkeit der Wechselschuld handelt [34], und sonach weder schlechtweg das Gesetz des Zahlungs-

---

[28] Bar, das internatonale Privat- und Strafrecht, S. 306. Anders Arch. f. deutsch. Wechselr. IV. S. 180.

[29] Seuffert, Arch. Bd. VI. no. 1 a. E. — Arch. f. deutsch. Wechselr. Bd. VI. S. 271 f.; VIII. S. 205 f. — Dagegen: Pöhls, Wechselrecht, II. S. 655 f.; Bender, Grundsätze, II. S. 290 f.; Treitschke, Encycl. II. S. 573 f.; Löhr, Centralorgan, N. F. Bd. II. S. 108.

[30] Bar, a. a. O., S. 313. — Seuffert, Arch. Bd. XIV. no. 165; dagegen: Arch. f. d. Wechselrecht, Bd. IX. S. 100.

[31] Bar, a. a. O. S. 488. — Koch, Wechselrecht, S. 328.

[32] Borchardt, die Allg. D. W. O. . . . mit den von den deutsch. Gerichtshöfen ausgesprochenen Grundsätzen des Wechselrechts zu Art. 86. Zus. 588 a. — Arch. f. d. Wechselr. Bd. VI. S. 271. — Löhr, Centralorgan N. F. Bd. III. S. 428 f.

[33] Die Rechtzeitigkeit der Notification ist also weder nach den Gesetzen des Wohnorts des Notificanten zu beurtheilen, wie das Hamburger Handelsgericht angenommen (Arch. f. d. W. Bd. VIII. S. 337), noch auch schlechtweg nach den Gesetzen des Wohnorts des Regressaten, wie das Obergericht in Zürich entschieden. (Schauberg's Beitr. Bd. XVIII. S. 151).

[34] Bar, a. a. O. S. 30 f. — Hoffmann, Erläuterung der allg. D. W. O. S. 608 f.

orts des Wechsels [35], noch das hinsichtlich der Form der Handlung entscheidende Recht des Orts ihrer Vornahme [36] in den angedeuteten Beziehungen maßgebend sein kann.

Obwohl das ausländische Recht nicht mit zu den Gegenständen der Officialkenntniß des einheimischen Richters gehört, so ist dieser doch befugt, das Bestehen oder Nichtbestehen eines ausländischen Rechtssatzes anzunehmen, wenn er in dieser Hinsicht sichere Kunde hat oder eine solche sich zu verschaffen im Stande ist [37]. Ist dieß dagegen nicht der Fall, so hat der Richter den Beweis der nach den Grundsätzen des internationalen Privatrechts einschlagenden Rechtssätze der Partei, welche sich darauf berufen, aufzugeben.

Wird insbesondere im Wechselprocesse geklagt, so hat der Kläger den liquiden Beweis beizubringen, daß der im Auslande ausgestellte Wechsel nach dem betreffenden ausländischen Rechte als Wechsel gilt [38], und daß die zur Ausübung und Erhaltung des Wechselrechts vorzunehmenden Handlungen der einschlagenden ausländischen Gesetzgebung entsprechen. Anders verhält es sich jedoch, abgesehen von dem Falle, daß es sich um ein ausländisches Recht handelt, dessen sichere Kunde beim Richter vorausgesetzt werden kann, wenn die Wechselerklärung so wie die zur Ausübung und Erhaltung des Wechselrechts vorzunehmenden Handlungen dem inländischen Rechte

---

[35] So das O. Tr. in Berlin bei Seuffert, Arch. Bd. III. no. 294. O. A. G. in Kiel bei Seuffert, Arch. Bd. VI. no. 129; und die Entscheidungsgründe des O. A. G. in Dresden in dem nämlichen Arch. Bd. II. no. 3 und no. 252.

[36] Unrichtig ist die vom Berliner O. T. in Erkenntnissen vom 9. Juni und 23. October 1855 (Borchardt a. a. O. zu Art. 86, Zus. 588 a.) ausgesprochene Ansicht, es beziehe sich die D. W. O. Art. 86 nicht bloß auf die äußere Form, sondern auch auf die Nothwendigkeit. Zeit und Art der zur Ausübung oder Erhaltung des Wechselrechts an einem ausländischen Platze vorzunehmenden Handlungen.

[37] Mein Lehrb. des Civilproceßrechts, §. 98 a. E. — Seuffert, Arch. Bd. II. no. 322.

[38] O. A. G. in Darmstadt im Arch. f. pract. Rechtsw. Bd. I. H. 2. S. 60 f.

entsprechen [39], indem es alsdann Sache des Beklagten ist, auszuführen und nöthigenfalls darzuthun, daß und inwiefern jene der maßgebenden ausländischen Gesetzgebung nicht genügen [40].

§. 9.

Die Literatur des Wechselrechts.

Aus der sehr reichhaltigen Literatur des Wechselrechts [1] sind, außer den encyclopädischen Werken von G. C. Treitschke, Alphabet. Encyclopädie der Wechselrechte und Wechselgesetze, Leipzig 1831. 8. 2 Bde. — und G. M. Kletke, Encyclopädie des ge-

---

[39] O. A. G. in Rostock im Arch. f. d. W. Bd. IV. S. 211 f.; Borchardt, a. a. O. Zus. 582.

[40] Kletke, Samml. von Präjudizien, S. 240 d. — Arch. f. d. W. Bd. X. S. 300 f.; XI. S. 205. Borchardt, a. a. O. Zus. 585.

[1] Ausführlichere Zusammenstellungen der in- und ausländischen Literatur des Wechselrechts finden sich bei Bender, Wechselrecht, Bd. I. S. 104—135; — J. L. U. Dedekind, Abriß einer Geschichte der Quellen des Wechselrechts und seiner Bearbeitung in sämmtlichen Staaten Europa's . . , Braunschw. 1843, S. 14—86 (die ausländische Literatur stellenweise) u. S. 143—156 (die deutsche Literatur); Thöl, Wechselrecht (2. Aufl.) §. 147; Kuntze, deutsches Wechselrecht, §. 3. — Notizen über die älteste Literatur giebt Biener, wechselrechtl. Abhandlungen (Leipzig 1859) S. 83 f. und S. 167. — Die rechtsgeschichtlichen Werke s. in diesem Lehrb. §. 2, Note *. — Von Sammlungen particulärer Wechselrechtsquellen sind zu nennen: Siegel, corpus juris cambialis, das ist: Vollständige Sammlung derer auf den vornehmsten Handelsplätzen, auch anderer Orten in Europa üblichen allerneuesten Wechselordnungen u. s. w., Leipz. 1742. 2 Theile in Fol. — (Der 2. Theil enthält Parere's, ferner J. Phoonsen, Amsterdamer Wechsel-Gebrauch, und endlich eine Einleitung zum Wechselrechte). — Joh. Ludw. Uhl, Erste Fortsetzung des corp. juris cambialis, welches . . . Siegel . . . in Druck gegeben, Leipz. 1757 (2. Aufl. 1772). — Zweite Fortsetz. 1764, dritte 1771 und vierte 1786. — J. C. Meißner, Codex der europäischen Wechselrechte, oder Sammlung der heutzutage in Europa geltenden Wechselgesetze, Nürnberg, Bd. I. 1836 (die deutschen Wechselgesetze enthaltend), Bd. II. 1837 (die ausländischen Wechselgesetze umfassend). 8.

sammten europäischen Wechselrechts, Leipzig 1862, 8. 2 Bde., was zunächst die neuern Bearbeitungen des deutschen Wechselrechts anbetrifft, folgende Werke hervorzuheben:

I. Bearbeitungen des deutschen Wechselrechts vor der Allg. D. W. O.

1. Systematische Bearbeitungen: G. F. v. Martens, Grundriß des Handelsrechts, insbesondere des Wechsel- und Seerechts, 1. Aufl. Göttingen 1797. 8.; 3. Aufl. 1820 [2]. — Schiebe, die Lehre der Wechselbriefe, theoretisch und practisch dargestellt, Straßb. und Frankf. a. M. 1818. 8.; 2. Aufl. Grimma 1834. — G. K. Treitschke, Handbuch des Wechselrechts, Leipz. 1824. 8. — H. G. W. Daniels, Grunds. des Wechselrechts, nach Herrn v. Selchow, mit besonderer Rücksicht auf das allgemeine Preußische Landrecht und das Französische Handelsgesetzbuch, Köln 1827. 8. — J. H. Bender, Grundsätze des deutschen Wechselrechts, mit steter Berücksichtigung der Gesetzgebung und Wissenschaft des Auslandes, für Juristen und Kaufleute bearbeitet. Darmstadt 1828. 2. Abth. 8. [3] — M. Pöhls, Darstellung des Wechselrechts nach Gemeinem und Hamburgischem Rechte, und nach den Gesetzen der vorzüglichsten handelnden Staaten Europa's. Hamburg 1829. 8. 2 Th. [4] — Thöl, das Handelrecht, Bd. II. (enthaltend das Wechselrecht), Göttingen 1847. 2. Aufl. 1865. — Heise, Handelsrecht, Frankf. a. M. 1858, S. 112—320.

2. Kritische Bearbeitungen: E. Einert, das Wechselrecht

---

[2] Morstadt's Commentar über das Handelsrecht Deutschlands und Frankreichs, kritisch-pragmatisch: auf der Basis des (mitgedruckten) Grundrisses von Martens, erster Theil, Heidelberg 1849, umfaßt das Wechselrecht nicht.

[3] Das Werk bildet den 2. Band der Grundsätze des deutschen Handlungsrechts, Darmstadt 1828.

[4] Das Wechselrecht bildet den 2. Band der Darstellung des Gemeinen Deutschen und des Hamburgischen Handelsrechts, Hamburg 1829.

nach dem Bedürfniß des Wechselgeschäfts im 19. Jahrhundert, Leipzig 1839. 8. [5]

II. Bearbeitungen des deutschen Wechselrechts seit der Allg. D. W. O.

1. Erläuterungen der Allg. D. W. O. und practisch-populäre Darstellungen des Wechselrechts auf Grundlage dieses Gesetzes [6]. Die Allgemeine D. W. O. mit Einleitung und Erläuterungen, Leipzig, bei Brockhaus, 1848 [7]. — Fr. Ortloff, Allgemeine D. W. O., mit vollständiger Erläuterung nach den Protocollen der zu Leipzig abgehaltenen Conferenz, Jena 1848. — Souchay, D. W. O. mit Anmerkungen in der Zeitsch. für deutsches Recht, Bd. XII. S. 315—366. 1848. — Kitzinger, Wechselkunde für Kaufleute und Juristen, mit steter Berücksichtigung der A. D. W. O., Leipzig 1849. — W. Brauer, die Allgemeine D. W. O. erläutert, Erlangen 1849. Zweite vermehrte Auflage, mit den in den einzelnen Staaten erschienenen Einführungsgesetzen und mit einem alphabetischen Register versehen, Erlangen 1851. — C. F. Koch, das Wechselrecht nach den Grundsätzen der Allgem. D. W. O. und nach seiner Anwendung in den preußischen Ländern, Breslau 1850. — Stubenrauch, Vorlesungen über die neue W. O., Wien 1850. — Berger, die österreich. W. O. in ihrem Unterschiede von dem früheren österr. Wechselrechte erläutert, Wien 1850. — S. Borchardt, die Allg.

---

[5] V. die Schrift: Einert, namentlich in seinen Beziehungen zu der jüngsten Entwicklung des deutschen Wechselrechts dargestellt, Leipzig 1855.

[6] V. überhaupt: Jolly, die neuere Literatur des Wechselrechts in der Krit. Vierteljahrs-Schrift für Gesetzgeb. u. Rechtsw. Bd. II. S. 537 f. u. Bd. III. S. 207 f.

[7] Diese Schrift, deren ungenannter Verfasser (Liebe) leicht erkenntlich ist, gehört zu den vorzüglichsten, welche über die D. W. O. geschrieben worden. Sie wird im Folgenden mit den Worten citirt werden: Allg. D. W. O. mit Einl. und Erläut.

D. W. O. mit den Einführungs-Ordnungen zu derselben und den Abweichungen der Oesterr. W. O., nebst Bemerkungen und Vergleichungen mit den fremden Gesetzgebungen, Berlin, 2. Aufl. 1851. — Joh. Alois Ditscheiner, das allgemeine deutsche und neue österreich. Wechselrecht, nebst dem commerciellen Wechselgeschäfte, dem Wechselprocesse und dem Wechselstempel, ausführlich erklärt und durch viele Formulare erläutert, Wien, 1851. — Otto Christoph, die Allg. D. W. O. aus den Motiven zum preußischen und zum Leipziger Entwurfe erläutert, Leipzig, 2. Aufl. 1851. — Kalessa, Handbuch des österreichischen und gesammten deutschen Wechselrechts, Wien, 4. Aufl. 1852. 5. Aufl. 1859. — Bluntschli, Allg. D. W. O. mit dem K. bayerischen Einführungsgesetze und dem K. bayerischen Gesetze über die kaufmännischen Anweisungen, Erlangen 1852. — A. Heckert, das preuß. Wechselrecht. Mit allen ergänzenden und erläuternden Bestimmungen, Obertribunals-Beschlüssen und Präjudicien u. s. w., Berlin 1853. — Karvasy, Lehrb. des Wechselrechts, hauptsächlich für Handels- und Industrie-Schulen, nach der A. D. W. O. und noch Kraft habenden ungarischen Wechselgesetzen, Pesth 1853. — E. Stern, die Lehre von den Wechseln und dem Wechselverkehre u. s. w., Gießen 1853. — Kitka, Erläuterungen über die österr. (deutsch.) W. O. und den österr. Wechselproceß, Wien 1854. — Kheil, Wechselrecht des österreich. Kaiserstaates, Prag 1854, 2. Aufl. 1859. — Giambattista Fava, sulla legge di cambio austriaca e germanica, Padova, fasc. I. 1854. — Haimerl, Anleitung zum Studium des Wechselrechts mit besonderer Rücksicht auf die in Oesterreich derzeit bestehenden Gesetze, Wien 1855. — Skrivan, Wechsellehre, Prag 1856. — Blaschke, das österr. Wechselr., 2. Aufl. Gratz 1856. — K. Walcher, populäre Vorträge über das Wechselrecht, gehalten im Stuttgart. Gewerbe-Verein, Stuttg. 1858. — Andr. Hardung II, das Wechselrecht der Allg. D. W. O., Köln 1858. — K. F. H. Straß, die Allg. D. W. O., Berlin 1858. — E. Hoffmann, ausführliche Erläuterung der Allg. D. W. O., Gießen 1859. — Bleibtreu, die Lehre von den Wechseln mit Hinweisung auf bestehende Gesetze, Erlangen 1860. — J. E. Meißner, Allg. europäische Wechselpraktik. Mit genauer Berücksichtigung der gegenwärtig bestehenden Allg. D. W. O., Leipzig 1860. — L. Schmidt, Vollständige Wechselkunde oder Darstellung des Wechselrechts der bedeutendsten Staaten, Stuttgart 1860. — O. Wächter, Wechsellehre nach den deutschen und ausländischen Gesetzen, für den practischen Gebrauch des Handelsstandes dargestellt, Stuttgart 1861. Meznik, das österreichische Wechselrecht für den Geschäftsmann, Prag 1861. — G. F. Keinisch, die Allg. D. W. O., Bamberg 1861. — L. Volkmar und S. Löwy, die deutsche W. O., Berlin 1862. — J. E. Kuntze, deutsches Wechselrecht auf Grundlage der Allg. D. W. O. und der Nürnberg. Novellen, Leipzig 1862 (I. Wechselordn. nebst Novellen, II. Grundsätze des Wechselrechts, 122 S. enthaltend; dazu kommen III. Excurse über Geschichte, Gesetzgebung und Theorie des Wechselrechts, S. 123—328, Leipzig 1862.) — G. Ed. Schmidt, das Wechselrecht nach der Allg. D. W. O. und den Novellen dazu, Leipzig 1864. — Thöl, das Handelsrecht, Bd. II (enthaltend das Wechselrecht), 2. Aufl. Göttingen 1865. — W. Gunesch, das österr. Wechselrecht, zum Gebrauche in höheren Handelsschulen, Wien 1866. — H. Hoyer, Grundlinien des Wechselrechts, Posen 1866.

2. Sammlungen von Präjudizien zur Erläuterung der D. W. O. sind: Borchardt, die Allg. D. W. O. mit den von den inländischen und ausländischen deutschen Gerichtshöfen ausgesprochenen Grundsätzen des Wechselrechts, Berlin 1854; und Erste Fortsetzung (Nachträge und Entscheidungen bis Ende December 1855, mit fortlaufenden Seitenzahlen), Berlin 1856; 2. Aufl. 1860; 3. Aufl. 1864; 4. Aufl. 1865 (unter dem Titel: die Allg. D. W. O. und die die Ergänzung und Erläuterung derselben betreffende Novelle mit den von den deutschen Gerichtshöfen ausgesprochenen Grundsätzen des Wechselrechts, nebst Bemerkungen). — Schuster, gerichtl. Entscheidungen, erflossen in höherer oder höchster Instanz über Fragen der Auslegung und Anwendung der österr. (Allg. deutsch.) W. O. u. s. w., Wien 1855. — Kletke,

Sammlung von Präjudizien der obersten Gerichtshöfe Deutschlands in Handels-, See- und Wechselrechts-Sachen bis zu Ende des Jahres 1856, Erlangen 1857; Fortsetzung 1858. — Kletke, Zeitsch. für Handelsgesetzgebung und für Entscheidungen der obersten Gerichtshöfe aller deutschen Staaten in Handelsrechtssachen, mit Einschluß des Wechselrechts, Nürnberg, 1. Jahrgang 1857. — Kletke, Rechtssätze aus Erkenntnissen und Verordnungen der oberen Justiz- und Spruchbehörden des K. Sachsen in Wechselrechtsstreitigkeiten, Dresden 1858. — Kletke, Rechtssätze aus Erkenntnissen der oberen und obersten Gerichtshöfe Deutschlands in Wechselrechtssachen pro 1857—1859, Bamberg 1861. — Die Jurisprudenz des O. A. G. der vier freien Städte Deutschlands in Wechselsachen 1821—1857. Nebst Anhang aus der Jurisprudenz des Handels- und Obergerichts zu Hamburg in Wechselsachen, November 1855 — 1857, Frankfurt a. M. 1858. — J. Peitler, Sammlung von wechselrechtlichen Entscheidungen des österreichischen obersten Gerichtshofs, Wien 1864. — Sammlung handelsgerichtlicher Entscheidungen seit Einführung des Allg. deutsch. Handelsgesetzbuchs in Bayern, Erlang. Bd. I, 1865; Bd. II, 1866, 1867.

3. Zeitschriften, theoretische Erörterungen und Mittheilungen von Präjudizien enthaltend: Archiv für deutsches Wechselrecht, herausgegeben von Ed. Siebenhaar und Th. Tauchnitz, Leipzig bei Tauchnitz (seit 1851). Vom 6. Bande an unter dem Titel: Archiv für deutsches Wechselrecht und Handelsrecht, vom 10. Bande an unter der alleinigen Redaction von Siebenhaar. — Gelpke, Zeitschrift für Handelsrecht, mit Hinblick auf die Handelsrechts-Praxis in Preußen, und auf die Grundsätze des K. Obertribunals in Berlin in Handelssachen. Berlin, Heft 1 u. 2. 1852, Heft 3. 1853. — Zeitschrift für das gesammte Handelsrecht, herausgegeben von L. Goldschmidt, Erlangen (seit 1858) und vom 8. Bde. an auch von P. Laband. — Neues Archiv für Handelsrecht, Hamburg (seit 1858), herausgegeben von J. F. Voigt und E. Heinichen, u. v. 3. Bd. an von J. F. Voigt u. H. G. Heineken. — Das Centralorgan für den deutschen Handelsstand von G. Löhr, Cöln (seit 1862);

jetzt unter dem Titel: Central-Organ für das deutsche Handels- und Wechselrecht, N. F., Elberfeld (seit 1865).

Von den Bearbeitungen fremder Wechselrechte sind namentlich hervorzuheben:

Was das französische Wechselrecht anbetrifft[8]:

Persil, de la lettre de change, Paris 1837. — Nouguier, des lettres de change et des effets de commerce, 2 Vol. Paris 1839, 2. Ausg. 1851. — Bravard-Veyrierès, traité de la lettre de change et du billet à ordre, publié, annoté et completé par Demangeat, Paris 1862, — und die Darstellungen des Wechselrechts in den verschiedenen Bearbeitungen des französischen Handelsrechts.

Für das englische und nordamerikanische Wechselrecht:

J. Chitty, A treatise on the law of bills of exchange, checks on bankers, promissory notes . . . . , London 1799; — neueste Ausg. Chitty, On bills of exchange, promissory notes, cheeques on bankers' . . . , with references to the law of Scotland, France and America, 10 edit. by T. A. Russell and D. Maclachan, Lond. 1859. — Manning, The law of bills of exchange. London, 4 ed. 1817 (ein Auszug aus dem vorigen Werke). — Jacobsen, Umriß des Englischen Wechselrechts mit Entscheidungen über Wechselrechtsfälle in Hamburg und Altona, Altona 1821 (im Wesentlichen eine Uebersetzung von Manning). — Bayley, Summary of the law of bills of exchange. London, 5 ed. 1830. — Thomson, A treatise on the law of bills of exchange etc. Edinburgh, 5 edit. 1836. D. Joseph Story's Englisches und Nordamerikanisches Wechselrecht. Deutsch bearbeitet und mit Anmerkungen und Vorrede begleitet von Treitschke, Leipzig 1845. — Edwards, Treatise on bills of exchange and promissory notes, Albany 1859. —

---

[8] Ueber die ältere französische Literatur s. Biener, wechselrechtl. Abhandl. S. 151 f.

James Kent, Commentaries on American law, New-York, 10 ed. 4 vol. 1861.

Für das Schweizerische Wechselrecht:

Burkhardt-Fürstenberger, Entwurf einer Schweizerischen Wechselordnung mit Motiven, Zürich 1857. — Bernhard Mayer, das schweizerische Wechselconcordat, wie dasselbe von den Cantonen Bern, Luzern und Solothurn als Gesetz angenommen worden ist, erläutert, Luzern 1861. — Schwarzkopf, die schweizer. W. O., Basel 1864.

Erstes Buch.
Allgemeine Lehren.

Erstes Kapitel.
Wechselversprechen und Wechselverträge.

§. 10.

Das Characteristische des Wechselversprechens *.

Das Wechselversprechen ist ein Geldzahlungsversprechen [1], dessen Form, zu welcher wesentlich ein Wechselbrief gehört [2], das Erforderniß

---

* Jolly, die neuere Literatur des Wechselrechts in der Krit. Vierteljahrsschrift für Gesetzgebung und Rechtswissenschaft, Bd. I. S. 537 f.

[1] Preuß. Landrecht, Th. II. Tit. 8. §. 750 : „Sowohl eigene als gezogene Wechsel können nur auf bestimmte Geldzahlungen, nicht auf Waarenlieferungen oder Dienstleistungen gerichtet werden". — Dessau. W. O. §. 6. Das Versprechen der Gewährung von Werthpapieren (Actien, Staatspapieren) ist kein Wechselversprechen. Arch. f. deutsch. Wechselr., Bd. III. S. 208 f. S. jedoch dies. Lehrb. §. 14, Note 5 und Dedekind, Abriß, S. 37. — Die Bayer. W. O. von 1785, §. 3 (b. Meißner, Codex der europ. Wechselrechte, Bd. I. S. 186 und 187) kennt Wechsel auf Pretiosa, Waaren und andere Effecten.

[2] Damit erledigt sich das Bedenken Kuntze's im Arch. f. d. Wechselr. Bd. XIV. S. 345, daß die Definition des Wechsels als eines formalen Geldzahlungsversprechens denselben von andern Scripturobligationen nicht unterscheide.

einer materiellen causa debendi ersetzt [3], und das nur gegen die Wechselurkunde geltend gemacht werden kann.

Weitere Eigenthümlichkeiten desselben sind die Uebertragbarkeit der Wechselforderung, die Förmlichkeiten, welche zu deren Wahrung erforderlich sind, und die zu deren Geltendmachung gestattete Wechselhaft; — Eigenthümlichkeiten, welche jedoch als naturalia negotii und weil nicht bei allen Arten von Wechselversprechen zutreffend, in die Begriffsbestimmung des Wechsels nicht aufgenommen werden dürfen.

Wie demnach als das Characteristische des Wechselversprechens die zu dessen Verwirklichung stattfindende Wechselhaft nicht bezeichnet werden darf [4], so kann das Wechselgeschäft ebensowenig als Kauf aufgefaßt werden [5].

Es ist das Wechselversprechen aber auch nicht ein Einlösungsversprechen des Wechsels als kaufmännischen Papiergeldes [6], oder

---

[3] Dies. Lehrb. §. 2. — M. Pöhls, Wechselr. S. 5. — Delbrück in Eberty's Zeitschrift für volksthümliches Recht, Februar 1844, S. 144 f. — Noback, über Wechsel und Wechselrecht, S. 21. — Liebe, Entw. einer W. O. f. das Herzogthum Braunschweig sammt Motiven, Braunschw. 1843, S. 39 f. — Bluntschli, D. W. O. S. 3 f. — Dasselbe sagt Thöl, Wechselrecht, §. 157, wenn er das Wechselversprechen als ein Summenversprechen bezeichnet. S. auch Bähr, die Anerkennung S. 274 f.; v. Salpius, Novation u. Delegation, S. 460 f. — An diesem Wesen des Wechsels wird dadurch nichts geändert, daß viele W. O. die Bezeichnung des Valuten-Verhältnisses auf dem Wechselbriefe verlangen. S. dies. Lehrb. §. 18.

[4] So die ältere Theorie. Göde, jus privat. germanic. §. 116. — Musäus, Grunds. des Handlungs- u. Wechselrechts, 3. Ausg. Gießen 1817, §. 138. S. auch Phillips, Grunds. des G. D. Privatrechts, §. 289. S. dagegen Einert, Wechselrecht, S. 16 f.

[5] So Biener, wechselrechtl. Abh. S. 367 f., S. 376 f. u. S. 389. — S. dagegen Fick in der Zeitsch. f. das gesammte Handelsrecht, Bd. III. S. 584 u. S. 593 f.

[6] Dieß die Ansicht von Einert, Wechselr. S. 51 f. — Derselbe: Das Wesen und die Form des Literalcontracts, 1852. Brauer, die D. W. O., S. 12 f. — Koch, Wechselr. S. 17 f. und Arch. f. deutsch. Wechselr. Bd. II. S. 35 f. (als angebliches Princip der D. W. O.). — Brackenhoeft, im Arch. f. deutsch. Wechselr. Bd. I. S. 243 f. — Stubenrauch, die neue W. O., S. 17 f. — Kitka, Erläut. S. 44. — Kheil, Wechsr. S. 30. —

ein einseitiger Formalact, welcher seine bindende Kraft allein im Creationswillen des Ausstellers hat [7]. Noch weniger ist der Wechsel selbst Gläubiger des mit dem Papiere verknüpften Nomen's [8], indem vielmehr das Wechselversprechen erst durch Abschließung eines Wechselcontracts für den Promittenten bindend wird [9].

§. 11.

Die Hauptarten des Wechsels.

Der Wechsel als Wechselbrief ist doppelter Art, ein trassirter, gezogener, oder ein eigener, trockener; das Wechselversprechen dagegen ist ein dreifaches, ein gezogenes, ein Acceptationsversprechen

---

Diese Auffassung, deren Consequenzen bei Biener, Abhandlungen aus dem Gebiete der Rechtsgeschichte, S. 109 zusammengestellt sind (s. auch Biener, wechselrechtl. Abh. S. 303 f.), beruht auf einer Verwechslung des thatsächlichen Gebrauchs des Wechselpapieres mit der juristischen Natur des Wechselgeschäfts. — Thöl, Wechselrecht, §. 157 not. 1. — Noback, a. a. O. S. 18. — Liebe, Motive, S. 34 f. — D. W. O. mit Einl. und Erläut. S. XXII f. und insbesondere Ladenburg, im Arch. f. deutsch. Wechselr. Bd. III. S. 113 f.

[7] Kuntze, die Lehre von den Inhaberpapieren, S. 364 f. Derselbe im Arch. f. d. W. Bd. VIII. S. 345 f., Bd. XI. S. 128 f., Bd. XIV. S. 1 f., und über die Consequenzen des Creationsprincips Kuntze, Wechselrecht, S. 51, 52 u. S. 304. — Jolly in der Krit. Vierteljahrs-Schrift f. Gesetzgeb. u. Rechtsw. Bd. II. S. 548 f. — S. dagegen: Meine Abh. in der Zeitsch. f. d. gesammte Handelsrecht, Bd. I. S. 461 f.; Goldschmidt in der nämlichen Zeitsch. Bd. VI. S. 341 f.; Ladenburg im Arch. f. d. W. Bd. XII. S. 225 f. u. Bd. XIV. S. 283 f.; Hoffmann in dem nämlichen Arch. Bd. XIV. S. 42 f.; Thöl, Wechselrecht, §. 233 not. 4.

[8] Die s. g. Personifications-Theorie von Volkmar u. Löwy in der Zeitsch. f. das gesammte Handelsrecht, Bd. II. S. 552 f. u. die D. W. O. Einleit. S. V f. — Löwy im Arch. f. d. W. Bd. XI. S. 21 f. — Dagegen Ladenburg in dem näml. Arch. Bd. IX. S. 340 f.; Güterbock in der Zeitsch. f. d. gesammte Handelsr. Bd. VII. S. 622 f.

[9] Thöl, Wechselrecht, §. 191. — Ueber die Theorie der Allg. D. W. O. s. Biener, wechselrechtl. Abh. S. 463 f.

oder ein eigenes Wechselversprechen [1]. Die zwei zuerst bezeichneten Arten desselben werden durch einen trassirten Wechselbrief vermittelt [2], das eigene Wechselversprechen ist im eigenen Wechselbrief enthalten.

1) Der trassirte Wechselbrief ist eine Urkunde, laut welcher der Aussteller (Trassant) eine andere Person (den Bezogenen, Trassaten) beauftragt, einem Dritten (dem Remittenten [3], Wechselnehmer) eine gewisse Geldsumme an einem bestimmten Orte zu einer gegebenen Zeit zu bezahlen. — Der trassirte Wechselbrief vermittelt:
   a) Das trassirte Wechselversprechen oder das Versprechen des Ausstellers, daß die in der Wechselurkunde bezeichnete Summe (die Wechselsumme) trassirtermaßen bezahlt werden solle, widrigenfalls er für das Interesse haften will [4]:
   b) Das Acceptationsversprechen, durch welches der Bezogene, und beziehungsweise ein Dritter, sich verbindlich macht, die trassirte Wechselsumme zu bezahlen.

2) Der eigene Wechsel ist eine Urkunde, laut welcher der Aussteller sich zur Bezahlung einer Geldsumme an eine daselbst bezeichnete Person (den Wechselnehmer) verpflichtet [5]. Das in einer solchen Urkunde enthaltene Wechselversprechen des Ausstellers heißt ein eigenes [6].

---

1 Thöl, Wechselrecht, §. 159.

2 D. W. O. mit Einl. und Erl. S. XX. — Ein Wechselbrief kann übrigens ein eigener und ein trassirter sein, wie der indossirte eigene Wechsel.

3 „Creditor, qui remittit, seu transmittit pecunias ad alium locum" . . . Scaccia, tractat. §. III. Gloss. 1.

4 Dies. Lehrb. §. 39.

5 Gleichgültig ist es, ob nach Laut der Urkunde der Aussteller die Zahlung selbst oder durch einen Anderen (einen Domiciliaten) zu leisten sich verpflichtet. Daher denn die Bestimmung des Preuß. Landrechts Th. II. Tit. 8, §. 714: „Hat der Aussteller die Zahlung selbst zu leisten versprochen, so ist ein „trockner oder eigner Wechsel, wenn aber die Zahlung einem Dritten auf„getragen worden, ein gezogener Wechsel vorhanden", ungenau ist.

6 An der Natur desselben wird dadurch nichts geändert, daß der Aussteller

§. 12.

Die Wechselverträge.

Das Wechselversprechen wird für den Promittenten durch den Abschluß des Wechselvertrags (contractus cambii) bindend. Derselbe ist ein Vertrag, durch welchen sich der Aussteller eines gezogenen Wechselversprechens (Begebungs-Vertrag) oder eines Acceptationsversprechens (Acceptations-Vertrag) oder endlich eines eigenen Wechselversprechens verbindlich macht.

Diese drei Arten von Wechselverträgen sind, wie der Wechselvertrag des Indossanten [1], eigenthümliche Formalgeschäfte [2], und zwar nicht allein wegen der formellen Natur des denselben zur Grundlage dienenden Wechselversprechens, sondern auch, weil der Vertragsabschluß selbst an eine bestimmte Form geknüpft ist [3]. Als Vermittler dieser Form erscheint aber der Wechselbrief, welcher sonach nicht als Wechselvertrags-Urkunde betrachtet werden kann [4].

Wenn nun auch die Function des Wechselbriefs nicht bei allen Wechselvertrags-Arten die nämliche ist, so muß doch die Wechselurkunde immer die Bezeichnung des Verpflichteten mit dessen bürger-

---

durch einen Anderen (den Domiciliaten) zu zahlen verspricht, da das Versprechen, durch einen Anderen zu zahlen und das Versprechen, daß ein Anderer zahlen werde, einen verschiedenen Inhalt haben. Dagegen Einert, Wechselr. S. 66 f.

[1] Der Vertrag des Indossanten, von welchem jedoch erst weiter unten die Rede sein kann, wird auch Begebungs-Vertrag genannt. — Wiewohl das Wechselversprechen des Indossanten ein trassirtes ist, so fällt der Wechselvertrag des Indossanten mit dem Wechselnehmer nicht mit demjenigen des Trassanten zusammen; daher denn vier Wechselverträge von einander unterschieden werden müssen. Thöl, Wechselrecht, §. 191.

[2] Der Wechsel ist ein strenger Literalcontract, weshalb Wechselerklärungen nicht ausdehnend auszulegen sind (Berlin. O. Tr. bei Kletke, Präjudiz. S. 160, no. 373). Der Wechselvertrag ist daher kein zweiseitiger Vertrag, wie O. Wächter, Wechsellehre, S. 63 a. E. u. S. 65 meint.

[3] Thöl, Wechselrecht, §. 197.

[4] Einert, Wechselrecht, S. 116 f. Unrichtig definirt noch Kitka, Erläuterung. S. 1 den Wechsel als einen schriftlichen Vertrag.

lichem Namen oder Firma enthalten, und regelmäßig auch dessen Unterschrift, welche nicht mit einem die Absicht der Eingehung einer wechselmäßigen Verbindlichkeit ausschließenden Zusatze verbunden sein darf [5]. Abgesehen jedoch von der Zulässigkeit einer Stellvertretung bei Wechselversprechen (s. §. 13), können Wechselerklärungen statt des Namens mit Kreuzen oder anderen Handzeichen vollzogen werden, wenn nur diese Zeichen als von deren angeblichem Aussteller herrührend gerichtlich oder notariell auf dem Wechselbriefe beglaubigt sind [6]. Wie demnach die Ausstellung der Wechselerklärung mittelst Handzeichens vor Gericht oder Notar nicht erforderlich ist [7], und auch eine auf dem Wechsel stehende notarielle Recognitionsverhandlung als genügend erscheint [8], so wird dagegen der Mangel an gehöriger Beglaubigung durch ein im Processe abgegebenes Anerkenntniß des Zeichens nicht ersetzt [9], während endlich die Ausfertigung einer von einem Schreibensunfähigen zum notariellen Protocolle gegebenen Wechselerklärung die Stelle eines Wechsels keineswegs vertritt [10].

Dagegen ist die in hebräischen Lettern geschriebene Namensunterschrift gültig [11], und nur da für ein bloßes Handzeichen zu er-

---

[5] Borchardt, die allg. D. W. O. . . . mit den von den deutschen Gerichtshöfen ausgesprochenen Grundsätzen des Wechselrechts, Zus. 521 d. — Sammlung handelsgerichtl. Entscheidung. in Bayern, Bd. II. S. 81 f.

[6] D. W. O. Art. 94 : „Wechselerklärungen, welche statt des Namens „mit Kreuzen oder anderen Zeichen vollzogen sind, haben nur dann, wenn diese Zeichen gerichtlich oder notariell beglaubigt worden, Wechselkraft". — Arch. f. d. Wechselrecht, Bd. IX. S. 197 f.; X. S. 50; XII. S. 609 f.; XIV. S. 93 f. — Borchardt, a. a. O. Zus. 643 a, 644 a. — V. jedoch auch dies. Lehrb. §. 17 not. 15. Ueber die eidliche Diffession eines mit notariell beglaubigtem Handzeichen vollzogenen Wechsels s. Löhr, Central-Organ, N. F. Bd. II. S. 445 f.

[7] Seuffert, Arch. Bd. XIII, no. 229.

[8] Löhr, Central-Organ, N. F. Bd. II. S. 94 f. Dagegen : Borchardt, a. a. O. Zus. 643 b.

[9] Sammlung handelsgerichtl. Entscheidung. in Bayern, Bd. I. S. 304 f.

[10] Arch. f. deutsches Wechselrecht, Bd. VII. S. 109 f.; Seuffert, Arch. Bd. XII. Nr. 75.

[11] Borchardt, a. a. O. Zus. 645.

achten, wo der Gebrauch der hebräischen und jüdischen Sprache oder Schrift bei Vermeidung der Nichtigkeit untersagt ist [12].

Der Wechselvertrag kann Handelsgeschäft sein. Er ist es dann, wenn er von einem Banquier oder Kaufmann abgeschlossen worden [13], gleichgültig, ob der andere Contrahent Banquier oder Kaufmann ist oder nicht ist [14].

§. 13.

Die Vertretung bei Wechselversprechen und Wechselverträgen.

Die formelle Natur der Wechselversprechen und Wechselverträge schließt die Zulässigkeit einer Vertretung bei denselben, welche übrigens nicht allein für handlungsunfähige Personen Statt finden kann, nicht aus [1]. **Der Vertreter verpflichtet unter der Voraussetzung, daß er zur Ausstellung der betreffenden Wechselerklärung ermächtigt ist, den Vollmachtgeber und diesen allein, wenn er nur dessen Namen oder Firma auf den Wechsel schreibt** [2], **oder unter Andeutung des Stell-**

---

[12] Wie z. B. durch das Oesterreich. Hofdecret vom 22. Oct. 1814. — Arch. f. deutsch. Wechselr. Bd. III. S. 336; Stubenrauch, Vort. S. 44; Kitka, Erläut. S. 35; dagegen: Berger, W. O. S. 42.

[13] Allg. D. Handelsg. Art. 272. 2, Art. 273, 274. Arch. f. deutsches Wechselrecht, Bd. XV. S. 78 f., 90 f. — Löhr, Centralorgan, N. F. Bd. II. S. 493.

[14] Allg. D. Handelsg. Art. 277.

[1] Allg. D. W. O. Art. 2 u. A. 95. — Schweiz. Concordats-Entw. § 82. — Schwed. W. O. §. 2. — Finnl. W. O. §. 2. — Biener, wechselrechtliche Abhandlungen S. 121 f.

[2] O. T in Stuttgart im Arch. f. deutsch. Wechselrecht, B. VII. S. 338 f. und bei Seuffert, Arch. Bd. XII, no. 182. Oberst. Gerichtsh. in Wien bei Löhr, Central-Organ, N. F. Bd. III. S. 434 f. u. S. 436 f. u. im Arch. f. deutsch. Wechselrecht, Bd. XVI. S. 97 f. Dagegen: O. T. in Berlin, im Arch. f. d. W. Bd. VII. S. 188 f. und Bd. X. S. 207 f.; Borchardt, die Allg. D. W. O. . . . mit den von den deutschen Gerichtshöfen ausgesprochenen Grundsätzen des Wechselrechts, Zus. 653. — Wechselrechtlich ist hier dagegen der Vertreter in keinem Falle verbunden. Dagegen: der Oberste Gerichtshof in Wien im Arch. f. deutsch. Wechselrecht, Bd. XII. S. 396 f.

vertretungs-Verhältnisses seinen eigenen Namen beifügt. Schreibt er beide Namen ohne eine solche Andeutung, so haften der Vertreter und der Vertretene [3].

Ob aber der Vertreter zur Ausstellung der betreffenden Wechselerklärung ermächtigt war, ist nach den Grundsätzen des Civil- und beziehungsweise Handelsrechts zu beantworten.

Wie hiernach die Vollmacht, im Namen eines Andern ein Wechselversprechen zu geben (Wechselprocura), speciell ertheilt oder in einer allgemeinen Vollmacht enthalten sein kann, so ist insbesondere zwar nicht der procurator omnium bonorum [4], wohl aber derjenige, der Vollmacht erhalten hat, „jede Art Verträge zu schließen", für berechtigt zu erachten, für den Vollmachtgeber verbindliche Wechselgeschäfte einzugehen [5].

Das Nämliche gilt nach handelsrechtlichen Grundsätzen vom Procuristen [6], gleichgültig, ob er die Wechselerklärung unter der Firma seines Principals mit einem die Procura andeutenden Zusatze und unter Beifügung seines Namens abgegeben [7], oder ob er nur die Firma gezeichnet hat [8].

Auch wird eine Actiengesellschaft durch eine von ihrem Vorsteher ausgestellte Wechselerklärung dann verpflichtet, wenn deren Name gezeichnet worden ist [9].

Nicht weniger entscheiden aber die Grundsätze des Handelsrechts rücksichtlich der Frage, inwieferne aus einer als Wechselunterschrift

---

[3] Thöl, Wechselrecht, §. 200, not. 7. — S. auch Borchardt, a. a. O. Zus. 646. b.

[4] Arg. l. 60 §. 4 De mandati (17. 1). — Sammlung handelsgerichtlich. Entscheidungen in Bayern, Bd. I. S. 433 f.

[5] Seuffert, Arch. Bd. XI. S. 214 f.

[6] Allg. D. Handelsg. Art. 42, 43.

[7] Allg. D. Handelsg. A. 44.

[8] v. Hahn, Comment. zum Allg. D. Handelsg. Bd. I. S. 125 f.; — Volkmar u. Loewy, die D.W.O.S. 353. — Arch. f. deutsch. Wechselrecht. Bd. XV. S. 73 f.

[9] Arch. f. deutsches Wechselrecht, Bd. XIV. S. 324 f.

angewendeten Firmenzeichnung eine Wechselverbindlichkeit für bestimmte Personen entstanden ist [10]. Daher werden durch die von einem zur Geschäftsführung berechtigten Gesellschafter unter der Firma der offenen oder Commandit-Gesellschaft abgegebene Wechselerklärung alle offenen Gesellschafter und beziehungsweise Commanditäre wechselrechtlich verpflichtet [11].

Wer aber eine Wechselerklärung für einen Andern ohne Vollmacht, oder unter Ueberschreitung seiner Befugnisse mit seinem Namen oder seiner Firma unterzeichnet hat, ist nach der D. W. O. selbst der Wechselverpflichtung unterworfen, indem er jedoch in gleicher Weise haftet, wie der angebliche Vollmachtgeber gehaftet haben würde, wenn die Vollmacht ertheilt gewesen wäre [12], eine Bestimmung, welche indessen keine Anwendung auf die Wechselverjährung findet [13].

Wie nun der Wechselgläubiger, wenn er den angeblichen Vollmachtgeber belangt, das Dasein einer ausreichenden Vollmacht be-

---

[10] Gelpke, in der Zeitsch. für Handelsrecht, Heft 3, S. 166 f. — Arch. f. deutsch. Wechselrecht, Bd. II. S. 333 f., Bd. III. S. 107 f., Bd. V. S. 438 f. und S. 440 f. — Seuffert, Arch. Bd. VII. Nr. 353.

[11] Allg. D. Handelsg. A. 111. 112. 164. — Arch. f. deutsch. Wechselrecht, Bd. VII. S. 90; Bd. XI. S. 196; Löhr, Central-Organ, N. F. Bd. I. S. 627 f.; — III. S. 446 f.

[12] D. W. O. Art. 95 : „Wer eine Wechselerklärung als Bevollmächtigter „eines Andern unterzeichnet, ohne dazu Vollmacht zu haben, haftet per-„sönlich in gleicher Weise, wie der angebliche Machtgeber gehaftet haben „würde, wenn die Vollmacht ertheilt gewesen wäre.

„Dasselbe gilt von Vormündern und anderen Vertretern, welche mit „Ueberschreitung ihrer Befugnisse Wechselerklärungen ausstellen."

Schweiz. Concordats-Entw. §. 82. — Das Nämliche gilt vom Substituten, wenn derjenige, welcher die Substitutions-Vollmacht ertheilt, zur wechselrechtlichen Verpflichtung seines angeblichen Machtgebers nicht berechtigt war. O. Tr. in Berlin im Arch. f. deutsch. Wechselrecht, Bd. XI. S. 83.

[13] Arch. f. deutsch. Wechselrecht Bd. VII. S. 424. — Thöl, Wechselrecht, §. 200 zu not. 12. — Dagegen : Volkmar u. Loewy, D. W. O. S. 353 a. E. f.

weisen muß [14], so hat er andererseits zur Begründung der Wechselklage gegen den Vertreter den Mangel an Vollmacht oder ausreichender Vollmacht zu behaupten und darzuthun [15]. Während demnach der Beklagte hier keinen Anspruch darauf hat, daß zuvor der angebliche Vollmachtgeber angegangen werde [16], so liegt jenem auch nicht der Beweis genügender Bevollmächtigung als Einredebeweis ob [17].

§. 14.

Der Wechselschluß, Interimsschein und Interimswechsel.

Dem Abschlusse eines Wechselvertrags der einen oder der andern Art kann ein Vertrag vorausgehen, daß ein solcher abgeschlossen werden solle (Wechselschluß, pactum de cambiando [1]). Der Wechselschluß, der als selbstständiger oder als Nebenvertrag vorkommen kann, ist klagbar [2], jedoch nicht nach Wechselrechte [3]. Auch kann derselbe ein Handelsgeschäft sein [4].

---

[14] Arch. f. d. W. Bd. VII. S. 387 f.

[15] O. A. G. in Dresden im Arch. f. d. W. Bd. X. S. 402 f.; Bd. XV. S. 217 f. — Samml. handelsgerichtl. Entscheidungen in Bayern, Bd. II. S. 382 f.

[16] Dagegen: Thöl, Wechselrecht, §. 200 und not. 14.

[17] A. M. sind freilich mit Rücksicht auf die (nicht entscheidenden) Leipziger Protoc. S. 154 u. S. 195 der Oberst. Oesterr. Gerichtshof im Arch. f. d. W. Bd. X. S. 66 f.; u. das Handelsappellationsgericht zu Nürnberg in der Sammlung handelsgerichtl. Entscheidungen in Bayern Bd. I. S. 508 f.; u. Löhr, Centralorgan, N. F. Bd. II. S. 100 f.

[1] Bender, Wechselrecht, Bd. I. S. 208 f.; Thöl, Wechselrecht, §. 188.

[2] Ist nicht das Acceptiren, sondern das Geben und Nehmen eines Wechsels ohne Bestimmung der Art desselben, der Verfallzeit u. s. w. versprochen, so entscheidet der Zweck, zu welchem der Promissar den Wechsel haben will. Hamburg. Einf. G. §. 11: „Ist ein hieselbst zu verkaufender Wechsel ein eigener (A. 96 d. D. W. O.) oder mit einem Original-Accept versehener, oder Solawechsel (A. 66 d. D. W. O.), so muss solches beim Abschluss des Geschäftes angezeigt werden. In Entstehung dessen ist der Käufer zur Entgegennahme des Wechsels nicht gehalten, sondern vielmehr berech-

Ueber die durch den Wechselschluß eingegangene Verpflichtung kann aber sowohl von der einen als von der anderen Seite eine

---

tigt, ordnungsmässige Lieferung sammt Ersatz des etwaigen Schadens, oder auch Schadenersatz allein zu fordern." Brem. Einf. G. §. 2 : „Der Geber eines Sichtwechsels ist verpflichtet dem Nehmer einen im Bremisch. Staate ausgestellten Wechsel zu liefern, sofern er demselben nicht vor Abschluss des Geschäfts einen andern Ort der Ausstellung angezeigt hat. §. 4. Der Wechselgeber hat in Ermangelung besonderer Verabredung den versprochenen Wechsel am Tage der Vereinbarung vor 5 Uhr Abends zu überliefern. Ist der Wechsel auf einen andern Ort gezogen, so muss die Ueberlieferung überdiess so zeitig geschehen, dass der Wechsel noch mit der letzten Post desselben Tages versandt werden kann. §. 5. Der Nehmer eines auswärts zahlbaren Solawechsels oder eines sonstigen auswärts zahlbaren, im Originale bereits acceptirten, Wechsels ist nicht verpflichtet, das acceptirte Exemplar zu empfangen, vielmehr ist der Geber verbunden, dem Nehmer auf dessen Verlangen eine Copie des Wechsels mit Nachweisung des acceptirten Originals zu überliefern. Als ein Solawechsel wird jeder Wechsel angesehen, welcher nicht als Prima, Secunda etc. bezeichnet ist. §. 7. Der Nehmer kann, in Ermangelung besonderer Verabredung, von demjenigen, welcher ihm den Wechsel überträgt, die Beifügung seines Indossaments verlangen, welches, im Falle der Nehmer es begehrt, vollständig auszufüllen ist." S. Weim. Gesetz v. 13 Juli 1849 über die kaufmänn. Anweisungen, §. 5 : „Im Wechselhandel werden unter Wechseln ohne besondere Vereinbarung Anweisungen nicht verstanden." Schwed. W. O. §§. 6—10. — Russisch. Handelsgesetzb. A. 444. 446.

[3] Lübeck. Einf. G. Art. 11 : „Für den Wechselvertrag (pactum de cambiando) behält es bei den statutarischen und gemeinrechtlichen Grundsätzen über die Verträge für jetzt sein Bewenden." Brem. Einf. G. §. 1 : „Der das Wechselrecht begründende Vertrag zwischen dem Geber und Nehmer entsteht erst durch die Ueberlieferung der Wechselurkunde. Die sich darauf beziehenden vorbereitenden Vereinbarungen hingegen geben, wenn auch einen klagbaren Anspruch, doch keinen nach Wechselrecht. — §. 6. Die aus den nach vorstehenden §§. (s. die vorig. Note) dem Geber und Nehmer obliegenden Verpflichtungen entstehenden Klagen und Einreden können im Executiv-Processe geltend gemachs werden, wenn damit sofort der Beweis der denselben zu Grunde liegenden Thatsachen durch Urkunden oder Eideszuschiebung verbunden wird." Particularrechte geben Wechselrecht, jedoch nur für die durch das pactum de cambiando versprochene Valuta, wenn der Wechselbrief bereits ausgehändigt worden. — Leipzig. W. O. Art. XXVI (b. Siegel, corp. jur. camb. I. p. 43). — S. auch Daniels, Wechselrecht, S. 179.

[4] Allg. D. Handelsg. Art. 273. 274.

Urkunde (Interimsschein) ausgestellt werden [5], welche, wenn sie wegen versprochener Geld-Valuta [6] in Wechselform ausgestellt ist (Interimswechsel), einen eigenen Wechsel bildet [7].

Particularrechtlich kann der Geber eines Wechselbriefs bei creditirter Valuta ohne deßhalb getroffene Verabredung einen Interimsschein, und wenn es der Gegenstand erlaubt, einen Interimswechsel verlangen [8].

Zweites Kapitel.

Der Wechselbrief.

A. Das ältere Recht.

§. 15.

Arten und Inhalt der Wechselurkunden.

Die Wechselurkunden kamen schon in der älteren Zeit entweder in der Form eines einen Auftrag an den Adressaten enthaltenden

[5] Treitschke, Encyc. I. S. 509 f. — Biener, Abhandlungen aus dem Gebiete der Rechtsg. S. 121. Formulare von Interimsscheinen des Ausstellers und des Remittenten, s. bei Bender, Wechselr. II. Anh. Nr. 41 u. 42. — Der Interimsschein ist ein Schuldschein, also nicht eine Urkunde über den Wechselschluß, wie Thöl §. 190 sagt; er kann übrigens auch eine Quittung über die vom andern Theile erfüllte Verpflichtung enthalten.

[6] Brem. Einf. G. §. 3: „Im Zweifel ist derjenige, welcher den Wechsel erhält, dem Geber zur baaren Zahlung der Valuta verpflichtet." Nach der Hannöver'schen W. O. v. J. 1822, III. §. 11 kann ein Interimswechsel auf Ueberlieferung der Wechselurkunde ausgestellt und aus einem solchen im Wechselprocesse geklagt werden. — Diese Bestimmung ist durch das Einführungsgesetz der D. W. O. vom 7. April 1849 nicht abrogirt worden.

[7] Der Interimswechsel wird als solcher durch die Bezeichnung des Valuta-Verhältnisses, z. B. „Valuta an einem Wechselbriefe auf N. N. in B. im Betrage von . . . empfangen" erkannt.

[8] Weimarische W. O. Abschn. II. I. §. 26 und Weimar-Eisen. Gesetz über die Ausführung der Allg. D. W. O. vom 3. August 1849 §. 5 und 6. — S. auch M. Pöhls, Wechselr. S. 126 f.

Briefs [1], oder in derjenigen eines Schuldscheins [2] vor; für welche beiden Formen die Ausdrücke gezogene und eigene Wechselbriefe üblich wurden [3]. Selbst sich gewöhnlich Wechsel nennend [4], bezeichnete die Wechselurkunde die Person des Ausstellers, dessen Wohnort und die Zeit der Ausstellung, diejenige Person, an welche gezahlt werden sollte [5], den vom Ausstellungsorte verschiedenen Zahlungsort [6], die Wechselsumme und die Zahlungszeit, welche ge-

---

[1] Noback, über Wechsel und Wechselrecht, S. 36 f.

[2] Frémery, étud. p. 98.

[3] Biener, Abhandl. aus dem Gebiete der Rechtsg. S. 125, Note *. — Ordonnanz Carl's V. zu Antwerpen vom J. 1541 (bei Siegel, corp. jur. camb. I. p. 412). — Extr. a. dem Dänisch. Rechte vom J. 1681, Art. X (bei Siegel, a. a. O. I. p. 329). — Die Leipz. W. O. vom J. 1682, §. IV (bei Siegel, I. p. 7) unterscheidet zwischen „eigenen und anderen Wechselbriefen"; in §. XVII kömmt der Ausdruck „Tratte" zur Bezeichnung der Beziehung vor.

[4] Die Worte „prima di cambio" finden sich schon früh. — Biener, a. a. O. S. 151 f. S. jedoch Holtius, Abhandl. (übersetzt v. Sutro) S. 194 zu Note 1. — Extr. a. dem Dänisch. Rechte vom J. 1681, Art. VIII (b. Siegel, a. a. O. I. p. 329); „Wechselbriefe sollen wie die allerkräf„tigsten Handschriften gültig seyn. Es ist aber darin ... das Wort Wech„selbrief auszudrücken". — In Deutschland findet sich zwar das Wort „Wesselen" im Texte der Urkunde seit dem Ende des 14. Jahrhunderts (Neumann, Geschichte des Wechsels, S. 159 f); jedoch erwähnen die älteren deutschen W. O. der Wechselclausel nicht; die Augsburger W. O. v. J. 1778, Kap. II. §. 1 aber verlangt die Wechselclausel auch bei auswärts ausgestellten Briefen.

[5] Diese war, so lange das Indossament noch nicht in Uebung war (dies. Lehrb. §. 49), in der Regel eine andere Person als diejenige, welche die Ausstellung des Wechsels veranlaßt und hierfür bezahlt hatte. — Schon Scaccia, tract. §. 1 Quaest. V. Nr. 40 giebt übrigens ein Formular eines Wechsels auf den Inhaber. „Pagate per me al portator di questa ducati cento per „altri tanti avuti".

[6] Dies. Lehrb. §. 1, Note 2. — Fabianus de Genua (um 1540) de cambiis, cap. 1, §. 5: Cambium reale per litteras, quando ab una parte „in uno loco datur numisma unius generis, ut pro eo ab altero alibi „sive alio in regno litterarum adminiculo efficaciter consignetur". Scaccia, tract. §. 1. Quaest. VII. Par. III. lim. XI.

wöhnlich a uso [7], oder auf eine Messe [8], jedoch auch a dato oder a vista [9] gestellt war. Ueberdieß mußte der Wechselbrief den Empfang der Geldvaluta bezeugen [10].

Die hauptsächlichsten Modificationen aber, welche hinsichtlich des wesentlichen Inhalts des Wechselbriefs allmählig in Deutschland eintraten, waren, daß er sich als Wechsel bezeichnen mußte [11], und daß die Erfordernisse der diversitas loci [12], so wie der Angabe

---

[7] Notizen über den Uso im 14. und 15. Jahrh. s. bei v. Martens, Versuch, Anhang, S. 2 f. — Dem Bezogenen wurde einige Zeit zur Anschaffung des Geldes gelassen. Diese Frist stellte sich durch den Gebrauch fest, und lief ursprünglich von der Präsentation an, später auch a dato. — Pöhls, Handelsr. II. S. 377 f.

[8] Scaccia, tract. §. 1. Quaest. V. Nr. 45 sqq. — Nach einer Verordnung Pius V. vom J. 1570 durften die Wechsel nur auf die nächste Messe oder ad uso gestellt werden. — Biener, a. a. O., S. 74. — Daher hießen denn auch die Meßwechsel cambia regularia. — Noback, über Wechsel und Wechselrecht, S. 36.

[9] v. Martens, Versuch S. 48 f.; Neumann, Geschichte des Wechsels, S. 125 a. E. u. S. 152.

[10] Biener, a. a. O. S. 114, Note 20 und S. 150. — Frémery, étud. p. 121 suiv.

[11] Cramer, Observat. juris univ. tom. I. obs. 190 sagt: „cambium „legitimae formae non est, in quo vocabulum Wechselbrief non est expres-„sum“ und bezeugt, daß der Reichshofrath auf solche Schuldscheine nur ein mandatum oder rescriptum cum clausula erkannte. — Biener, a. a. O. S. 71.

[12] Lübeck. Verordn. vom J. 1706 (bei Siegel, corp. jur. camb. I. p. 365): „Demnach in Puncto der Wechseln, zo keine drey Personen oder „keine distantiam loci begreiffen, bisher bey hiesigen Nieder-Gerichte nicht „wie mit andern Wechseln, nach Anweisung der hiebevor publicirten „Ordnung, procediret, noch mit Anerkennung parater Execution verfahren: „Solches aber der Praxi anderer Gerichte entgegen, und viele Unordnung „und Weitläufftigkeit verursachet: Als hat ein hochweiser Rath hierdurch „verordnet . . ., dass inskünfftige wegen der obgedachten Wechseln, un-„geachtet des darin befindlichen Mangels der dreien Personen oder der „distantia loci, gleichwie mit andern Wechseln nach Anweisung der Ord-„nung procediret und gleichmässig erkannt werden solle“. — Biener, Abhandl. S. 106.

des Empfangs der Valuta, welche nunmehr auch in Waaren oder Anderm bestehen oder creditirt werden konnte [13], wegfielen [14].

B. Das heutige Recht.

§. 16.

Der wesentliche Inhalt des Wechselbriefs.

Als wesentlicher Inhalt des Wechselbriefs [1] erscheinen nach heutigem Rechte:

---

[13] Nach den Decis. Rotae Gen. 32 n. 6, 44 u. 104 n. 5 kam nicht allein die Valuta-Formel „per la valuta avuta", welche geleistete Zahlung bezeichnete, sondern auch die „pro totidem cambiatis (cambiati con noi, conti a noi)" vor, während seit dem 17. Jahrh. die Formel „Werth empfangen in Waaren" für zulässig erachtet wurde. Biener im Archiv f. deutsches Wechselrecht, Bd. V. S. 242 f. — Die Ord. pour le commerce vom J. 1673, Tit. V. Art. 1, 23 verlangte, daß der Wechselbrief angebe: si la valeur qui a été donnée a été reçue en deniers, marchandises ou autrement." Extr. a. dem Dänisch. Rechte vom J. 1681, Art. 8 (bei Siegel, a. a. O. I. p. 329): „Wenn nur in Wechselbriefen der Empfang der Valuta „bekennet, hat selbiger seine Kraft, er mag gleich über baares Geld, er- „haltene Waaren oder eine andere Schuld gegeben seyn". — Biener, a. a. O. S. 69 und wechselrechtl. Abhandl. S. 106. 179. 224.

[14] Leipz. W. O. vom J. 1682, §. III: „So viel nun die Form und Art „der Wechselbriefe betrifft, dieweil selbige unter Handelsleuten genugsam „bekannt und eingeführt, so hat es damit auch forthin sein Bewenden, und „sollen dieselben, es mag der empfangenen Valuta, wie zwar an „ihm selbst billig wäre, darinnen gedacht seyn oder nicht, „einen weg wie den andern kräfftig u. gültig seyn". Der Grund, warum die Bezeichnung des Valuta-Empfangs fehlen kann, sagt Siegel, a. a. O. I. p. 7 zu diesem Art., liegt darin: „weil das Wechsel-Negotium ein „absonderlicher Contract ist, u. daher schon in sich selbst eine kräfftige „Verbindung hat". — Neue Braunschw. W. O. von 1715, Art. 1 (bei Siegel, a. a. O. I. p. 248): — In Wechselbriefen soll enthalten sein: „die „Valuta und von wem sie gehoben sey. — Daferne aber insonderheit in „Wechselbriefen, so von andern Orten anhero ertheilet werden, die Valuta „etwa nicht bemeldet, ja sogar auch, wenn sie gleich würcklich nicht em- „pfangen wäre, soll dem ohngeachtet der Wechselbrief, weil er auf Glauben „ausgegeben, in seinen vollen Würden u. Kräften bleiben".

[1] Particularrechtlich muß der Wechselbrief mit dem gesetzlichen Stempel

1) Die Wechselclausel [2], oder die Bezeichnung der Wechselurkunde

versehen sein. — Bender, Wechselr. I. S. 194 f. — Ditscheiner, das allgem. deutsche und neue österreich. Wechselrecht, S. 170 f. In Preußen sind alle im Inlande ausgestellten oder auf dasselbe gezogenen Wechsel, welche über 50 Th. und darüber laufen, stempelpflichtig. Der Stempel, welcher unmittelbar nach der Ausstellung und bevor noch ein Accept oder Giro auf den Wechsel gesetzt worden, nachzusuchen ist, und nur bei den an eigene Ordre gestellten Wechseln noch unmittelbar nach dem Accept eingeholt werden kann, ist bei Wechseln über einen Betrag von 50 Th. bis 400 Th. inclus. 5 Sgr., und steigt mit jeden 400 Th. um 5 Sgr. Edict v. 7. März 1822 §§. 20 u. 26. C. O. v. 3. Januar 1830 und G. v. 26. Mai 1852. — In Oesterreich beträgt der Stempel von Wechseln bis 100 fl. 3 kr., bis 200 fl. 6 kr., bis 350 fl. 10 kr., bis 500 fl. 15 kr., bis 1000 fl. 30 kr., bis 1500 fl. 45 kr., bis 2000 fl. 1 fl. u. s. w. — G. v. 9. Febr. 1850. Rescr. vom 6. December 1860. — In Frankfurt a. M. ist der Stempel bei Beträgen unter 150 fl. 3 kr., bis unter 250 fl. 6 kr., bis unter 350 fl. 9 kr. u. s. w. In Lübeck ist der Wechselstempel $^1/_2$ für jedes Tausend; in Bremen bei Beträgen unter 100 Rth. 3 Groote; bis unter 200 Rth. 4 Gr., bis unter 300 Rth. 8 Gr. u. s. w.; in Hamburg bei Beträgen von 100 bis 200 M. B. 2 Schill., bis 300 M. B. 3 Schill., bis 400 M. B. 5 Schill., u. steigt mit jeden 400 M. B. um 5 Schill. Wechsel auf auswärtige Plätze gezogen sind stempelfrei. In Leipzig ist der Stempel bei Beträgen bis zu 100 Rth. $1^1/_2$ Sgr., bis 200 Rth. 3 Sgr., bis 300 Rth. $4^1/_2$ Sgr., bis 400 Rth. 6 Sgr., bis 500 Rth. $7^1/_2$ Sgr., bis 600 Rth. 9 Sgr., bis 700 Rth. 10 Sgr. u. s. w. — In Bayern, Braunschweig, Darmstadt, Hannover, Würtemberg, Sachsen (mit Ausnahme der in Leipzig ausgestellten Wechsel) und Nassau sind Tratten nicht stempelpflichtig. S. auch Borchardt, die D. W. O. mit den von den deutschen Gerichtshöfen ausgesprochenen Grundsätzen des Wechselr. S. 73 f. — Kletke, Encycl. Bd. II. S. 354 f. — Im Zweifel hat jedoch der unterlassene Gebrauch des vorgeschriebenen Stempelpapiers auf die Wechselkraft keinen Einfluß. — Bender, I. S. 200 f. — Thöl, Wechselrecht (1. Aufl.) §. 160, Note 4. — S. jedoch v. Bunge, das liv- und esthländische Privatr. §. 208. 3. u. §. 209. Russisch. Handelsg. A. 436.

[2] Dies. Lehrb. §. 15 zu not. 11. — Leyser, med. ad pand. spec. CXXXIII. no. 3. — Müller, observat. ad Leyserum Tom. II. fasc. 1. p. 40 sqq. — D. W. O. Art. 4 no. 1 u. A. 96. 1. (Preuß. Motive, S. XXXI); Schweiz. Concord.-Entw. §. 3 no. 2. u. §. 88. 2; — Schwed. W. O. §. 1; Finnl. W. O. §. 1; Serbisch. Handelsgsb. §. 80 u. §. 162. — Russ. Handelsg. A. 436. — Nach dem K. Sächs. Gesetz vom 7. Juni 1849 u. dem Weimar-Eisenach. Gesetze v. 13. Juli 1849, die kaufmännischen Anweisungen betreffend, stehen kaufmännische Anweisungen, welche sich im Contexte als Anweisungen

als Wechsel[3] im Contexte selbst[4], — eine Bezeichnung, welche weder durch das Versprechen „nach Wechselrecht zu zahlen" [5], noch auch durch die Stellung des Papiers „an Ordre" ersetzt wird [6].

---

bezeichnen und sonst in der für Wechsel vorgeschriebenen Form abgefaßt sind, den gezogenen Wechseln gleich. Das Nämliche gilt nach dem Bayerischen Gesetze vom 29. Juni 1851, wenn das Papier überdieß auf Ordre gestellt ist. Nach dem Frankfurter Einführungsgesetze zur D. W. O. §. 12 wird eine Wechselklage begründet: durch Anweisungen, welche zur Einlösung eines Wechsels dem Wechselinhaber an Zahlungsstatt zugestellt werden, um an der Casse eines Dritten den Betrag zu erheben; durch Anweisungen, welche acceptirt sind; durch Anweisungen, die an Ordre gestellt sind, und durch Schuldscheine und Zahlungsversprechen, welche an Ordre lauten (S. auch Souchay in der Zeits. f. deutsch. Recht, Bd. XII. S. 322). — Ueber Hamburg, s. die Leipz. Protocolle, S. 12.

[3] Die Ausdrücke „Tratte" oder „Prima" (ohne Beisatz) genügen nicht. Brauer, Erl. S. 33 und im Arch. f. deutsch. W. V. S. 364 f. — Kitka, Erläut. S. 253. Dagegen Blaschke, Wechselr. S. 60. — Ist der Wechsel in einer fremden Sprache ausgestellt, so muß die Urkunde einen der deutschen Bezeichnung entsprechenden Ausdruck in der fremden Sprache enthalten. D. W. O. Art. 4 no. 1 u. Art. 96. 1. — Koch, Wechselrecht, S. 112.

[4] Brauer, Erläut. S. 33 und im Arch. f. W. V. S. 362 f. Bluntschli, D. W. O. S. 24. Schweiz. Entw. §. 3, Nr. 2. Die Bezeichnung als Wechsel in der Aufschrift genügt nicht (Ob. Oesterr. Ger. bei Borchardt, die D. W. O. mit den von den . . . Gerichtshöfen ausgesprochenen Grundſ. des Wechselr. Zus. 64, und Arch. f. W. V. S. 434 f.). Dagegen Ortloff, D. W. O. S. 127. — Jolly, im Arch. f. deutsch. Wechselr. III. S. 15.

[5] Arch. f. d. W. Bd. VI. S. 199. — Sammlung handelsgerichtl. Entscheidungen in Bayern, Bd. I. S. 361.

[6] Arch. f. d. W. Bd. XII. S. 413 f.; XV. S. 101 f. — Nach manchen Gesetzgebungen ist jedoch die Wechselclausel nicht erforderlich, wie nach Englischem oder Nordamerikanischem Rechte (Borchardt, a. a. O. S. 38 not. 52); ebensowenig nach französischem Rechte, wenn nur das Papier „an Ordre" lautet (Code de comm. Art. 110 u. 187; Daniels, Grunds. S. 63). Mit dem Code de comm. stimmen überein: das Span. Handelsg. §. 426; das Portugies. Handelsg. Art. 321; das Holländ. Handelsg. A. 166; das Italien. Handelsg. A. 196; das Waadtländ. Gesetz v. 4. Juni 1829, Art. 2; das Freiburg. Handelsg. Art. 91.

2) Die Unterschrift des Ausstellers mit seinem Namen[7] oder seiner Firma. — Wenn jene nun auch keine eigenhändige zu sein braucht, und selbst durch beglaubigte Handzeichen ersetzt wird (s. §§. 12 u. 13), so ist dagegen ein bloß gedruckter Namen nicht genügend[8]. Andererseits muß die Wechselerklärung unterzeichnet sein[9], und fehlt es zwar einem Wechsel nicht um deswillen an der richtigen Form, weil die Unterschrift des Ausstellers zwischen Context und Datum[10] oder auf den nach dem Landesgesetze aufgeklebten Stempelmarken steht[11], so kann dagegen weder die Einzeichnung des Namens in den Context des Wechsels[12], noch auch eine Namensfertigung quer über die Urkunde[13], oder auf deren Rückseite[14] als Unterschrift des Ausstellers betrachtet werden.

---

[7] Die Beisetzung des Vornamens des Ausstellers, welche einzelne W. O. verlangen (Russisch. Handelsg. Art. 436; Ungar. Wechselr. §. 14), ist an sich nicht nothwendig. Es kömmt Alles auf die Recognition der Unterschrift an. Koch, Wechselr. S. 118. — Seuffert, Arch. Bd. I. Nr. 373. Arch. f. deutsch. W. Bd. V. S. 219. — Zur Vollständigkeit der Unterschrift ist nicht erforderlich, daß der neben dem Vornamen des Ausstellers befindliche, leserliche Familien-Namen desselben bis auf den letzten Buchstaben ausgeschrieben sei; es genügt, daß aus den gebrauchten Buchstaben die bestimmte Person mit Zuverlässigkeit erkannt werden könne (Berl. O. T. im Arch. f. deutsch. W. IV. S. 448 und Kletke, Präjud. S. 169 Nr. 401.

[8] Volckmar u. Löwy, D. W. O. S. 36. — Borchardt, a. a. O. Zus. 115.

[9] D. W. O., Art. 4 no. 5 und Art. 96 no. 5; ferner auch D. W. O. Art. 94. 95. — Volkmar u. Löwy, D. W. O. S. 36. — Hoffmann, Erläut. S. 198. — Dagegen: Brauer im Arch. f. d. W. Bd. X. S. 3 f. — Thöl, Wechselrecht, §. 171 not. 19. — Arch. f. d. W. Bd. XVI. S. 90 f.

[10] Arch. f. d. W. Bd. XII. S. 381 f.

[11] Borchardt, a. a. O. Zus. 108. Samml. handelsgerichtl. Entscheidungen in Bayern, Bd. I. S. 310 f.

[12] Borchardt, a. a. O. Zus. 109.

[13] Arch. f. d. W. Bd. XV. S. 68 f.

[14] Dagegen der Oberste Oesterr Gerichtshof gegen die abweichende Ansicht der beiden untern Instanzen. Arch. f. deutsch. Wechselr. Bd. XIII. S. 426 f.

3) Die Bezeichnung desjenigen, an welchen gezahlt werden soll. Dieselbe muß nach der D. W. O. mit Angabe des Namens oder der Firma geschehen [15]. Die Bezeichnung des Vornamens und Wohnorts des Nehmers ist nicht wesentlich [16]; die Firma kann eine Einzeln-Firma oder eine Gesellschaftsfirma sein.

Die nach gemeinem Rechte statthafte Stellung des Wechsels auf den Inhaber oder in bianco (Blancowechsel) [17] ist durch einzelne particuläre W. O. schlechtweg [18] oder doch für eigene Wechsel (promissory notes) anerkannt [19].

4) Die Angabe der zu zahlenden Geldsumme (der Wechselsumme) [20], welche in Buchstaben oder Zahlen [21] und ohne Bezeichnung der Geldsorte und des Münzfußes geschehen kann [22].

---

15 D. W. O. Art. 4 no. 3; Art. 96 no. 3. — Leipziger Protoc. S. 11. — Cod. d. comm., Art. 110 u. 187; Holländ. Handelsg. Art. 100 u. 208; Span. Handelsg. A. 426 u. 563; Italien. Handelsg A. 196 u. 273; Schweiz. Concordats-Entw., §. 3 no. 5; Ungar. Wechselr. §. 14. — Schwed. W. O. §. 1. — Finnl. W. O. §. 1. — Russ. Handelsg. §. 346; Serbisch. Handelsg. §. 80 u. §. 162. — S. auch Volkmar u. Löwy, D. W. O. S. 30 f. und Arch. f. d. W. Bd. VII. S. 403.

16 Arch. f. d. W. Bd. IX. S. 168 f. — Anders in Ansehung des Vornamens das Russisch. Handelsg. Art. 436.

17 Treitschke, Encycl. I. S. 234 f.; Einert, Wechselrecht, S. 85; Mittermaier, Grundſ. des deutsch. Privatrechts, §. 329 zu not. 5.

18 Flensburger W. O. v. 1843, §. 11.

19 Ueber das englische Recht s. Biener, wechselrechtl. Abhandl. S. 144 u. S. 183.

20 Ungültig ist ein Wechsel, in welchem der Bezeichnung der Wechselsumme der Zusatz „oder Werth" beigefügt ist. Löhr, Central-Organ, N. F. Bd. III. S. 401 f.

21 D. W. O. Art. 4 no. 2 u. Art. 96 no. 2. Leipzig. Protoc. S. 13. Der Schweiz. Concordats-Entw. §. 3 verlangt, daß „die zu zahlende „Summe im Contexte mit Buchstaben geschrieben" sei; — ebenso das Serbische Handelsg. §. 80 u. §. 162. — Das Waadtländische Gesetz vom 4. Juni 1829, Art. 2 bestimmt : „la lettre de change ... énonce la somme à payer indiquée en toutes lettres"; ebenso das Italien. Handelsg. A. 196 u. A. 273.

22 Samml. handelsgerichtl. Entscheidung. in Bayern, Bd. II. S. 149 f. — Anders nach dem Russisch. Handelsg. A. 436.

Bei mehrfacher, aber abweichender Angabe derselben geht der D. W. O. zufolge die in Buchstaben ausgedrückte Summe unbedingt vor, selbst wenn die Summe nur einmal in Buchstaben und mehrfach in Zahlen ausgedrückt sein sollte; ist dagegen die Summe mehrmals in Ziffern geschrieben, so kommt bei Abweichungen der gemeinrechtliche Grundsatz [23] zur Anwendung, wonach die geringere Summe als Wechselsumme gilt [24].

5) Die Angabe der Zeit, zu welcher gezahlt werden soll. Je nach der Art und Weise, wie diese Angabe geschehen, ist der Wechsel ein Tag- oder Präcise-Wechsel, ein Dato-Wechsel, ein Wechsel auf Sicht oder auf eine bestimmte Zeit nach Sicht (befristeter Sichtwechsel), ein Meß- [25] oder Marktwechsel [26], ein Uso-Wechsel [27], ein

---

[23] l. 9. D. de R. J. (50. 17).

[24] D. W. O. Art. 5: „Ist die zu zahlende Geldsumme in Buchstaben „und in Ziffern ausgedrückt, so gilt bei Abweichungen die in Buchstaben „ausgedrückte Summe."

„Ist die Summe mehrmals mit Buchstaben oder mehrmals mit Ziffern „geschrieben, so gilt bei Abweichungen die geringere Summe". D. W. O. Art 98. 1. — Preuß. Landr. Th. II. Tit. 8. §. 756. — Brauer, Erläut. S. 39. – Anders Bluntschli, D. W. O. S. 32.

[25] Nur solche Wechsel, in welchen die Zahlungszeit schlechthin und im Allgemeinen auf eine bestimmte Messe festgesetzt ist, sind für Meßwechsel zu erachten; Wechsel dagegen, deren Zahlungszeit auf eine gewisse Messe und zugleich auf einen bestimmten Monatstag in dieser Messe lautet, sind nach den über Tagwechsel bestehenden Vorschriften zu beurtheilen (Berl. O. Tr. im Arch. f. deutsch. W. V. S. 418 f., u. Seuffert, Arch. Bd. X. Nr. 278). Löhr, Centralorgan, N. F. Bd. I. S. 334 f. – Volkmar u Löwy, die D. W. O. S. 35. K. Sächs. Einf. G. §. 3. Frankf. Einf. G. §. 4.

[26] Nur solche Wechsel, die auf einen bestimmten Markt, mithin zur Zeit und am Orte des Markts zahlbar sind, sind Marktwechsel; doch ist die Verfallzeit eines auf einen bestimmten Markt gestellten, allein außer dem Marktorte zahlbaren Wechsels nach Analogie der D. W. O. Art. 35 zu bestimmen. Russisch. Handelsg. Art. 498. Serbisch. Handelsg. §. 99. Borchardt, die D. W. O. mit den von den Gerichten ausgesprochenen Grundsätzen, Zus. 106. Arch. f. d. W. V. S. 437 f.

[27] Ein Wechsel ist Usowechsel, wenn er ausdrücklich „a uso" (mezzo uso,

Wechsel a piacere[28], oder es ist die Zahlungszeit auf Kündigung oder auf irgend eine andere Handlung oder Begebenheit gestellt[29]. — Nach der D. W. O. jedoch sind solche Wechsel ungültig, in denen die Zahlungszeit „a uso“[30], auf Kündigung[31] oder auf eine andere Handlung oder Begebenheit als Sicht, Messe oder Markt lautet[32].

Beim Tage-Wechsel insbesondere kann die Zahlungszeit auf den Tag der Wechselausstellung gültig gestellt werden[33], und ist die Hinzufügung des Zahlungsjahres nur dann nöthig, wenn dasselbe aus dem übrigen Inhalte des Wechsels nicht mit

---

doppio uso) lautet. Code de comm. Art. 129. 131. 132. Spanisch. Handelsg. Art. 439. 442. 443; Portug. Handelsg. A. 372. 373; Holländ. Handelsgesetzb. A. 151. 152; Italienisch. Handelsg. Art. 216. 218; Waadtländ. Ges. vom 4. Juni 1829, A. 24. 27; Neuenburg. Gesetz v. 3. Juni 1833, A. 39; Freiburg. Handelsg. Art. 113. 117. — Der Wechsel, der keine ausdrückliche Bestimmung der Zahlungszeit enthält, ist selbst dann kein Usowechsel, wenn am Zahlungsorte ein Uso besteht (Pöhls, Wechselr. S. 379; dagegen Treitschke, Encycl. II. S. 569); ein solcher Wechsel ist, wenn auch ein trassirter, nicht ein Sichtwechsel, sondern kein gültiger Wechsel. Thöl, Wechselrecht, §. 171. 7 und 181. 1. — Die entgegengesetzte Behauptung Scaccia's, tractat. §. II. Gloss. I. No. 10 beruht auf einer Verwechslung der Wechselverpflichtung mit civilrechtlicher Verbindlichkeit.

[28] Formular bei Scaccia, tract. §. I. Quaest. V, No. 44 : „Magnifico „Signore, sarete contento pagare ad ogni suo piacere al Signor Marco „N. scudi cento . . ,“ — Pöhls, Wechselrecht, S. 380.

[29] Preuß. Landrecht, II. 8. §. 774.

[30] Das K. Sächs. Gesetz vom 7. Juni 1849, §. 3 und das Weimar-Eisenach. Gesetz vom 3. August 1849, §. 2, die kaufmännischen Anweisungen betreffend, erkennen auf Uso gestellte Anweisungen an. — Durch die D. W. O. ist übrigens den im Auslande ausgestellten Usowechseln die Gültigkeit nicht abgesprochen. Dies. Lehrb. §. 8, Nr. 2.

[31] Arch. f. deutsch. Wechselr., Bd. II. S. 329. — Kletke, Präjudiz. S. 164, Nr. 382.

[32] D. W. O. Art. 4, Nr. 4 und Art. 96, Nr. 4. — Preuß. Motive, S. XXXII. — Leipz. Protoc. S. 13 a. E. und S. 14. Schw. Entw. §. 4.

[33] Berlin. O. Tr. bei Kletke, Präjudiz. Samml. S. 164 Nr. 383.

Gewißheit hervorgeht [34]. Genügend ist auch die Zeitbestimmung „an Michaeli" [35], oder „Ende März des und des Jahres" [36], oder „Ende eines bestimmten Jahres" [37], oder „Zahlbar Anfangs des Monats M." oder „Anfang Januar nächsthin" [38]. Als ungenügend dagegen erscheint die Bestimmung „bis zum 1. August des u. des Jahres" [39], während die Stellung der Zahlungszeit auf einen nicht existirenden [40] oder zur Zeit des Wechseldatums bereits vorübergegangenen Tag [41] ungültig ist.

Auf einem Dato-Wechsel kann die Verfallzeit auf eine bestimmte Zeit „dato", „de dato" oder „auf dato" gestellt

---

[34] Die O. A. G. in Berlin, Wien, Celle und Rostock im Arch. f. d. W. Bd. IV. S. 188; V. S. 351; VI. S. 428 f.; VII. S. 75; X. S. 289; Seuffert, Arch. Bd. VII. no. 230; IX. no. 59; XI. no. 276; XIII. no. 228; Kletke, a. a. O. S. 165 no. 384; 386—388; S. 269 no. 703. — Löhr, Centralorgan, N. F. Bd. I. S. 491; II. S. 495. — Dagegen v. Sternenfels im Arch. f. d. Wechselrecht, Bd. X. S. 166 f.; O. T. in Stuttgart b. Seuffert, Arch. Bd. XII. no. 181. — Sammlung handelsgerichtl. Entscheidung. in Bayern, Bd. I. S. 262 f. — S. überhaupt Borchardt, a. a. O. Zus. 83. Nicht genügend ist aber die Bestimmung „am 1. August d. Jahres", wenn der Wechsel am 10. December ausgestellt worden ist. Sammlung handelsgerichtl. Entscheidungen in Bayern, Bd. I. S. 300.

[35] Sammlung handelsgerichtl. Entscheidungen in Bayern, Bd. I. S. 136.

[36] Arch. f. deutsch. Wechselr. Bd. V. S. 535; Seuffert, Arch. Bd. XI. no. 58; XIX no. 257. — Dagegen: Arch. f. deutsch. Wechselr. Bd. VI. S. 206 f.

[37] Arch. f. deutsch. Wechselrecht Bd. VII. S. 326 u. 396 f.

[38] Nürnberg. Nov. 7 (zu Art. 30 der D. W. O.); Kletke, a. a. O. S. 167 no. 392; Arch. f. deutsch. Wechselr., Bd. V. S. 428.

[39] Arch. f. deutsch. Wechselr. Bd. V. S. 429; Samml. handelsgerichtl. Entscheidung. in Bayern, Bd. I. S. 362 f.; Berlin. Ob. Tr. b. Löhr, Centralorgan, N. F. Bd. III, S. 403 f. — Dagegen: Löhr, Centralorgan N. F. Bd. II. S. 251; und Brauer im Arch. f. deutsch. Wechselr. Bd. VI. S. 225 f.

[40] Borchardt, a. a. O. Zus. 80 (Berl. O. Tr.).

[41] Löhr, Centralorgan, N. F. Bd. I. S. 151 f.

sein [42]. Unzulässig dagegen ist die Zeitbestimmung „Vierzehn Tage A. C." [43] oder „nach Verlauf von 14 Tagen" [44], oder „nach einem Jahre", „nach einem Monate" [45], oder „binnen drei Monaten" [46], „in $3^1/_2$ Monaten" [47], so wie auch die unverständliche Bestimmung „dato nach Sicht" [48].

Als Wechsel auf Sicht ist auch derjenige zu betrachten, welcher „nach Sicht" ohne weitere Zeitbestimmung lautet [49], oder „gegen Sicht" [50], so wie der eigene Wechsel „nach Wiedersicht" [51]. Ebenso ist die Stellung der Zahlungszeit „a piacere" [52],

---

[42] Borchardt, a. a. O. Zus. 99 u. Zus. 100; Kletke, a. a. O. S. 167 no. 396—398. — Arch. f. deutsches Wechselr. Bd. XV. S. 195.

[43] Samml. handelsgerichtlicher Entscheidungen in Bayern, Bd. I. S. 172 f.

[44] Samml. handelsgerichtl. Entscheid. Bd. I. S. 312 f.

[45] Borchard, a. a. O. Zus. 102. — Arch. f. d. W. Bd. VII. S. 342 f. — Dagegen: Brauer im Arch. f. deutsch. Wechselrecht, Bd. X. S. 2 f.

[46] Samml. handelsgerichtlicher Entscheidungen in Bayern Bd. I. S. 368 f.

[47] Samml. handelsgerichtl. Entscheid. Bd. I. S. 417 f.

[48] Arch. f. d. W. Bd. VIII. S. 223.

[49] Plenar-Beschluß des Berl. O. Tr. vom 5. Nov. 1855 im Arch. f. deutsch. Wechselr. Bd. V. S. 422, gegen die früher von einem Senate dieses Gerichtshofs (Arch. f. d. W. Bd. II. S. 429 u. Seuffert, Arch. Bd. VII. no. 241) angenommene Ansicht. Oberst. Gerichtshof in Wien in Löhr, Centralorgan N. F. Bd. III. S. 283 f. u. im Arch. f. d. Wechselr. Bd. XVI. S. 89 f.; Sammlung handelsgerichtl. Entscheidungen in Bayern, Bd. I. S. 167; Gelpke, Zeitschrift f. Handelsrecht, Heft 1. S. 188; Bluntschli, D. W. O. S. 27. — Dagegen: O. A. G. in München bei Seuffert, Arch. Bd. X. not. 277 u. Kletke, Präjudiz. S. 167 no. 395. — Arch. f. d. Wechselr. Bd. XV. S. 70.

[50] Berlin. Ob. Tr. bei Borchardt, a. a. O., Zus. 95.

[51] Kletke, a. a. O., S. 167 no. 394. — Seuffert, Arch. Bd. XII. no. 294.

[52] Die Oesterr. W. O. hat (Art. 4 no. 4) hinter die Worte „a vista" die anderen „a piacere" eingeschaltet.

„nach Belieben“ [53], „auf jedesmaliges Verlangen“ [54], „zu jeder Zeit zahlbar“ [55] der Bestimmung „auf Sicht“ (Vorzeigung, a vista) für gleichbedeutend zu erachten [56].

Der befristete Sichtwechsel endlich kann lauten auf eine bestimmte Zeit „auf Sicht“ oder „nachdem es verlangt wird“ [57].

Indem übrigens die Zahlungszeit für die mehreren Raten der Wechselsumme verschieden bestimmt sein kann, sind sog. Ratenwechsel [58] an sich für gültig zu erachten [59]; die beigefügte cassatorische Clausel ist hierbei keineswegs als nicht beigeschrieben anzusehen, macht dagegen den Wechsel in Ansehung der Raten ungültig, für welche kraft der Clausel die Zahlungszeit unbestimmt ist [60]. Doch sind Ratenwechsel, wie nach österreichischem Rechte [61], so auch nach Maßgabe der Nürnberger Novellen ungültig [62].

6. Die Bezeichnung des Orts, woselbst die Zahlung geschehen soll [63].

---

[53] Arch. f. d. W. Bd. VIII. S. 182.

[54] Arch. f. d. W. Bd. VI. S. 424.

[55] Arch. f. d. W. Bd. XII. S. 401.

[56] Brauer, D. W. O., S. 32 not. *; Thöl, Wechselrecht, §. 177; Hoffmann, D. W. O., S. 194. — Dagegen: Volkmar u. Löwy, D. W. O., S. 34.

[57] Samml. handelsgerichtlicher Entscheidungen in Bayern, Bd. I. S. 238 f.

[58] Thöl, Wechselrecht, §. 185. II. — Kletke, Encycl. Bd. I. S. 754 f.

[59] Brauer im Arch. f. d. W. Bd. III. S. 58 f.; — Thöl, Wechselrecht, §. 185. II. — Dagegen: Borchardt im Arch. f. d. W., Bd. I. S. 199; Gelpke in der Zeitsch. f. Handelsrecht, Heft 3. S. 102 f. — Arch. f. d. W., Bd. IV. S. 101 f. Bd. VIII. S. 198. — Sammlung handelsgerichtl. Entscheidungen in Bayern, Bd. I. S. 87.

[60] Thöl, Wechselrecht, §. 185. II.

[61] Verordn. des Oesterr. Justizministeriums v. 29. Oct. 1852 (Arch. f. d. W. III. S. 240 u. Kitka, Erläut. S. 31 f).

[62] Zur Allg. D. W. O. Art. 4. no. 4: „Die Zahlungszeit kann für die „gesammte Wechselsumme nur eine und dieselbe sein und „nur festgesetzt werden . . . .“

[63] Dies. Lehrb. §§. 32. 46.

7. Die Bezeichnung des Orts, Monatstages und Jahres der Ausstellung[64], Angaben, welche jedoch, mit Ausnahme des Zeitdatums bei Dato-Wechseln, nicht an sich, sondern nur da wesentlich sind, wo sie durch die einschlagende Gesetzgebung erfordert werden[65].

Stoff[66] und Format des Wechselbriefs[67] aber sind nur insoferne wesentlich, als aus deren Wahl Zweifel gegen die Ernstlichkeit der Absicht, mittelst der betreffenden Urkunde eine wechselmäßige Verbindlichkeit zu übernehmen, sich nicht ergeben dürfen, so wie auch der Context des Wechsels, der in fremder Sprache ausgefertigt sein kann[68],

---

[64] D. W. O., Art. 4 no. 6 u. A. 96. — Schweiz. Concordats-Entw. §. 3. — Ungar. Wechselrecht, §. 14. Die Datirung eines Wechsels von einem Markte ersetzt die Angabe des Monatstages der Ausstellung nicht Arch. f. d. W. Bd. V. S. 435. — Der Code de comm. Art. 110 bestimmt nur: „la lettre de change est. . . . datée"; das Waadtländ. Gesetz v. 4. Juni 1829 Art. 2: „la lettre de change est... datée . . . Elle énonce le lieu d'où elle est tirée . ." — Die Schwed. W. O. §. 1 verlangt: „Angabe des Orts und der Zeit, wann sie (die Wechsel) ausgefertigt worden."

[65] Thöl, Wechselrecht (1. Aufl.), §. 163. — Für die Wesentlichkeit des Ortsdatums kann nicht angeführt werden, daß der Ausstellungsort die Gesetze bestimme, nach welchen die Gültigkeit des Wechsels zu beurtheilen (So Bender, Grundſ. I. S. 159; dagegen aber Treitschke, Encyc. I. S. 322 f.), und eben so wenig jenes Nothwendigkeit zur Feststellung der distantia loci (dies. Lehrb. §. 15 zu Note 12 und Treitschke, Encyc. II. S. 51 f.); diesem Schriftsteller ist jedoch insofern nicht beizustimmen, als er auch für den Fall, daß das particuläre Recht Platzwechsel ausschließt, das Ortsdatum nicht für wesentlich erachtet. — Ueber die Nützlichkeit des Zeitdatums s. Bender, Grundſ. I. S. 161. — Mittermaier, Grundſ. §. 329, Note 11.

[66] Brauer im Arch. f. deutsch. W. Bd. V. S. 366 f., der mit Recht gegen Blaschke, Wechselrecht, S. 59 bemerkt, daß der Stoff der Wechselurkunde nicht vollkommen unerheblich.

[67] Brauer, a. a. O. S. 370 f. — Kitka, Erläut. S. 347.

[68] Arg. D. W. O. Art 4 Nr. 1. — Berger, W. O. S. 41; — auch in jüdischer oder hebräischer Sprache, wo nicht, wie in Oesterreich, die Landesgesetzgebung entgegensteht. — Zur Anstellung der Klage im Wechselprocesse ist jedoch die Beilegung einer beglaubigten Uebersetzung des nicht in einer allgemein

vom Aussteller oder dessen Vertreter nicht eigenhändig geschrieben zu sein braucht [69].

§. 17.

Die Wirkungen eines Mangels an den wesentlichen Erfordernissen des Wechselbriefs. — Die falschen und die verfälschten Wechsel.

Eine Urkunde, welcher es an dem einen oder andern der für einen Wechselbrief wesentlichen Erfordernisse gebricht, ist kein Wechsel. Aus diesem Grunde haben die auf eine solche Schrift gesetzten Erklärungen keine Wechselkraft [1], wenn nicht zur Zeit der daraus angestellten Klage oder beziehungsweise Protesterhebung der mangelhafte Wechselbrief verbessert ist; daher insbesondere, abgesehen vom Falle des dolus, die Einwendung nicht zulässig ist, daß der Aussteller oder Acceptant seine Unterschrift auf ein Blanquet oder unausgefülltes Wechselformular gesetzt habe [2], oder daß erst nach dem Tode des

---

verständlichen Sprache geschriebenen Wechsels nöthig Arg. K. G. O v 1555. Th. II Tit. XXXI. §. 7. — Seuffert, Arch. Bd. VII. Nr. 260.

[69] Brauer, a. a. O. S. 368 f.

[1] D. W. O. Art. 7 u. Art. 98. 1 — Schweiz. Concordats-Entw. §. 7. — Russisch. Handelsgesetzb. A. 439. — Sammlung handelsgerichtl. Entscheidungen in Bayern, Bd I. S. 534 f; Löhr, Centralorgan N. F. Bd II S. 84 f. — Unrichtig ist daher, auch abgesehen von der D. W. O., die Ansicht Thöl's, Wechselrecht, §. 172, daß das Accept oder Indossament einer Tratte, auf welcher der Name des Trassanten fehlt, wechselrechtlich gültig sei. Denn werden auch durch Accept und Indossament selbstständige Verbindlichkeiten begründet, so setzen doch beide ein formell fehlerfreies Papier voraus. Leipz. Protoc. S. 18. — Brauer, Erläut. S. 42. — Bluntschli, D. W. O. S 34. Das wechselrechtlich unwirksame Indossament eines wegen Mangels eines wesentlichen Erfordernisses ungültigen Wechsels kann als Cession wirksam sein (Ob. Trib. in Berlin im Arch. f. deutch. W. V. S. 427. b).

[2] Preuß. Entw. §. 95 : „Ein Verklagter, gegen welchen die Richtig„keit seiner Unterschrift unter einer Wechselerklärung feststeht, wird im „Wechselprocesse mit dem Einwande nicht gehört, dass die über der „Unterschrift befindliche Erklärung ohne seine Genehmigung geschrieben

Trassanten der Tag der Ausstellung und Fälligkeit, so wie die Bezeichnung der Ordre im Wechselformulare ausgefüllt worden sei [3].

Als Wechsel ist aber nach dem vorausgeschickten Grundsatze auch eine Urkunde nicht zu betrachten, von welcher ein wesentliche Angaben enthaltender Theil abgerissen worden ist [4]. Doch verhält

---

worden." — Leipzig. Protocolle, S. 169. — Seuffert, Arch Bd. XX no. 64; Berlin. Ob. Tr. im Arch. f. d. W. Bd. II. S. 328; Bd. VIII. S. 339 f. Bd. X. S. 262 f. u. Löhr, Centralorg. N. F. Bd. I. S. 492 f.; Bd. II. S. 607 f. — Seuffert, Arch. Bd. VII. no. 236; Bd. IX. no. 61. — Appellat. Ger. in Köln in Löhr's Centralorgan, N. F. Bd. II. S. 424 f. — Verordn. des Oesterreich. Justizministeriums v. 6. Octob. 1853 (im Arch. f. d. W. IV. S. 113): „Die Einwendung, dass zur Zeit als die Acceptation oder eine andere verbindliche Erklärung (Indossament, Aval) auf den Wechsel gesetzt wurde, die Unterschrift des Ausstellers oder eines der übrigen in Art. 4 aufgezählten wesentlichen Erfordernisse eines Wechsels noch gemangelt habe und erst später ausgefüllt worden sey, findet gegen einen dritten redlichen Inhaber des Wechsels in keinem Falle, gegen diejenigen aber, welche an der nachträglichen Ausfüllung selbst Theil genommen haben, nur dann statt, wenn erwiesen wird, dass mit der noch unausgefüllten Urkunde durch eine unbefugte oder der getroffenen Verabredung zuwiderlaufende Ausfüllung ein rechtswidriger Gebrauch gemacht worden ist." — Oesterr. Oberst. Gerichtsh. im Arch. f. d. W. Bd. XIV. S. 212 f. u. S. 219 f.; Bd. XVI. S. 92 f. — Ob. Trib. in Stuttgart in Löhr's Centralorg. N. F. Bd. I. S. 318; Frankf. Stadtger. ebendas. Bd. I. S. 316. — Samml. handelsger. Entsch. in Bayern, Bd. I. S. 217 f.; S. 427 f. — Borchardt im Arch. f. d. W. Bd. III. S. 383 f.; Kitka, Erläut. S. 285 f. — Volkmar u. Löwy, D. W. O. S. 47 f. Nach einer andern Meinung ist die Einrede, daß die Erklärung auf das unausgefüllte Wechselformular gesetzt worden, zulässig (Arch. f. deutsch. W. II. S. 417 f. u. Seuffert, VII. Nr. 232) und kann auch demjenigen entgegengestellt werden, welcher den schon vollständig ausgefertigten Wechsel an sich gebracht hat (Arch. f. deutsch. W. IV. S. 125; Hoffmann, D. W. O. S. 221), welches letztere jedoch eine dritte Ansicht verneint (Haimerl's Magaz. Bd. VIII. S. 98 f.; Arch. f. d. W. IV. S. 90 u. S. 99; Seuffert, Arch. Bd. VII. Nr. 350. 351; Bd. III. Nr. 199). — Ueber die Ausfüllung eines Blanquets durch einen Testaments-Executor vgl. Arch. f. d. W. Bd. VII. S. 193.

[3] Ob. Trib. in Berlin im Arch. f. d. W., Bd. XVI. S. 74 f. und S. 87 f.

[4] Arch. f. d. W., Bd. XIV. S. 59 f.

es sich alsdann anders, wenn die Urkunde vor der Klage und beziehungsweise Protesterhebung restaurirt worden, und der Beweis geliefert wird, daß die Verletzung derselben ohne den Willen des Gläubigers geschehen, oder mit a. W. nicht als Cassirung des Wechsels betrachtet werden könne [5].

Ebensowenig ist für einen gültigen Wechsel derjenige zu erachten, welcher durchstrichen ist oder auf welchem wesentliche Angaben durchstrichen worden, da das Durchstrichene keine rechtliche Bedeutung hat [6]. Dagegen ziehen Correcturen in wesentlichen Theilen des Contextes die Ungültigkeit des Wechsels nicht nach sich, wenn nicht die Art der Correctur Zweifel darüber begründet, ob die Unterschrift des Ausstellers sich auf den gesammten Context bezieht, oder eine Undeutlichkeit wesentlicher Angaben zur Folge hat [7].

Anders wie der Mangel an einem wesentlichen Erfordernisse benimmt die Unrichtigkeit der in die Wechselurkunde wesentlich aufzunehmenden Angaben dem Wechselbriefe die Fähigkeit nicht, die Begründung von Wechselverbindlichkeiten zu vermitteln [8]. Daher ist

---

[5] Arch. f. d. W. Bd. XII. S. 170 f. — Sammlung handelsgerichtl. Entscheidung. in Bayern, Bd. I. S. 97 f.

[6] Arg. D. W. O. Art. 36 u. Art. 55. — L. Wächter im Arch. f. d. W. Bd. VI. S. 45 f. — Thöl, Wechselrecht, §§. 172 u. 319. — O. A. G. in Dresden im Arch. f. d. W. Bd. X. S. 308. — Löhr, Centralorgan, N. F. Bd. I. S. 501 f. Dagegen kann das Durchstrichene eine thatsächliche Bedeutung haben, insbesondere für die Auslegung von Vermerken, bei welchen nur einzelne Worte durchstrichen sind. Arch. f. d. W. Bd. XV. S. 81 f. — Löhr, Centralorgan, N. F. Bd. I. S. 129; — ferner Arch. f. d. W. Bd. IX. S. 211 no. 17.

[7] Borchardt, die Allg. D. W. O. . . . mit den von den deutschen Gerichtshöfen ausgesprochenen Grundsätzen des Wechselrechts, S. 46 not. 61, S. 48 not. 65, Zus. 151, S. 305 not. 361.

[8] Dagegen bestimmt der Code de comm. Art. 112: „Sont réputées „simples promesses toutes lettres de change contenant supposition soit de „nom, soit de qualité, soit de domicile, soit des lieux d'où elles sont tirées „ou dans lesquels elles sont payables." — Uebereinstimmend Code de comm. de Fribourg, Art. 92; modificirt im Italien. Handelsgesetzb. Art. 198; Holländ. Handelsg. Art. 102.

ein Wechsel um deswillen nicht ungültig, weil dessen Context in Mißbrauch einer in blanco gegebenen Unterschrift über dieselbe gesetzt worden ist [9], oder die Person des Trassaten eine fingirte [10], oder die Angabe des Orts der Ausstellung [11] oder des Zeitdatums eine unrichtige, wenn nur nicht unmögliche ist [12].

Aus dem nämlichen Grunde hat die Fälschung oder Verfälschung der Unterschrift des Ausstellers (Indossanten, Acceptanten, — falscher Wechsel [13]) auf die wechselmäßige Wirkung der auf die Wechselurkunde gesetzten ächten Erklärungen keinen Einfluß [14], wiewohl der angebliche Aussteller gar nicht, der Fälscher aber nicht wechselrechtlich haftet, und der wirkliche Aussteller, dessen Namen verfälscht worden, nur unter der Voraussetzung wechselmäßig verbunden ist, daß die ächte Unterschrift aus dem Wechsel ersichtlich ist [15].

Wie demnach ein Wechselbrief nicht um deswillen ungültig ist, weil die Unterschrift des Ausstellers der Urkunde falsch oder verfälscht ist, so haben die darauf stehenden ächten Indossamente, so wie das ächte Accept ihre wechselrechtliche Wirkung [16], vorbehaltlich der gegen

---

[9] D. W. O. mit Einl. u. Erläut. S. 200.

[10] Ueber die s. g. Keller- oder Proforma-Wechsel s. Biener, wechselrechtl. Abh. S. 185 a. E. f., S. 213; Pöhl's Wechselrecht, S. 613; Brauer, Erl. S. 132; Kitka, Erläut. S. 17 f. — Kheil im Arch. f. d. W. Bd. X. S. 185 f. — Leipzig. Protoc., S. 141.

[11] Volkmar u. Löwy, D. W. O. S. 38.

[12] Arch. f. d. W. Bd. VII. S. 337 f. u. S. 391 f.; dagegen: Arch. f. d. W. Bd. X. S. 290 f.

[13] Bender, Grundsätze, II. S. 220 u. 221.

[14] Hoffmann, über Wechselfälschung u. Wechselverfälschung im Arch. f. d. W. B. VI. S. 236 f.

[15] Bluntschli, D. W. O. S. 118.

[16] D. W. O. Art. 75: „Auch wenn die Unterschrift des Ausstellers eines „Wechsels falsch oder verfälscht ist, behalten dennoch das ächte Accept „und die ächten Indossamente die wechselmässige Wirkung." Art. 98. 9. — Preuß. Motive, S. LXXII. — Schweiz. Concordats-Entw., §. 80; — Schwedische W. O. §. 93; Finnl. W. O. §. 91; Ungarisch. Wechselrecht, §. 185; Russ. Handelsg. Art. 477. — Aus dem näm-

den Betrüger und diejenigen, welche wissentlich vom falschen Wechsel Gebrauch gemacht haben, gegebenen exceptio doli [17]. Andererseits äußert der Umstand, daß eine anderweitige Unterschrift (Accept, Indossament) auf dem Wechsel falsch oder verfälscht ist, auf die auf die Wechselurkunde gesetzten ächten Erklärungen keinen Einfluß, und sind demnach die Indossanten und der Aussteller, deren Unterschriften ächt sind, wechselmäßig verpflichtet [18]. Doch haftet der Aussteller eines Wechsels an eigene Ordre alsdann nicht, wenn das erste Indossament falsch ist [19].

Wie die Fälschung oder Verfälschung einer Unterschrift, so zieht auch die Verfälschung der übrigen Theile des Wechselbriefs (verfälschter Wechsel [20]) die Ungültigkeit des Wechsels nicht nach sich. Dieß gilt insbesondere von einer Verfälschung der Wechselsumme, wiewohl die nachträgliche Erhöhung derselben auf die vorher eingegangene Verpflichtung ohne Einfluß bleiben muß [21].

---

lichen Gesichtspunkte ist ein Wechselbrief auch dann nicht ungültig, wenn das Handzeichen des Ausstellers daselbst durch bloße Privatunterschrift beglaubigt ist (Kitka in Haimerl's Magazin, Bd. VIII. S. 149 f. und Erläut. S. 266 f.), wiewohl in diesem Falle die Wechselerklärung des Ausstellers weder Wechselverbindlichkeiten, noch auch Wechselrechte begründet. Arch. f. d. W., Bd. IV. S. 55 u. S. 122.

[17] Leipz. Protoc. S. 142. — Koch, Wechselrecht, S. 292. — Dagegen läugnet, abgesehen von der D. W. O., die Verpflichtung des Acceptanten gegenüber dem ersten Nehmer der falschen Tratte aus nicht zureichenden Gründen Thöl, Wechselrecht, §§. 218 u. 306. — Leipzig. Protoc. S. 141 a. E. u. S. 142. — Bluntschli, D. W. O. S. 121.

[18] D. W. O. A. 76: „Aus einem mit einem falschen oder verfälschten „Accepte oder Indossamente versehenen Wechsel bleiben sämmtliche In„dossanten und der Aussteller, deren Unterschriften ächt sind, wechsel„mässig verpflichtet." A. 98 no. 9. — Russisch. Handelsg. A. 462 u. A. 477.

[19] Arch. f. d. W. Bd. XV. S. 329 f.

[20] Bender, Grundſ. II. S. 220.

[21] Bender, II. S. 231 f. — Mittermaier, Grundſ. §. 354 III. — Kitka, Erläut. S. 21; Borchardt, a. a. O. Zuſ. 468; Arch. f. d. W. Bd. XI. S. 320 f.; und zwar nach den hier in Anwendung kommenden Grundsätzen des allgemeinen Civilrechts. — Preuß. Motive, S. LXXI. — D. A.

§. 18.

Der außerwesentliche Inhalt des Wechselbriefs.

Einer Urkunde, welche die wesentlichen Erfordernisse eines Wechsels an sich trägt, wird die Eigenschaft eines gültigen Wechselbriefs durch solche Clauseln entzogen, die wesentlichen Angaben die erforderliche Bestimmtheit nehmen [1], oder die, wie eine Gegenleistung, von welcher das Recht des Wechselnehmers abhängig gemacht ist [2], oder, wie die Bezeichnung mehrerer in gemeinschaftlicher Firma nicht verbundener Wechselnehmer [3], mit dem Character der Wechselverbindlichkeit unverträglich sind. — Andere Clauseln, welche, ohne wesentliche Erfordernisse zu beeinträchtigen, doch, wie diejenige der Entsagung auf die Wechselverjährung [4] und das Versprechen von Zinsen (vgl. §. 46), mit den Grundsätzen des Wechselrechts im Widerspruche stehen, sind als nicht beigeschrieben zu betrachten.

G. in Rostock im Arch. f. deutsch. W. Bd. III. S. 406 f. — Seuffert, Arch. VII. Nr. 92. — S. auch Scaccia, tract. §. II. Glos. V. Nr. 393 sqq. — Schw. Entw. §. 81: „Aus einem Wechsel, dessen ursprüngliche „Summe, Verfallzeit u. s. w. verfälscht sind, haftet der Indossant für die„jenige Summe, Verfallzeit u. s. w., für welche er den Wechsel weiter be„geben hat. — Wird der Wechsel nach stattgefundener Verfälschung ac„ceptirt, so haftet der Acceptant aus seinem Accepte. — Ist jedoch nicht „erweislich, ob die Annahme oder Ehrenannahme vor oder nach der Ver„fälschung erfolgte, so wird angenommen, dafs sie vor der Verfälschung „stattfand." Ungarisch. Wechselrecht, §. 186. Nicht gerechtfertigt ist die Ansicht Thöl's, Wechselrecht, §. 309. II, daß der Aussteller, welcher die Tratte nach deren Verfälschung begeben, nicht nach dem neuen Inhalte derselben hafte, wenn er diesen im Augenblicke der Begebung nicht gekannt; und eben so ungegründet ist die Behauptung jenes Schriftstellers in dieser Allgemeinheit, daß der Acceptant, der nach der Verfälschung des Wechsels acceptirt, denjenigen Wechselnehmern, an welche die Tratte vor der Veränderung begeben worden, nicht für die höhere Summe hafte. — D. W. O. mit Einl. u. Erläut. S. 205.

[1] Arch. f. d. W. Bd. X. S. 200 f.; Bd. XI. S. 82.

[2] Borchardt, die D. W. O. ... mit den von den deutschen Gerichtshöfen ausgesprochenen Grundsätzen des Wechselrechts, Zus. 68.

[3] Sammlung handelsgerichtl. Entscheidungen ... in Bayern, Bd. I. S. 90 f.; S. 166; Bd. II. S. 206.

[4] Arch. f. d. W., Bd. X. S. 405 f.

Die übrigen außerwesentlichen Bestandtheile, welche in Wechselbriefen sich vorfinden, sind dagegen theils solche mit, theils solche ohne wechselrechtliche Bedeutung.

I. Zu den außerwesentlichen Bestandtheilen der ersteren Art gehören:

1) Die Worte „Nicht an Ordre" oder diesen gleichbedeutende[5], welche, dem Namen des ersten Wechselnehmers beigesetzt, den Wechselbrief zu einem Recta-Wechsel[6], d. h. zu einem nicht begebbaren Papiere machen.

2) Die Domicilirung des Wechsels, welche dadurch geschieht, daß in dem Wechselbriefe ein von dem der Adresse, d. h. der Bezeichnung des Zahlers (des Trassaten, resp. Ausstellers des eigenen Wechsels) beigesetzten Orte verschiedener Zahlungsort bestimmt wird[7]; ein Domicilvermerk, durch welchen allein übrigens der Wechsel noch nicht zu einem Domicilwechsel wird (vgl. §. 42).

II. Unter den außerwesentlichen Bestandtheilen des Wechselbriefs, welchen eine wechselrechtliche Bedeutung nicht zukömmt, sind namentlich hervorzuheben:

1) Die auf die Valuta, d. h. auf die Gegenleistung, welche dem Wechselaussteller[8] für die Uebernahme der wechselmäßigen Verbindlichkeit gemacht oder versprochen worden ist[9], bezüg-

---

[5] Bender, Grundſ. I. S. 184. — Sammlung handelsg. Entscheid. . . . in Bayern, Bd. II. S. 140 not. 2.

[6] Ueber die Bezeichnung s. Pöhl's Wechselrecht S. 104. 5.

[7] Treitschke, Encycl. I. S. 340 f.; Thöl, Wechselrecht §. 298. — Die Domicilirung geschieht gewöhnlich durch einen Zusatz zur Adresse: „Herrn N. in Leipzig, zahlbar in Naumburg", oder: „an mich selbst in Heidelberg, zahlbar in Frankfurt."

[8] Ueber die Valuta-Angabe beim Indossament v. dies. Lehrb. §. 54 zu not. 13.

[9] Einert, Wechselrecht, S. 98 f. — Thöl, Wechselrecht, §. 189. — Coburg-Goth. Einf. G. §. 8: „Klagen auf Zahlung der Valuta von Seiten „eines Ausstellers oder Indossanten sind, insoweit sie sich nicht nach Betrag und vorhandenem urkundlichem Beweis zur Verhandlung im Executiv-

lichen Formeln [10]. Diese sehr verschieden lautenden Clauseln [11], welche namentlich bei Kaufleuten in fortdauerndem Gebrauche stehen [12], sind bald, wie die Formeln „Werth in Rechnung", „Werth empfangen" [13], „Werth an Börsen-Differenz" [14], an sich ganz bedeutungslos, bald, wie die Valuta-Angabe „Werth in Wechseln", „Werth gewechselt", „valuta cambiata" von zweifelhaftem Sinne [15], bald endlich solche, welche, wie das Valuta-Bekenntniß „Werth baar empfangen", „Werth in Waaren", „Werth empfangen in Waaren" ein außergerichtliches Geständniß enthalten, das namentlich zur Begründung der s. g. Bereicherungsklage von Wichtigkeit sein kann [16].

Doch ist durch einzelne Wechselordnungen die Angabe des Valuten-Verhältnisses als ein wesentlicher Bestandtheil der Wechselurkunde erfordert [17], ohne daß jedoch durch dieses Er-

---

„Processe eignen, ohne Rücksicht auf die Gröfse des Streitgegenstandes „im Wege des unbestimmt summarischen Processes zu führen. — Verur„theilende Erkenntnisse in dergleichen Sachen sind vorläufig vollstreckbar, „und ist gegen die dem Wechselarrest an sich unterworfenen Beklagten „der Personalarrest in gleicher Art wie in eigentlichen Wechselsachen zu„lässig. Die except. non num. pecun. kann in solchen Sachen mit der „gemeinrechtlichen Wirkung nicht vorgeschützt werden."

[10] Dies. Lehrb. §. 15 zu not. 14. — Thöl, Wechselrecht, §. 170. I. u. §. 289. III. — Preuß. Motive, S. XXXIII f.; Leipziger Protocolle S. 10 f.

[11] V. dies. Lehrb. §. 15 not. 13. — Bender, Grunds. I. S. 188 f. Treitschke, Encycl. II. S. 520 f.

[12] Biener, im Arch. f. d. W. Bd. V. S. 241 f.

[13] Meine Abh. im Arch. f. civ. Praxis, Bd. XLVII. S. 7. — Seuffert, Arch. Bd. VIII. no. 168.

[14] Borchardt, die D. W. O. mit den von den deutschen Gerichtshöfen ausgesprochenen Grundsätzen des Wechselrechts, Zus. 142.

[15] Treitschke, Encycl. II. S. 521; Bender, Wechselrecht, S. 190. — Meine Abh. im Arch. f. civ. Praxis, Bd. XLVII. S. 6 a. E. u. S. 7.

[16] Meine Abh. im Arch. f. civ. Praxis. Bd. XLVII. S. 5 f.

[17] Der Code de comm. Art. 110 u. A. 188 verlangt, daß sowohl der gezogene Wechsel wie das Ordrebillet angeben : „La valeur fournie „en espèce, en marchandises, en compte, ou de toute autre manière." —

forderniß, welches als bloßes Formrequisit zu betrachten, die Möglichkeit ausgeschlossen wäre, mittelst eines Wechsels eine dos oder ein Geschenk zu geben oder eine Bürgschaft zu übernehmen [18].

2) Das Versprechen für die Stempelstrafe zu stehen [19].

3) Die Clauseln, durch welche dem Wechselgläubiger eine Hypothek (Hypothekenwechsel [20]) oder ein Faustpfandrecht (Pfandwechsel im engeren Sinne [21]) bestellt wird (Pfandwechsel im weiteren Sinne oder gedeckter Wechsel [22]).

Damit stimmen theils wörtlich, theils der Sache nach überein: Das Waadtländ.-Gesetz vom 4. Juni 1829, Art. 1 u. A. 85; das Neuenburg.-Gesetz vom 3. Juni 1833, A. 28 u. A. 85; Span. Handelsg. A. 426 u. A 563. — Portugies. Handelsg. A. 321 u. A. 426; Niederländ. Handelsg. Art. 100 u. A. 208; Handelsg. von Freiburg Art. 91 u. A. 175. Italien. Handelsg. Art. 196 u. A. 273. — Für gezogene und eigene Wechsel verlangen eine Valuta-Angabe: das Russ. Handelsg. A. 436; das Serb. Handelsg. §§. 80 u. 162.

[18] Einert, Wechselr. S. 100; Grävell im Arch. f. d. W. Bd. I. S. 122. — Ungarisch. Wechselrecht, §. 16.

[19] Borchardt, a. a. O. Zus. 73 u. S. 97 not. 127. — Arch. f. d. W. Bd. X. S. 405 f.

[20] Eine General- (Scaccia, tract. §. 1. Quaest. V, No. 16) oder eine Special-Hypothek. — Bender, Grunds. II. S. 83 f. Kuntze, Inhaberpapiere, II. S. 590. — Das Vermögen des Indossanten eines Wechsels, in welchem eine General-Hypothek bestellt ist, ist nicht verpfändet. — Pöhls, Wechselrecht S. 584.

[21] Bender, Grundsätze, II. S. 88 u. 89.

[22] Thöl, Wechselrecht, §. 287. — Die Pfandbestellung, welche auch außerhalb des Wechsels, wiewohl mit theilweise anderer Bedeutung, geschehen kann (Thöl, a. a. O. §. 287; Treitschke, Encyc. II. S. 54), ist übrigens bei Tratten selten (Daniels, Grunds. S. 329 f.; s. jed. Thöl, §. 287. 4), macht aber, wenn auch im Wechsel geschehen, denselben nicht ungültig. (Berlin. Ob. Tr. bei Borchardt, die D. W. O. mit den Grundsätzen der Gerichtshöfe, Zus. 660; s. ferner Seuffert, Arch. Bd. VII. Nr. 354). Anders particularrechtlich. Bender, II. S. 86. — Lüb. Einf. Ges. Art. 4. Nach anderen Particularrechten ist die in einem Wechsel enthaltene Pfandverschreibung wirkungslos (Hamburg. Einf. G. §. 13), oder doch die Hypothekar-Clausel (Reuß-Schleiz. Einf. G. §. 5).

§. 19.

Die Vervielfältigung des Wechselbriefs*. Die Allongen.

Ein Wechselbrief kann in doppelter Weise vervielfältigt werden [1], nämlich:

1) Durch die Ausstellung mehrerer Originalien desselben (Wechselduplicate). Mehrere gleichlautende Urschriften sind Ein Wechsel, jedoch nur unter der Voraussetzung, daß aus jedem einzelnen Exemplare ersichtlich ist, daß dasselbe nicht allein steht [2]. Ist dieß nicht der Fall, so gilt jedes Exemplar als ein für sich bestehender Wechsel (Solawechsel [3]). Das Vorhandensein einer Mehrheit von Originalien wird aber üblicher, wiewohl nicht nothwendiger Weise durch die Bezeichnung der einzelnen Exemplare als Prima, Secunda, Tertia u. s. w. angedeutet [4]; durch die D. W. O. jedoch ist diese Art der Bezeichnung, und zwar im Contexte des Wech-

* Ueber Wechselduplicate, Wechselabschriften und einige verwandte Gegenstände (von Cleynmann), Frankfurt a. M. 1807. — Zchinsky, de cambiis multiplicatis, Lips. 1823. — Heise u. Cropp, jurist. Abhandlung, Bd. I. Nr. 26, S. 545 f. — Borchardt, die Wechselduplicate und Copien, Berlin 1847. — Jolly, im Arch. f. deutsch. Wechselr. Bd. III. S. 1 f. — Brackenhoeft im Arch. f. pract. Rechtswiss. Bd. III. S. 81 f. — van Nierop, de vermenigvuldigde Wissel, Amst. 1862.

[1] Particularechtlich sind die Wechselvervielfältigungen einem Stempel unterworfen. — In Oesterreich alle Exemplare (Ditscheiner, Wechselrecht, S. 185 f.), in Preußen nur die zum Umlaufe bestimmten (Borchardt, die D. W. O. mit den von den Gerichten ausgesprochenen Grundsätzen, S. 73).

[2] Jolly, a. a. O. S. 13.

[3] Thöl, Wechselrecht §. 300 zu not. 8. — D. W. O. Art. 66, Abs. 2. — Schweiz. Concordats-Entw. §. 70; Schwed. W. O. §. 64; Finnl. W. O. §. 61; Ungar. Wechselrecht §. 21.

[4] Dies. Lehrb. §. 15. Note 4. — Scaccia, tract. §. 1. Quaest. V. No. 73. — Doch können die mehreren Exemplare nach Gemeinem Rechte auch in anderer Weise als ein Wechsel bezeichnet werden, z. B. durch die Worte: „Gegen diesen vierfach ausgestellten Wechsel". Nach dem Russ. Handelsgesetzbuch, Art. 438 muß eine solche Angabe sowohl im Contexte, wie unterhalb desselben stehen.

sels, als wesentlich verlangt [5]. Dagegen ist die Beifügung der s. g. cassatorischen Clausel weder nach der D. W. O., noch auch an sich erfordert [6], wo nicht das einschlagende particuläre Recht etwas anderes bestimmt [7].

Wechselduplicate können nicht allein von vorn herein ausgestellt, sondern es kann auch der einfach (Sola) begebene Wechselbrief später duplirt werden [8]. Eine Duplirung aber ist sowohl bei gezogenen, wie bei eigenen Wechseln möglich [9], wiewohl eine solche bei diesen letzteren seltener vorkömmt [10], da sie nur zu Zwecken von untergeordneter Bedeutung brauchbar ist [11]. Anders verhält es sich dagegen hinsichtlich der trassirten Wechselbriefe, bei welchen eine Mehrheit von Exem-

---

[5] D W. O Art 66, Abs 2 — Leipz. Protoc S 133 – Die Ansicht Jolly's a. a. O S 15, daß die Bezeichnung der Exemplare als Erster, Zweiter u. s. w genüge, verdient keine Billigung

[6] Treitschke, Encycl I. S 345; Pöhl's Wechsr S. 308; Jolly, a a O. S 16 f

[7] So der Code de commerce, Art 147 : „Le paiement d'une lettre „de change fait sur une seconde, troisième, quatrième etc est valable, „lorsque la seconde, troisième, quatrième etc porte que ce paiement annulle „l'effet des autres“ Waadtländ Gesetz v 4. Juni 1829, Art 41; Neuenburg. Gesetz vom 3. Juni 1833, Art 38; Portugies Handelsg A 381; Niederländ. Handelsg, A 160; Italien. Handelsg. A 232

[8] Ist jedoch der einfach ausgestellte Wechselbrief als Sola-Wechsel oder nicht als Prima-Wechsel bezeichnet, so muß derselbe zum Zwecke der Duplirung an den Aussteller eingesandt werden. — Brauer, Erläut. S 122 i. A. — Dieß wird namentlich für den Fall wichtig, daß die einfach ausgestellte Tratte verloren gegangen ist. — Scaccia, tract. § II Glos. V No 351 sqq — Treitschke, Encyc II. S. 591 i. A — Unrichtig Bender, Grunds. II S 203

[9] Treitschke, Encyc. I S. 354 f — Die D W. O erwähnt zwar der Duplicate eigener Wechsel nicht, dessenungeachtet ist auch nach diesem Gesetze deren Unzulässigkeit nicht anzunehmen. Jolly, a. a O S 6

[10] Bayer. W. O von 1785 § 1 : die eigenen Wechsel werden „fast allezeit sola“ ausgestellt; daher auch der Name „Sola-Wechsel“ für eigene Wechsel

[11] Borchardt, die Wechselduplic S 38. — Jolly, a a. O S 5.

plaren nicht allein zur größern Sicherheit [12], sondern auch zur größern Bequemlichkeit des Wechselnehmers [13] dient; daher denn nur bei diesen dem Aussteller kraft Gemeiner Gewohnheit [14], welche, wie durch viele particuläre Wechselrechte [15], so auch durch die D. W. O. sanctionirt worden ist [16], die zwar nicht wechselmäßige Verbindlichkeit obliegt, seinem Nehmer auf Verlangen mehrere Originalien des Wechsels zu überliefern. Während aber in der Annahme eines als Sola-Wechsel bezeichneten Exemplars kein stillschweigender Verzicht auf die Nachlieferung von Duplicaten liegt [17], kann eine solche Nachlieferung auch ohne vorausgegangene Amortisation bei verloren

---

[12] Eine sehr beschränkte Ansicht über die Bedeutung der Wechselduplicate hat Scaccia, tract. §. II. Quaest. 6, No. 3 : „Quaero . . . , ad quid fiant „tot litterae cambii de eodem contractu cambii? Respondeo fieri princi„paliter, ne fides cambii contracti pereat, et secundario, ne creditor, amissis „seu interceptis primis vel secundis litteris, cogatur redire ad debitorem, „qui alias faciat“.

[13] Einert, Wechselrecht, S. 400 f. — Jolly, a. a. O. S. 2 f. Auch bei Wechselduplicaten zur Sicherheit ist die cassator. Clausel keineswegs wesentliche Form. Jolly, a. a. O. S. 18.

[14] Dies. Lehrb. §. 3, Note 1. — Scaccia, tract. §. II. Glos. 6, No. 2 : „Quaero . . . , quot creditori, cui solutio facienda erit, dari debeant litterae „cambii? Respondeo, de istis litteris faciendis non esse determinatum nume„rum, quia earum pluralitas eas facienti non nocet . . . Usus tamen in„valuit, ut soleant fieri tres litterae“. — Daniels, Grunds. S. 197 f. — Bender, Grunds. I. S. 181 f. — Thöl, Wechselrecht, §. 188 a. E. — Pöhls, Wechselr. II. S. 132. — Mittermaier, Grunds. §. 331. I. — Liebe, Entw. S. 75 f. — Dagegen : Treitschke, Encyc. I. S. 162 f.

[15] Cod. d. comm., Art. 154; Span. Handelsg. A 436; Portugies. Handelsg. A. 326; Holländ. Handelsgesetzb. A. 104; Russisch. Handelsg. A. 449; Schwed. W. O. §. 64; Finnisch. W. O. §. 61; Freiburg. Handelsg. Art. 95; Schweiz. Concordats-Entw. §. 70.

[16] D. W. O. Art. 66, Abs. 1 : „Der Aussteller eines gezogenen Wechsels „ist verpflichtet, dem Remittenten auf Verlangen mehrere gleichlautende Exemplare des Wechsels zu überliefern.“

[17] Jolly, a. a. O. S. 10. — Dagegen : Bluntschli, D. W. O. S. 109.

gegangenem in Prima oder Secunda u. s. w. ausgestelltem Wechsel verlangt werden [18].

2) Durch die Reproducirung des Original-Wechsels in Abschriften (Wechselcopien [19]), die zwar, insoweit als sie als Abschriften erscheinen, zur Geltendmachung von Wechselrechten untauglich [20], wohl aber dazu geeignet sind, Original-Unterschriften mit voller wechselmäßiger Wirkung aufzunehmen [21], zu welchem Zwecke jedoch die Beschließung der Copie erforderlich ist [22].

Reicht aber ein Wechselbrief für darauf zu setzende Erklärungen nicht mehr aus, so kann er durch Allongen (Verlängerungszettel, Wechselanhänge) verlängert werden, bei deren Ansetzung jedoch die nöthigen Vorsichtsmaßregeln zu beobachten sind, damit eine etwaige Lostrennung derselben aus dem Wechsel ersichtlich bleibe [23].

---

[18] Arch. f. d. W. Bd. VI. S. 214 f. — S. jedoch oben not. 8.

[19] Pöhls, Wechselr. S. 312 f.

[20] Wie zur Protesterhebung und Regreßnahme. — Treitschke, Encycl. I. S. 4 und 5.

[21] Mittermaier, Grundsf. §. 331. III. — D. W. O. Art. 11. 12; A. 39 Abs. 2, A. 62, A. 71. 72, A. 81, A. 98 no. 8. — Schweiz. Concord.-Entw. §. 11, §. 41, §§. 75. 76. — Schwed. W. O. §. 13, §§. 68. 69. — Russisch. Handelsg. A. 479.

[22] Pöhls, Wechselr. §. 313. — Koch, Wechselr. S. 281. — D. W. O. Art. 70, Abs. 1 und Art. 98. 8. — Schweiz. Concordats-Entw. §. 74; Schwed. W. O. §. 68; Finn. W. O. §. 65; Ungarisch. Wechselr. §. 24. — Ohne Grund wird das Erforderniß des Arretirens der Copie auf den Fall der Indossirung derselben beschränkt. — So v. Treitschke, Encyc. I. S. 6.

[23] Treitschke, Encyc. S. 122. — Ditscheiner, Wechselr. S. 286 f. — Jolly im Arch. f. deutsch. W. V. S. 54. Eigenthümliche Vorschriften über Allongen giebt das Ungar. Wechselrecht, §. 46.

Drittes Kapitel.
Die Wechselstrenge und die Wechselfähigkeit.

A. Das ältere Recht.

§. 20.

Die Wechselstrenge.

Unter der Wechselstrenge, welche in älterer Zeit als das Characteristische der Wechselschuld betrachtet wurde (dies. Lehrb. §. 10 zu not. 4), verstand man theils das rasche Verfahren zu deren Geltendmachung, theils und namentlich den gegen den Wechselschuldner stattfindenden Personalarrest. Die Personalhaft aber [1], welche ursprünglich außer bei Forderungen, die durch öffentliche Urkunden festgestellt waren [2], bei Handelsschulden überhaupt und so auch bei Wechselschulden der Kaufleute vorkam [3], ward erst später,

---

[1] Es ist dieselbe nicht zu verwechseln mit der Uebergabe zu Hand und Halfter, welche in älterer Zeit gegen jeden zahlungsunfähigen Schuldner Statt hatte. Sächs. Landrecht III. 39, §. 1. Mein Lehrbuch des Civilproc. S. 466.

[2] Stat. v. Ancona v. J. 1357 (bei Briegleb, über executor. Urkunden u. Execut.-Proceß, 2. Aufl. Thl. II. S. 211). — Stat. v. Neapel v. 1420 (b. Briegleb a. a. O. S. 203). — Stat. v. Lucca v. 1539 (b. Briegleb a. a. O. S. 263).

[3] In den Stat. mercator. v. Verona v. J. 1319 (bei v. Martens, Versuch, Anh. S. 24 heißt es: „Et si aliquis mercator fecerit mercatum „cum aliqua persona de rebus pertinentibus seu spectantibus ad mercan„dariam . . . et si idem emtor non solverit incontinenti, personaliter „eum faciam detineri . . ." Nach den Stat. dei mercanti v. Bergamo v. J. 1457 (bei v. Martens, Anhang, S. 27) kann gegen den „de„bitor vel fidejussor . . . occasione mercantiae, . . . de quo debito con„stet per . . . scripturam manu debitoris . . . summarie, sine „strepitu et figura Judicii" — und „etiam per captionem personae" verfahren werden. — Nach dem Leipzig. Markt-Rescr. v. J. 1621 (bei Siegel, corp. jur. camb. I. p. 60) soll bei den Jahrmärkten in „bekänt-

nachdem sie in den übrigen Fällen außer Gebrauch gekommen war, eine Eigenthümlichkeit dieser letzteren, bei welchen sie sich als Vollstreckungsmaßregel, die übrigens auch auf Nicht-Kaufleute Anwendung fand, in Geltung erhielt [4]. Particularrechtlich wurde sogar der Wechselarrest sofort nach geschehener Anerkennung des Wechsels zugelassen [5].

---

lichen Schulden" der Kaufleute mit Gehorsams-Zwang verfahren werden. — Nach der Stadt Bozen W. O. und andern Markts-Privil. v. J. 1666 soll während der Messe gegen Kaufleute sine strepitu judicii verfahren werden (§. VIII), und es soll auch der von den Kaufleuten erwählte Consul mit Arresten auf die Personen, jedoch nur falls deren Entweichung zu befürchten, procediren können (§. XII). — S. auch v. Martens, Versuch S. 58 f.; Biener, Abhandlung. aus dem Gebiete der Rechtsgeschichte S. 100, 141 a. E. u. 146.

[4] I. R. A. §. 107: „Als auch bey den Handels-Städten, in Wechsel-„Sachen, in Mess-Zeiten u. sonsten Casus vorfallen, da nicht allein nach „Kauffmanns-Gebrauch, sondern nach aller Rechts-Gelehrten Meynung die „parata Executio stracks Platz haben solle, und innerhalb 24 Stunden, „oder etlich wenig Tagen zu geschehen pflegt, so lassen Wir es auch, „damit die Creditores nicht öffters aus blosser Widersetzlichkeit der Schuldi-„ger, nicht allein um die Schuld selbsten, sondern auch um allen Credit, „Ehr und Nahrung gebracht werden, darbey dergestallt verbleiben, dass in „solchen Wechsels-Fällen dem Richter erster Instantz unbenommen seyn „solle, ohngehindert einiger Appellation oder Provocation, nach der Sachen „Befind- u. Ermässigung, entweder mit oder ohne Caution der Gläubiger, „die Execution zu vollziehen, und die Debitores zur Schuldigkeit anzu-„halten." Der I. R. A. hatte nicht allein schleuniges Executionsverfahren, sondern Personalcaptur im Sinne, — und wurde jedenfalls so verstanden, wie u. a. zwei auf jene Stelle des Reichsgesetzes sich beziehende Bekanntmachungen des Raths zu Lübeck von 1662 und 1669 (bei Siegel, a. a. O. I. p. 364 sqq.) beweisen. Biener, Abhandl. aus dem Gebiete der Rechtsg. S. 148. Es sanctionirte aber der I. R. A. das bestehende Recht, und zwar die gemeine Gewohnheit, wie die Bezugnahme auf die Meinung aller Rechtsgelehrten andeutet; eine Einschränkung der parata executio auf Wechsel der Kaufleute findet sich in Wirklichkeit darin nicht. S. auch Eichhorn, Einl. §. 127, Note g.

[5] Extr. a. der Brandenburg-Culmbach. Landes-Constitution vom J. 1717 die Wechselbriefe betreffend, Tit. I. §. 6 (bei Siegel, a. a. O. I. p. 200): „wollen wir . . ., dass wider diejenigen, so . . . ent-„weder Wechselbriefe ausstellen oder sonst nach Wechselrecht . . . sich

§. 21.

Die Wechselfähigkeit.

Die Wechselfähigkeit als die Fähigkeit Wechselschulden einzugehen, war, wie das Wechselgeschäft sich als ein selbstständiges Rechtsinstitut entwickelt hatte [1], keineswegs eine ausschließliche Eigenschaft der Kaufleute [2]. Doch bewirkten unrichtige Ansichten über die Bedeutung des Wechselinstituts, so wie über die rechtliche Natur der Wechselschuld, für welche man die Personalhaft als charakteristisch erachtete [3], daß die Wechselfähigkeit allmählig in vielen W. O. beschränkt ward. So wurden particularrechtlich bald nur die Handelsleute und die diesen gleichgestellten Personen als wechselfähig anerkannt [4], bald eine Reihe von Personen von der Wechselfähigkeit ausgenommen [5] oder doch in Beziehung auf diese beschränkt [6].

„zur Zahlung verbindlich machen, sofort nach geschehener Recognition, „executive nach strengem Wechselrecht, mit des Debitoris Personalarrest „verfahren werde."

[1] Ursprünglich war allerdings der Geldwechsel nicht frei. v. Martens, Versuch S. 21 f. — Dedekind, Abriß, S. 88. S. jedoch Noback, über Wechsel und Wechselrecht, S. 36.

[2] W. O. v. Bologna b. Siegel, corp. jur. camb. p. 500, §. 1. — Chursächs. Decisiv-Befehl v. J. 1669 (b. Siegel, a. a. O. I. p. 64). Leipz. W. O. v. 1682 §. 1 (b. Siegel, a. a. O. I. p. 2) : „Ob zwar „Wechsel-Briefe, als welche zur Beförderung der Handlung erfunden und „eingeführet, vornehmlich Kauff- und Handels-Leute angehen; dieweil aber „auch viel andere hohe und niedere Personen zu ihrer Bequemlichkeit und „aus andern Ursachen sich derselben zum öfftern gebrauchen : Als hat es „bey dem, was . . . . klärlich verordnet, auch noch ferner unter andern, „die sich der Wechselbriefe bedienen, nicht weniger als unter Kauffleuten, „allenthalben sein Verbleiben . . . " Dantzig. W. O. v. 1701, Art. 38 (b. Siegel, I. p. 378). — Scaccia, tract. §. 1 Quaest. VII. Par. II. limit. XI. et Par. III. limit. XVII. — Eichhorn, Einl. §. 128. II.

[3] Mittermaier, Grundf. §. 334. — Auf der im Texte zuerst bezeichneten unrichtigen Grundlage ist Warmuth, über die Wechselfähigkeit, Würzburg 1828.

[4] Preuß. Landr. Th II. Tit. 8, §. 718 f. Währenddem die Bayer. W. O. v. 1785, §. 1 dem Grundsatze nach Jeden, der zu contrahiren fähig, als wechselfähig anerkannte, wurden durch Verordn. v. 11. Sept. 1825 die Handelsleute und Negotianten allein für wechselfähig erklärt.

[5] So namentlich : gemeine Bürger, Handwerker, Bauern (Extr. a. der

B. Das heutige Recht.

§. 22.

Die Wechselstrenge.

Die Wechselstrenge (rigor cambialis) im eigentlichen Sinne des Worts [1] besteht in der Wechselhaft, welche wie nach gemeinem Rechte [2], so auch nach der D. W. O. nur als Vollstreckungsmittel eines auf eine Wechselklage ergangenen Urtheils [3], hier ohne Rück-

---

Brandenburg.-Culmbach. Landes-Constitution v. 1717, Tit. 1, §. 6 (b. Siegel I. p. 200): Es soll beim „gemeinen Handwercksmann, Bürger „oder Bauer, so keinen Handel oder Kauffmannschaft triebe, . . . das „Wechselrecht vieler Bedenklichkeiten willen cessiren"; Frauen, mit Ausnahme der Handelsfrauen (Leipzig. W. O. §. 2), Minderjährige, Kinder unter väterlicher Gewalt, u. a. m. (Dantzig. W. O. Art. 39, Bayer. W. O. v. 1785, §. 31).

[6] Augsburg. W. O. v. 1778, Kap. I. §. 2 „. . . . Doch sollen Bürger „und Inwohner, welche weder von einer oder der andern Stube, noch den „Stubenmässigen gleich geachtet, noch dem Raggionsbuch einverleibt sind, „wenn sie Wechsel ausstellen, dieselben zuvor in einem Bürgermeisteramt „vorweisen, und mit dessen Unterschrift bestätigen lassen." Nach Bayer. Verordn. v. 8. Novemb. 1786 waren die Klöster nur dann Wechselbriefe auszustellen befugt, wenn sie zuvor den Consens des geistlichen Raths hierzu eingeholt hatten.

[1] Ueber einen weiteren Begriff von Wechselstrenge s. dies. Lehrb. §. 20. — Der Wechselstrenge in diesem weiteren Sinne wird in neuerer Zeit die sog. materielle Wechselstrenge entgegengesetzt. Thöl, Wechselrecht, §. 157.

[2] Dies. Lehrb. §. 20 not. 4. — Bender, Grunds. II. S. 438 f. — Dagegen Eichhorn, Einl. §. 127.

[3] D. W. O. Art. 2, Abs. 1: „Der Wechselschuldner haftet für die Erfüllung der übernommenen Wechselverbindlichkeit mit seiner Person und „seinem Vermögen." Diese Worte lassen es keineswegs, wie Brauer, Erläut. S. 27 annimmt, unentschieden, ob die Wechselhaft auch sofort nach der Ladung vorkommen könne. — Die Preuß. Verordn. vom 4. März 1834 §. 1 bestimmt: „Die Execution aus gerichtlichen Vergleichen über rechtshängige Gegenstände findet Statt, auch wenn diese Vergleiche vor einem „andern als dem Processrichter, jedoch im Inlande geschlossen worden sind. „Wird ein solcher Vergleich über Wechselverpflichtungen ge-

sicht auf die Proceßart, in welcher dieses ergangen [4], und gleichzeitig mit der Execution auf das Vermögen [5] Statt finden kann, und so wenig durch bereits bestellte Sicherheit [6] als durch das Anerbieten einer Caution [7] abgewendet wird.

Als ein naturale cambii findet die Wechselhaft im Zweifel gegen jeden Wechselschuldner Statt. Doch ist dieselbe nach der an das bisherige gemeine Recht sich anschließenden D. W. O. nicht zulässig:

1) Gegen die Erben eines Wechselschuldners [8], und zwar selbst

---

„schlossen, so ist die Wechselexecution zulässig." — Nach der Oesterr. Verordn. v. 25. Januar 1850 für Ungarn, Croatien u. s. w. §. 6, findet die wechselrechtliche Execution auch auf gerichtliche Vergleiche Anwendung, wenn sich der Schuldner derselben in Rücksicht einer Wechselforderung ausdrücklich unterworfen hat.

[4] Volkmar u. Loewy, D. W. O. S. 18. — Dagegen Höpfner, Beitr. zur civilgerichtl. Praxis, Bd. II. 3. S. 199 f.

[5] D. W. O. mit Einl. u. Erläut. S. 39. — Leipziger Protoc. S. 9 i. A. — Sammlung handelsgerichtl. Entscheidungen . . . in Bayern, Bd. I. S. 67; Arch. f. deutsch. Wechselr., Bd. XIII. S. 100; also nicht bloß electiv (dagegen Höpfner, a. a. O. S. 200; Lüb. Einf. G. Art. 10, Nr. 7 u. 8; Nassau. Wechselproceßordn. §. 22; und die beiden Oesterr. Verordn. vom 25. Januar 1850, §. 18 u. §. 4, nach welchen Gesetzen übrigens die Wahl des einen Executionsmittels den Kläger nicht hindert, auf das andere zurückzukommen), oder subsidiär. — Nach einer andern Ansicht läßt die D. W. O. unentschieden, in welchem Verhältnisse die Personal- und die Real-Execution zu einander stehen. — Koch, Wechselrecht, S. 98. — Bluntschli, D. W. O. S. 18. Die Nürnberg. Nov. I. zu Art. 2 der D. W. O. bestimmt: „Dem Wechselgläubiger ist gestattet, neben der Execution gegen die Person seines Schuldners gleichzeitig die Execution in „dessen Vermögen zu suchen."

[6] S. jed. Lüb. Einf.-Ges. Art. 10, Nr. 9: „Wenn für die Forderung „Sicherheit bestellt worden ist (A. 25—29 der W. O.), so hindert das die „Wahl der gefänglichen Haft nur dann, wenn der Kläger aus der bestellten „Sicherheit sofort befriedigt werden kann"; desgleichen die beiden Oesterr. Verordn. v. 25. Januar 1850, §. 20 u. §. 6.

[7] Reuß-Schleiz. Einf. G. §. 3, Abs. 2.

[8] D. W. O. Art. 2. — Preuß. Motive, S. XXVIII. — Siegel, Einleit. zum Wechselrechte (im corp. jur. camb. II. p. 446 f.); Pöhls, Wechselrecht, S. 301; Thöl, Wechselrecht, §. 339 not. 1. — Dagegen: Treitschke, Encycl. I. S. 405 f.

dann, wenn sie das Handlungsetablissement des Erblassers fortsetzen [9];

2) gegen solche Personen, welche nur mittelst eines Vertreters eine Wechselerklärung abgeben können [10], eine Bestimmung, die weder auf offene, noch auch auf Commanditgesellschaften Anwendung findet [11];

3) so wie gegen Frauen, wenn sie nicht Handel oder ein anderes Gewerbe treiben [12], selbst nach fruchtlos vollstreckter Execution in deren Vermögen [13].

---

[9] Brauer, Erläut. S. 28. 3; Kitka, Erl. S. 99. — Dagegen Bluntschli, D. W. O. S. 18 f.; Hoffmann, Erläut. S. 175. — Particularrechtlich findet die Wechselhaft entweder schlechthin gegen die Erben des Wechselschuldners statt (Cöthen. W. O. Art. 16), oder doch gegen die Erben von Kaufleuten, und Fabrikinhabern, welche das Geschäft ihres Erblassers fortstellen. K. Sächs. Gesetz über den Schuldarrest v. 7. Juni 1849, §. 8. Der gewöhnliche Schuldarrest, sofern er nach dem im Lande geltenden Rechte gegen Erben Statt findet, ist durch die Ausschließung der Wechselhaft nicht ausgeschlossen. — Blaschke, im Arch. f. d. W. Bd. IV. S. 81.

[10] D. W. O. Art. 2 Abs. 2: „Jedoch ist der Wechselarrest nicht zu„lässig: 2. aus Wechselerklärungen, welche für Corporationen oder andere „juristische Personen, für Actiengesellschaften oder in Angelegenheiten „solcher Personen, welche zu eigener Vermögensverwaltung unfähig sind, „von den Vertretern derselben ausgestellt werden." Preuß. Motive, S. XXIX; Koch, Wechselrecht, S. 101. — Blaschke, im Arch. f. d. W. Bd. IV. S. 82 f.

[11] Bluntschli, D. W. O. S. 19.

[12] D. W. O. Art. 2. — Auth. sed hodie im Cod. J. de officio diversor. judicum (I. 48). — Seuffert, Arch. Bd. I. no. 297. Bender, Grundſ. I. S. 279 not. e. — Zu den gewerbetreibenden Frauen gehört diejenige nicht, welche ihr eigenes Landgut bewirthschaftet. Berl. O. Tr. bei Borchardt, die D. W. O. . . . . mit den von den deutschen Gerichtshöfen ausgesprochenen Grundsätzen des Wechselrechts, Zus. 39. — Statt der Worte der D. W. O. Art. 2 no. 3 hat die Oesterr. Allg. W. O. „gegen alle jene Personen, „gegen welche nach den in den einzelnen Kronländern bestehenden gesetz„lichen Vorschriften der Schuldenarrest überhaupt nicht statt findet." Die Bestimmung der D. W. O. schließt aber die Anwendung der Personalhaft wegen Wechselschulden gegen Frauen nicht aus, insoweit nach der Landesgesetzgebung der gewöhnliche Schuldarrest gegen dieselben Statt findet. Gelpke in der Zeitsch. f. Handelsrecht, Heft 3, S. 139 f.

[13] Borchardt, a. a. O. Zus. 38.

Wie aber die Zulässigkeit des Wechselarrests gegen eine Frau als Handelsfrau nicht dadurch bedingt ist, daß diese ihre Eigenschaft aus dem Wechsel selbst hervorgehe [14], jene auch nicht auf Wechsel aus Handelsgeschäften beschränkt ist [15], so liegt andererseits dem Kläger der Beweis ob [16], daß die Frau zur Zeit der Eingehung der Wechselverbindlichkeit Handel oder ein anderes Gewerbe getrieben [17].

In der That entscheidet nämlich rücksichtlich der Statthaftigkeit des Wechselarrestes regelmäßig der Zeitpunct, in welchem die Wechselverbindlichkeit eingegangen worden, wenn nicht der arrestfähige Wechselschuldner später in eine Classe von Personen zu stehen gekommen, gegen welche aus Gründen des öffentlichen Rechts die Personalhaft untersagt ist [18], oder in einen Zustand, wie Geisteskrankheit, gerathen, welchem die nämliche Bedeutung beigelegt werden muß [19]. Der arrestunfähige Wechselschuldner unterliegt aber selbst dann dem Wechselarreste nicht, wenn er sich bei Uebernahme der Wechselverbindlichkeit für eine dem Arreste unterworfene Person ausgegeben hat [20].

Beamte und Militärs sind wie nach Gemeinem Rechte [21], so auch nach der D. W. O. dem Wechselarreste nicht entzogen. Ebenso ist die Eröffnung des Concurses über das Vermögen eines Wech-

---

[14] Kletke, Präjudiz. S. 158 no. 365.

[15] Volkmar u. Löwy, D. W. O. S. 20. — Dagegen: O. A. G. in Dresden bei Kletke, a. a. O. no. 366.

[16] Arch. f. deutsches Wechselrecht, Bd. XIV. S. 328 f.; u. Bd. IX. S. 99. — Zeitsch. f. das gesammte Handelsrecht, Bd. XI. S. 122 f.

[17] Arch. f. d. W. Bd. VI. S. 318 f.; — Borchardt, a. a. O. Zus. 40.

[18] Brauer, Erläut. S. 30. — Bluntschli, D. W. O. S. 22. — O. A. G. in Dresden bei Löhr, Central-Organ, N. F. Bd. III. S. 437 f. Dagegen: Volkmar u. Löwy, D. W. O. S. 21. — Samml. handelsgerichtl. Entscheidungen . . . in Bayern, Bd. I. S 122.

[19] Arch. f. d. W. Bd. X. S. 103 f.

[20] Bluntschli, D. W. O. S. 21.

[21] Dagegen Eichhorn, Einleit. §. 128, Note l. — S. aber Koch, Wechselrecht S. 98 a. E. — Ueber den Regenten s. Bender, Grunds. I. S. 248 f. und daselbst S. 252 f. über die Gesandten.

selschuldners, und beziehungsweise dessen Zulassung zur Rechtswohlthat der Güterabtretung ohne Einfluß auf die Wechselhaft. Wie demnach Concurs und Güterabtretung eine Relaxirung des bereits verhängten Arrests nicht zur Folge haben, so hindern sie auch nicht die Verhaftung des Wechselschuldners während der Dauer des Gantverfahrens, und kann jene selbst von dem Wechselgläubiger, der seine Forderung im Concurse liquidirt hat, auf Grund des rechtskräftigen Liquidations-Urtheils beantragt werden [22].

Indem aber die D. W. O. wegen Ausschließung des Wechselarrests gegen andere als die von ihr bezeichneten Personen aus Gründen des öffentlichen Rechts auf besondere Gesetze verweist [23], ist nicht allein durch mehrere Einführungs- und Wechselproceß-Gesetze die Wechselhaft im Falle des Concurses oder schon bei gerichtlicher Insolvenz-Erklärung ausgeschlossen [24], sondern auch in den einzelnen deutschen Staaten die Zahl der dem Wechselarreste schlechthin oder beziehungsweise nicht unterworfenen Personen in sehr verschiedener Art vermehrt worden, so wie es ferner nach jenen Gesetzen Fälle giebt, in denen die an sich zulässige Wechselhaft während der Dauer gewisser Verhältnisse nicht vollzogen werden kann [25].

---

[22] Meine Abh. im Arch. f. d. W. Bd. VIII. S. 322 f.; Thöl, Wechselrecht §. 338.

[23] D. W. O., Art. 2 a. E.: „Inwiefern aus Gründen des öffentlichen „Rechts die Vollstreckung des Wechselarrests gegen andere als die vor„genannten Personen Beschränkungen erleidet, ist in besonderen Gesetzen „bestimmt."

[24] Meine Abh. im Arch. f. d. W. Bd. VIII. S. 328 f.

[25] Der Wechselarrest findet nicht Statt: 1. in Nassau nach der Wechselproceß.-Ordn. v. 7. Nov. 1848 §. 23: Gegen Schuldner, welche das 70. Lebensjahr zurückgelegt haben, gegen den Ehegatten des Gläubigers, und gegen Verwandte und Verschwägerte in auf- und absteigender Linie, und im ersten Grade der Seitenlinie. 2. in Lübeck nach dem Gesetze über Wechselarrest v. 28. April 1849 Art. 2: gegen Blutsverwandte und Verschwägerte des Gläubigers in auf- oder absteigender Linie; gegen Voll- oder Halbgeschwister, sowie gegen Geschwister der Eltern und Großeltern des Gläubigers; gegen dessen Ehegatten; gegen Personen, welche das 70. Lebensjahr vollendet haben; gegen Personen, über deren Vermögen Concurs eröffnet ist, wegen solcher Schulden,

Zum Zwecke der Herstellung größerer Rechtseinheit soll jedoch nach der Nürnberger Novelle 2 der Wechselarrest durch die Landesgesetzgebung nur ausgeschlossen werden können: gegen Mitglieder der Ständeversammlungen während deren Dauer, gegen Officiere und Soldaten, Auditeure, Militärärzte und sonstige Militärbeamte, so lange sie sich im activen Dienste befinden, gegen Civilstaatsdiener im activen Dienste, gegen ordinirte Geistliche und gegen den Schiffer, die Schiffsmannschaft, so wie alle übrigen auf dem Schiffe angestellten Personen, wenn das Seeschiff segelfertig ist. Auch soll gegen den Schuldner, über dessen Vermögen der Concurs eröffnet, oder welcher zur Güterabtretung zugelassen worden ist, der Wechselarrest wegen aller früheren Forderungen, gegen denjenigen aber, gegen welchen der Arrest wenigstens Ein Jahr hindurch vollstreckt worden, wegen der früheren Forderungen des Gläubigers, der die Haft beantragt hat und nicht nachweist, daß dem Schuldner Befriedigungsmittel zu Gebote stehen, ausgeschlossen werden können. Diese Vorschläge sind denn auch in der

---

welche vor dem Concurse contrahirt sind; nach Art. 3 darf der erkannte Arrest zeitweilig nicht vollstreckt werden: gegen einen Ehegatten, während der andere wegen Schulden persönlich in Haft ist; gegen schwer Erkrankte während der Dauer der Krankheit, gegen Weiber während der Schwangerschaft und der nächsten 6 Wochen nach ihrer Entbindung; gegen Mitglieder oder Beamte öffentlicher Behörden während der Sitzung der letzteren; gegen Militärpersonen und andere Mitglieder unter öffentl. Autorität bewaffneter Corps, während sie auf dem Feldfuße sich befinden und im öffentl. Dienste unter den Waffen stehen; gegen Schiffer und Schiffervolk, während das Schiff, welchem sie angehören, segelfertig liegt; in einem dem Gottesdienste angehörigen Gebäude während der Dauer des Gottesdienstes; bei Taufhandlungen, Trauungen und Leichenfeierlichkeiten, sowie bei den entsprechenden Handlungen nicht christlich. Confessions-Verwandten; an Sonn- und allgemeinen Feiertagen; in der Wohnung des Schuldners v. 7 Uhr Abends bis 9 U. M. — 3. in Oesterreich gegen öffentliche Beamte im Dienste des Staats und Geistliche (Kheil, Wechselrecht, S. 50); S. auch oben not. 12. — 4. in Hamburg verweist der §. 3 des Einf. G. auf die in Beziehung auf den Schuldarrest überhaupt geltenden Beschränkungen. — Die Bestimmungen der übrigen Einführungsgesetze der D. W. O. und der sich anschließenden Wechselproceßordnungen über Ausschließung und Beschränkung des Wechselarrests sind durch die Reception der Nürnberger Novellen im Allgemeinen außer Kraft gesetzt.

Mehrzahl der Staaten, welche sich die Nürnberger Novellen angeeignet haben, in der Art eingeführt worden, daß der Wechselarrest in all den bezeichneten Fällen, und, abgesehen von den in der D. W. O. selbst bestimmten, nur in diesen nicht Statt findet [26].

---

[26] Das Preuß. Gesetz vom 27. Mai 1863 hat jedoch hinsichtlich des Wechselarrests den Inhalt der Nürnberger Novelle nicht angenommen, vielmehr (Art. 2) im Allgemeinen das bisherige Recht beibehalten. Hiernach ist in Preußen der Wechselarrest nur unzulässig: gegen Personen des Soldatenstandes, so lange sie dem Dienststande angehören; gegen Mitglieder der beiden Häuser des Landtags ohne Genehmigung desselben während der Sitzungsperiode; gegen Personen, die zur Schiffsbesatzung gehören, von dem Zeitpuncte an, wo das Schiff segelfertig ist; gegen den Gemeinschuldner nach Eröffnung des Concurses, sowie nach Beendigung desselben wegen der zur Zeit der Concurseröffnung vorhandenen Forderungen, soferne der Cridar für entschuldbar erklärt ist (im Bezirke des A. G. zu Cöln, soferne der Schuldner zur Güterabtretung zugelassen ist); endlich länger als 5 Jahre hindurch wegen der vor Ablauf dieser Zeit entstandenen Forderungen desjenigen Gläubigers, auf dessen Antrag der Personalarrest vollstreckt worden, soferne derselbe nicht nachweist, daß dem Schuldner Befriedigungsmittel zu Gebote stehen. S. Zeitschr. f. das gesammte Handelsrecht, Bd. VI. S. 641 f. — Das Bayer. Gesetz vom 5. Oct. 1863 bestimmt (Art. 2): „Die Vollstreckung des Wechselarrests ist, — „ausser dem in Art. 45 u. i. A. 446 des Allg. D. Handelsgesetzb. hin„sichtlich der Besatzung eines segelfertigen Schiffs vorgesehenen Falle — „ausgeschlossen:

„1. Gegen active Officiere und in gleichem Range stehende Militär„beamte, so lange sie sich mit ihrem Corps oder mit Abtheilungen desselben „ausserhalb der Garnison befinden, so wie gegen Unterofficiere, Soldaten „und andere im Militär Angestellte dieser Classen, wenn sie im activen „Dienste und nicht ständig beurlaubt sind.“

„2. Gegen den Wechselschuldner, welchem die Rechtswohlthat der „Vermögensabtretung bewilligt worden ist.“

„3. Wenn der Wechselarrest zwei Jahre hindurch vollstreckt worden „ist, wegen der frühern Forderungen desjenigen Gläubigers, welcher den „Arrest beantragt hat, soferne derselbe nicht nachweist, dass dem Schuld„ner Befriedigungsmittel zu Gebote stehen.“ „Hinsichtlich der Mitglieder „der Kammern des Landtages ist die Vorschrift des Tit. VII. §. 26 der „Verfassung massgebend.“

Das Badische Ges. v. 28. Mai 1864 bestimmt (Art. 2): „Die im vorstehenden Artikel enthaltenen Zusätze (die Nürnberg. Nov.) treten im Grossherzogthum mit deren Verkündung in Kraft.“

„Bezüglich der in Art. 2 Abs. 3 der D. W. O. zugelassenen Be-

Wenn nach deutschem Rechte die Wechselhaft ein naturale cambii bildet, so gelten dagegen nach anderen Gesetzgebungen anderweitige Grundsätze. So findet insbesondere nach französischem Rechte Personal-Execution nur aus gezogenen Wechseln, aus eigenen Wechseln aber allein gegen Kaufleute, so wie gegen Nicht-Kaufleute, die bei Handelsoperationen sich durch Ordrebillets verpflichtet haben, Statt [27]. Anderen Wechselordnungen, wie insbesondere den schweizerischen, ist jede Wechselhaft unbekannt, indem sie vielmehr den Schuldner, der zur Verfallzeit seine Wechselverbindlichkeit nicht erfüllt, für insolvent erachten [28].

§. 23.

Die Wechselfähigkeit.

Die subjective Wechselfähigkeit [1] kömmt:

1) activ Jedem zu, welcher aus einem Vertrage Vermögensrechte erwerben kann [2];

„schränkungen des Wechselarrestes behält es bei den bestehenden gesetz„lichen Vorschriften sein Bewenden. Nur der §. 18 Abs. 1 des Gesetzes „vom 6. April 1854 über die Militärgerichtsbarkeit wird dahin abgeändert:

„Die Verhängung des persönlichen Verhafts als Vollstreckungsmittel „wegen Wechselverbindlichkeiten findet nicht statt gegen Militärpersonen, „welche einer in Kriegsbereitschaft gesetzten Truppe angehören, von dem „Tage, an dem diese Massregel verkündet wurde, bis zum Tage, an „welchem die Truppe wieder auf den Friedensfuss zurückversetzt wird."

[27] Code de comm. Art. 637 u. Berriat St. Prix, cours de procéd. civile (Bruxell. 1837), p. 439 not. 3.

[28] Schweiz. Concord.-Entwurf, §. 106. — Meine Kritik des Entw. e. schweizer. Wechselord. S. 7 f. — Biener, wechselrechtl. Abhandl. S. 75.

[1] Ueber die sog. objective Wechselfähigkeit s. Thöl, Wechselrecht, §. 161.

[2] Thöl, §. 162. Also nicht Jedem, wie Koch, Wechselr. S. 88 meint. — Die D. W. O. hat über die active Wechselfähigkeit keine Bestimmung; wo jedoch die particuläre Gesetzgebung die active Wechselfähigkeit auf die Handelsleute beschränkt, ist diese Beschränkung in Folge der Einführung der D. W. O. als aufgehoben zu betrachten. Bluntschli, D. W. O. S. 12 f.

2) passiv aber Demjenigen, welcher fähig ist, sich vertragsmäßig zu verpflichten [3], wenn er sich auch nicht durch jede Art von Vertrag verbindlich zu machen vermag [4]. Daher sind weder Weiber, noch Hauskinder [5] oder Studirende [6], noch Gemeinschuldner [7], noch Schreibunkundige [8], Blinde [9] oder Taubstumme [10], noch endlich juristische Personen als solche wechselunfähig. Wie aber diese letzteren nur durch ihre Ver-

---

[3] D. W. O. Art. 1 : „Wechselfähig ist jeder, welcher sich durch Verträge verpflichten kann." — Uebereinstimmend der Schweiz. Concordats-Entw. §. 1. — S. auch dies. Lehrb. §. 21 zu not. 2. — Treitschke, Encycl. II. S. 687; Mittermaier, Grunds. §. 334. I. — Dagegen : Pöhls, Wechselrecht, S. 58. — Die D. W. O. Art. 1 hat demnach kein neues Princip aufgestellt. Leipzig. Protoc. S. 6 u. 7. — Mein Aufs. in der Krit. Ueberschau, Bd. IV. S. 354 f.

[4] Brauer, Erläut. S. 25; s. auch Heckert, D. W. O. S. 13 not. 1.

[5] l. 39 D. de O. et A. (44. 7) : „Filiusfamilias ex omnibus causis tanquam „paterfamilias obligatur, et ob id agi cum eo tanquam cum patrefamilias „potest. O. A. G. in Dresden im Arch. f. d. W. Bd. III. S. 95 f., so wie bei Kletke, Präjud. S. 152 no. 352 u. Seuffert, Arch. Bd. VII. no. 227; O. A. G. in Cassel bei Seuffert, Arch. Bd. XV. no. 51; u. Bayer. Gerichte bei Kletke, Präjudiz. no. 351 u. Arch. f. deutsch. Wechselrecht, Bd. X. S. 419; wo nicht nach dem particulären Rechte, welchem die Person unterworfen, Verträge von Hauskindern unverbindlich sind (Preuß. Landrecht II. 2. §§. 125. 131. 132. 136). Berlin. O. Tr. bei Kletke, Präjudiz. S. 151, no. 347 u. 349; Archiv f. deutsches Wechselrecht, Bd. I. S. 324; Bd. XIV. S. 89 f. Löhr, Centralorgan, N. F. Bd. II. S. 604 f. — Dagegen : Arch. f. deutsch. W. Bd. VI. S. 317 f. Ueber die exceptio Senatusc. Macedoniani vgl. §. 84.

[6] S. Platner, über die Wechselfähigkeit der Studirenden auf den deutschen Universitäten im Arch. f. deutsch. W. X. S. 113 f. — Thöl, Wechselrecht, §. 163, not. 21.

[7] Borchardt, die Allg. D. W. O. . . . mit den von den deutschen Gerichtshöfen ausgesprochenen Grundsätzen des Wechselrechts, Zus. 15. — Seuffert, Arch. Bd. XIV. no. 156; XV. no. 52. — Kletke, Präjud. II. S. 272.

[8] Arg. D. W. O. A. 94. — Thöl, Wechselrecht, §. 163 no. 11.

[9] Thöl, Wechselrecht, §. 163 no. 7. — Borchardt, a. a. O. Zus. 12.

[10] Thöl, Wechselrecht, §. 163 no. 8. — Arch. f. deutsches Wechselrecht, Bd. VI. S. 98.

treter sich vertragsmäßig und sonach auch wechselmäßig verpflichten können, so werden Geisteskranke [11] und Verschwender nach der Publication der gerichtlichen Interdiction [12] allein durch ihre Vormünder wechselrechtlich verbunden. Das Nämliche gilt auch von Unmündigen und Minderjährigen [13]; doch ist der Minor, welcher mit der nöthigen Ermächtigung Handel als Gewerbe betreibt, zur selbstständigen Eingehung von Wechselverbindlichkeiten im Betriebe seines Handelsgewerbes befähigt [14], während die von ihm geschlossenen Wechselgeschäfte als zu diesem Betriebe gehörig gelten [15].

Auch bedürfen Weiber, wo das Institut der Geschlechtsvormundschaft besteht, zur Eingehung von Wechselverbindlichkeiten der aus dem Wechsel ersichtlichen Einwilligung ihres Geschlechtsvormundes, Ehefrauen aber derjenigen ihres Ehemannes, wenn sie nach den Gesetzen, unter welchen sie stehen, ohne ehemännliche Genehmigung sich nicht vertragsmäßig verpflichten können [16]. Obwohl nun der ehemännliche Consens mit Sicherheit aus der Wechselurkunde sich ergeben muß [17], so braucht er dessenungeachtet nicht mit ausdrücklichen

---

[11] Arch. f. deutsches Wechselr., Bd. III. S. 223 f. — Borchardt, a. a. O. S. 1.

[12] Borchardt, a. a. O. Zus. 14.

[13] Arg. D. W. O. Art. 2 no. 2. — Arch. f. deutsch. Wechselr., Bd. III. S. 400 f. — Anders Brauer, Erl. S. 26. — Ueber die Wiedereinsetzung des Minderjährigen in den vorigen Stand, s. Thöl, Wechselrecht, §. 163. II.

[14] Protocolle der Nürnberger Commission, S. 20. — „Der Handel macht mündig". Code de comm. Art. 487 und Code de comm. A. 6. — Spanisch. Handelsg. A. 4; Portugies. Handelsg. A. 5 u. A. 15.

[15] Allg. D. Handelsg. Art. 274. — Goldschmidt, Handb. I. S. 507. — Arch. f. deutsch. Wechselr., Bd. VIII. S. 114 f.; X. S. 261 f. — Sammlung handelsgerichtl. Entscheidungen... in Bayern Bd. I. S. 419 f.; II. S. 17 f.

[16] Borchardt, a. a. O. Zus. 19 u. Zus. 20; Seuffert, Arch. Bd. VII no. 226. — Sammlung handelsgerichtl. Entscheidung. . . . in Bayern, Bd. I. S. 96 f.

[17] Borchardt, a. a. O. Zus. 21; Kletke, Präjud. S. 154, F. u. G.;

Worten erklärt zu sein, und ist insbesondere im Zweifel die Ermächtigung zur Weiterbegebung des Wechsels darin zu finden, daß derselbe vom Ehemann an die Ordre seiner Ehefrau gezogen [18], diejenige zur Acceptation in der Trassirung der Frau durch den Mann [19].

Der Umstand aber, daß der Ehemann sich durch den nämlichen Wechsel verpflichtet, eine Verbindlichkeit, die übrigens an sich aus der ehemännlichen Genehmigung der Wechselverpflichtung der Frau nicht folgt [20], entzieht der Erklärung dieser letzteren deren wechselmäßige Kraft nicht, da nicht allein beim Accepte oder Indossamente, sondern selbst beim Aval die etwaige Absicht zu intercediren wechselrechtlich nicht in Betracht kömmt [21]. Handelsfrauen jedoch bedürfen einer besonderen, aus dem Wechsel ersichtlichen Einwilligung ihrer Ehemänner zu Wechselerklärungen nicht [22].

Indem aber einerseits für die Beurtheilung der Wechselfähigkeit die Zeit der eingegangenen Verpflichtung entscheidend ist [23], anderer-

---

Arch. f. deutsch. Wechselrecht, B. X. S. 215 f.; Bd. XIV. S. 95 f.; aus welchem Grunde das Berl. O. Tr. angenommen, daß ein von beiden Eheleuten, mit „wir“ ausgestellter, zuerst mit der Unterschrift der Ehefrau und hinter derselben mit der Unterschrift des Mannes versehener trockener Wechsel hinsichtlich der Frau keine Gültigkeit habe (Arch. f. d. W. Bd. IV. S. 192 f.). — Dagegen Volkmar u. Loewy, die D. W. O. S. 16.

[18] Arch. f. deutsch. Wechselr., Bd. IX. S. 100 f. — S. ferner dasselbe Arch. Bd. XI. S. 310 f.

[19] Arch. f. d. Wechselrecht, Bd. XIII. S. 186; XV. S. 213.

[20] Thöl, Wechselrecht, §. 163 zu not. 12. S. aber Arch. f. d. W. Bd. VIII. S. 338.

[21] Thöl, Wechselrecht, §. 163. 3; Borchardt, a. a. O. Zus. 25; Kletke, Präjudiz. S. 226 no. 575. Dagegen: Purgold im Arch. f. d. W. Bd. IV. S. 162 f.

[22] Allg. D. Handelsg. A. 8 u. A. 274.

[23] Volkmar u. Löwy, die D. W. O. S. 13. — Dessau. W. O. §. 3: „Eine einmal entstandene Wechselverbindlichkeit hört deßhalb, weil der „Wechselschuldner in einen Stand tritt, dem das Eingehen von Wechsel-„geschäften nicht erlaubt ist, nicht auf. — Dagegen wird aber auch ein „in einem wechselunfähigen Zustande eingegangenes Wechselgeschäft da-„durch allein, dass der Wechselunfähige in einen Stand tritt, welchem das „Eingehen von Wechselgeschäften erlaubt ist, nicht gültig . . . .“

seits zur Begründung eines Rechtsanspruchs nur die Thatsachen gehören, welche den Entstehungsgrund des betreffenden Rechts seinem Wesen nach bilden [24], liegt dem aus einer Wechselerklärung Angesprochenen die Behauptung und der Beweis ob, daß er in der maßgebenden Zeit wechselunfähig gewesen sei [25].

Nach einzelnen Wechselordnungen [26] jedoch ist in Folge des Festhaltens an nicht begründeten Ansichten über die Entstehung des Wechselinstituts die Wechselfähigkeit auf gewisse Classen von Personen beschränkt [27], oder sind, theils in Folge der Auffassung der Wechselstrenge als Wesen der Wechselverpflichtung, theils aus Zweckmäßigkeits-Rücksichten von der Regel der Wechselfähigkeit vielfache Ausnahmen aufgestellt [28].

---

[24] Mein Lehrb. des Civilproceßrechts, S. 206.

[25] Purgold im Arch. f. deutsch. Wechselrecht, Bd. VII. S. 17 f.; Löhr, Central-Organ, N. F. Bd. II. S. 463.

[26] Eine Uebersicht der Bestimmungen der einzelnen Landesgesetzgebungen über die Wechselfähigkeit, — welche freilich in einer größeren Zahl deutscher Staaten durch die Annahme der D. W. O. abrogirt sind, s. bei Pöhls, Wechselr. S. 58 f. und S. 96 f. und Treitschke, Encyc. II. S. 700 f.

[27] Nach dem Span. Handelsg. Art. 434 sind regelmäßig allein Kaufleute wechselfähig, Nicht-Kaufleute aber nur insoferne als sie in Folge einer Handelsoperation eine Wechselerklärung abgeben. — Nach Russischem Rechte können sich allein durch Wechsel verpflichten: 1. Kaufleute aller drei Gilden; 2. Edelleute, die zur Gilde verzeichnet sind; 3. ausländische Gäste; 4. Bürger und ausländische Handwerker in den Residenzen; 5. Bauern, die auf Scheine handeln. S. v. Schulz, das Russisch. Handelsg. Anmerk. zu Art. 441.

[28] Die Churhess. W. O. Art. 1 lautet: „Wechselfähig ist ein jeder, „welcher sich durch Verträge verpflichten kann, mit Ausnahme der in der „Active stehenden Militärpersonen, welche nicht den Officiersgrad haben.“ Nach einer K. Oesterr. Verordn. vom 3. Juli 1852 sind die wirklichen, sowohl activen, als pensionirten Officiere und die Mannschaft des streitbaren Standes nicht wechselfähig. — Nach dem Ungarisch. Wechselrecht §§. 9—11 sind wechselunfähig: Geistliche jeder Religion, Ordensleute und die im wirklichen Dienste stehenden Militärpersonen; fähig zur Ausstellung von eigenen Wechseln aber nur volljährige Kaufleute, Fabricanten und Handwerker. — Nach dem Code de comm. Art. 113, 114, 636 sind Weiber und Minderjährige, welche nicht Handelsleute sind, von der Wechselfähigkeit ausgeschlossen. S. ferner Serbisch. Handelsg. §§. 77. 78; Italien. Handelsg. A. 199.

§. 24.

Die Wirkungen der Wechselunfähigkeit.

Die passive Wechselunfähigkeit, welche übrigens durch Privatwillkühr nicht gehoben werden kann [1], hat die Wirkung, daß für den Wechselunfähigen keine wechselmäßige Verbindlichkeit entsteht [2].

Die von einem Wechselunfähigen ausgestellte Wechselurkunde aber verliert hierdurch ihre Eigenschaft als Wechsel nicht; daher denn mittelst derselben von andern wechselfähigen Personen gültige Wechselverträge abgeschlossen werden können, so wie überhaupt die auf dem Wechselbriefe stehende Unterschrift einer wechselunfähigen Person auf die Wechselverbindlichkeit der übrigen als Wechselschuldner Unterschriebenen ohne Einfluß ist [3].

Die Wechselunfähigkeit einer auf dem Wechselbriefe unterschriebenen Person hindert aber nicht, daß ihr derselbe nach Civilrechte mit verschiedener Wirkung entgegengesetzt werde [4], so wie jene auch

---

[1] Der Verzicht auf den Einwand der Unfähigkeit ist, wenn auch eidlich bestärkt, unwirksam. — Altenburg. W. O. Kap. IV, §. 3. — Pöhls, Wechselr. S. 90. 5. — Thöl, Wechselr., §. 164. II. — Souchay, in der Zeitsch. f. deutsch. Recht, Bd. XII. S. 320. — Auch derjenige, der sich in betrügerischer Absicht für wechselfähig ausgegeben, haftet nicht wechselrechtlich. — Thöl, a. a. O. §. 164. II. — Mittermaier, Grund. §. 334. X. Dagegen Treitschke, Encyc. II. S. 739 f.

[2] Pöhls, Wechselrecht S. 89 f. — Thöl, Wechselrecht §. 164. I.

[3] D. W. O. Art. 3. — Schweiz. Concord.-Entw. §. 2. — Schwed. W. O. §. 93. — Finnländ. W. O. §. 91. — Brauer, Erläut. S. 30 f. — Bluntschli, D. W. O. S. 22 f.; Thöl, Wechselrecht, §. 164. III. Auch ist die Arrestfreiheit des einen Wechselschuldners auf die personalarrestmäßige Haftbarkeit der andern Wechselverbundenen ohne Einfluß. D. W. O. Art. 3.

[4] Der eigene Wechsel als Schuldschein; ob aber als Cautio discreta hängt von seinem Inhalte ab; die Tratte dem Trassanten als Zahlungsauftrag, dem Acceptanten als Uebernahme des Zahlungsauftrags. Thöl, Wechselr., §. 164. I. — Die einzelnen Particularrechte enthalten eigenthümliche Bestimmungen. Nach der Cöthen. W. O. Art. 7 soll der Wechsel eines Pfarrers, Schuldieners oder Küsters als Chirographum gelten; wird der Schuldner aus einem solchen verurtheilt und er bezahlt nicht, so soll er als Betrüger seines Amtes entsetzt werden. S. auch Pöhls, Wechselr. S. 91 f.

ebensowenig auf das civilrechtliche Geschäft, aus welchem der Wechselvertrag hervorgegangen, Einfluß hat [5].

Viertes Kapitel.

Die Formen zur Geltendmachung und Wahrung der wechselmäßigen Rechte: Präsentation und Protest. — Die Wechselpräjudizirung.

§. 25.

Geschichtliche Einleitung.

Der formelle Character der Wechselschuld trat nicht allein in der Form ihrer Begründung hervor, sondern es äußerte sich derselbe auch in den Förmlichkeiten, welche zur Geltendmachung sowie zur Wahrung des entsprechenden Wechselrechts nöthig wurden.

Das Wesen der Tratte nämlich, bei welcher der Gläubiger mittelst geschriebenen Auftrags an einen Dritten zur Empfangnahme der Wechselsumme gewiesen war, veranlaßte der Natur der Sache nach die Präsentation zur Zahlung, da jener sich regelmäßig nur mittelst der Vorweisung der Wechselurkunde legitimiren konnte. Wurde aber hierauf die Zahlung verweigert, so mußten Präsentation und Zahlungs-Verweigerung zur Begründung der Verbindlichkeit des Ausstellers zur Einlösung des Wechsels festgestellt werden. Dieß geschah am sichersten durch eine schriftliche Erklärung des

[5] Z. B. Schenkung, Kauf. — Weimar. W. O. §. 6: „Die von Wechsel-„unfähigen eingegangenen Wechselgeschäfte haben nur die rechtlichen „Wirkungen, die aus denen ihnen zum Grunde liegenden Geschäften an „sich nach gemeinem Rechte entspringen".

Präsentaten auf dem Wechselbriefe [1] oder durch eine öffentliche vor Zeugen aufgenommene Urkunde (Protest [2]). War hiernach der Wechselprotest, der übrigens später auch auf den Fall verweigerter Acceptation angewendet ward (dies. Lehrb. §. 31 a. E.), ein bloßes Beweismittel, welches jedoch durch seine Kraft zum Verfahren per paratam executionem ermächtigte, so wurde er all-

---

[1] Urk. vom J. 1454 (in dies. Lehrb. §. 31, Note 4).

[2] Urk. vom 14. Nov. 1384 (in der Biblioth. de l'école des Chartres, Tom. II, 3ème serie, Paris 1851, p. 70; abgedr. auch bei Holtius, Abhandlung. civilist. und handelsrechtl. Inhalts, S. 219): „In nomine Domini, amen. In „praesentia mei infrascripti et testium infrascriptorum ad hoc pro testibus „vocatorum et rogatorum, Antonius Grillus, civis Janue, dixit et protestatus „fuit Antonio Laurentii de Majoricis, praesenti et audienti, quod cum dictus „Antonius Grillus presentaverit dicto Antonio Laurentii die XIIII. octobris „proxime praeterita litteram cambii tenoris infrascripti:

Al segnor Antonio Laurentii, en Genoa, p. a. de 576 f. e 21 sol Janue.

En nome de Dio, Seta, die VII septembris MCCCLXXXIII. Segnor, per questa primera litera piyeres a XXX jorni vista a ma p. Antonio Grillo 576 floreni de flor. e 21 solvi januari, et sunt p. cambi de CCCIII lire XV e VI barcellonenses che ò ricevudo da Jac. de Varzi ragione de soldi XIIII per floreno; perche vos prego che fazate bon compimento al tempo. Vostro Raimondo Salvador.

„Et ab ipso Antonio Laurentii dictus Antonius Grillus requisiverit et „requirit solutionem dicti cambii, et cum Antonius Laurentii recusaverit „et recusat dicto Antonio Grillo solutionem facere de dicto cambio, idcirco „dictus Antonius Grillus dixit et protestatus fuit dicto Antonio Laurentii, „presenti et audienti, et contra dictum Raimundum absentem de recambio „cambii et de omni damno interesse et expensis dicti Antonii Grilli qui „habere vult et intendit. Qui Antonius Laurentii predictus dixit et re- „spondidit dicto Antonio Grillo, presenti et audienti, quod ipse non vult „nec intendit eidem dicto Grillo aliquod dare nec solvere pro dicto cambio „et de predictis."

Actum Janue, in banchis, sub domo heredum quondam Nicolai Cicogne, anno et indictione ut supra, die XIIII novembris paulo ante com- „pletorium de sero, presentibus testibus Lazaro Spinola et Ottobono de Guano, civibus Janue.

(Ex actis Therami de Magiolo, foliatio quinta, p. 291, retro).

Biener, wechselrechtl. Abhandl. S. 112 f. — Ueber den Ausdruck „Protest leviren" s. Zöpfl, Alterthümer des deutschen Rechts, Bd. II. S 467 f.

mählig auch zu einer wechselmäßigen Solennität erhoben [3], indem es bei der Zusammensetzung der Wechselverhältnisse, welche namentlich in Folge des Indossaments eintrat, darauf ankam, die Nichthonorirung des Wechsels für jeden Wechselinhaber festzustellen [4], die Wechselurkunde selbst aber für die verschiedenen Erklärungen der Präsentaten, welche nöthig werden konnten, nicht ausreichte.

§. 26.

Die Präsentation.

Die Präsentation des Wechsels ist dessen Vorzeigung. — Sie geschieht zur Begründung, Geltendmachung oder Erhaltung von Wechselrechten oder zur Bestimmung der Verfallzeit der Wechselsumme, so wie auch zur Ausübung nicht wechselmäßiger Ansprüche, wie z. B. des Rechts auf Herausgabe eines Wechselexemplars. Sie ist bald an eine bestimmte Zeit gebunden, bald auch nicht, und bedarf keineswegs immer einer wechselmäßigen Feststellung. — Zur Präsentation befugt ist der Wechselinhaber schlechthin oder der als Gläubiger legitimirte Wechselinhaber, beziehungsweise dessen Vertreter. Sie kann an Personen geschehen, die auf dem Wechsel benannt sind, oder an Dritte.

§. 27.

Der Protest *.

Der Wechselprotest ist eine öffentliche Urkunde, durch welche die Vornahme einer wechselrechtlich relevanten Handlung hergestellt werden soll.

---

[3] Scaccia, tractat. §. 11. Gloss. V. No. 318 sqq. — Neumann, Geschichte des Wechsels, S. 171 f.; Der Stadt Hamburg Statut. u. Gerichts-Ordn. Bd. II. Tit. VII. Art. 12.

[4] Einert, Wechselr. S. 253 f.

* Die Literatur s. bei Bender, Grunds. §. 405 Note a. — S. ferner M. Pöhls, Wechselrecht S. 481 f. — Formulare bei Ditscheiner, Wechselrecht, S. 318 f.

Die Hauptarten des Protests sind: der Protest Mangels Annahme, der Protest Mangels Zahlung und der Securitätsprotest. — Der Protest M. A. bezweckt die Herstellung der geschehenen Präsentation zur Annahme und der nicht erfolgten oder nicht gehörig erfolgten Acceptation [1]; der Protest M. Z. soll die stattgehabte Präsentation zur Zahlung und die nicht oder nicht gehörig erfolgte Zahlung des Wechsels beweisen [2]; der Securitätsprotest endlich darthun, daß der unsicher gewordene Acceptant oder Aussteller des (indossirten) eigenen Wechsels die von ihm verlangte Sicherheit nicht geleistet [3]. Indem aber der erfolglosen Präsentation des Wechsels zur Annahme oder Zahlung oder Sicherheitsleistung der Fall gleichsteht, daß derjenige, an welchen präsentirt werden sollte, an dem Platze nicht zu treffen gewesen, ist der Platzprotest oder der in den Wind erhobene Protest (Perquisitions-Protest) sonach bald ein Protest M. A., bald ein Protest M. Z., bald ein Securitätsprotest [4]. Ein solcher Protest ist dann gestattet, wenn jene Person in ihrem Geschäftslocale oder ihrer Wohnung nicht getroffen wird und auch sonst Niemand, der statt ihrer die betreffende Erklärung hätte abgeben können [5]; so wie ferner in dem Falle, daß Geschäftslocal oder Wohnung desjenigen, an welchem präsentirt werden sollte, nicht zu ermitteln gewesen und auch eine desfallsige Nachfrage bei der Ortspolizeibehörde fruchtlos geblieben ist [6].

---

[1] Pöhls, Wechselr., S. 485 f.

[2] Pöhls, Wechselrecht, S. 487 f.

[3] Der Zweck des Securitätsprotests ist nicht die Constatirung der Unsicherheit, wie Bender, Grundsätze, II. S. 150 f. u. Brauer, Erläut. S. 78 meinen (s. auch Leipz. Protoc. S. 64), ein Zweck, der durch Protesterhebung an sich nicht zu erreichen ist. Borchardt, die D. W. O. . ., mit den Grundsätzen der Gerichtshöfe, Zus. 277.

[4] Treitschke, Encycl. II. S. 282 f. — Thöl, Wechselrecht, S. 293.

[5] Thöl, Wechselrecht S. 294. — Samml. handelsgerichtlicher Entscheidungen in Bayern . . Bd. I. S. 421.

[6] D. W. O., Art. 91 Abs. 2: „Dass das Geschäftslocal oder die Wohnung „nicht zu ermitteln sei, ist erst dann als festgestellt anzunehmen, wenn

Außer den genannten kommen übrigens noch andere Protestarten vor [7]; theils schließen sich jedoch dieselben an den Protest M. Annahme oder Zahlung an, als dessen Voraussetzung sie erscheinen (vgl. §. 60. I.), oder den sie als Anhang ergänzen (Interventionsprotest, §. 77), theils sind sie der D. W. O. fremd.

Der Protest ist ein Beweismittel, daher sein Name [8]; er ist aber zugleich eine wechselrechtliche Solennität, nicht ein Formalact [9]; in dieser Eigenschaft ist ein Erlaß desselben möglich, der zwar nur gegenüber dem Erlassenden wirkt [10].

Seiner äußeren Form nach erscheint aber der Protest als eine gerichtliche oder notarialische Urkunde [11], zu deren Aufnahme es je-

---

„auch eine dieserhalb bei der Polizeibehörde des Orts geschehene Nach-„frage des Notars oder des Gerichtsbeamten fruchtlos geblieben ist, welches „im Proteste bemerkt werden muss. Schwed. W. O. §. 74. — Finnl. W. O. §. 72. — Arch. f. d. W. Bd. IX. S. 83. Daß eine polizeiliche Nachfrage nicht erforderlich, wenn in der bisherigen Wohnung des Abwesenden die Auskunft ertheilt wird, daß derselbe Wohnung und Ort verlassen habe (Präjudiz des Berlin. Geh. Ober-Tribun. im Arch. f. d. W. Bd. II. S. 327 u. Bd. VIII. S. 432 f. — Seuffert, Arch. Bd. VII. Nr. 238), ist nicht für richtig zu erachten (Volkmar u. Löwy, D. W. O. S. 346 f.). Anders verhält es sich dagegen, wenn Geschäftslocal oder Wohnung im Wechsel zwar genau, aber unrichtig bezeichnet sind. Arch. f. d. W. Bd. XV. S. 72 f., dagegen Bd. XII. S. 191 f.

[7] Bender, Grundſ. II. S. 98.

[8] Ueber die Bedeutung des Worts „protestatio" s. cap. 73 X de appellationib. (2. 28) u. Ducange, glossar. s. v. protestatio. Dafür, daß Protest nicht Rechtsverwahrung bedeutet, spricht die Geschichte. Dies. Lehrb. §. 25 und Thöl, Wechselrecht, §. 225.

[9] Leonhard Wächter im Arch. f. deutsch. Wechselr. Bd. VII. S. 233 f.

[10] Dies. Lehrb. §. 90 u. 78.

[11] D. W. O. Art. 87. — Die nähern Bestimmungen der Einf.-Gesetze der D. W. O. sind: 1. Bezüglich der gerichtlichen Proteste: Sachsen-Meiningen Art. 2: Jedes Untergericht ist zur Aufnahme eines solchen in seinem Bezirke, auch gegen Personen, die nicht unter seiner Gerichtsbarkeit stehen, ermächtigt; in Nassau (nach §. 4 des Einf.-Ges.) der Landoberschultheiß; in Baden (Art. 5) Gerichtsschreiber mit der durch das Regierungsblatt zur öffentlichen Kenntniß gebrachten Genehmigung des Justizministeriums, sonst nur Staatsschreiber (Notare); in Preußen (§. 3) im Bezirke des Appellations-

doch nach der D. W. O. der Zuziehung von Zeugen oder eines Protocollführers [12] ebensowenig wie der Aufnahme eines der Ausstellung der Protesturkunde vorausgehenden Protocolls bedarf. Dagegen sind die Notare und Gerichtsbeamten schuldig, die von ihnen aufgenommenen Proteste nach deren ganzem Inhalte Tag für Tag und nach Ordnung des Datums in ein besonderes Register einzutragen, das von Blatt zu Blatt mit fortlaufenden Zahlen versehen

---

Gerichtshofs zu Cöln auch die Gerichtsvollzieher; ebenso in Rheinhessen (Großh. Hess. Einf.-G. §. 13), sowie in der Pfalz (Bayer. Einf.-G., Art. 4); in Waldeck (§. 2) jedes Mitglied eines Untergerichts; in Lippe-Detmold (§. 2) die Stadtgerichte und Aemter, zu Lemgo der Magistrat und das „Herrschaftliche und Stadtgericht"; in Holstein (§. 6) ein das Richteramt bekleidender Beamte, welcher aber nicht der Wechselrichter des Orts sein darf; der Stadtsecretär in den Städten und in den Landdistricten die mit landesherrlicher Bestallung versehenen Actuare. 2. bezüglich der notariellen Proteste: in Frankfurt (Einf.-G. §. 10) muß jeder Protest durch einen der besonders ernannten Wechselnotare aufgenommen werden; in Würtemberg (Art. 9) hat, falls der Bezirksnotar verhindert, derjenige Notar der Aufforderung Protest zu erheben, zu genügen, welcher dem Orte der Aufnahme zunächst wohnt; und falls dieser Ort der Sitz des Bezirksgerichts ist, ohne daß ein weiterer Notar dort wohnt, der Gerichtsactuar einzutreten. 3. bezüglich der Proteste überhaupt: Oldenb. (Einf.-G. Art. 10): die in der D. W. O. erwähnten Geschäfte der Notare oder Gerichtsbeamten sind den zur Aufnahme der Acte freiwilliger Gerichtsbarkeit befugten Personen zugewiesen. — Schwed. W. O. §. 72. — Schweiz. Concordats-Entw. §. 46. — Ungarisch. Wechselrecht, §. 127. — Nach dem Code de comm. Art. 173 u. dem Italien. Handelsg. Art. 259 sind Proteste notariell oder durch einen Gerichtsvollzieher aufzunehmen; nach dem Holländ. Handelsgesetzb. A. 182 durch Notar, Gerichtsschreiber od. Gerichtsvollzieher; nach dem Serb. Handelsg. § 149 durch das Handelsgericht, u. in Ermangelung eines solchen durch das Kreisgericht, oder durch die Polizeibehörde oder den Gerichtsvollzieher; nach dem Spanisch. Handelsg. Art. 513 durch einen öffentlichen oder königl. Notar. — In England kann, wenn kein Notar am Platze oder in der Nähe deselben vorhanden ist, any respectable inhabitant, substantial person die Stelle des Notars vertreten (Schulin, Großbritann. Wechselgesetze, Art. 82, S. 86); in Dänemark können dieß zwei rechtliche Zeugen thun. Dän. Verordn die trassirten Wechsel betreffend, vom 18. Mai 1825, §. 30.

[12] D. W. O. Art. 87; — Dagegen: Code de comm. Art. 173; Span. Handelsg. A. 513; Holländ. Handelsg. A. 182; Italien. Handelsgesetzb. A. 259. — Schwed. W. O. §. 72; Finnl. W. O. §. 70.

ist [13], ohne daß freilich die Nicht- oder nicht gehörige Erfüllung dieser Vorschrift auf die Gültigkeit des Protests Einfluß hätte. Andererseits erfordert diese Gültigkeit, abgesehen von der in Frage kommenden Richtigkeit des Orts und der Zeit der Protesterhebung (vgl. §. 28), die Unterschrift des Notars oder Gerichtsbeamten, welcher den Protest aufgenommen hat, mit Beifügung des Amtssiegels [14], während die Glaubwürdigkeit des in einem solchen Instrumente enthaltenen Zeugnisses voraussetzt, daß die urkundliche Deposition auf Grund eigener Sinneswahrnehmung des Ausstellers geschehen, und dieser sich in der Sache als fähiger Zeuge qualificire, eine Qualification, die durch die Verwandtschaft des Notars oder Beamten mit dem Protestaten nicht ausgeschlossen wird [15].

Zur inneren Form des Protests gehört aber:

1) eine wörtliche Abschrift des Wechsels [16] (resp. der Copie [17]) und aller darauf befindlichen Indossamente und Bemerkungen [18], soweit diese letztern auf das Wechselverhältniß sich beziehen und zur Herstellung der Identität des Wechsels erforderlich

---

[13] D. W. O. Art. 90; Code de commerce, Art. 176; Ungarisch. Wechselrecht, §. 132; Schwed. W. O. §. 75. Anders L. Wächter im Arch. f. d. W. Bd. VII. S. 240 a. E. f.

[14] D. W. O. Art. 88. 6. — Arch. f. deutsches Wechselr. Bd. XV. S. 104.

[15] Arch. f. d. Wechselr. Bd. XIII. S. 208 f.

[16] Ueber den Fall, daß der Präsentat den ihm präsentirten Wechsel vorenthält, s. Kitka, Erläut. S. 59 f.

[17] Dies. Lehrb. §. 60. 1. — D. W. O. Art. 72. — Brauer, Erläut. S. 145. 1.

[18] Pöhls a. a. O. S. 503. — D. W. O. Art. 88. 1 und Art. 98. 10. Schw. Entw. §. 46. — Gleichgültig ist es übrigens, ob die Protesturkunde mit der Abschrift des Wechsels anfängt, oder ob diese in dem Contexte eingeschaltet, oder am Schlusse steht, — Arch. f. deutsch. Wechselr., Bd. I. S. 376; so wie es auch an sich nicht unzulässig ist, die Wechselabschrift durch deren Aufschrift auf der Rückseite der Protesturkunde mit dem Proteste zu verbinden (Berlin. Ob. Trib. im Arch. f. deutch. W. III. S. 354 und Seuffert, Arch. Bd. VII. Nr. 237); s. ferner Seuffert, Arch. Bd. XIV. no. 167 und Borchardt, die D. W. O. mit den von den Gerichten ausgesprochenen Grundsätzen, Zus. 598. — Hoffmann, Erläut. S. 615 f.

sind [19]. Nur zu diesem Zwecke sind auch die durchgestrichenen Indossamente und sonstigen Worte, insoferne sie leserlich sind mit der Bemerkung zu copiren, daß sie durchstrichen seien [20], so wie das Vorhandensein von Rasuren und andern unleserlichen Stellen im Proteste zu bemerken ist [21]. Ergiebt sich die Legitimation des Wechselinhabers nur aus Original und Copie des Wechsels, so ist eine Abschrift beider in die Protesturkunde aufzunehmen; doch schadet der Mangel an einer Abschrift der Copie daselbst nicht, wenn derselbe vom Präsentaten zum Proteste nicht gerügt worden ist [22]; während andererseits eine Auslassung in der dem Proteste beigefügten Abschrift noch nicht darthut, daß der betreffende Bestandtheil im Wechsel selbst zur Zeit der Protesterhebung gefehlt habe [23].

2) Die Bezeichnung des Namens oder der Firma der Personen, für welche und gegen welche der Protest erhoben wird [24]. Darf hiernach der Inhalt der Protesturkunde keinen Zweifel darüber lassen, für und gegen welche Wechselinteressenten der Protest levirt worden ist [25], so wie auch daß die Protesterhebung unter den richtigen Personen Statt gefunden [26], so ist dagegen die jedesmalige Anführung des Namens desjenigen,

---

[19] Wie z. B. der Acceptations-Vermerk (Arch. f. d. W. Bd. V. S. 456), nicht aber jede Bemerkung (Arch. f. d. W. Bd. III. S. 195; Borchardt, a. a. O. Zus. 597 zu no. 1; Seuffert, Arch. Bd. VII. Nr. 237 u. Not.). Volkmar u. Löwy, D. W. O., S. 335.

[20] Seuffert, Arch. Bd. VII. Nr. 239; Samml. handelsgerichtl. Entscheidungen in Bayern, Bd. I. S. 431 f. Daher ist die Copirung der noch leserlichen durchstrichenen Worte nicht unbedingt nöthig. Arch. f. d. W., Bd. V. S. 339.

[21] Pöhls, a. a. O. S. 503.

[22] Arch. f. deutsch. Wechselr. Bd. III. S. 226 f. — (Seuffert, Arch. Bd. V. Nr. 223.)

[23] Arch. f. d. W. Bd. XVI. S. 106 f.

[24] D. W. O. Art. 88. 2; Schweiz. Concordats-Entw., §. 46. 2.

[25] Borchardt, a. a. O., Zus. 603.

[26] Arch. f. d. W. Bd. X. S. 209 f.; Bd. XI. S. 425 f.

gegenüber welchem diese Erhebung geschehen, nicht nöthig, wohl aber erforderlich, daß der Protest eine allgemeinere Bezeichnung dieser Person enthalte, und daß namentlich daraus hervorgehe, ob der Protestat selbst anwesend gewesen oder, gegenüber wem an dessen Stelle die Protesterhebung vorgenommen worden ist [27]. Diese letztere Angabe ist insbesondere auch bei einer gegen eine Firma geschehenen Protestirung nöthig [28].

3) Die Angabe des an die Person, gegen welche protestirt wird, gestellten Begehrens und ihrer Antwort, oder die Bemerkung, daß sie keine gegeben habe, oder nicht anzutreffen gewesen sei [29]. Wie es aber einer wörtlichen Aufnahme des Ausdrucks, in welchem das Begehren gestellt worden, so wenig bedarf [30], wie des ausdrücklichen Vermerks der stattgehabten Präsentation des Wechsels [31], so ist andrerseits die ertheilte Antwort vollständig einzutragen, und zwar auch insoweit als sie sich nicht als unmittelbare Erwiederung auf das gestellte Begehren darstellen sollte [32].

Bei der Aufnahme eines Platzprotests ist neben der Angabe, daß der Protestat in seinem Geschäftslocale nicht zu

---

[27] Leipzig. Protoc., S. 149. — Bluntschli, D. W. O. S. 131. 2. — Volkmar u. Löwy, D. W. O. S. 336. Doch ist eine ausdrückliche Anführung, daß der Protestat vom protestirenden Beamten nicht getroffen worden sei, nicht erforderlich. Berlin. O. Tr. im Arch. f. d. W. Bd. IX. S. 72 f.; dagegen: O. A. G. in Darmstadt im Arch. f. pract. Rechtswiss. Bd. IV. S. 349 f.

[28] Arch. f. d. Wechselrecht, Bd. VII. S. 396 f. — Borchardt, a. a. O. Zus. 605, 608.

[29] D. W. O. Art. 88. 3. — Schwed. W. O. §. 73. — Finnl. W. O. §. 71. — Schweiz. Concordats-Entw. §. 46. 3.

[30] Arch. f. deutch. W. Bd. I. S. 375. — Volkmar u. Löwy, D. W. O. S. 337.

[31] Borchardt, a. a. O. Zus. 607.

[32] Ueber die Rechtswirkung von Erklärungen, welche bei Aufnahme von Wechselprotesten vorkommen, vgl. Leonhard Wächter im Arch. f. d. W. Bd. XIII. S. 33 f.; dagegen: Ladenburg, ebendaselbst, S. 432 f.; und zur Abwehr und Vertheidigung gegen Ladenburg: L. Wächter im Arch. f. d. W., Bd. XIV. S. 374 f.

treffen gewesen, noch sonst Jemand, der an seiner Statt die zu verlangende Erklärung hätte abgeben können, oder daß jener in Ermangelung eines Geschäftslocals in seiner Wohnung vergeblich aufgesucht worden [33], oder daß Geschäftslocal und Wohnung nicht zu ermitteln gewesen und auch eine dieserhalb bei der Polizeibehörde des Orts geschehene Nachfrage des Notars oder Gerichtsbeamten fruchtlos geblieben sei [34], zugleich das Begehren zu bezeichnen, welches an den Protestaten gestellt werden sollte.

4) Die Bezeichnung des Orts der Protestaufnahme, so wie des Kalendertags, Monats und Jahres, an welchem der Protest aufgenommen wurden ist [35]. Die Ortsangabe insbesondere muß mittelst Bezeichnung des Platzes und Locals der Protesterhebung geschehen; doch ist die Angabe der Localität, woselbst der Protest levirt worden, alsdann nicht erfordert, wenn das Geschäftslocal oder die Wohnung des Protestaten verschlossen oder nicht aufzufinden gewesen sein sollte [36].

Die Anrufung des Namens Gottes und die Bezeichnung des Namens des Regenten sind nur particularrechtliche Erfordernisse [37], welche, wie die übrigen Anforderungen der Landesgesetzgebungen an die Notariatsinstrumente, da, wo die D. W. O. recipirt worden,

---

[33] Unrichtig hat das Berlin. O. Tr. angenommen, daß es einer Angabe des Grundes nicht bedürfe, warum der Protest nicht in dem Geschäftslocale, sondern in der Wohnung des Protestaten erhoben worden sei (Arch. f. d. W. Bd. X. S. 210 f.). — Volkmar u. Löwy, D. W. O. S. 345 f. — Thöl, Wechselrecht, §. 225 zu not. 42.

[34] D. W. O. Art. 91 Abs. 2. — S. auch oben not. 5. — Arch. f. d. W. Bd. VI. S. 380 f.; IX. S. 83 f.; XII. S. 191 f.

[35] D. W. O. Art. 88. 4: „Die Angabe des Orts, so wie des Kalender„tages, Monats und Jahres, an welchem die Aufforderung (no. 3) geschehen, „oder ohne Erfolg versucht worden ist." — Die Bezeichnung des Wochentags ist nicht erforderlich. Leipzig. Protocolle, S. 242 a. E. — Arch. f. d. W. Bd. I. S. 375 u. S. 385.

[36] Hoffmann, Erläut. S. 623.

[37] Pöhls, a. a. O. S. 505.

im Zweifel als für Wechselproteste abgeschafft betrachtet werden müssen [38]. Die übliche Protestationsclausel ist eine unnöthige Formalität [39].

Ueber die mehrfache Aufforderung verschiedener Personen zu Einer wechselrechtlichen Leistung genügt Eine Protesturkunde [40].

Während nun Mängel in der äußern Form des Protests nach den von gerichtlichen und beziehungsweise notariellen Urkunden geltenden Grundsätzen zu beurtheilen sind, und Correcturen daher nicht nothwendig die Ungültigkeit des Instruments nach sich ziehen [41], können, wo die Protest-Vorlage zur Begründung der Wechselklage nöthig, solche Mängel nicht nachträglich ergänzt werden [42]. Andererseits hängt die Bedeutung eines Mangels hinsichtlich der inneren Formrequisite der Protesturkunde von der richterlichen Prüfung der Erheblichkeit desselben ab [43]. Daher ist insbesondere ein Protest nicht um deswillen nothwendig für ungültig zu erachten, weil die darin enthaltene Abschrift nicht in allen Puncten mit dem Wechseloriginale übereinstimmt, wenn nur die Identität des Wechsels außer Zweifel steht [44], — oder weil bei einer auf Anstehen des nämlichen Inhabers gegen den nämlichen Protestaten geschehenen Protestirung mehrerer Wechsel nur der eine mit der Bemerkung, daß die anderen mit diesem gleichlautend seien, abgeschrieben worden ist [45].

---

[38] Arch. f. deutsch. W. Bd. I. S. 372 f.

[39] Thöl, Wechselrecht, S. 295.

[40] D. W. O. Art. 89. — Schweiz. Concordats-Entw. §. 47; Koch, Wechselrecht, S. 339; Volkmar u. Löwy, D. W. O., S. 342 f.

[41] Borchardt, a. a. O. Zus. 624.

[42] Löhr, Centralorgan, N. F. Bd. II. S. 441 f.

[43] Arch. f. d. W. Bd. XIII. S. 193; Bd. XV. S. 86. — Löhr, Centralorgan, N. F. Bd. II. S. 627 f. — Borchardt, a. a. O. Zus. 597. — S. auch Arch. f. deutsch. W. Bd. VII. S. 200 f.

[44] Arch. f. deutsch. W. Bd. VII. S. 394 u. Bd. IX. S. 80 f. — Löhr, Centralorgan, N. F. Bd. II. S. 104 a. E. f. — Sammlung handelsgerichtl. Entscheidungen ... in Bayern, Bd. II. S. 215 f. — Volkmar u. Löwy, D. W. O. S. 334 c.

[45] L. Wächter im Arch. f. d. W. Bd. VII. S. 242 f.; ferner Bd. IX.

Indem aber der Protest nicht allein Beweismittel, sondern auch wechselrechtliche Solennität ist, ist hierdurch zwar nicht ein Gegenbeweis in der Richtung ausgeschlossen, daß die Darlegung eines Mangels an den gesetzlichen Bedingungen der Gültigkeit der Protestaufnahme, wie z. B. durch den Nachweis, daß das angebliche Geschäftslocal, in welchem diese geschehen, das Geschäftslocal des Protestaten nicht gewesen[46], nicht versucht werden könnte, so wie auch selbstverständlich der Beweis der Verfälschung des Inhalts der Protesturkunde als gestattet erscheint. Wohl aber ist eine Ergänzung des Protests durch andere Beweismittel unzulässig[47], und insbesondere eine Berichtigung desselben aus dem Protestregister um so unstatthafter, als letzteres eine Protestabschrift enthält[48].

Doch kann bei bescheinigtem unverschuldetem Verluste oder Untergange der Protesturkunde diese durch einen beglaubigten, den betreffenden Protest enthaltenden Auszug aus dem Protestregister ersetzt werden[49].

S. 77 f. — Dagegen: Berlin. Ob. Tr. im Arch. f. deutsch. Wechselr. Bd. IX. S. 424 f.; u. die Instruct. des K. Bayer. Staatsminister. der Justiz über die Aufnahme der Proteste (§. 5) im Arch. f. deutsch. Wechselr., Bd. VI. S. 103 f. — Volkmar u. Löwy, D. W. O. S. 334.

[46] Arch. f. d. W. Bd. XIV. S. 329 f.

[47] Arch. f. deutsch. Wechselr. Bd. X. S. 209. — Samml. handelsgerichtlicher Entscheidungen ... in Bayern, Bd. I. S. 371 f. — Volkmar u. Löwy, D. W. O. S. 335.

[48] Berlin. Ob. Tr. im Arch. f. d. W. Bd. IV. S. 174; Seuffert, Arch. Bd. IX. no. 64. — Borchardt, a. a. O. Zus. 600. Dagegen: Thöl, Wechselrecht, §. 225 (S. 287) für den Fall, daß das Protestregister Original sei. Allein es sollen (D. W. O. A. 90) die Notare und Gerichtsbeamten die von ihnen aufgenommenen Proteste in das Protestregister eintragen, während der aufgenommene Protest nicht das Protest-Protocoll ist, dessen Aufnahme nach der D. W. O. nicht erfordert ist, wohl aber landesgesetzlich vorgeschrieben sein kann; wie dieß z. B. in Preußen der Fall. Borchardt, a. a. O. Zus. 623 a.

[49] Berlin. Ob. Tr. im Arch. f. d. W. Bd. XII. S. 198 f., Bd. XV. S. 87. — Mein Lehrb. d. Civilproc. S. 321 a. E.

§. 28.

Allgemeine Bestimmungen über Ort und Zeit für die Präsentation und Protesterhebung.

Die Frage, wann und wo Präsentation und Protesterhebung vorzunehmen, beantwortet sich in verschiedener Weise je nach den verschiedenen Präsentations- und Protestfällen.

Doch hat die D. W. O. folgende hier einschlagende allgemeine Bestimmungen aufgestellt.

Die Präsentation und Protesterhebung, so wie alle sonstigen bei einer bestimmten Person vorzunehmenden Handlungen, sind in deren Geschäftslocale vorzunehmen [1], und in Ermangelung eines solchen, welches der protestirende Beamte ohne Zuziehung der Polizeibehörde selbst in dem Falle zu ermitteln suchen soll, daß aus dem Inhalte des Wechsels eine Vermuthung für die Existenz einer derartigen Localität sich nicht ergiebt [2], in deren Wohnung [3]. Doch finden diese Grundsätze alsdann keine Anwendung, wenn in dem Wechsel eine bestimmte andere Localität als Präsentationsort bezeichnet [4],

---

[1] Darüber, was unter Geschäftslocal zu verstehen, vgl. Brauer im Arch. f. deutsch. Wechselr. Bd. XI. S. 123 f.; s. ferner das nämliche Arch. Bd. XV. S. 112.

[2] Volkmar u. Löwy, D. W. O. S. 345; dies. Lehrb §. 27 zu not. 33. — Berlin. Ob. Trib. b. Löhr, Centralorgan, N. F. Bd. III. S. 432 f. Dagegen das Kammergericht in Berlin unt. 14. Oct. 1857 (Borchardt, die D. W. O. . . . mit den von den deutschen Gerichtshöfen ausgesprochenen Grundsätzen des Wechselrechts, S. 428 not. 509).

[3] D. W. O. Art 91. Abs. 1: „Die Präsentation zur Annahme oder „Zahlung, die Protesterhebung, die Abforderung eines Wechselduplicats, „so wie alle sonstigen bei einer bestimmten Person vorzunehmenden Acte, „müssen in deren Geschäftslocal, und in Ermangelung eines solchen in „deren Wohnung vorgenommen werden. An einem andern Orte, z. B. an „der Börse, kann diefs nur mit beiderseitigem Einverständnisse geschehen;" Art. 98 no. 10. — Leipzig. Protoc. S. 152. — Anders der Code de comm. Art. 173. — Löhr, Centralorg. N. F. Bd. I. S. 135; Sammlung handelsg. Entscheid. . . . in Bayern, Bd. I. S. 302 f.

[4] Volkmar u. Löwy, D. W. O. S. 345. Dies. Lehrb. §. 27. not. 6

oder ein Platzprotest wegen verschlossenen Geschäftslocals oder Wohnung oder, weil keine dieser Localitäten zu ermitteln gewesen, aufgenommen wird [5]. Auch versteht es sich von selbst, daß der Präsentationsort gleichgültig ist, sobald der Präsentat dem vom Präsentanten an ihn gestellten Begehren nachkömmt [6], während auch im entgegengesetzten Falle mit beiderseitigem Einverständnisse Präsentation und Protesterhebung an einem andern als dem gesetzlich bestimmten Orte geschehen können [7]. Als beiderseitiges Einverständniß ist aber dasjenige des Protestaten und des protestirenden Beamten zu betrachten, ohne daß es eines besonderen Nachweises der Einwilligung des Wechselinhabers bedürfte [8], und jene Uebereinstimmung dann anzunehmen, wenn derjenige, gegen welchen die Protesterhebung Statt haben sollte, persönlich angetroffen worden, und der Protest eine Einwendung desselben gegen die Localität, in welcher der Act vorgenommen, nicht ergiebt [9].

Daß die im Geschäftslocale oder der Wohnung zu verrichtenden Handlungen zur regelmäßigen Geschäftszeit vorgenommen werden müssen, liegt in der Natur der Sache [10]. In Ausführung und Erweiterung dieses Grundsatzes haben aber einzelne Wechselordnungen [11]

---

a. E. Dessenungeachtet ist der Protest nicht um deswillen ungültig, wenn er im wirklichen Geschäftslocale oder der wirklichen Wohnung des Protestaten, und nicht in der im Wechsel bezeichneten Localität levirt worden ist. Seuffert, Arch. Bd. XI. no. 278; Borchardt, a. a. O. Zus. 634.

[5] Bender, Grunds. II. S. 109.

[6] Thöl, Wechselrecht, §. 202.

[7] D. W. O. Art. 91 Abs. 1.

[8] O. A. G. in Dresden im Arch. f. d. W. Bd. XIII. S. 204 f.; und Löhr, Centralorgan, N. F. Bd. II. S. 92 f.

[9] Arch. f. deutsch. W. XV. S. 414 f. — Hoffmann, Erläut. S. 632.

[10] Einert, im Arch. f. d. W. Bd. II. S. 17.

[11] Dessau. W. O. §. 55 : „kann die Praesentation von 8 bis 12 Uhr Vormittags und von 2 bis 7 Uhr Nachmittags geschehen“. Cöthen. W. O. Art. 42 : „Der Protest, den ein Notarius verrichtet, muss vor Untergang „der Sonne geschehen“. Schwed. W. O. §. 72 „zwischen 9 Uhr Vor- „mittags und 7 Uhr Nachmittags“. Finnl. W. O. §. 70.

und so auch die meisten Einführungsgesetze der D. W. O. eine bestimmte Tageszeit für Präsentation und Protestation festgesetzt [12]. Doch ist dieß nur im Interesse desjenigen geschehen, bei welchem der Act vorzunehmen ist [13]; daher denn ein Protest, in welchem dieser seine Erklärung auf die an ihn gestellte Anfrage ohne Berufung auf die nicht vorhandene Protestzeit abgegeben, gültig ist, und zwar nicht allein in dem Falle, daß die Stunde der Protesterhebung aus der Urkunde nicht ersichtlich [14], sondern selbst dann, wenn durch dieselbe das Nichteinhalten der Protestzeit hergestellt sein sollte [15]. — Anders

---

[12] Preuß. Einf.-G. §. 4: Proteste dürfen nur von 9 U. Vormittags bis 6 U. Abends erhoben werden, zu einer früheren oder späteren Tageszeit aber nur mit Zustimmung des Protestaten; — Hamburg §. 10: nur bis 7 Uhr Abends, es sei denn daß der Protestat mit der späteren Erhebung sich einverstanden erklärt, was im Proteste zu bemerken ist; Frankfurt §. 10: von 9 – 12 U. und Nachmittags v. 2 — 5 U.; Holstein §. 7: bis 7 U. Abends, es sei denn daß der Protestat mit der späteren Erhebung einverstanden, was im Protocolle zu bemerken ist; K. Sachsen §. 8: von früh 9 U. bis Abends 6 U.; Sachsen-Coburg-Gotha §. 4: nicht nach 7 U. Abends, außer wenn der Protestat damit einverstanden, was im Proteste ausdrücklich angemerkt werden muß; desgleichen Großh. Hessen §. 10, und Würtemberg nach einer Verordn. v. 7. Mai 1849; in Bremen §. 9: Von 9 U. Morg. bis 7 U. Abends; Lübeck Art. 8: die im Art. 9 der W. O. bezeichneten Acte dürfen nur zwischen 9 U. M. und 7 U. Ab. vorgenommen werden, außer mit beiderseitigem Einverständnisse; desgleichen Mecklenburg §. 2; Sachsen-Meiningen Art. 3: die in Art. 91 und 92 der W. O. genannten Handlungen können nur v. 9 — 12 U. Vorm. und v. 3 — 6 U. Nachm. vorgenommen und gefordert werden; in Prag können Proteste M. Z. am Zahltage erst in der Zeit von 1 U. Mitt. bis 5 U. Ab., und an den zwei Werktagen von 9 U. M. bis 5 U. Abends erhoben werden, außer mit Zustimmung des Protestaten, welche im Proteste zu bemerken ist. Verordn. des Justizminist. v. 30. Juli 1853 (Arch. f. deutsch. W. Bd. IV. S. 240).

[13] Einert, im Arch. f. deutsch. Wechselrecht. Bd. II. S. 6 f.

[14] Koch, Wechselr S. 337 a. E.

[15] Einert, a. a. O. S. 17. Wo jedoch das particuläre Recht verlangt, daß das Einverständniß des Protestaten mit der Erhebung des Protestes außerhalb der Proteststunden in demselben ausdrücklich angemerkt werde (s. Not. 12), muß, wenn eine solche Vermerkung fehlt, die Einhaltung der Proteststunden aus der Protesturkunde ersichtlich sein.

verhält es sich dagegen, wenn der Protestat persönlich bei der Protestaufnahme nicht anwesend war [16], so wie rücksichtlich eines wegen Abwesenheit vom Geschäftslocale oder der Wohnung aufgenommenen Platzprotestes, indem zur Gültigkeit desselben erforderlich ist, daß die Einhaltung der Protestzeit, und zwar die Beendigung der Protestaufnahme vor Ablauf der vorgeschriebenen Proteststunden [17], aus der Protesturkunde ersichtlich sei [18].

Präsentation und Protestation können übrigens nach der D. W. O. nur an Werktagen Statt finden, und sollen, wenn der Zeitpunkt, in welchem die Vornahme derselben spätestens geschehen müßte, auf einen Sonntag oder allgemeinen Feiertag fällt, am nächsten Werktage vorgenommen werden [19]. — Allgemeine Feiertage sind aber, wo dieselben nicht durch allgemeines Gesetz bestimmt sind [20], die im

---

[16] Arch. f. d. W., Bd. X. S. 276 f.

[17] Arch. f. d. W., Bd. IV. S. 342.

[18] Einert, a. a. O. S. 18 f.

[19] D. W. O. Art. 92: „Verfällt der Wechsel an einem Sonntage oder „allgemeinen Feiertage, so ist der nächste Werktag der Zahlungstag. Auch „die Herausgabe eines Wechselduplicats, die Erklärung über die Annahme, „so wie jede andere Erklärung können nur an einem Werktage gefordert „werden. Fällt der Zeitpunct, in welchem die Vornahme einer der vor-„stehenden Handlungen spätestens gefordert werden musste, auf einen „Sonntag oder allgemeinen Feiertag, so muss diese Handlung am nächsten „Werktage gefordert werden."

„Dieselbe Bestimmung findet auch auf die Protesterhebung Anwendung". Art. 98, Nr. 10.

Die einzelnen W. O. haben über die Bedeutung der Feiertage im Wechselrechte sehr verschiedene Bestimmungen, mit Unterscheidung der verschiedenen Fälle, in welchen dieselben in Betracht kommen. Treitschke, Encycl. II. S. 98 f.; S. 153 f. u. S. 532 f.

[20] Nach dem Nassau. Einf.-G. §. 5 sind allgemeine Feiertage: der Neujahrstag, der Charfreitag, Ostermontag, das Fest der Himmelfahrt Christi, der Pfingstmontag, der Frohnleichnamstag und die beiden Weihnachtstage; in Frankfurt §. 11 die nämlichen Tage, mit Ausnahme von Frohnleichnam, überdieß der Buß- und Bettag (der Freitag vor dem ersten Adventsonntage); in K. Sachsen §. 9: der Neujahrstag, der 6. Januar, Mariä Verkündigung, der Charfreitag, Ostermontag, Himmelfahrtstag, Pfingstmontag, 31. Octob. (Refor-

betreffenden Lande kraft der Observanz oder einzelner Gesetze allgemein zu feiernden christlichen oder weltlichen Festtage [21]. — Die jüdischen Festtage sind dagegen nicht allgemeine Feiertage [22].

§. 29.

Die Wechselpräjudizirung *.

Der Mangel an einem Proteste, oder die nicht rechtzeitige, verfrühte oder verspätete, oder sonst fehlerhafte Erhebung eines

mationsfest), die beiden Weihnachtsfeiertage, die beiden Bußtage (Freitag vor Oculi und Freitag vor dem letzten Sonntage nach Trinitatis); in Coburg-Gotha §. 5: der Neujahrstag, Charfreitag, die beiden Oster-, Pfingst- und Weihnachtstage und der Himmelfahrtstag: in Lübeck Art. 9: die nämlichen Tage und außerdem der Johannis- und Michaelistag; ebenso in Mecklenburg §. 3, jedoch statt der beiden letztgenannten Tage die Bettage. Im Großherz. Hessen §. 11 (in den Prov Starkenburg und Oberhessen): der Neujahrstag, Charfreitag, der Ostermontag, der Himmelfahrtstag, der Pfingstmontag und die beiden Weihnachtsfeiertage; in Weimar §. 4 die nämlichen Tage und außerdem der Bußtag (Freitag nach dem ersten Advent-Sonntage). Das Württemb. Einf.-G. Art. 10 verweist auf eine zu erwartende allgemeine Verordn.

[21] Brauer, Erläut. S. 148 und im Arch. f. d. W. Bd V. S. 353 f. S. ferner Arch. f. deutsch. Wechselr. Bd. VII. S. 212 f. — Das Groß. Hess. Einf.-G. §. 15 bestimmt für Rheinhessen: „unter allgemein. Feier-„tagen sind die gesetzlich anerkannten christlichen Festtage und diejenigen „Tage zu verstehen, deren allgemeine Feier aus sonstigen Gründen ge-„setzlich festgestellt ist.“ Das Bayer. Einf.-G. Art. 5 dagegen verweist auf die Tage, welche nach den Gesetzen oder dem Herkommen eines jeden Orts bisher als christliche Feiertage im Wechselgeschäfte gegolten haben. — Ueber die Constatirung der Eigenschaft eines Tages als allgemeinen Feiertags vgl. Arch. f. d. W. Bd. VII. S. 205 f. — Ueber die Wirkungen der Verlegung eines allgemeinen Feiertags in wechselrechtlicher Beziehung vgl. Pöschmann im Arch. f. d. W. Bd. XI. S. 11 f.

[22] Leipz. Protoc. S. 151; Arch. f. d. W., Bd. XIV. S. 203. — S. aber Gengler, Lehrb. des deutschen Privatrechts, S. 105.

* Liebe, über die Regreß- oder Entschädigungsklage des Inhabers eines präjudicirten Wechsels (im jurist. Magazin von J. Scholz III., Gans, Liebe und Zachariä, Neue Folge. 2. Heft. Braunschweig 1836, Nr. I). — W. Gelpke, Beiträge zur Kenntniß des Handels- und Wechselrechts, Erstes Heft: der präjudicirte und der verjährte Wechsel. Berlin 1848.

solchen zieht, insoferne als derselbe eine wechselmäßige Solennität bildet, den Verlust des wechselmäßigen Anspruchs an den- oder diejenigen, gegenüber welchen gehörige Protestlevirung erforderlich war, nach sich, vorausgesetzt, daß der Protest nicht in wirksamer Weise erlassen worden. — Die nicht gehörige Protesterhebung kann aber den Verlust des wechselmäßigen Anspruchs auf Sicherstellung oder auf Zahlung zur Folge haben; im letztern Falle ist der Wechsel gegenüber den betreffenden Personen entkräftet oder präjudizirt [1]. Im Verhältnisse zu solchen Personen ist der präjudizirte Wechsel kein Wechsel [2]; dagegen ist die Wechselpräjudizirung an sich auf das dem Wechselversprechen unterliegende Verhältniß ohne Einfluß; es kommen vielmehr rücksichtlich der Geltendmachung desselben [3] so wie der dem Wechselinhaber aus der mit seinem Schaden entstandenen Bereicherung zustehenden Klage die bei der Wechselverjährung darzustellenden Grundsätze in Anwendung.

---

[1] Thöl, Wechselrecht, §. 237. Die Präjudizirung setzt einen mit den wesentlichen Erfordernissen versehenen Wechsel voraus. Arch. f. deutsch. Wechselr. Bd. V. S. 427.

[2] D. W. O. Art. 83 und Art. 98, Nr. 10.

[3] Ueber den Executiv-Proceß auf Grund eines präjudicirten Wechsels s. Sammlung handelsgerichtl. Entscheidungen . . . in Bayern, Bd. I. S. 523 f.

Zweites Buch.

Die einzelnen Wechselrechtsinstitute.

Erstes Kapitel.

Der gezogene Wechsel.

A. Das ältere Recht.

§. 30.

Der gezogene Wechselbrief.

Das gezogene Wechselpapier [1], welches bereits in älterer Zeit unter Kaufleuten vorzugsweise gebraucht wurde, hatte seinem Zwecke

[1] Einer der ältesten der uns erhaltenen gezogenen Wechselbriefe (b. Baldus, consil. I. 349, Ausg. von 1491. III. 300) lautet:

„Pagate per questa prima lettera a di IX de Ottobre a Luca de Goro „libr. XLV. Sono per la valuta qui da Mafio Rena, al tempo li pagate e „ponete a mio conto, e che Christo ve guarde". Unterschrift: Bonromeo de Bonromei salutat de Milano a di IX de Maio MCCCXCV. Adresse (a tergo): Alexandro di Bonromei e Dominico de Andrea invice". S. auch Holtius, Abhandlung civilist. u. handelsrechtl. Inhalts, übersetzt von Sutro, Utrecht 1852, S. 193 f. und S. 214 f.; Biener, wechselr. Abhandl. S. 60. — S. ferner dies. Lehrb. §. 25 not. 2 und den Wechsel bei Neumann, Geschichte des Wechsels, S. 124; Scaccia, tract. de commerciis et cambio §. 1. Quaest. V. No. 4; Noback, S. 37; Biener, Abhandl. aus dem Gebiete der Rechtsgeschichte S. 149 f. — Dedekind, Abriß, S. 89 f. — Derselbe: Vergangenheit und Gegenwart des Wechselrechts, S. 5 f.

gemäß die Form eines Briefs, in welchem der auf der Rückseite in der Aufschrift benannten Person [2] ein Zahlungsauftrag [3] unter Beifügung einer auf die Deckung bezüglichen Formel [4], so wie der Person (adjectus), an welche auf die Vorzeigung der Urkunde gezahlt werden sollte [5], gegeben war [6].

Diese Form erhielt sich im Wesentlichen auch später unverändert, wiewohl mit der Modification, daß die Adresse mit Rücksicht auf das üblich gewordene Indossament auf die Vorderseite des Wechsels zu stehen kam [7].

§. 31.

Die geschichtliche Entwicklung der Rechtsverhältnisse bei gezogenen Wechseln.

Zweck des gezogenen Wechselbriefs war die Zahlung der Wechselsumme an den daselbst bezeichneten Präsentanten durch die im Wechsel hierzu aufgeforderte Person, — wofür allein denn auch der Aussteller ursprünglich haftete.

Doch lag es in der Natur der Sache, daß der im Wechselbriefe bezeichnete Präsentant denselben kurz vor der Verfallzeit an den

---

[2] Scaccia, I. cit. §. II. Gloss. 10. No. 2. — v. Martens, Ursprung, S. 65. — Fehlte die suprascriptio, so war der Wechsel einem cambio con la ricorsa gleich, indem der Nehmer denselben auf sich als Trassaten ausfüllen konnte. Scaccia, l. cit. §. II. Gloss. 10, No. 8.

[3] Daher spricht Balducci Pegolotti in sein. practica della mercatura aus dem Anf. des 14. Jahrh. von einem „fare cambio per mandare a pagare".

[4] „ponete a mio conto", „notandoli a conto mio". — Biener, Abhandl. aus dem Gebiete der Rechtsgeschichte, S. 150 f.; Neumann, Geschichte des Wechsels, S. 151.

[5] Der trassirte Wechselbrief benannte in der Regel 4 Personen. Biener, a. a. O. S. 73. — Eine Tratte mit 3 Personen vom J. 1614 s. bei Biener, a. a. O. S. 152.

[6] Ueberdieß enthielt der Wechsel die beim Schlusse eines Briefs üblichen Begrüßungsformeln. Bender, Wechselr. I. S. 205.

[7] v. Martens, Ursprung, S. 65.

Bezogenen mit der Anfrage vorwies, ob er die Wechselsumme zu bezahlen Willens sei [1]. Wurde diese Anfrage bejahend beantwortet, was sowohl mündlich wie schriftlich geschehen konnte [2], auch wohl nicht selten auf dem Wechsel selbst geschah [3], so lag in einem solchen Accepte nur die Annahme des im Wechselbriefe gegebenen Auftrags [4]. Dagegen gab die Verweigerung des Accepts, die auf dem Wechsel selbst geschehen oder durch Protest bestätigt werden mußte, dem Gläubiger lediglich das Recht, die fällig gewordene Wechselsumme sammt Interesse und Kosten gegen den Aussteller einzuklagen [5],

---

[1] Biener, Abhandl. aus dem Gebiete der Rechtsg. S. 80; u. wechselrechtl. Abh. S. 107 a. E. 108; Neumann, Gesch. des Wechsels, S. 167 f. — Bei Meßwechseln geschah diese Anfrage am ersten Meßtage. Die Antwort, welche binnen 24 Stunden gegeben werden mußte, wurde von beiden Parteien in deren Meßmemorialen (scarta faccium) notirt. Lautete sie bejahend, so wurde, nachdem der Wechselcurs festgesetzt worden, scontrirt; im entgegengesetzten Falle aber, so wie wenn der acceptirte Wechsel nicht bezahlt wurde, Protest erhoben. Scaccia, tractatus §. II. Gloss. IV. No. 10 sqq.

[2] Scaccia, tract. §. II. Gl. V. No. 332 sqq. — S. auch Holtius, Abhandlung civilist. u. handelsrechtl. Inhalts, übersetzt v. Sutro, S. 183, Note 2. — Frémery, études de droit commercial p. 106.

[3] Neumann, Gesch. des Wechsels, S. 168 f.

[4] Die verschiedenen Ansichten der ältesten Juristen über die Bedeutung der Acceptation s. bei Holtius a. a. O. S. 203, Note 2 und Biener, wechselr. Abh. S. 87 f. u. daselbst S. 236 f. insbesondere über England.

[5] Stat. v. Bologna v. J. 1454, §. 15 (b. v. Martens, Urspr., Anhang S. 61): „Teneatur ... judex ... literas cambii ... ad alia loca destinatas, „quae reportatae fuerint, quia ipsis non fuerit obtemperatum et acceptatae „non fuerint in eo loco, seu per eum, ad quem vel cui fuerint destinatae, „si ibidem, seu in loco ordinato fuerint praesentatae, quod constare „debeat dicto judici per protestationem factam ei, cui dictae „literae fuerint destinate, seu per ipsius subscriptionem, „quam quantitatem in ipsis literis contentam in continenti solvere debeat, „. . . . ipsas literas executioni mandare contra eum scribentem, seu illum, „cujus Factor aut socius dictas literas scripsisset, cogendo talem ad „integram satisfactionem et solutionem contentorum in „dictis literis, et damnorum et expensarum, quas qui reci- „pere debuerit quantitatem in ipsis literis contentam sub- „stinuisset, seu fecisset occasione praedicta . . . “ Decis. Rot. Gen. LVII. no. 2. — Biener, wechselrechtl. Abhandl. S. 108.

oder seinen Regreß mittelst eines Rückwechsels (ricambium) zu nehmen [6].

Allmählig nahm jedoch der Accept eine andere Bedeutung an, indem sich nämlich die Ansicht festsetzte, daß der Acceptant, wenn er nur die Annahme auf dem Wechselbriefe erklärt habe [7], ein selbstständiger Wechselschuldner sei [8], so wie sich zugleich in Folge

---

[6] Eichhorn, Rechtsg. IV. S. 466. — Biener, rechtsg. Abh. S. 159.

[7] Schon nach einer Verordn. des Magistrats in Barcelona v. J. 1394 (bei v. Martens, a. a. O. Anhang S. 109) sollen die Acceptationen auf den Wechselbrief — und zwar auf dessen Rücken — geschrieben werden. — Ordn. u. Regel des Magistrats u. der Kaufleute in Botzen v. J. 1635, Art. IV. (b. Siegel, corp. jur. camb. I. p. 209) : „die Ac„ceptationen sollen auf die Wechselbriefe gezeichnet werden". Reichs-Gutacht. v. 31. Juny 1668 (s. Note 8). — Dänisch. Recht v. 21. März 1681, Art. 11 (b. Siegel, a. a. O. S. 329). Biener, wechselrechtl. Abh. S. 231 f.

[8] Statut. Avenionensia v. J. 1243 (od. 1251?) (bei Holtius, Abh. S. 209) : „Statuimus, quod omnis debitor ratione litterae cambii, sive ipse „illam scripserit sive illam acceptaverit, undecunque veniat et sub qua„cunque verborum conceptione, dummodo in se cambii substantiam con„tineat, possit personaliter capi" (ein einer Handschrift des 15. Jahrh. angehöriger neuerer Zusatz zu dem älteren Statut, Biener, wechselrechtl. Abhandl. S. 55 u. S. 112). — Scaccia, tractat. §. II. Gl. V. No. 322 sagt vom acceptirten Wechsel : „creditor, qui dedit cambio, habet utrumque obligatum, „prout de hac notoria et generali consuetudine testatur Rot. Gen. dec. 2 „sub No. 40 et 41; und No. 327 : „Quod acceptatis litteris non potest „illarum solutionem recusare (sc. acceptans), quamvis debitor decoxerit." — Hamburg. Statut. u. Ger.-Ordn. v. 1603, Th. II. Tit. 7 Art 1 : „Wer einen Wechselbrief acceptiret, der wird Debitor oder selbst Schuldiger „so wohl, als der das Geld selber aufgenommen und empfangen hat.' — Neumann, Gesch. des Wechsels, S. 201. — Hiermit hiengen folgende Bestimmungen zusammen : 1) Ausschließung der Contreordre des Ausstellers nach geschehener Acceptation. Decis. rotae Gen. 168, No. 3. — S. auch Biener, Abh. aus dem Gebiete der Rechtsgesch. S. 132; — 2) Ausschließung der exceptio non numeratae pecuniae nach dem Satze „qui acceptat, solvat". Reichs-Gutacht. v. 31. Juny 1668 : „Ferners zu statuiren seye, dass „nach der bekannten Handelsregel „Qui acceptat solvat" in acceptirten „Wechselbriefen der Exception non numeratae pecuniae nicht statt zu „geben, hingegen aber dergleichen Acceptationes — schriftlichen geschehen „sollen, jedoch dass nichtsdestoweniger wegen der mündlich acceptirten

richtiger Anwendung civilistischer Grundsätze die Verpflichtung des Ausstellers dahin erweiterte, daß er für den Fall nicht gehöriger Acceptation als zur Sicherheitsbestellung verpflichtet betrachtet wurde [9], während andererseits ein zweiter Protest (der Protest M. Z.) nöthig ward [10].

B. Das heutige Recht.

§. 32.

Der gezogene Wechselbrief *.

Wesentlicher Inhalt des gezogenen Wechselbriefs (Tratte, trassirter, förmlicher, ordentlicher, regulärer Wechsel) ist, außer dem in §. 16 Angeführten, die Bezeichnung einer

---

„Wechselbriefen es bey den Rechten u. Observanz sein Bewenden habe.“ Reichsschluß v. 1671, §. 5; und dazu Thöl, Wechselrecht, S. 9. — Erneuert. W. O. v. Frankf. a. M. a. J. 1666, Art. XV. (b. Siegel I. S. 384). — Cöln. renov. W. O. v. J. 1691, Art. IV. (b. Siegel I. S. 388).

[9] Antwerp. W. O. v. J. 1578, §. 2 (b. Siegel I. S. 409) : „Ingleichen „wenn ein Wechselbrief auf Zeit lautete u. auf Praesentation nicht accep„tiret wird . . . u. derjenige, so den Wechselbrief gesendet, hiervon Nach„richt erhält, eher solcher mit Protest zurückkommt, mag selbiger, nach „Börsengebrauch, der Person, so den Brief unterzeichnet hat, . . . Bürg„schafft stellen lassen, dass sie die darinnen begriffene Summe, nebst dem „Werthe des hin und her Wechsels bezahlen wolle, im Fall der Brief „sonder Zahlung mit Protest zurückgesandt würde.“ — Im Zusammenhange mit der ursprünglichen Bedeutung der Präsentation zum Accepte erhielt sich particularrechtlich die Bestimmung, daß nur kurze Zeit, wie z. B. 14 Tage, vor dem Verfalle des Wechsels, zur Annahme präsentirt werden dürfe. Leipz. W. O. §. VII.

[10] Biener, wechselr. Abh. S. 109. — Hamburg. Stat. u. Ger.-Ordn. v. 1603, Th. II. Tit. 7, Art. 3.

* Formular einer lediglich die wesentlichen Bestandtheile enthaltenden Tratte :

Heidelberg den 18. Febr. 1867.

Auf Sicht (oder zwei Monate a dato &) zahlen sie gegen diesen Wechsel an Herrn C. die Summe von 500 Th. Preuss. Cour.

An Herrn B. in Frankfurt. A.

dritten Person (des Bezogenen oder Trassaten), deren formelle Stellung in der Wechselurkunde die eines vom Aussteller zur Zahlung der Wechselsumme Beauftragten ist. Die Benennung des Bezogenen mit Namen oder Firma (die Adresse)[1] geschieht üblicher Weise nicht im Contexte des Wechsels selbst, sondern wird unter denselben auf die linke Seite der Urkunde gesetzt[2].

Die zur Gültigkeit des Wechsels erforderliche genügende Angabe des Zahlungsorts[3] kann eine ausdrückliche sein, sei es, daß sie der Adresse beigefügt (vollständige Adresse), oder daß dieß nicht der Fall ist[4]. Ist jedoch ein eigener Zahlungsort nicht bezeichnet, so gilt der bei dem Namen oder der Firma des Bezogenen angegebene Ort (der Adreßort) als Zahlungsort des Wechsels und zugleich als wechselmäßiger Wohnort des Trassaten, sollte dieser

---

[1] D. W. O. Art. 4 : Die wesentlichen Erfordernisse eines gezogenen Wechsels sind : — 7) der Name der Person oder die Firma, welche die Zahlung leisten soll (des Bezogenen oder Trassaten). Schweiz. Entw. §. 3. — Die Bezeichnung einer Fabrik oder Anstalt gilt als Firma, insoferne der Personen-Name des Inhabers der Fabrik oder Anstalt (z. B. A. D. — r's Hüttenamt zu P.) daraus erhellt. (Berl. Ob. Trib. im Arch. f. deutsch. Wechselr., III. S. 425 f.)

[2] Wesentlich ist es also nicht, daß der Name des Bezogenen in den Context des Wechsels geschrieben (Berl. Ob. Tr. bei Borchardt, die D. W. O. mit den von den Gerichten ausgesprochenen Grundſ., Zuſ. 128) wird. — S. auch Dessau. W. O. §. 68 : „ . . . Der Name des Bezogenen, welcher „die Zahlung leisten soll, muss im Contexte des Wechsels oder unter dem- „selben deutlich ausgedrückt sein. Dessen Vornamen oder Character ist „nicht nothwendig, wohl aber zur Vermeidung besorglicher Irrungen „rathsam".

[3] Volkmar u. Löwy, D. W. O. S. 39. Die Angabe der Vorstadt ohne Beifügung des Namens der Stadt, z. B. „Leopoldstadt Nr. . . . an der Donau", ist nicht genügend. Dagegen : Arch. f. deutsch. Wechselrecht, Bd. III. S. 335 f.

[4] Als Bezeichnung des Zahlungsorts erscheint nicht die Ortsangabe in dem unter dem Accepte stehenden Datum „Berlin den 24. Juny 1850" (Kletke, Präjud. S. 172, Nr. 413), und ebensowenig an und für sich die Ortsangabe hinter dem Namen des Remittenten (Seuffert, Arch. Bd. VII. Nr. 14).

auch daselbst weder wohnhaft, noch anwesend sein [5]. Sind mehrere Adreßorte im Wechsel angegeben, so kann der Wechselinhaber den einen oder andern Ort als Zahlungsort und als wechselmäßigen Wohnort des Bezogenen betrachten [6]. Nicht erforderlich aber ist, daß der Zahlungs- und der Ausstellungsort verschieden seien [7]; ist dieß der Fall, so ist der Wechsel ein Distance-Wechsel, sonst aber eine Platztratte.

Außerwesentliche Bestandtheile des gezogenen Wechselbriefs ohne wechselrechtliche Bedeutung sind: — die Formeln, die sich auf den Avis [8], und dann auf die Deckung, d. h. auf dasjenige beziehen, wodurch der Bezogene ohne Vorschuß zu zahlen in den Stand gesetzt ist, oder für den zu machenden Vorschuß mit [9] oder ohne Sicherheit entschädigt werden soll [10]. Die hier gebräuchliche altherkömmliche Formel „und stellen es auf Rechnung" ist an sich nichtssagend [11], und hat nur bei Tratten auf fremde Rechnung

---

[5] D. W. O. Art. 4: „Die wesentlichen Erfordernisse eines gezogenen „Wechsels sind: 8. Die Angabe des Orts, wo die Zahlung geschehen soll; „der bei dem Namen oder der Firma des Bezogenen angegebene Ort gilt „für den Wechsel, insoferne nicht ein eigener Zahlungsort angegeben ist, „als Zahlungsort und zugleich als Wohnort des Bezogenen." — Brauer, Erläut. S. 37 f. — Seuffert, Arch. Bd. XX no. 61; Arch. f. deutsch. Wechselr., Bd. XVI. S. 73 f.

[6] Arch. f. d. Wechselrecht, Bd. X. S. 290. — Volkmar u. Loewy, D. W. O. S. 40.

[7] S. auch Schweiz. Concord.-Entwurf, § 5; Waadtländ. Ges. v. 4. Juni 1829 Art. 1; Neuenburg. Ges. v. 3. Juni 1833, Art. 28; Schwed. W. O. §. 1; Finnl. W. O. §. 1; Russisch. Handelsg. A. 438; Serb. Handelsg. §. 80; Italien. Handelsg. Art. 196. — Dagegen: Code de comm., Art. 110 „la lettre de change est tirée d'un lieu sur un autre". Uebereinstimmend: Span. Handelsg. Art 429; Portugies. Handelsg. A. 321; Niederländ. Handelsg. A. 100.

[8] Treitschke, Encycl. I. S. 138 f.; Thöl, Wechselrecht, §. 207.

[9] Treitschke, Encyc. I. S. 326 f.

[10] In diesem Sinne ist die Deckung der versprochene Ersatz; die Wechselsumme sammt Provision (Thöl, Wechselrecht, §. 208. II.) soll creditirt werden; der zu gebende Credit ist ein gedeckter oder ein ungedeckter. — Die Lehre von der Deckung gehört übrigens nicht in das Wechselrecht. Liebe, Motive S. 103.

[11] Vgl. dies. Lehrb. §. 30 not. 4. — Thöl, Wechselrecht, S. 222.

(Commissions-Tratten), wenn sie nämlich auf einen andern als den Aussteller lautet, eine civilrechtliche Bedeutung [12].

I. Das Verhältniß des Wechselnehmers zum Bezogenen.

§. 33.

Verhältniß des Wechselnehmers zum Bezogenen im Allgemeinen.

Durch den zwischen Aussteller und Wechselnehmer (Remittenten) abgeschlossenen Wechselvertrag (s. dies. Lehrb. §. 12) wird dieser angewiesen, bei Verfall die Zahlung der Wechselsumme beim Bezogenen zu suchen, der letztere aber wechselmäßig in keiner Weise verbindlich gemacht [1]. Eine derartige Verpflichtung entsteht für den Trassaten vielmehr erst dadurch, daß er mit dem Wechselnehmer einen Wechselvertrag (den Acceptations-Vertrag) abschließt, dessen Formbestandtheile die Präsentation zur Annahme und die Acceptation sind.

§. 34.

Die Präsentation zur Annahme.

Die Präsentation zur Annahme, zu welcher die bloße Innehabung der Wechselurkunde legitimirt [1], ist die Vorweisung des Wechsels

---

[12] „und stellen es auf Rechnung des Herrn J. K." Biener, wechselrechtl. Abh. S. 174 f.; M. Pöhls, Wechselrecht, S. 275; Thöl, Wechselrecht, §. 209. — Frémery, étud. p. 140 f. — Borchardt, die D. W. O. . . . mit den von den deutschen Gerichtshöfen ausgesprochenen Grundsätzen des Wechselrechts, S. 83 not. 105. b; Zus. 251, Seite 196 not. 245, a. Vgl. dies. Lehrb. §. 41.

[1] Wohl aber kann der Trassat nach Civilrecht zur Zahlung verpflichtet sein. Doch ist die Behauptung Ladenburg's im Arch. f. deutsch. Wechselrecht Bd. IV. S. 250 f. und Bd. IX. S. 6 f., daß der Wechselinhaber gegen den Bezogenen, der nicht acceptirt, aber Deckung erhalten, mit einer Civilklage auf Zahlung des Wechsels klagen könne, in dieser Allgemeinheit unrichtig. — S. auch Einert, Wechselrecht, S. 54 f.

[1] D. W. O. Art. 18 a. E. — Schweiz. Concordats-Entw. §. 19. — Treitschke, Encycl. I. S. 8 und II. S. 75 f. — Pöhls, Wechselr. S. 185.

mit der Anfrage, ob sich der Bezogene trassirtermaßen verbindlich machen wolle. Sie geschieht ohne besondere Form, auch auf dem Wege der Versendung [2], an den Trassaten, beziehungsweise an eine zur Vertretung der bezogenen Firma ermächtigte Person; bei einer Mehrheit gleichnamiger Personen am Präsentationsorte an die eine oder die andere, oder an Alle [3].

Gleichgültig ist der Ort der Präsentation, wenn der Wechsel acceptirt wird, so wie es für diesen Fall auch auf die Zeit der Präsentation nicht ankommt [4], wenn nur der Wechsel nicht verjährt ist [5].

Gegenüber dem Bezogenen ist übrigens die Präsentation zur Annahme immer nur facultativ; dieselbe bei Nachsicht-Wechseln jedoch dem Wechselnehmer insoferne nützlich, als das Datum des Accepts zur Bestimmung der Verfallzeit dient.

§. 35.

Die Acceptation.

Die Acceptation, zu welcher der Bezogene wechselmäßig berechtigt [1], nicht aber verpflichtet ist [2], ist die Bejahung der in der Prä-

---

[2] Treitschke, Encycl. II. S. 614 f.

[3] Treitschke, Encycl. II. S. 78.

[4] Mittermaier, Grunds. des deutsch. Privatrechts, §. 340 zu not. 49.

[5] Volkmar u. Loewy, D. W. O. S. 108.

[1] Civilrechtliche Gründe können dem Trassaten gegenüber dem Trassanten die Befugniß zu acceptiren entziehen. Liebe, Entw. S. 111. — Frémery, études p. 134 sqq. Schwed. W. O. §. 27. — Finnl. W. O. §. 25.

[2] Daher braucht er auch keine Gründe für die Verweigerung des Accepts anzugeben. Treitschke, Encyc. I. S. 110 f. — Wohl aber kann eine civilrechtliche Verpflichtung zu acceptiren vorliegen. Treitschke, Encyc. I. S. 47 f. — Thöl, §. 214. II. Die Bremer Einführ.-Ordn. zur D. W. O. §. 8 bestimmt: „Hat ein Trassat den ihm präsentirten Wechsel, sofern derselbe „kein Platzwechsel ist, der Zurückforderung unerachtet am nämlichen „Tage nicht zurückgeliefert, so ist er zur unbedingten Acceptation verpflichtet." — Ueber das schriftliche Versprechen einer Wechselannahme vgl. Löhr, Centralorgan, N. F. Bd. I. S. 143 f.

sentation zur Annahme liegenden Anfrage. Wesentliche Form derselben ist die Unterschrift [3] des Trassaten mit Namen [4] oder Firma auf dem Solawechsel oder einem Duplicate, nicht aber nach der D. W. O. auf einer Copie [5]. Wie jedoch auch bei der Acceptation eine Stellvertretung möglich (vgl. §. 13), und daher eine Genehmigung des von dritter Hand vollzogenen Accepts Seitens desjenigen, der nach Inhalt des Wechsels als Acceptant erscheint, zulässig ist [6], so kann andererseits die Unterschrift auf dem Wechsel

---

[3] Dies. Lehrb. §. 31. — D. W. O. Art. 21, Abs. 1; Schweiz. Concordats-Entw §. 20. — Schwed. W. O. §. 21. — Finnl. W. O. §. 19. — Code de comm. A. 122. — Waadtländ. Ges. v. 4. Juni 1829, Art. 13. — Neuenburg. Ges. v. 3. Juni 1833, A. 35. — Spanisch. Handelsg. A. 456. — Portugies. Handelsg. A. 336. — Holländ. Handelsg. A. 115. — Italien. Handelsg. A. 209. — Russisch. Handelsg. A. 474. — Serbisch. Handelsg. §. 92. — Ohne wechselrechtliche Wirkung ist also der mündliche sowohl wie der stillschweigende Accept. Treitschke, Encyc. I. S. 90 f. u. S. 92 f. — Eigenthümlich sind: die Cöthen. W. O. A. 45: „Eine Acceptation wird vor gültig und vollständig gehalten, wenn „der Acceptant nur die Feder deswegen ansetzet, und einen Buchstaben „auf den Wechselbrief geschrieben hat. Selbst die mündliche Acceptation, „wenn sie erwiesen ist, machet den Acceptanten zur Bezahlung verbind- „lich"; ferner die Dessau. W. O. §. 58: „... Behält .. der Bezogene „den ihm selbst vorgezeigten und eingehändigten Wechsel ohne Erinnerung „über Nacht bey sich, so wird dieses für eine stillschweigende Acceptation „geachtet." — Das Nordamericanische Recht läßt eine mündliche Acceptation zu (Borchardt, die D. W. O. nebst Vergleichungen mit den fremden Gesetzgebungen, S. 66); anders dagegen das neuere englische Recht, nach welchem Unterschrift auf dem Wechsel nöthig ist (19 et 20 Vict. c. 97 §. 6; Chitty, on bills of exchange, 10 edit. Lond. 1859, p. 195 sqq., 599.

[4] Löhr, Centralorgan N. F. Bd. III. S. 283; Schwed. W. O. § 22; Finnländ. W. O. §. 21.

[5] D. W. O. Art. 21, Abs. 1 und Arg. Art. 71. — Schw. Entw. §. 20. — Brauer, im Arch. f. d. W. Bd V. S. 359 f.; Jolly, in demselb. Arch. III. S. 287; Kheil, Wechselrecht, S. 215. — Blaschke, Wechselr. S. 151; Skrivan, Wechsellehre S. 145; Hoffmann, Erl. S. 296; Vollmer u. Löwy, D. W. O. S. 107. — Dagegen D. W. O. mit Einl. u. Erläut. S. 93; Haimerl, Anl. S. 100 i. A.

[6] Arch. f. deutsch. Wechselr., Bd. VIII. S. 193 f.

nur durch ein auf diesen selbst gesetztes Handzeichen ersetzt werden [7]. Auf die Vorderseite des Wechsels geschrieben gilt aber die Unterschrift des Bezogenen ohne Beisatz als Acceptation [8], während jede auf den Wechsel geschriebene und von dem Trassaten unterschriebene Erklärung für eine unbeschränkte Annahme zu erachten, soferne darin nicht ausdrücklich ausgesprochen ist, daß jener überhaupt nicht oder nur unter gewissen Einschränkungen annehmen wolle [9]. Dagegen muß nach manchen Wechselordnungen der Unterschrift eine deren Bedeutung mit Bestimmtheit ausdrückende Formel beigefügt sein [10].

Die Datirung des Accepts ist nicht erforderlich, und daher ein Widerspruch des Datums der Acceptation mit demjenigen der Ausstellung ohne Einfluß auf die Wechselverbindlichkeit des Acceptanten [11]. Diesem kömmt die Datirung des Accepts beim Beweise der Einrede der Wechselunfähigkeit zu Statten [12].

Bei Nachsicht-Wechseln nützt das Datum des Accepts dem Wechselnehmer, indem es zur Bestimmung der Verfallzeit dient. Doch wird bei erfolgter undatirter Annahme dieses Datum durch einen innerhalb zweier Jahre nach der Ausstellung über verweigerte Datirung erhobenen Protest ersetzt [13], indem der Protesttag als Tag

---

[7] Borchardt, D. W. O. .... mit den von den deutschen Gerichtshöfen ausgesprochenen Grundsätzen des Wechselrechts, Zus. 233.

[8] Preuß. Motive, S. XLVIII. — Leipziger Protoc. S. 46; D. W. O., Art. 21, Abs. 3. — Schweiz. Concordats-Entw. §. 20, Abs. 2. — Brauer, Erläut. S. 64.

[9] D. W. O. Art 21, Abs. 2. — Thöl, Wechselrecht, §. 215. — Borchardt, a. a. O. Zus. 234–237.

[10] Code de comm. Art. 122; Waadtländ. Gesetz vom 4. Juni 1829, Art. 13; Neuenburg. Ges. v. 3. Juni, 1833 Art. 35; Span. Handelsg. Art. 456; Portugies. Handelsg. A. 336; Holländ. Handelsg. A. 115; Russisch. Handelsg. Art. 476; Schwed. W. O. §. 21; Finnl. W. O. §. 19; Serbisch. Handelsg. §. 92; Italien. Handelsg. A. 209.

[11] Sammlung handelsgerichtl. Entscheidungen... in Bayern, Bd. I. S. 535.

[12] Borchardt, a. a. O. Zus. 241.

[13] Borchardt, a. a. O. Zus. 232. — Löhr, Centralorgan, N. F. Bd. II. S. 495 f.

der Acceptation gilt, während dieser Tag bei unterbliebener Protesterhebung durch andere Beweismittel nicht hergestellt werden kann [14], vielmehr gegen den Acceptanten die Verfallzeit des Wechsels vom letzten Tage der gesetzlichen Präsentationsfrist [15] gerechnet wird [16].

§. 36.

Die Modalitäten der Acceptation.

Die Acceptation kann entweder schlechtweg Statt finden (unbeschränkter, reiner Accept [1]), oder unter einer Beschränkung (beschränkter, qualificirter, modificirter Accept). Die Einschränkung aber kann entweder auf einen Theil der Wechselsumme (Theilaccept, Particular-Acceptation), oder in anderer Weise geschehen, wie durch Beisetzung einer Bedingung [2],

---

[14] Dagegen: O. A. G. in Dresden im Arch. f. deutsches Wechselrecht, Bd. XV. S. 412 f.

[15] Volkmar u. Löwy, D. W. O. S. 103.

[16] D. W. O. Art. 20. „Wenn die Annahme eines auf bestimmte Zeit „nach Sicht gestellten Wechsels nicht zu erhalten ist, oder der Bezogene „die Datirung seines Accepts verweigert, so muss der Inhaber bei Verlust „des wechselmässigen Anspruchs gegen die Indossanten und den Aussteller „die rechtzeitige Präsentation des Wechsels durch einen innerhalb der „Präsentationsfrist (§. 19) erhobenen Protest feststellen lassen."

„Der Protesttag gilt in diesem Falle für den Tag der Präsentation."

„Ist die Protesterhebung unterblieben, so wird gegen den Acceptanten, „welcher die Datirung seines Acceptes unterlassen hat, die Verfallzeit des „Wechsels vom letzten Tage der Präsentationsfrist an gerechnet." — Nach dem Code de comm. Art. 122 wird das fehlende Datum beim Accepte eines Nachsichtswechsels durch das Datum der Wechselausstellung ersetzt. Uebereinstimmend: Portugies. Handelsg. A. 336; Niederl. Handelsg. A. 115; Serbisch. Handelsg. §. 92; Italien. Handelsg. A. 209.

[1] D. W. O. Art. 21, Abs. 2 u. A. 22. — Schweiz. Concord.-Entw. §. 22. — Schwed. W. O. §. 24.

[2] Koch, Wechselrecht, S. 170 i. A.

eines dies, eines andern Zahlungsorts (Domicils) u. a. m. [3]. Doch müssen solche Einschränkungen auf dem Wechsel in unmittelbarer Beziehung zur Acceptationserklärung stehen [4]. Nach einzelnen Wechselordnungen gilt freilich die eingeschränkte Annahme, abgesehen vom Theilaccepte, nicht als Acceptation [5].

Dagegen ist es nicht als eine Einschränkung des Accepts zu betrachten, wenn bei einem domicilirten Wechsel, welcher nicht schon ergiebt, durch wen die Zahlung am Zahlungsorte erfolgen soll, dieß bei der Annahme vom Bezogenen auf dem Wechsel bemerkt wird [6].

§. 37.

Die Vollendung des Acceptations-Vertrags. — Dessen Natur und Wirkungen.

Der Acceptations-Vertrag ist in dem Augenblicke vollendet, wo der Accept in die Wechselurkunde eingetragen ist [1], da in diesem Momente die Absicht der Parteien, jenen Vertrag abzuschließen, zusammentrifft [2]. Zu dessen Vollendung gehört also nicht das Nehmen des Wechsels durch den Präsentanten [3]. Hiernach ist denn auch vor

---

[3] Treitschke, Encyc. I. S. 108 f. — Mittermaier, Grundſ. §. 341 a. E.; — Thöl, Wechselrecht, S. 269.

[4] Arch. f. d. W. Bd. IX. S. 74 f.

[5] Code de comm. Art. 124; Waadtländ. Ges. v. 4. Juni 1829, A. 16; Portugies. Handelsg. A. 341; Serbisch. Handelsg. §. 94; Italien. Handelsg. A. 211.

[6] D. W. O. Art. 24, Abs. 1.

[1] Mittermaier, Grundſ. §. 340. VI. — Liebe, Entw. S. 119. — Koch, Wechselrecht, S. 167. — Beseler, deutsch. Privatrecht, §. 241. III. — Lutteroth im Arch. f. d. W. Bd. II. S. 442 f. — Brauer in der Zeitsch. f. das gesammte Handelsrecht, Bd. I. S. 25 f.

[2] Walter, Syst. des deutsch. Privatrechts, §. 344. III. — Dagegen Thöl, Wechselrecht, §. 216.

[3] Dagegen: Treitschke, Encycl. I. S. 7 u. S. 35; Pardessus, cours de droit commerc., §. 377; Persil, traité de la lettre de change, ad Art. 125 no. 5; Nonguier, des lettres de change, no. 156.

Rückgabe des Wechselbriefs an diesen letztern der Bezogene zur Ausstreichung seiner vollständig ausgestellten Acceptserklärung nicht befugt [4]. Eine dessenungeachtet vorgenommene Zerstörung des Accepts ist keine Verletzung eines Wechselvorvertrags [5], sondern ein an sich unwirksamer Widerruf des in bindender Weise gegebenen Acceptationsversprechens.

Indem jedoch durch die Tilgung des Acceptationsvermerks eine zur Begründung der Wechselklage wesentliche Form thatsächlich beseitigt ist [6], vermag auf Grund der getilgten Acceptationserklärung der Bezogene nicht wechselrechtlich verklagt werden [7]; vielmehr ist zu

---

[4] Pöhls, Wechselr. S. 272 f. — Mittermaier, Grundf. §. 340. VI. — Dagegen: Treitschke, Encycl. I. S. 35 f. — Die D. W. O. Art. 21 Abs. 4: „Die einmal erfolgte Annahme kann nicht wieder zurückgenommen werden“ hat die Frage nicht ausdrücklich entschieden; daher auch nach diesem Gesetze die Ansicht vertheidigt wird, es sei der Bezogene vor der Rückgabe an den Präsentanten zur Durchstreichung des Accepts-Vermerks berechtigt. Borchardt, die D. W. O. . . . . mit den von den deutschen Gerichtshöfen ausgesprochenen Grundsätzen des Wechselrechts, Zus. 242 a; Jacobi im Arch. f. d. W. Bd. X. S. 337 f. — Indessen kann darüber, daß nach dem wahren Sinne der D. W. O. Art. 21, Abs. 4 der Trassat nicht befugt ist, den ausgeschriebenen Acceptationsvermerk wieder zu beseitigen, kein gegründeter Zweifel bestehen. N. Arch. f. Handelsr., Bd. III. S. 91 f. — Uebereinstimmend mit der Fassung der D. W. O. ist der Schweiz. Concord. Entw. §. 20, Abs. 3. — Deutlicher ist das Holländ. Handelsg. A. 119: „Hij die „eenen wisselbrief heeft geaccepteerd, is tot deszelfs betaling verpligt. „Hij mag de eens op den wisselbrief gestelde acceptatie, ook voor deszelfs teruggave, nit herroepen, vernietigen, doorhalen of onleesbar maken . . .“; — Schwed. W. O. §. 25. — Finnl. W. O. §. 19. Dagegen bestimmt das Waadtländ. Ges. v. 4. Juni 1829, Art. 15: „L'acceptation délivrée est irrévocable.“

[5] Dieß meint Thöl, Wechselrecht, S. 248 a. E. f.

[6] Dies. Lehrb. §. 17 zu not. 6. — Verhandl. der Commission zur Berathung eines Allgem. D. Handelsg., mehrere zur Allg. D. W. O. in Anregung gekommene Fragen betreff., S. 46; Arch. f. d. W. Bd. VIII. S. 126 not. 15; Bd. IX. S. 237.

[7] A. M. Brauer in der Zeitsch. f. das gesammte Handelsrecht, Bd. I. S. 25 f.; N. Arch. f. Handelsrecht, Bd. III. S. 100; Hoffmann, Erläut. S. 301 f.; Volkmar u. Löwy, D. W. O. S. 113 f. — So auch das Holländ. Handelsg. A. 119. — Finnl. W. O. §. 19.

diesem Zwecke die Wiederherstellung des Acceptationsvermerks nöthig, zu welcher jener mittelst einer Civilklage angehalten werden kann [8].

Der Acceptationsvertrag, der zwischen Acceptanten und Wechselnehmer abgeschlossen wird, wenn auch ein Anderer wie dieser Präsentant sein sollte [9], ist ein eigenthümlicher Formvertrag [10]. Das demselben zu Grunde liegende Versprechen unterscheidet sich vom gezogenen Wechselversprechen seinem Inhalte nach, vom eigenen aber dadurch, daß es der Form nach in Gemäßheit eines trassirten Wechselversprechens geschieht.

Die Vertragswirkungen sind aber, daß der Bezogene dem Wechselgläubiger als selbstständiger Wechselschuldner [11] nach Inhalt seines Accepts haftet [12], soweit der acceptirte Betrag denjenigen der Wechselsumme nicht übersteigt [13]. Von der acceptirten Summe muß der Acceptant Verzugszinsen, zwar nicht von der Verfallzeit [14], wohl aber von dem Tage an bezahlen, an welchem er mittelst Präsentation des Wechsels in seinem Geschäftslocale oder seiner Wohnung in Verzug gesetzt worden ist [15], eine Präsentation, welche nicht bloß

---

[8] Lutteroth im Arch. f. d. W. Bd. II. S. 436 f.; Leonh. Wächter in demselb. Arch. Bd. VI. S. 43 f. — Appell.-Gericht zu Dresden in Löhr's Central-Organ, N. F. Bd. III. S. 623 f.

[9] Treitschke, Encyc. I. S. 8.

[10] Also kein constitutum debiti alieni (Heise u. Cropp, Abbhandl. Bd. II. S. 12, Note 18), und ebensowenig ein Sich-Verpflichten als „Bürge und Selbstschuldner" (Einert, Wechselr. S. 150 u. S. 180 f.). Thöl, §. 217. — S. auch Liebe, Entw. S. 117.

[11] Dies. Lehrb. §. 31. — Mittermaier, Grundf. §. 341.

[12] D. W. O. Art. 23, Abs. 1 u. Art. 22 a. E. — Schw. Entw. §. 24, Abs. 1 u. §. 22 a. E. — Arch. f. d. W. Bd. IV. S. 206.

[13] Bender, Wechselr. I. S. 425; Treitschke, Encyc. I. S. 8 u. S. 16. — Brauer im Arch. f. deutsch. W. Bd. V. S. 357 f. — Dagegen: Thöl, Wechselrecht, §. 218. II.

[14] Dieß meint Kekule im Arch. f. d. W. Bd. IX. S. 263 f. und hat das O. A. G. in Dresden angenommen (Arch. f. deutsch. Wechselrecht Bd. XII. S. 85).

[15] Hauser im Arch. f. d. W. Bd. VI. S. 59 f. — Seuffert, Arch. Bd. X. no. 279. 4. — Borchardt, a. a. O. Zus. 333. — Arch. f. d. W.

durch Protest, sondern durch anderweitigen Nachweis hergestellt werden kann, während bei einer ohne vorausgegangene Präsentation angestellten Klage die Klagemittheilung den Lauf von Proceßzinsen begründet [16]. Wie diese letzteren, so betragen auch die Verzugszinsen regelmäßig 5% [17], 6% dagegen, wenn der Acceptationsvertrag ein Handelsgeschäft ist [18]. Auch können 6% Zinsen vom Tage der Fälligkeit der Schuld an verlangt werden, wenn Acceptant und Wechselgläubiger Kaufleute sind und der Acceptationsvertrag ein beiderseitiges Handelsgeschäft ist [19].

Unter besonderen Voraussetzungen können übrigens auch andere Ansprüche aus dem Accepte geltend gemacht werden [20].

Obwohl an sich die Haftung des Bezogenen selbst dann nur eine einfache ist, wenn er mehrere Duplicate Eines Wechsels acceptirt hat [21], so läßt doch vielfach die Handelsüsance und mit dieser übereinstimmend die D. W. O. den Acceptanten aus den mehreren acceptirten Exemplaren haften, die bei der Zahlung nicht zurückgegeben worden sind [22].

Bd. III. S. 343; IV. S. 352 f.; V. S. 433. — Löhr, Centralorgan, N. F. Bd. II. S. 613 f.

[16] Mein Lehrb. des Civilproceßrechts, S. 168.

[17] Thöl, Wechselrecht, S. 257. — O. A. G. in Dresden im Arch. f. deutsch. W. Bd. XV. S. 195. — Löhr, Centralorgan, N. F. Bd. II. S. 443. — Die Art. 50 u. 51 der D. W. O. finden hier keine Anwendung. — Dagegen nehmen auf Grund dieser Artikel 6% Verzugszinsen als Regel an: Slavicek im Magaz. f. Rechts- u. Staatswissensch. Bd. III. S. 110 f.; O. Tr. in Berlin im Arch. f. deutsch. W. Bd. VII. S. 73 f.; O. A. in Dresden im Arch. f. deutsch. Wechselr., Bd. XII. S. 86.

[18] Allg. D. Handelsg. A. 287.

[19] Allg. D. Handelsg. Art. 289. — Thöl, Wechselrecht, S. 257.

[20] Vgl. §. 86; und über die Haftung des Acceptanten gegenüber dem Trassanten §. 41.

[21] Treitschke, Encyc. I. S. 31 f. — Liebe, Entw. S. 80; Portugies. Handelsg. A. 383; Holländ. Handelsg. A. 162; Russ. Handelsg. A. 509; Schwed. W. O. §. 65.

[22] D. W. O. Art. 67. 2; Schweiz. Concordats-Entw. §. 73 Abs. 3. — Ungarisch. Wechselrecht, §. 69. — S. auch Schwed. W. O. §. 65;

Der Wechselinhaber ist übrigens auch berechtigt, mit der Wechselklage Sicherheitsbestellung vom Acceptanten zu fordern, wenn derselbe vor Verfall unsicher wird, während die Unsicherheitsfälle hier die nämlichen sind, welche die Regreßklage wegen Unsicherheit begründen [23]. Dagegen kann wegen Unsicherheit eines von mehreren Acceptanten nicht von den anderen Sicherheitsleistung verlangt werden [24].

Die nämlichen Wirkungen wie die Acceptation des Trassaten begründet übrigens die Acceptserklärung eines Nichtbezogenen, wenn sie sich auch weder als Aval, noch als Ehrenannahme qualificirt, sobald der Wille als Acceptant sich zu obligiren mit Sicherheit aus dem Wechsel sich ergiebt [25]. Denn es bewirkt die Acceptationser-

---

Finnl. W. O. §. 62.– Bender, Grundſ. I. §. 544. — Thöl, Wechselrecht S. 619; Preuß. Motive, S. LXIX; Leipzig. Protocolle, S. 134 f.; Jolly, im Arch. f. d. W. Bd. I. S. 23 f.; Brauer in demselb. Arch. Bd. VI. S. 232 f.

[23] Arg. D. W. O. Art. 29, Abs. 2. — l. 41 D. de judic. (5. 1). — Geh. Ob. Trib. in Berlin Entsch. Bd. 20, S. 343 pro 1851 : „Dem Inhaber „eines von dem Bezogenen angenommenen Wechsels steht, wenn der Acceptant vor dem Verfalltage unsicher wird, das Recht auf Sicherstellung auch „gegen den Acceptanten in eben dem Umfange, wie gegen die Indossanten „und den Aussteller zu. Er kann gegen den Acceptanten auf Leistung „der Sicherheit selbst im Wechselprocesse klagen, und dieses Recht kann „auch der Wechselzieher als Wechselinhaber gegen den Acceptanten ausüben." S. ferner Archiv f. deutsches W. Bd. III. S. 334 f. — Bd. VI. S. 310; Bd. X. S. 52. — Zeitsch. f. das gesammte Handelsrecht, Bd. II. S. 129 no. 32; Schletter, Jahrb. der deutsch. Rchtsw. u. Gesetzgeb. Bd. V. S. 58. — Sammlung handelsgerichtl. Entscheidungen . . . in Bayern, Bd. I. S. 47 f., S. 325 f. — Dagegen : Voigt im N. Archiv für Handelsrecht, Bd. I. S. 125 f. — Nach der Nürnberg. Nov. (6) sind am Schlusse des Art. 29 der D. W. O. die Worte beizufügen : „Der „Wechselinhaber ist berechtigt, in den no. 1 u. 2 genannten Fällen „auch von dem Acceptanten im Wege des Wechselprocesses Sicherheits„bestellung zu fordern."

[24] Arch. f. d. W. Bd. IV. S. 96.

[25] Frankfurt. Erkenntn. 2. u. 3. Instanz v. J. 1857 im Magazin für bad. Rechtspflege, B. III. S. 377 f., u. meine Abhandl. ebendaselbst — Löwy im N. Arch. f. Handelsrecht, Bd. IV. S. 42 f. —

klärung eine selbstständige Wechselverbindlichkeit, welche weder durch ein dem Acceptanten im Wechsel wirklich ertheiltes Mandat, noch auch dadurch bedingt ist, daß dieser der Form nach in der Tratte als Bezogener erscheint [26].

II. Das Verhältniß des Wechselnehmers zum Trassanten.

§. 38.

Der Begebungsvertrag *.

Ein wechselmäßiges Verhältniß entsteht zwischen Trassanten und Remittenten durch den Abschluß des Begebungsvertrags (dies. Lehrb. §. 12). Derselbe ist ein eigenthümlicher Formvertrag [1]; dessen Form aber das formlose Geben und Nehmen eines trassirten

---

Thöl, Wechselrecht §. 220 not. 5. — Dagegen: Ob. Tr. in Stuttgart in Löhr's, Centralorgan, Jahrg. 1863, S. 10 u. Arch. f. d. W. Bd. XII. S. 420; Stadtgericht Berlin in der Zeitsch. f. das gesammte Handelsrecht, Bd. II. S. 447; s. auch Borchardt, a. a. O. Zus. 240. — Löhr, Centralorgan, N. F. Bd. III. S. 442 f. Das O. A. G. in Dresden betrachtet die Acceptation des Nicht-Bezogenen als eine Art von Intervention. Seuffert, Arch. Bd. XX. no. 63.

[26] D. W. O. Art. 75, A. 81, A. 58.

* Treitschke, Encycl. II. S. 675 f. — Einert, Wechselrecht, S. 24 f. — Ladenburg, über den Wechselvertrag im Arch. f. deutsch. W. Bd. I. S. 32 f.

[1] Er läßt sich also nicht unter irgend eine römische Vertragsform bringen. — Die verschiedenen irrigen Ansichten, die hier aufgestellt worden, s. bei Scaccia, tract. §. 1. Quaest. IV. No. 4 sqq. — Leyser, med. ad pand. spec. CXXXIII. med. 2. — Treitschke, Encyc. II. S. 681 f. — Einert, Wechselr. S. 98 f. — Thöl, §§. 231. 232. — Mittermaier, Grundს. §. 325. — Pöhls, Wechselr. S. 128 f. nimmt einen Wechselcontract an, der mit der Ausstellung des Wechsels seinen Anfang nimmt, und erst mit der Acceptation perfect wird. — Jeden Wechselvertrag leugnen diejenigen, welche den Wechselbrief als Papiergeld auffassen; so wie die Anhänger der Creations- und der Personifications-Theorie. — Dies. Lehrb. §. 10. — S. auch D. W. O. mit Einl. u. Erläut. S. XVIII f.

Wechselbriefs in der Absicht, hierdurch einen Wechselcontract abzuschließen. — Die Uebergabe der Wechselurkunde muß durch den Aussteller oder Namens desselben an die in jener als Nehmer bezeichnete Person, resp. bei Wechseln auf den Inhaber an irgend ein activ wechselfähiges Subject geschehen. Sowohl die Uebergabe aber als auch der animus contrahendi werden kraft einfacher Rechtsvermuthung präsumirt, sobald die Person, welche die Wechselurkunde als Gläubiger bezeichnet, diese inne hat [2].

§. 39.

Die Wirkungen des Begebungsvertrags.

Der Begebungsvertrag kann für den Trassanten eine dreifache wechselmäßige Haftung gegenüber dem Remittenten zur Folge haben [1]:

1) Der Inhalt des Wechselcontracts geht dahin, daß die Wechselsumme trassirtermaßen bezahlt werden soll [2]. Ist demnach der Wechsel rechtzeitig, d. h. bei Verfall oder spätestens am zweiten Werktage nach dem Zahlungstage (vgl. §. 67) von

---

[2] Thöl, Wechselrecht, S. 300.

[1] Nicht aber bewirkt dieser Vertrag eine Uebertragung der Rechte, welche dem Trassanten auf Annahme und Zahlung zustehen (Borchardt, die D. W. O. mit den von den Gerichtshöfen ausgesprochenen Grundsätzen, Zus. 161).

[2] Der Aussteller verspricht nicht: 1) daß er am Zahlungsorte durch den Trassaten zahlen wolle, wie Einert, Wechselrecht, S. 204 meint; s. Thöl, Wechselrecht, S. 301 f.; 2) daß er unter der Bedingung der Nichtausführung des Zahlungsauftrags den Werth der Wechselzahlung zahlen werde. Thöl, Wechselrecht, S. 303 f. — Hiergegen spricht der namentlich bei Distancewechseln hervortretende Zweck des Trattennehmers, der dahin geht, daß durch den Dritten gezahlt werde; so wie ferner der Regreß M. A., welcher bei dieser Auffassung unerklärt bleibt. — Vielmehr verspricht der Aussteller, daß der Trassat zahlen wird; das Interesse aber, für welches er auf den Fall der Nichteinlösung des Wechsels einstehen will (l. 38, §. 2 D. de V. O. [45. 1]), ist durch die Handelsüsance in allgemeiner Weise regulirt worden und stellt sich in der Regreßsumme dar. — Einert, Wechselrecht, S. 284 f. — Liebe, Entw. S. 141 f. — Mittermaier, Grundſ. §. 346, IV.

einer dazu legitimirten Person (§. 69) dem Trassaten am Zahlungsorte [3], an dessen Stelle auch mit beiderseitigem Einverständnisse ein anderer Platz nicht substituirt werden kann [4], und in der richtigen Localität (vgl. §. 28) zur Zahlung präsentirt und wegen nicht erfolgter Zahlung protestirt worden (Protest Mangels Zahlung), so hat der Wechselnehmer gegen den Aussteller die Regreßnahme Mangels Zahlung auf das Interesse, für welches dieser auf den Fall der Nichteinlösung des Wechsels einzustehen versprochen hat, oder mit a. W. auf die Regreßsumme [5].

2) Folge des Begebungsvertrags ist die Verpflichtung des Ausstellers zur Sicherheitsbestellung für den Fall, daß der Bezogene ungeachtet gehörig gesuchter Acceptation den Wechsel vor Verfallzeit nicht trassirtermaßen acceptirt, also entweder gar nicht oder nur beschränkt angenommen hat [6]. Für diesen durch rechtzeitig erhobenen Protest (Protest Mangels Annahme) festgestellten Fall [7] findet gegen den Wechselgeber der Regreß Mangels Annahme auf Sicherheitsbestellung Statt [8], wiewohl bei einem Theilaccepte nur nach Maßgabe des

---

[3] Löhr, Centralorgan, N. F. Bd. III. S. 430 f.

[4] Arch. f. d. W. Bd. XIV. S. 178 f. — Löhr, Centralorgan, N. F. Bd. II. S. 280 f. — Nicht entgegen steht die D. W. O. Art. 91.

[5] D. W. O. Art. 8 u. A. 41. — Schweiz. Concordats-Entw., §§. 8 u. 50. — Code de comm. Art. 162 u. A. 164. — Schwed. W. O. §. 43. Russisch. Handelsg. Art. 510.

[6] Der Trassant verspricht nicht die Acceptation; er verspricht auch nicht die Sicherheitsbestellung; — die Verpflichtung zu dieser ist eine gesetzliche Wirkung des Wechselcontracts. Thöl, Wechselr., §. 230. — Dagegen: Joly, krit. Vierteljahresschrift, Bd. III. S. 212 f.

[7] Der Trassat, dem der Wechsel zur Acceptation eingesandt worden, ist, wenn er ihn nicht oder nicht gehörig acceptiren will, nicht verpflichtet, gegen sich selbst Protest zu erheben (dagegen Kalessa, Handb. S. 88) und auch in der Regel dazu nicht berechtigt. Kitka, Erläut. S. 56 f.

[8] D. W. O. Art. 8 u. A. 25. — Schweiz. Concord.-Entw. §§. 1 u. 25. — Waadtländ. Ges. v. 4. Juni 1829, Art. 11. — Schwed. W. O. §. 28. — Finnländ. W. O. §. 26. — Serbisch. Handelsg. §. 90 —

Theils der Wechselsumme, auf welchen sich die Acceptation nicht bezieht [9].

Diese Verpflichtung des Wechselausstellers folgt aus allgemeinen Grundsätzen, und ist demnach auch da anzunehmen, wo sie durch die einschlagende Wechselgesetzgebung nicht ausdrücklich anerkannt ist [10].

Indem aber der bloße Besitz des Wechsels zu dessen Präsentation und zur Erhebung des Protestes Mangels Annahme ermächtigt [11], genügt zur Begründung des Regresses die Präsentation an eine der mehreren am Präsentationsorte befindlichen Personen, welche den bezogenen Namen führen.

Dagegen muß der Wechsel an dem in der Adresse bezeichneten Orte, und in Ermangelung einer solchen Bezeichnung am Wohnorte des Bezogenen oder am Zahlungsorte als dessen muthmaßlichem Domicile [12], bei Meß- oder Marktwechseln am

Russisch. Handelsg. A. 491. 2. — Dagegen bestimmt der Code de comm. Art. 120 : „Sur la notification du protêt faute d'acceptation, les endosseurs „et le tireur sont respectivement tenus de donner caution pour assurer „le paiement de la lettre de change, ou d'en effectuer le remboursement „avec les frais du protêt et du rechange." — Uebereinstimmend das Neuenburg. Ges. v. 3. Juni 1833, A. 36; das Portugies. Handelsg. A. 398; das Italien. Handelsg. A. 207; die Schwed. W. O. §. 34; Finnl. W. O. §. 31.

[9] D. W. O. Art. 22; Schweiz. Concordats-Entw. §. 22; Code de comm. Art. 124; Schwed. W. O. §. 24; Russisch. Handelsg. A. 480; Serb. Handelsg. §. 94; Italien. Handelsg. A. 211.

[10] l. 41 D. de judic. (5. 1). Thöl, Wechselrecht §. 240. Die einzelnen Schriftsteller gehen jedoch von sehr verschiedenen Ansichten aus : 1) die Einen geben vor Verfall des Wechsels dem Nehmer keine Rechte gegen den Aussteller. Pöhls, Wechselr. S. 543. — Treitschke, Encyc. II. S. 299 f. 2) Die Andern geben sofort einen Regreß wie wegen Nichtzahlung. Bender, Wechselr. II. S. 166; — so auch nach dem Ungar. Wechselrecht §. 154, so wie nach Dänischem, Englischem und Nordamericanischem Rechte (Borchardt, die D. W. O. . . . nebst den fremden Gesetzgebungen, S. 73; Thöl, Wechselrecht, S. 358 not. 4.

[11] D. W. O. Art. 18, Abs. 3. — Schweiz. Concordats-Entw. §. 19.

[12] Pöhls, Wechselrecht S. 187.

Meß- oder Marktorte [13], in der richtigen Localität (§. 28) präsentirt worden sein. Auch ist rechtzeitige Präsentation und beziehungsweise Protesterhebung zur Begründung des Regresses Mangels Annahme erforderlich. In dieser Hinsicht ist der Wechselinhaber berechtigt, den Wechsel sofort zur Annahme zu präsentiren [14], ohne Rücksicht auf eine entgegenstehende Uebereinkunft [15], und kann er dieses Recht auch zu anderer Zeit ausüben, so lange der Wechsel nicht verfallen ist, wiewohl jedenfalls nur an einem Werktage und innerhalb der gesetzlich bestimmten Tageszeit (vgl. §. 28). Eine Ausnahme machen allein die Meß- und Marktwechsel, welche erst an der am Meß- oder Marktorte bestimmten Präsentationszeit zum Accepte präsentirt werden können [16] und auch zur Erhaltung des Re-

---

[13] Borchardt, die D. W. O. . . . nebst Bemerkungen und Vergleichungen mit den fremden Gesetzgebungen, S. 57.

[14] D. W. O. Art. 18, Abs. 1: „Der Inhaber eines Wechsels ist berechtigt, den Wechsel dem Bezogenen sofort zur Annahme zu präsentiren, „und in Ermanglung der Annahme Protest erheben zu lassen." — Schweiz. Concord.-Entw. §. 17, Abs. 1; Schwed. W. O. §. 18. — Leipz. Protoc. S. 34. — D. W. O. mit Einl. u. Erläut. S. 81.

[15] Der Augsburger Accept (Einert, Wechselr. S. 197 f.) ist durch die D. W. O. abrogirt und kann auch nicht kraft einer Wechselclausel in Anwendung kommen; Heß, im Arch. f. deutsch. Wechselr., Bd. I. S. 400 f., welche vielmehr als nicht beigeschrieben zu betrachten ist. Brauer im Arch. f. d. Wechselr., Bd. III. S. 316 f. — Biener in demselb. Archiv, Bd. IV. S. 18 f. — Dagegen Bluntschli, D. W. O. S. 53 u. Kletke, Präjudiz. S. 168, Nr. 400. — S. auch dies. Lehrb. §. 31 not. 9 a. E. — Die Nürnberg. Nov. (5) zu Art. 18, Abs. 1 bestimmt in diesem Sinne: „Eine entgegenstehende Uebereinkunft hat keine wechselrechtliche Wirkung."

[16] D. W. O., Art. 18, Abs. 2. — Koch, Wechselrecht S. 155 f. Schw. Entw. §. 17. — Die Bestimmungen der Einf. G. der D. W. O. über die Präsentations-Zeit sind: in Frankfurt a. M. (§. 4): „Wechsel, welche auf die erste Meßwoche zahlbar lauten, können in der Ostermesse erst am Dienstag, in der Herstmesse am Montag der gedachten Woche; Wechsel, welche auf die Messe schlechthin, oder auf die zweite oder dritte Meßwoche zahlbar sind, erst am Montag der zweiten Woche zur Annahme präsentirt und in deren Ermangelung protestirt werden; in Braunschweig (§. 4) ist die Erhebung

greßrechts Mangels Annahme in dieser Zeit präsentirt werden müssen [17].

Obwohl übrigens der Bezogene nicht verpflichtet ist, sich über Acceptation oder Nicht-Acceptation überhaupt oder binnen bestimmter Zeit zu erklären, so ist der Präsentant im Falle nicht sofortiger Annahme befugt, dieß einer Acceptsverweigerung gleichzuachten [18]. Doch verpflichten einzelne W. O. den Präsentanten, die Erklärung des Bezogenen während kurzer Frist abzuwarten, nach deren Ablauf erst der Protest erhoben werden kann [19].

3) Mit der zuletzt bezeichneten Wirkung des Wechselvertrags hängt die Verpflichtung des Ausstellers zur Sicherheitsbestellung für den Fall, daß der Acceptant nach Ausstellung des Wechsels, vor oder nach der Acceptation [20], unsicher geworden, zusammen [21].

---

eines Protestes M. A. vor dem Montage in der ersten Meßwoche nicht zulässig; im K. Sachsen (§. 3) beginnt die Frist der Präsentation zur Annahme für Leipziger Meßwechsel am Tage nach Einläutung der betreffenden Messe; in Oesterreich (§. 3, nämlich in den Ländern, in denen das Allg. bürg. Gesetzb. gilt) dürfen Meß- und Marktwechsel nicht vor Anfang des Markts, und wenn derselbe 8 Tage oder länger dauert, nicht vor der zweiten Hälfte desselben zur Annahme präsentirt werden. — Nach dem Preuß. Landrecht Th. II. Tit. 8, §§. 965—968 muß bei Meß- und Marktwechseln die Präsentation zur Annahme geschehen: in Königsberg am ersten oder anderen Tage des eingetretenen Marktes; in Frankfurt a. O. u. Magdeburg am 3. oder 4. Tage der Zahlwoche; in Breslau bis zum Freitag um 12 Uhr in der Meßwoche (C. O. v. 10. Dec. 1840); in Elbing am 1., 2. oder 3. Tage des Markts.

17 Treitschke, Encyc. II. S. 94 f.

18 Arg. D. W. O. Art. 18, Abs. 1. — Thöl, Wechselr., S. 238.

19 „24 Stunden". Code de commerce, Art. 125; Waadtländ. Ges. v. 4. Juni 1829, A. 18; Russ. Handelsg. A. 473; Serbisch. Handelsg. §. 95; Schwed. W. O. §. 20; Finnl. W. O. §. 18; Italien. Handelsg. Art. 212.

20 Dagegen: Löhr, Centralorg. N. F. Bd. I. S. 124 f.

21 l. 41 D. de judic. (5. 1). — Leipzig. Protoc., S. 61 f. — Code de comm. Art. 444. Dagegen Einert, in der Zeitsch. f. Rechtspflege und Verwaltung des K. Sachsen. N. F. Bd. V. S. 97—148. S. auch die D. W. O. mit Einl. u. Erl. S. 119 f.

Eine solche Unsicherheit ist nun an und für sich nicht allein durch Concurseröffnung [22], nach der D. W. O. aber durch diese [23], so wie bei Kaufleuten und Nichtkaufleuten durch Zahlungseinstellung oder mit a. W. durch die aus der bloßen Nichterfüllung einzelner Zahlungsverbindlichkeiten sich nicht ergebende [24] Insolvenz [25], ferner durch fruchtlose Execution in das Vermögen und endlich durch Verfügung des Personalarrests wegen Erfüllung einer Zahlungsverbindlichkeit, und allein in diesen Fällen [26] begründet [27]. Doch setzt der Regreß auf

---

[22] Treitschke, Encyc. II. S. 454. — Bender, Grundf. II. S. 151 b.

[23] Frankf.-Einf. G. §. 5 : „Die in Art. 29 der D. W. O. unter 1 vor„kommenden Worte :

„1. wenn über das Vermögen des Acceptanten der Concurs (Debitver„fahren, Falliment) eröffnet worden ist“,

so wie die in den Art. 48—52 u. 54 der Ordnung in Wechsel- und Kaufmannsgeschäften von 1739 vorkommenden Ausdrücke : „Ausbruch eines Falliments, ausgebrochene Insolvenz, ausgetretener Schuldner, in Insolvenz gerathener Debitor“ werden dahin erläutert, dass der Zeitpunkt eines Falliments oder Gants und dessen Eröffnung sich durch den Tag bestimmt, an welchem der Gantmann gerichtlich angezeigt hat, seine Zahlungen einstellen zu müssen, oder, insofern eine solche Anzeige nicht vorliegt, durch den Tag, an welchem die gerichtliche Decretur erfolgt ist, wodurch Vermögensperre oder Bestellung eines Güterpflegers, oder die Erlassung einer Bekanntmachung in öffentlichen Blättern, betreffe diese die Erkennung des Concurses oder die Aufforderung der Gläubiger zur Wahl eines Massaverwalters oder Gläubiger-Ausschusses, oder zur Anmeldung der Forderungen, oder zur Aeusserung über ein nachgesuchtes Moratorium verfügt worden ist.“

[24] Arch. f. deutsch. Wechselrecht, Bd. VIII. S. 191; Bd. X. S. 52 f.; Bd XIV. S. 210.

[25] Leonhard Wächter im Arch. f. deutsch. Wechselr. Bd. IX. S. 21 f. Leipzig. Protoc. S. 64.

[26] Löhr, Centralorgan, N. F. Bd. I. S. 323 f.

[27] D. W. O. Art. 29. — Wirkliche Vollziehung des Arrests ist nicht erfordert. Dagegen : Oberst. österr. Gerichtsh. im Arch. f. deutsch. Wechselr. Bd. XVI. S. 103 f. Der Preuß. Entw. §. 29 bezeichnete unter Weglassung der Zahlungseinstellung zwei andere Fälle der Unsicherheit, nämlich : die schriftliche Erklärung des Schuldners, daß sein Vermögen zur Befriedigung seiner Gläubiger unzureichend sei, und dessen Flucht. — S. jedoch die Leipziger

Sicherstellung gegen den Aussteller nach der D. W. O. nicht allein die hergestellte Unsicherheit des Acceptanten voraus, sondern auch daß die Nichterlangung der bei letzterm nachzusuchenden Caution durch rechtzeitig erhobenen Securitätsprotest constatirt sei [28].

§. 40.

Fortsetzung. — Die Bedingungen des Regresses.

Wenn den vorstehenden Ausführungen zufolge der Regreß Mangels Zahlung durch rechtzeitige Präsentation zur Zahlung und Protesterhebung M. Z., der Regreß Mangels Annahme durch Präsentation zum Accepte und Protesterhebung M. A., der Regreß wegen Unsicherheit des Acceptanten endlich durch den Beweis dieser Unsicherheit und Securitätsprotest bedingt ist, so ist dagegen regelmäßig die Regreßnahme Mangels Zahlung von der Präsentation zur Annahme unabhängig, da eine Verpflichtung zur Vornahme einer solchen der Regel nach für den Wechselnehmer nicht besteht [1].

Anders verhält es sich jedoch bei Nachsichtwechseln, welche, obwohl sie an sich zur Bestimmung der Verfallzeit nur einer Präsen-

---

Protoc. S. 64. — Einzelne W. O. nehmen Unsicherheit nur im Falle des eröffneten Concurses an (Cöthen. W. O. Art. 40. 41. — Code de comm. Art. 163 und die bei Thöl, Wechselrecht, S. 374 not. 24 angeführten), andere aber auch, wenn Umstände vorhanden sind, welche den Arrestschlag nach dem Gesetze begründen. Dessau. W. O. Art. 84. Nach dem Schw. Entw. §. 30 wird die Unsicherheit durch Concurs und Zahlungs-Einstellung begründet; nach der Schwed. W. O. §. 31 und Finnl. W. O. §. 28 durch Concurs und fruchtlose Auspfändung.

[28] D. W. O. A. 29. — Schwed. W. O. §. 31. — Die Ausklagung des Acceptanten auf Cautionsstellung ist nicht erforderlich. D. W. O. mit Einl. u. Erl. S. 126. 2.

[1] Treitschke, Encyc. II. S. 615 f. — Einert, Wechselr. S. 161, S. 186 a. E. u. S. 203. — Thöl, Wechselrecht, §. 213. III. Preuß. Motive, S. XLV. Leipzig. Motive S. 32 f. — Liebe, Entw. S. 103 f. — D. W. O. Art. 19.

tation zur Sicht bedürfen, die an keine bestimmte Frist geknüpft ist [2], nach der D. W. O. bei Verlust der wechselmäßigen Regreßansprüche innerhalb der in der Wechselurkunde hierzu festgesetzten Zeit [3] und in Ermangelung einer solchen Zeitbestimmung binnen zwei Jahren nach der Ausstellung zur Annahme zu präsentiren sind [4]. Auch muß bei nicht erfolgter Annahme so wie bei verweigerter Datirung des Accepts innerhalb der im Wechsel bezeichneten und beziehungsweise der gesetzlichen Präsentationsfrist Protest erhoben sein [5]. Doch gelten diese Grundsätze zunächst nur in Ansehung der im Inlande ausgestellten Nachsichtwechsel, während bei ausländischen Wechseln die Frage, ob eine Verpflichtung zur Präsentation zur Annahme besteht, und innerhalb welcher gesetzlichen Frist dieselbe oder eine Präsentation zur Sicht zu geschehen hat, nach dem Gesetze des Ausstellungsortes zu beantworten ist [6], und zwar auch demjeni=

---

[2] Thöl, Wechselrecht, §. 178.

[3] Ueber die von einem Indossanten seinem Indossamente hinzugefügte besondere Präsentationsfrist vgl. D. W. O. Art. 19, Abs. 2. — Formulare s. b. Ditscheiner, Wechselr. S. 279.

[4] D. W. O. Art. 19, Abs. 1: „Eine Verpflichtung des Inhabers, den „Wechsel zur Annahme zu präsentiren, findet nur bei Wechseln statt, „welche auf eine bestimmte Zeit nach Sicht lauten. Solche Wechsel müssen „bei Verlust des wechselmässigen Anspruchs gegen die Indossanten und „den Aussteller, nach Massgabe der besonderen im Wechsel enthaltenen „Bestimmung und in Ermangelung derselben binnen zwei Jahren nach der „Ausstellung zur Annahme präsentirt werden." Schweiz. Entw. §. 18: „binnen Jahresfrist nach der Ausstellung."

[5] D. W. O. Art. 20, Abs. 1 u. 2. — Dies. Lehrb. §. 35 not. 15. Eine Sichtbekenntniß ohne Annahme ist ungenügend. Volkmar u. Löwy, D. W. O. S. 104; dagegen: Bluntschli, D. W. O. S. 57.

[6] Dies. Lehrb. §. 8. — Bluntschli, D. W. O. S. 55 und die nicht publicirte Hamburg. Declaration bei Lutteroth im Arch. f. d. W. Bd. I. S. 415. — Der Preuß. Entw. §. 19 schrieb eine Präsentationsfrist für die auf einen inländischen Platz gezogenen Wechsel vor. Dieses System, sowie auch das andere, wonach eine solche Frist sowohl für die im Inlande zahlbaren als auch für die im Inlande ausgestellten Wechsel gelten soll (Code de commerce Art. 160 und französisches Gesetz vom 19. März 1817), wurde jedoch durch die Leipziger

gen Indossanten gegenüber, der die Tratte im Inlande begeben hat [7].

Auch kann nach der D. W. O. der Aussteller eines Domicilwechsels, nicht aber einer andern Tratte [8], in demselben die Präsentation zur Annahme vorschreiben, welche alsdann innerhalb der im Wechselbrief dafür gegebenen Frist, und in Ermangelung einer solchen vor Verfall, bei Verlust der Regreßansprüche zu geschehen hat [9], und bei nicht erfolgter Annahme oder undatirtem Accepte durch Protesterhebung constatirt werden muß.

III. Das Verhältniß des Trassanten zum Trassaten.

§. 41.

Grundsätze.

Zwischen dem Aussteller und dem Bezogenen besteht vor geschehener Acceptation kein wechselmäßiges Verhältniß.

Eine wechselmäßige Verpflichtung dieses letztern gegenüber jenem wird aber, da der Acceptationsvertrag nach Laut des gezogenen Wechsels nicht zu Gunsten des Ausstellers abgeschlossen wird, an

---

Conferenz (Protoc. S. 41 f.) in Anwendung des Satzes „locus regit actum“ auf die Wirksamkeit der Wechselerklärung verworfen; und mit 15 gegen 4 Stimmen die Frage bejaht: „Soll die Bestimmung des §. 19 unter no. 1, „abgesehen von der darin angegebenen Zeitfrist, nur für die von dem Inlande gezogenen Sichtwechsel gelten.“ — Volkmar u. Löwy, D. W. O. S. 96 f. Dessenungeachtet erhielt diese Auffassung im Gesetze keinen Ausdruck. Hoffmann, Erläut. S. 287. — Vgl. über die Fassung des Art. 19 der D. W. O. Biener, im Arch. f. d. W. Bd. V. S. 372 f.

[7] Volkmar u. Löwy, D. W. O. S. 100; — dagegen: Bluntschli, D. W. O. S. 55.

[8] Leipzig. Protoc. S. 57 a. E., 58.

[9] D. W. O. Art. 24, Abs. 2: „Der Aussteller eines Domicilwechsels „kann in demselben die Präsentation zur Annahme vorschreiben. Die „Nichtbeobachtung dieser Vorschrift hat den Verlust des Regresses gegen „den Aussteller und die Indossanten zur Folge.“

sich auch nicht durch die Acceptation begründet [1]. — Anders verhält es sich jedoch nach der D. W. O., nach welcher der Bezogene aus dem Accepte auch dem Aussteller wechselmäßig haftet [2], und von diesem daher nicht allein auf Zahlung, sondern vor Verfall wegen Unsicherheit auf Sicherheitsbestellung belangt werden kann [3].

Dagegen wird auch nach der D. W. O. der Trassant dem Trassaten in Folge der Wechselzahlung wechselmäßig nicht verbunden [4]. Wohl aber hat letzterer gegen den Aussteller die actio mandati contraria (Deckungsklage, Revalirungsklage) auf Ersatz seiner Auslagen, wenn nicht der Wechsel auf fremde Rechnung gezogen worden [5]. Die Deckungsklage begründet sich, soferne die Deckungsformel im Wechselbriefe eine solche Klagebegründung nicht ausschließt [6], durch das in der Tratte enthaltene Zahlungsmandat und den Nachweis der Thatsache der Wechselzahlung, während die Klage mittelst der Einrede elidirt werden kann, daß und wie der

---

[1] Biener, Abhandl. aus dem Gebiete der Rechtsgesch. S. 129. — Treitschke, Encyc. II. S. 474 f. — Thöl, Wechselrecht, §. 219. I. — Mittermaier, Grunds. §. 327. III. — Liebe, Entw. S. 118. — Einert im Arch. f. d. W., Bd. VI. S. 113 f., insbesondere S. 138 f. — Dessau. W. O. §. 94. Dagegen Heise, über die Wechselklage des Ausstellers gegen den Acceptanten in Heise u. Cropp, Abhandl. Bd. II. S. 1—47. — Daß der Aussteller gegen den Acceptanten eine actio mandati directa habe, wie Treitschke, Encyc. II. S. 473 meint, ist in dieser Allgemeinheit unrichtig.

[2] D. W. O. Art. 23, Abs. 2 : „Auch dem Aussteller haftet der Bezogene aus „dem Accepte wechselmässig.“ Hoffmann im Arch. f. deutsch. W. Bd. X. S. 152 f. Ueber die Gründe dieser Bestimmung s. die Preuß. Motive, S. XLVIII f.; Brauer, Erläut. S. 67 f. — Uebereinstimmend mit der D. W. O. sind der Schweiz.-Concord. Entw., §. 24, Abs. 2; Schwed. W. O. §. 26; Finnl. W. O. §. 24.

[3] Dagegen : Einert im Arch. f. d. W. Bd. VI. S. 113 f.

[4] D. W. O. Art. 23, Abs. 3 : „Dagegen steht dem Bezogenen kein Wech- „selrecht gegen den Aussteller zu.“. — Schweiz. Concord.-Entw. §. 54, Abs. 3; Schwed. W. O. §. 26. — Finnl. W. O. §. 24. — Treitschke, Encycl. I. S. 218 f.; Seuffert, Arch. Bd. VII. no. 96; Arch. f. d. W. Bd. III. S. 337.

[5] O. Wächter, Wechsellehre, S. 193 f. — Arch. f. d. Wechselr. Bd. XIV. S. 129.

[6] Seuffert, Arch. Bd. VIII. no. 289.

Bezogene bereits Deckung erhalten habe [7]. Die entgegenstehende Ansicht, wonach zur Fundirung der Deckungsklage die Behauptung und der Beweis Seitens des Bezogenen erforderlich, daß ein das Recht auf Deckung begründendes Rechtsverhältniß zwischen ihm und dem Aussteller bestehe [8], hat auch in der D. W. O. keine Stütze [9].

IV. Besondere Bestimmungen, die auf einzelne eigenthümlich gestellte Arten gezogener Wechsel Anwendung finden.

§. 42.

Die domicilirte Tratte *.

Ein gezogener Wechsel ist nicht schon um deswillen ein domicilirter, weil er die Angabe eines Domicils enthält (vgl. §. 18);

---

[7] Plenar-Beschl. des Berlin. Ob. Trib. vom 11. Mai 1846 bei Seuffert, Arch. Bd. I. no. 56; Erkenntn. des O.A.G. in Darmstadt in der Zeitsch. f. das gesammte Handelsrecht, Bd. II. S. 166 f.; O. A. G. in Lübeck im N. Arch. f. Handelsrecht, Bd. III. S. 445 f. u. Zeitsch. f. d. gesammte Handelsrecht, Bd. VIII. S. 148 f.; Seuffert, Arch. Bd. XIV. no. 105; Heise u. Cropp, jurist. Abhandl., Bd. II. S. 27, not. 45; Einert im Arch. f. d. W. Bd. VI. S. 141; Hoffmann, Erläut. S. 316; Thöl, Wechselrecht, S. 223 f.

[8] Erkennt. des Berlin. Ob. Tr. vom 2. Juni 1853 im Arch. f. d. W. Bd. IV. S. 197 f. u. Seuffert, Arch. Bd. VII. no. 352. — Borchardt, die D. W. O. . . . mit den von den deutschen Gerichtshöfen ausgesprochenen Gundsätzen des Wechselrechts, Zus. 250. — Arch. f. d. W. Bd. XV. S. 325 f. — N. Arch. f. Handelsrecht, Bd. III. S. 439 u. S. 452 f.; Jolly in der Krit. Vierteljahrs-Schrift für Gesetzgebung u. Rechtswiss. Bd. III. S. 209 f.

[9] Denn war auch das Motiv der Bestimmung der D. W. O. Art. 23, wonach der Bezogene auch dem Aussteller aus dem Accepte wechselmäßig haftet, die Annahme, daß ein Accept regelmäßig nur von dem Bezogenen, der Deckung in Händen habe, gegeben werde, so hat die D. W. O. diese Annahme nicht zur Rechtsvermuthung erhoben; sie hat nirgends den Satz: „l'acceptation suppose la provision", den übrigens auch der Code de comm., Art. 117 gegenüber dem Aussteller nicht wirken läßt, ausgesprochen.

* Stern, die Lehre von den Wechseln, S. 61 f.; Berger im Arch. f. d.

vielmehr kömmt ihm diese Eigenschaft nur dann zu, wenn die darin geschehene Bezeichnung des vom Orte der Adresse verschiedenen Zahlungsorts durch den Aussteller [1] oder mit dessen Willen [2] Statt gefunden, und die Ortsverschiedenheit eine Verschiedenheit der Plätze ist [3], gleichgültig übrigens, ob der Domicil-Vermerk im Contexte des Wechselbriefs oder neben der Adresse steht [4].

Möglich ist, daß der Domicilwechsel nicht ergiebt, durch wen die Zahlung am Zahlungsorte geschehen soll, oder daß er die Bezeichnung eines Domiciliaten enthält (bestimmter Domicilwechsel) [5], welche vom Aussteller oder vom Bezogenen ausgehen kann [6]. Als Domiciliat kann aber eine dem Wechsel fremde Person, oder der Bezogene, der Wechselnehmer oder der Aussteller bezeichnet sein.

W. Bd. IV. S. 361 f. Leonh. Wächter im Arch. f. d. W. Bd. V. S. 150 f.; Northoff in demselben Arch. Bd. IX. S. 105 f.; Hoffmann ebendas. Bd. X. S. 157 f.; Elvers im Arch. f. pract. Rechtswissenschaft, Bd. VII. S. 51 f.

[1] Arg. D. W. O. Art. 4 no. 8 u. Art. 24. — Leipz. Protoc. S. 86 a. E., 87. — Arch. f. deutsches Wechselr. Bd. II. S. 328 f.; Bd. V. S. 152; Bd. VI. S. 220 f.; Bd. VII. S. 374; Bd. IX. S. 107; Bd. X. S. 159. — Seuffert, Arch. Bd. VII. no. 231; Bd. X. no. 206. — Sammlung handelsgerichtl. Entscheidungen . . . in Bayern, Bd. II. S. 141.

[2] Berl. Ob. Tr. im Arch. f. deutsch. Wechselr., Bd. XVI. S. 33 f.

[3] Fick, der trassirt-eigene Wechsel, S. 30 f.; Leonhard Wächter im Arch. f. d. W. Bd. V. S 152. — Arch. f. d. W., Bd. XI. S. 283. — Borchardt, D. W. O. . . . mit den von den deutschen Gerichtshöfen ausgesprochenen Grundsätzen, Zus. 259. — Dagegen: Pöschmann in demselb. Arch. Bd. II. S. 195.

[4] Volkmar u. Löwy, D. W. O., S. 119. — Borchardt, a. a O. Zus. 265 b.

[5] Hoffmann im Arch. f. deutsch. Wechselr. Bd. X. S. 159. — Die Bezeichnung des Domiciliaten geschieht durch einen Zusatz zur Angabe des Zahlungsorts „zahlbar durch NN." oder „zahlbar bei . . ." Arch. f. deutsch. Wechselr. Bd. V. S. 223; Borchardt, a. a. O. Zus. 261 u. Zus. 263; Seuffert, Arch. Bd. XV. no. 155, Bd. XVIII. no. 164. Abweichende Erkenntnisse bei Seuffert, Arch. Bd. XV. no. 59. 60. S. auch Löhr, Centralorgan, N. F. Bd. II. S. 605.

[6] D. W. O., Art. 24, Abs. 1. — Borchardt, a. a. O. Zus. 265 a. u. b.

Abgesehen nun davon, daß nach der D. W. O. eine Verpflichtung zur Präsentation zum Accepte nur bei Domicilwechseln auferlegt werden kann (dies. Lehrb. §. 40), treten bei solchen Wechseln, falls sie die Bezeichnung eines Domiciliaten nicht enthalten, eigenthümliche wechselmäßige Verhältnisse nicht ein, indem es sich von selbst versteht, daß der Bezogene, wenn er bei der Annahme auf dem Wechsel nicht bemerkt, durch wen die Zahlung am Zahlungsorte geschehen soll, sich verpflichtet, selbst dieselbe am Zahlungsorte zu leisten [7], während an diesem Orte die Präsentation zur Zahlung an den Trassaten und die Protesterhebung M. Z. zu geschehen hat [8]. Doch ist die Präsentation zur Zahlung und Protesterhebung M. Z. auch hier zur Erhaltung des Wechselrechts gegen den Acceptanten nicht erforderlich [9].

---

[7] D. W. O. Art. 24, Abs. 1. — Die Acceptation ist also in einem solchen Falle nicht mangelhaft, wie Pöhls, Wechselr., S. 327 meint, und daher wegen unterlassener Bezeichnung eines Domiciliaten der Wechsel nicht zu protestiren. L. Wächter im Arch. f. d. W. Bd. V. S. 156; — ebensowenig ist aber hier der Acceptant selbst Domiciliat, wie Thöl, Wechselrecht, S. 608 meint. — Eigenthümlich ist die Bestimmung der Hamburg. Einführ.-Ordn. §. 6: „Ein auf Altona zahlbar Hamburg gezogener Wechsel gilt, wenn nicht „ein bestimmter in Hamburg wohnhafter Domiciliat darauf benannt ist, „nicht als Domicilwechsel, und ist daher in Altona zur Zahlung zu „präsentiren."

[8] D. W. O. Art. 43. — Arch. f. deutsch. Wechselr. Bd. XIV. S. 85.

[9] D. W. O. Art. 43 u. A. 44. Präjudiz. des Berl. Geh. Ob. Trib. (Entscheid. Bd. XX. pro 1851, S. 346): „Hat der Acceptant eines Domicilwechsel bei der Annahme desselben keinen Domiciliaten bestimmt, „so verliert der Wechselinhaber durch Verabsäumung der Präsentation „des Wechsels bei Verfall zur Zahlung und der Protesterhebung M. Z. am „Zahlungsorte, nicht das Wechselrecht gegen den Acceptanten." Arch. f. d. W. Bd. II. S. 328; V. S. 434 u. S. 465; Bd. IX. S. 321. — Seuffert, Arch. Bd. XV. no. 58. — Stuttg. Ob. Trib. in Löhr, Centralorgan, N. F. Bd. III. S. 431. — Sammlung handelsg. Entscheid. . . . in Bayern, Bd. I. S. 139 f. — L. Wächter im Arch. f. deutsch. Wechselr., Bd. V. S. 160 f. Kitka in demselben Arch. Bd. VI. S. 328; Hoffmann, Erläut. S. 395; Verhandl. der Nürnberg. Commission, die Ergänzung der D. W. O. betreff. S. LII. LIII. — Dagegen Koch im Arch. f. deutsch. W. Bd. VII. S. 8 f.

Ist dagegen im Wechselbriefe ein Domiciliat benannt, so ist der Wechsel diesem, und nicht dem Trassaten, am Zahlungsorte rechtzeitig zur Zahlung zu präsentiren und der Regreß Mangels Zahlung hierdurch, so wie durch die beim Domiciliaten nicht erfolgte Zahlung und durch rechtzeitige Protesterhebung bei demselben bedingt [10].

Auch zieht die Unterlassung dieser Formalitäten den Verlust eines jeden wechselmäßigen Anspruchs gegen den Acceptanten nach sich [11], und zwar selbst dann, wenn dieser vor Verfall des Wechsels in Concurs gerathen sein sollte [12]. Dieß gilt nicht allein in dem Falle, daß eine dem Wechsel fremde Person als Domiciliat bezeichnet, sondern auch dann, wenn die Tratte zahlbar beim Aussteller ist, oder der Domiciliat den Wechsel als Wechselnehmer erworben [13].

---

[10] D. W. O. Art. 43, Abs. 1. — Eines zweiten Protestes gegen den Bezogenen bedarf es nicht. Koch, Wechselr. S. 122. Berlin. Ob. Trib. bei Borchardt, die D. W. O. mit den von den Gerichtshöfen ausgesprochenen Grunds. Zus. 372. — Nicht zu billigen ist die Entscheidung des Berl. Ob. Tr., daß es einer Protesterhebung gegenüber dem Aussteller nicht bedürfe, wenn dieser sich selbst als Domiciliaten bezeichnet (Arch. f. d. W. Bd. VII. S. 139 f.). S. Northoff in demselb. Arch. Bd. IX. S. 137 f.

[11] D. W. O. Art. 43: „Domicilirte Wechsel sind dem Domiciliaten, oder „wenn ein solcher nicht benannt ist, dem Bezogenen selbst an demjenigen „Orte, wohin der Wechsel domicilirt ist, zur Zahlung zu präsentiren, und, „wenn die Zahlung unterbleibt, dort zu protestiren."

„Wird die rechtzeitige Protesterhebung beim Domiciliaten verabsäumt, „so geht dadurch der wechselmässige Anspruch nicht nur gegen den Aus„steller und die Indossanten, sondern auch gegen den Acceptanten ver„loren." — Schweiz. Concord.-Entwurf, §. 49. — Schwed. W. O. §. 44. — Finnl. W. O. §. 41. — Leipziger Protoc. S. 83 f. — Treitschke, Encycl. I. S. 17 f. — Auch im Falle eines Protest-Erlasses durch einen Indossanten. Arch. f. d. W. Bd. V. S. 82. — Anders Heise und Cropp, jurist. Abhandl. Bd. I. S. 569 f. und Pöhls, Wechselrecht, S. 329, welche den Acceptanten nur dann von der Haftung befreien, wenn er einen durch die Versäumniß ihm entstandenen Schaden beweisen kann.

[12] Arch. f. d. W. Bd. VII. S. 334 f.; Bd. V. S. 233 f.

[13] Hoffmann, Erl. S. 398. — Dagegen hat der oberste Gerichtshof in Wien angenommen, daß der Domiciliat, welcher zur Verfallzeit Inhaber des bei ihm domicilirten Wechsels ist, nicht Protest gegen sich selbst erheben zu lassen

Ist jedoch der domicilirte Wechsel an eigene Ordre beim Aussteller und Remittenten zahlbar, so braucht dieser zur Erhaltung des Wechselrechts gegen den Acceptanten nicht bei sich selbst Protest zu erheben [14], so wie auch Präsentation zur Zahlung und Protesterhebung dann nicht nöthig sind, wenn der Acceptant selbst Domiciliat ist.

Wo dagegen Präsentation zur Zahlung und Protesterhebung zur Erhaltung der Wechselrechte gegen den Acceptanten erforderlich sind, haben dieselben selbst dann an dem Orte zu geschehen, wohin der Wechsel vom Aussteller domicilirt worden ist, wenn der Bezogene bei der Acceptation einen Domiciliaten unter Beisetzung einer anderen Ortsbezeichnung als des ursprünglichen Zahlungsorts angegeben hat [15]. Ist aber aus dem Wechsel nicht ersichtlich, daß die Domicilirung von einem Anderen wie dem Aussteller herrührt, so kann der Regressat den Wechsel nicht um deswillen als präjudicirt darstellen, weil der Domicilvermerk nicht vom Trassanten vorgenommen worden, und daher die Präsentation zur Zahlung statt beim Domiciliaten beim Bezogenen hätte stattfinden sollen [16].

Indem übrigens der Domiciliat nicht Trassat des Acceptanten ist, ist gegen letzteren, wenn bei jenem Zahlung nicht erfolgt, die Wechselklage auf Leistung der Wechselzahlung im Domicile, und nicht die Wechselregreßklage gegeben [17]. Andererseits hat der Wech-

---

brauche, um das Wechselrecht gegen den Acceptanten aufrecht zu erhalten (Arch. f. d. W. Bd. VI. S. 302 a. E. f.); ferner das nämliche Archiv Bd. XI. S. 204; Bd. XII. S. 411 f. Ebenso hat das Ob. Trib. in Berlin erkannt, daß ein Protest gegenüber dem Acceptanten nur nöthig sei, wenn eine von diesem und dem Wechselgläubiger verschiedene Person als Domiciliat benannt sei. Borchardt, a. a. O. Zus. 359 a. — Arch. f. d. Wechselr. Bd. X. S. 385.

[14] Arch. f. d. W. Bd. III. S. 343 f.; Bd. V. S. 336. — Löhr, Centralorgan, N. F. Bd. II. S. 421. — S. jed. auch Arch. f. d. W., Bd. XI. S. 100 f. — Dagegen: Arch. f. d. W., Bd. V. S. 83 f. — Samml. handelsgerichtlicher Entscheidungen ... in Bayern, Bd. I. S. 168 f.

[15] Seuffert, Arch. Bd. III. no. 363.

[16] Arch. f. d. Wechselrecht, Bd. XVI. S. 91 f.

[17] Pöhls, Wechselr. S. 327, not. 2. — Dagegen: Thöl, Wechselrecht, S. 608.

selnehmer keinen Anspruch auf Acceptation von Seiten des Domiciliaten [18], welche, wenn sie erfolgt, als Annahmserklärung eines Nichtbezogenen wirksam ist [19]. Als Mandatar des Acceptanten, selbst in dem Falle, daß er vom Aussteller auf dem Wechsel bezeichnet worden ist [20], hat er gegen jenen die Deckungsklage, welche er gegen den Zieher nur mittelst Nachweises eines das Recht auf Deckung demselben gegenüber begründenden Rechtsverhältnisses mit Erfolg anzustellen vermag [21]. — Die in der irrthümlichen Meinung empfangener Deckung geleistete Wechselzahlung kann aber vom Domiciliaten nicht condicirt werden [22].

Die im Vorstehenden dargestellten Grundsätze finden keine Anwendung auf solche Wechsel, aus denen die Verschiedenheit des Zahlungsplatzes vom Adreßorte nicht mit Bestimmtheit ersichtlich ist [23]; und ebensowenig auf die Tratten, welche vom Aussteller am Orte der Adresse durch eine andere Person wie den Trassaten zahlbar gestellt sind [24]. Wie hier ein Protest zur Erhaltung des Wechselrechts gegen den Acceptanten nicht erforderlich ist, so ist dagegen der zur Regreßnahme nöthige Protest gegen den Bezogenen im Geschäftslocale oder der Wohnung des von diesem verschiedenen Zahlers zu erheben [25].

---

[18] L. Wächter im Arch. f. d. W., Bd. V. S. 157 f.

[19] Dies. Lehrb. §. 37 a. E. — D. W. O. Art. 81.

[20] Arch. f. deutsch. Wechselr., Bd. X. S. 206 f.

[21] Arch. f. d. W. Bd. X. S. 416 f.

[22] Arch. f. d. W. Bd. XIV. S. 78.

[23] Wie z. B. wenn die Wechseladresse lautet: „Herrn W. S. in Remitz bei Stettin, zahlbar Mönchenstraße no. 609 bei B." (Arch. f. deutsch. W. Bd VI. S. 267 f.), oder die Adresse den Zusatz „zahlbar aller Orten" enthält. Sammlung handelsgerichtl. Entscheidungen . . . in Bayern, Bd. I. S. 301.

[24] Z. B. „Herrn T. W. zahlbar in Frankfurt a. M. bei M. A. v. R."

[25] Volkmar u. Löwy, D. W. O. S. 122. — Vgl. jed. dies. Lehrb. §. 28 zu not. 4. Hiergegen hat das Berl. Ob. Trib. unter'm 27. März 1858 angenommen, daß es genüge, wenn gegen den Zahler protestirt worden. Arch. f. deutsch. Wechselr., Bd. VII. S. 399 f.

Ebensowenig ist aber ein Protest gegenüber dem Acceptanten erforderlich, welcher auf dem Wechsel erklärt hat, daß er am Zahlungsorte durch ein anderes daselbst etablirtes Haus zahlen wolle, oder der bei der Acceptation einen andern als den ursprünglichen Zahlungsort unter Bezeichnung eines Domiciliaten beigefügt hat [26], während in dem einen und andern Falle der Behufs der Regreßnahme nöthige Protest beim Bezogenen am ursprünglichen Zahlungsorte zu erheben ist, und es der Levirung eines zweiten Protests gegenüber dem von diesem verschiedenen Zahler nicht bedarf [27].

§. 43.

Der Wechsel an eigene Ordre *.

Eine wie ein trassirter Wechsel lautende Wechselurkunde, in welcher jedoch der Aussteller sich die Bezeichnung des Remittenten vorbehalten [1], heißt ein Wechsel an eigene Ordre [2]. Ein solcher

---

[26] Brauer, Erläut. S. 71 i. A. — Gelpke in der Zeitsch. f. Handelsrecht, Heft III. S. 115 f. D. W. O. mit Einl. u. Erläut. S. 99.

[27] Volkmar u. Löwy, D. W. O. S. 122. Der Acceptant kann hier zum Ersatze der Protestkosten des bei dem von ihm benannten Domiciliaten erhobenen Protests nicht angehalten werden. — Dagegen: Samml. handelsgerichtl. Entscheidungen ... in Bayern, Bd. II. S. 141 f.

* Formular:

Heidelberg den 4. März 1867.

Acht Tage a dato zahlen Sie gegen diesen Wechsel an meine Ordre die Summe von 1000 fl. im 24 fl. Fuss.

Herrn B. in Frankfurt. A.

[1] Biener, Abhandl. aus dem Gebiete der Rechtsgeschichte S. 116 f. — Mittermaier, Grunds. §. 323. — Einert, zur Lehre von der Begebung solcher Wechsel, welche an eigene Ordre gestellt sind im Arch. f. deutsch. W. Bd. V. S. 1 f. — Ueber die Veranlassungen zur Ausstellung derartiger Wechselurkunden s. Treitschke, Encycl. II. S. 496.

[2] Die Formel ist „an meine Ordre", „an die Ordre meines Indossaments", „an uns oder unsere Ordre." — Die Valuta-Angabe geschieht öfter in den Worten: „Werth in mir selbst" oder auch mit der eben so bedeutungslosen Formel: „Werth baar und richtig erhalten." Kletke, Präjud. S. 172, Nr. 414.

an sich unvollkommener Wechsel [3] wird erst dadurch zur wahren Tratte, daß der Aussteller daselbst den Wechselnehmer in der Form eines Indossaments bezeichnet [4], und es werden wechselmäßige Verhältnisse erst durch dessen Begebung an den ersten Indossatar begründet. Hieraus ergiebt sich, daß der vor der Bezeichnung des Wechselnehmers stattgehabte Accept, wiewohl nicht ungültig [5], doch nur für den Indossatar (Remittenten) wechselmäßige Rechte erzeugt, währenddem der Acceptant dem Zieher allein nach geschehener Begebung und nur unter der Voraussetzung, daß das in Anwendung kommende Recht diesem überhaupt die Wechselklage giebt, wechselrechtlich haftet [6].

Nach der D. W. O. dagegen ist der Wechsel an eigene Ordre von Anfang an ein vollkommener Wechsel [7], zu dessen Gültigkeit die

---

[3] Der Wechsel ist ein unvollkommener (halber Wechsel), weil die Person des Remittenten eine noch zu bezeichnende ist. Daher bezeichnet das Wechselrecht v. Bilbao v. 1737 (bestätigt 1774) Art. 7 (b. v. Martens, Versuch, Anh. S. 133) den Wechsel an eigene Ordre als einen solchen, auf welchem im Anfange bloß der Name des Ausstellers und des Acceptanten erscheinen. — Diese Auffassung ist auch die der älteren französischen Juristen (vgl. Biener, wechselrechtl. Abhandl. S. 180 a. E. f.) und nicht weniger der heutigen Lehre und Praxis in Frankreich. — Vgl. Gilbert, Code de comm. annot. zu Art. 110. not. 59 sqq. — Leonhard Wächter im Arch. f. d. W., Bd. XIV. S. 114 u. not. 1.

[4] Entscheidungen des Berlin. Obertribunals, Bd. IV. Nr. 28; Bd. IX. S. 80 und 347; Bd. X. S. 52. — Mittermaier, Grundf. § 323 zu Note 14 und 15. — Daher ergänzt das datirte Indossament den Mangel des Wechseldatums; so wie die beim Indossamente stattgehabte Bezeichnung des Valuten-Verhältnisses den Mangel an der Angabe desselben im Wechsel wo diese particularrechtlich verlangt ist.

[5] Die Ungültigkeit hat angenommen ein Plenarbeschluß des Berlin. Obertribunals v. 9. Sept 1844 (Entscheid. Bd. X. S. 52).

[6] Mittermaier, Grundf. § 323 zu Note 13. — D. W. O. mit Einl. u. Erläut. S. 57. — Dagegen Biener, Abh. aus dem Gebiete der Rechtsgesch. S. 118. — Treitschke, Encyc. I. S. 497. — Seuffert, Arch. Bd. VII. no. 95.

[7] D. W. O. Art. 6, Abs. 1: „Der Aussteller kann sich selbst als Remittenten (Art. 4 no. 3) bezeichnen (Wechsel an eigene Ordre).“ — Leipzig. Protoc. S. 17. — Borchardt, D. W. O. . . . . mit den von

Formerfordernisse einer gewöhnlichen Tratte nöthig sind [8], und dessen Mängel durch das Indossament nicht ergänzt werden können [9]. Eigenthümlich ist nur, daß, indem Trassant und Remittent eine und dieselbe Person sind [10], der trassirte Wechselvertrag wegfällt. Dagegen begründet die Acceptation des Wechsels, auch wenn sie vor der Begebung geschehen, für den Zieher die Wechselklage [11]. Indem aber der Wechsel keineswegs erst durch das Indossament vervollständigt wird, kann der Aussteller denselben nicht allein durch ein unausgefülltes Giro begeben [12], sondern sich auch auf die Unächtheit

---

den deutschen Gerichtshöfen ausgesprochenen Grundsätzen des Wechselrechts, Zus. 145 a. — Koch, Wechselrecht, S. 127. — Die Fassung des Code de comm. Art. 110 : „Elle (la lettre de change) est à l'ordre d'un tiers, ou à l'ordre du tireur lui-même" ist nicht identisch mit derjenigen der D. W. O. — Mit der Fassung des französischen Gesetzes stimmen überein : das Span. Handelsg. Art. 430; das Portugies. Handelsg. §. 321; Holländ. Handelsg. A. 101; das Russisch. Handelsg. A. 436; Serbisch. Handelsg. §. 80; Italien. Handelsg. A. 196 u. der Schweiz. Concord.-Entw. §. 6, Abs. 1.

[8] Arch. f. d. W. Bd. XI. S. 206 f.

[9] D. W. O. mit Einl. u. Erläut. S. 57.

[10] Die Worte : „an die Ordre Eigene" sind eine genügende Bezeichnung des Ausstellers als Remittenten (Borchardt, die D. W. O. mit den von den Gerichten ausgesprochenen Grundsätzen, Zus. 147); nicht aber diejenigen „an die Ordre von . . . selbst" (Arch. f. d. W. Bd. IV. S. 460; Löhr, Centralorgan, N. F. Bd. III. S. 405 f.), wenn nicht eine nachträgliche Ergänzung durch Einschaltung des Wortes „mir" stattgefunden hat. Arch. f. deutsch. Wechselr. Bd. IV. S. 185 f. — Genügend ist dagegen bei einer Mehrheit von Ausstellern die Bezeichnung „an die Ordre von mir selbst". Arch. f. d. W. Bd. XIV. S. 188 f.; Seuffert, Arch. Bd. XIX. no. 258; so wie endlich auch ein Wechsel an eigene Ordre mittelst der Formel „an die Ordre meines Giros" ausgestellt werden kann. Berlin. Ob. Trib. im Arch. f. d. W. Bd. X. S. 106 f.

[11] D. W. O. Art. 23, Abs. 2. — Preuß. Motive, S. XXXII. — Ungar. Wechselrecht, §. 80. Nicht aber für den Aussteller, der unmittelbar gegen den Bezogenen aufgetreten, einen Anspruch auf Provision. Seuffert, Arch. Bd. VII. Nr. 228.

[12] Fick, der trassirt-eigene Wechsel, S. 78 u. S. 81. — Dagegen : Hoffmann, Erläut., S. 208 f. — Thöl, Wechselrecht, S. 602.

seines angeblichen Indossaments gegenüber dem Wechselnehmer berufen [13], während er, falls er „ohne Gewährleistung" indossirt hat, wechselrechtlich nicht verpflichtet ist [14]. Auch ist der dem Accepte beigefügte dies, wie bei der gewöhnlichen Tratte, für die Regreßnahme ohne Bedeutung [15].

§. 44.

Der eigen-gezogene Wechsel *.

Ein gezogenes Wechselpapier, auf welchem Trassant und Trassat die nämlichen Personen sind [1], ist ein eigen-gezogener (eigen-

---

[13] Berlin. O. Tr. im Arch. f. deutsch. Wechselr., Bd. XI. S. 306 f. Löhr, Centralorgan, N. F. Bd. II. S. 88 f. u. Seuffert, Arch. Bd. XIX. no. 261; s. auch Löhr, Centralorgan, N. F. Bd. II. S. 415 f. — Dagegen: Sammlung handelsgerichtl. Entscheidungen ... in Bayern, Bd. I. S. 429 f.

[14] Berlin. O. Tr. im Arch. f. deutsch. Wechselr., Bd. V. S. 327 f. und bei Seuffert, Arch. Bd. X. no. 204. — Einert im Arch. f. deutsch. Wechselrecht, Bd. V. S. 11 f.; L. Wächter in demselb. Arch. Bd. XIV. S. 118 f. — Dagegen: Berlin. Ob. Tr. im Arch. f. deutsch. Wechselr. Bd. XIV. S. 182 u. b. Löhr, Centralorgan, N. F. Bd. III. S. 408 f. S. ferner das Centralorgan, N. F. Bd. I. S. 324 f. — O. Wächter, Wechsellehre, S. 259. — Volkmar u. Löwy, D. W. O. S. 25. — Fischer in Löhr, Centralorgan, N. F. Bd. I. S. 546 f.

[15] Hoffmann im Arch. f. pract. Rechtsw. Bd. I. Heft 3. S. 35 f.

* Einert, Betrachtungen über das Wesen der in der D. W. O. Art. 6 erwähnten trassirt-eigenen Wechsel (im Arch. f. deutsch. Wechselr. Bd. II. S. 369 f.). Stern, ebendas. Bd. III. S. 325 f. Fick, der trassirt-eigene Wechsel, Berlin 1853. Kheil im Arch. f. d. W. Bd. IV. S. 421 f. Stern in demselb. Arch. Bd. XIV. S. 382 f. — Formulare:

Heidelberg, den 27. July 1867.

Zwei Monate a dato zahlen sie gegen diesen Wechsel an Herrn N. N. die Summe von 500 fl. im 24 fl. Fuss.

Herrn A. F. in Heidelberg, A. F. in Heidelberg.
zahlbar in Mannheim.

oder statt dieser Adresse:

An mich selbst in Heidelberg,
zahlbar in Mannheim.

[1] Die Behauptung Einert's a. a. O. S. 374, daß der trassirt eigene

trassirter, trassirt-eigener) Wechsel (eigene Tratte [1]). Derselbe kann an sich eine Platztratte oder ein Distancewechsel und dieser ein domicilirter Wechsel [2] sein; doch ist er nur als Distance-Wechsel im Gebrauch [3] und auch nur unter Voraussetzung dieser Eigenschaft durch die D. W. O. anerkannt [4]. — Die Form dieses Wechsels ist für dessen juristische Behandlung maßgebend [5]. Er kann daher zur Acceptation präsentirt werden [6], und es ist der Aussteller im Falle des Accepts und nur in diesem als Acceptant verpflichtet [7]. Der gegen den Zieher gehende Regreß Mangels Zahlung dagegen ist durch die nämlichen Voraussetzungen

---

Wechsel dem Namen und der Sache nach eine Errungenschaft der allerneuesten Zeit sei, ist, was die Sache anbetrifft, unrichtig. Schon Scaccia, tract. §. 1. Quaest. V. No. 75 sagt: „. . . in casu tamen, quo Petrus debitor „vellet ad nundinas accedere et ipsemet solvere, tunc mutarentur litterae „quoad personam, quae deberet solvere; quia Petrus debitor scriberet non „Titio, ut in praesenti formula litterarum (No. 72, einem trassirten Wechsel), „sed scriberet sibimet ipsi." S. auch Kheil a. a. O. S. 422 f.; u. Fick a. a. O. S. 17 f. — Ueber die Geschichte der Legislation über eigen-gezogene Wechsel s. Einert a. a. O. S. 374 f.

[2] Treitschke, Encyc. II. S. 499. Arch. f. d. W. Bd. II. S. 335.

[3] Ueber die Veranlassung zur Ausstellung solcher Wechsel s. Kheil a. a. O. S. 428.

[4] D. W. O. Art. 6, Abs. 2. — Leipzig. Protoc. S. 17 und S. 158. — Schw. Entw. §. 6, Abs. 2. — Schwed. W. O. §. 2. — Der Ort der Ausstellung und der Ort der Zahlung müssen verschiedene Plätze sein (Fick a. a. O. S. 28 f.; dagegen Pöschmann im Arch. f. d. W. Bd. II. S. 195). — Ein von einer Firma auf die nämliche Firma gezogener Wechsel ist ein trassirt-eigener; daher denn in dieser Allgemeinheit die Behauptung unrichtig ist, daß der sog. Commandit-Wechsel eine gewöhnliche Tratte sei. Dagegen: Stern im Arch. f. d. W. Bd. XIV. S. 390 f. — Andrerseits geht aus der Gleichheit des Namens des Ausstellers und des Bezogenen an sich die Identität beider noch nicht hervor; ist daher diese Identität nicht sonst aus dem Wechsel ersichtlich, so muß sie von demjenigen erwiesen werden, der ein Recht daraus ableitet. Pöschmann a. a. O. S. 191 f.

[5] Leipzig. Protoc. S. 159. — Arg. D. W. O. Art. 6, Abs. 2.

[6] Fick a. a. O. S. 44 f. — Vielfach werden solche Wechsel acceptirt begeben. — Kheil a. a. O. S. 429.

[7] Brauer, Erläut. S. 41.

wie bei der gewöhnlichen Tratte bedingt[8], so wie auch die bei derselben geltenden Bestimmungen über Notification und Verjährung gegenüber dem Aussteller des trassirt-eigenen Wechsels Anwendung finden[9].

Indem übrigens ein eigen-trassirter Wechsel auch an eigene Ordre gezogen sein kann, entstehen bei der Identität des Ausstellers, Remittenten und Bezogenen[10] aus einem solchen Wechsel erst durch dessen Begebung wechselmäßige Verhältnisse[11].

Weist aber ein in der Form eines eigen-gezogenen Wechsels ausgestelltes Papier denselben Ausstellungs- und Zahlungsort aus, so ist eine solche Urkunde nicht ein eigener Wechsel[12], sondern kein Wechsel[13], da die Annahme in der Natur der Sache begründet ist,

---

[8] Brauer a. a. O. S. 41. — Fick a. a. O. S. 27. — Löhr, Centralorgan, N. F. Bd. II. S. 464 f.; Bd. III. S. 285. — Dagegen O. A. G. in Dresden, bei Kletke, Präjudiz. S. 173, Nr. 416.

[9] Fick a. a. O. S. 40 f.

[10] Wechsel dagegen, welche an die Ordre des mit dem Aussteller nicht identischen Trassaten gezogen, dürften, obwohl in früherer Zeit anerkannt (Biener, wechselrechtl. Abh. S. 33 f. u. S. 98), im Sinne der D. W. O. Art. 4 u. Art. 6, wenn die Identität des Nehmers und Trassaten mit Nothwendigkeit aus dem Wechsel zu entnehmen, nicht gültig sein. Sammlung handelsgerichtl. Entscheidungen . . . in Bayern Bd. II. S. 79.

[11] Arch. f. deutsch. Wechselr. Bd. X. S. 383 f. — Borchardt, die D. W. O. . . . mit den von den deutschen Gerichtshöfen ausgesprochenen Grundsätzen des Wechselrechts, Zus. 148. — Thöl, Wechselrecht, S. 596.

[12] Einen eigenen Wechsel nehmen an: das Obertrib. in Berlin u. das Oberger. in Hamburg (Borchardt, a. a. O. Zus. 668 u. Arch. f. d. W. Bd. XIII. S. 183; das Erlanger Spruchcoll. (Marquardsen in der Zeitsch. f. d. gesammte Handelsrecht, Bd. VIII. S. 56 f.): — ferner Ortloff, die Allg. D. W. O., S. 31; Fick, der trassirt-eigene Wechsel, S. 102 f. u. S. 110 f.; Einert im Arch. f. d. Wechselrecht, Bd. II. S. 239 f.; Koch, Wechselrecht, S. 107 a. E. — Thöl, Wechselrecht, §. 295 III. Stern im Arch. f. d. W. Bd. XIV. S. 429 f.

[13] Stuttg. Ob. Trib. bei Kletke, Rechtssätze und Erkenntnisse der obern und obersten Gerichtshöfe Deutschlands in Wechselrechtssachen, S. 211 no. 74; Arch. f. deutsch. W. Bd. IX. S. 211; Borchardt, a. a. O. Zus. 149; Oberger. zu Hannover bei Löhr, Centralorgan, N. F. Bd. III. S. 406

daß der Wechselaussteller, welcher die Form der Tratte gewählt und sich selbst bezogen, sich in der Weise und nur in der Weise wie ein Trassant und beziehungsweise Trassat verpflichten wollte [14].

Zweites Kapitel.

Der eigene Wechsel.

---

§. 45.

Geschichtliche Einleitung.

Eigene Wechsel kommen, wiewohl sie unter Handelsleuten weniger gebräuchlich waren, so früh wie gezogene vor [1], und wurden, wenn sie de loco in locum gingen, als cambia realia betrachtet [2]. Nur gegen deren Mißbrauch zum Zwecke der Umgehung der Zinsverbote wurde von der Kirche geeifert; daher die Verbote gegen solche Wechsel, welche zur Einkleidung wucherlicher Schuldversprechen um Waarenschuld oder Darlehen dienten [3] (cambia sicca [4]), so wie

---

f. — Meine Abh. zur Lehre von den trassirt-eigenen Wechseln ohne distantia loci in der Zeitsch. f. d. gesammte Handelsrecht, Bd. VII. S. 387 f.; — Bluntschli, D. W. O. S. 33; — (Liebe) die D. W. O. mit Einl. u. Erl. S. 58; Hofmann, Erläut. S. 212 f.; — Volkmar u. Löwy, D. W. O. S. 45; Pöschmann im Arch. f. deutsch. Wechselrecht. Bd. II. S. 190 f.; Haimerl, Anleit. zum Studium des Wechselrechts, S. 67; Stubenrauch, Vortr. S. 25.

[14] D. W. O. mit Einl. u. Erläut. S. 58. — Leipzig. Protoc. S. 17 u. S. 158 f.

[1] Dies. Lehrb. §. 2. — v. Martens, Versuch S. 40 f. — Biener, Abhandl. aus dem Gebiete der Rechtsgeschichte, S. 118 f. — Dagegen Mittermaier, Grunds. §. 357 zu Note 4.

[2] Biener, a. a. O. S. 68.

[3] Eichhorn, Rechtsg. §. 574. — Neumann, Gesch. des Wechsels, S. 82. — Ein portugies. Gesetz aus dem 17ten Jahrh. (bei v. Martens, Ver-

gegen cambia mortua, bei welchen ein wucherlicher Zweck vermuthet wurde [5]. — Der Umstand aber, daß vorzüglich bei eigenen Wechseln die exceptio usurariae pravitatis zugelassen wurde [6], trug dazu bei, dieselben unter Kaufleuten noch mehr außer Gebrauch zu setzen [7],

such, Anh. S. 219) erklärt, daß das ein erlaubter und wahrhafter Wechsel sei, wenn statt einer größern Summe, die an einem Orte gegeben werde, an einem andern Orte eine geringere Summe bezahlt werde; daß es aber für einen wucherlichen Contract zu halten, wenn zuerst eine geringere Summe gegeben werde, um nachher eine größere Summe dafür zu empfangen.

[4] Baldus, consil. II. 436 (Ausg. v. 1491): „Mercantiae et cambium „siccum non sunt cambium, sed mutuum usuratum." Scaccia, tract. §. 1, Quaest. VII. Par. III. limit. IV. — Biener, Abhandl. aus dem Gebiete der Rechtsgesch. S. 68 a. E. u. S. 94 a. E. u. wechselrechtl. Abhandl. S. 94 f. — Cambia sicca wurden übrigens alle Wechsel genannt, welche in fraudem legis gemacht waren, wie z. B. Wechsel, die nur fingirter Weise de loco in locum lauteten. Scaccia, tract. §. 1. Quaest. VII. Par. III. limit. VII. Nr. 1; und die cambia obliqua oder con la ricorsa, wiewohl diese die Form von Tratten hatten. Scaccia, tractat. §. VI. gloss. 1. — Frémery, étud. p. 94. — v. Martens, Versuch S. 43 f. — Biener, Abhandl. aus dem Gebiete der Rechtsgesch. S. 74. — S. auch Borchardt, die D. W. O. S. 183.

[5] Der ursprüngliche Begriff eines cambium mortuum scheint der eines am Ausstellungsorte auszuzahlenden Wechsels gewesen zu sein. v. Martens, Versuch, S. 43. Doch wurde jener Ausdruck auch in einem weitern Sinne gebraucht. Constitut. domin. Mediolanens. v. J. 1541 (bei v. Martens, Versuch, Anhang S. 17): „Quotiescumque requisitus fuerit debitor ex causa „literarum cambii cum protestatione non factae solutionis, juxta morem et „consuetudinem litterarum cambii, ... si juraverit creditor, illud cambium „vere et realiter factum fuisse et non fuisse cambium (ut vulgo dicitur) „mortuum, Abbates omnibus juris remediis, etiam per personalem deten-„tionem, debitorem cogant ad solvendum .... Eo amplius sancitum est, „quod literae cambii veri et realis et non (ut vulgo dicitur) „mortui, hypothecam habeant."

[6] v. Martens, Versuch S. 40 a. E. u. S. 41.

[7] Phoonsen im Wechselstyl v. Amsterdam v. 1677, Kap. I. (b. Siegel, corp. jur. camb. II. S. 229 f.) sagt §. 17: „Geld auf Wechsel geben ge-„schieht entweder von denen Kauff- u. Handelsleuten oder von denen Rente-„niers, welche von ihren Renten leben. §. 19. Der Rentenier-Weclsel ... „bestehet in Geld auf Interesse geben, da die gegebene Summe mit einem „gewissen Gewinn, auf bestimmte Zeit, von ebendemselbigen Orte, wieder „empfangen wird."

weshalb denn in einzelnen Wechselordnungen nur der gezogene Wechsel als wirklicher Wechsel (cambium reale) anerkannt ward [8]. Dessenungeachtet wurde der eigene Wechsel, dessen Form nicht die eines Briefs [9], sondern diejenige eines Schuldscheins war [10], schon früh in den deutschen Wechselordnungen anerkannt [11] und allmählig in Deutschland den Tratten an die Seite gestellt [12].

§. 46.

Der eigene Wechsel im Allgemeinen. — Dessen Form *.

Das eigene Wechselversprechen (unförmlicher, uneigentlicher, trockener, todter Wechsel) [1], wird in der Form

---

[8] W. O. v. Bologna v. J. 1569, §. 1 (b. Siegel, corp. jur. camb. I. S. 500: „intendendo esser cambio reale, quando con effetto si da il „denaro in un luogo, acciò che sia pagato in un altro secondo che cantano „lettre di cambio, e cosi le lettre vadino con effetto al luogo e alla persona, „à che sono indrizate; e che ivi siano pagate ò recusate."

[9] v. Martens, Versuch, S. 42.

[10] Scaccia, tract. §. 1. Gloss. V. Nr. 12 sqq.

[11] Dies. Lehrb. §. 15.

[12] Biener, Abh. aus dem Gebiete der Rechtsgesch. S. 121.

* Formular eines eigenen lediglich die wesentlichen Bestandtheile enthaltenden Wechselbriefs:

Heidelberg den 5. März 1867.

Acht Tage a dato zahle ich gegen diesen meinen Wechsel an Herrn NN. die Summe von 500 fl. im 24 fl. Fuss.

A.

[1] Dies. Lehrb. §. 11. — Der eigene Wechsel wird auch Solawechsel genannt (dies. Lehrb. §. 19), und ferner Depositowechsel; doch ist nicht jeder eigene Wechsel Depositowechsel im eigentlichen Sinne des Worts (Einert, Wechselrecht, S. 507 f.; Christ, über Inhaberpapiere und Wechseleinreden, S. 33 f.) und nicht jeder Depositowechsel ein eigener Wechsel oder überhaupt ein Wechsel. Thöl, Wechselrecht, §. 288 not. 5. — Ueber die Brauchbarkeit des eigenen Wechsels im mercantilischen Verkehre s. Albers im Arch. f. civ. Praxis, Bd. XXVIII. 2. S. 158 f.

eines Verpflichtungsscheines ausgestellt, welchem nach englischem Rechte die promissory note [2], nach dem Code de commerce und dessen Nachbildungen das Billet à ordre entspricht [3].

Dessenungeachtet darf der eigene Wechsel nicht als eine Schuldverschreibung nach Wechselrecht bestimmt werden, da nicht jede solche Schuldverschreibung ein eigener Wechsel ist [4]. Auch ist für die Unterscheidung des eigenen Wechsels von einer (sonstigen) Schuldverschreibung nach Wechselrecht nicht die Angabe oder Nicht-Angabe des der Ausstellung der Urkunde vorausgegangenen Rechtsgeschäfts characteristisch [5], indem ein Papier auch dann, wenn es auf das ursprüngliche Vertragsverhältniß zwischen Aussteller und Nehmer Bezug nimmt, als eigener Wechsel zu betrachten sein kann [6].

Vielmehr characterisirt sich der eigene Wechsel durch Form und Inhalt; durch seinen Inhalt, indem der Aussteller der Urkunde direct und unmittelbar die Wechselsumme an den Wechselnehmer zu bezahlen verspricht [7]; durch seine Form, indem dieses Versprechen vom Aussteller eines in Wechselform gefaßten Papiers, oder mit a. W. ohne sich der Form nach an einen Zahlungsauftrag anzuschließen, gegeben wird [8].

---

[2] Biener, Abh. aus dem Gebiete der Rechtsg. S. 122; Arch. f. d. W Bd. X. S. 79 f. und insbes. S. 84 f.

[3] Treitschke, Encyc. I. S. 368 f. — Einert, Wechselr. S. 474 f. — Biener, wechselrechtl. Abhandl. S. 189 f.

[4] Thöl, Wechselrecht, §. 293.

[5] Dieß meinen Einert, Wechselrecht, S. 525 f. u. Brauer, Erläut. S. 150 f. — S. auch Seuffert, Arch. Bd. IX. no. 69.

[6] Leipzig. Protoc. S. 155 f. — Meißner im Arch. f. d. Wechselr. Bd. IV. S. 401 f. — Seuffert, Arch. Bd. X. no. 281. — Löhr, Centraltralorgan, N. F. Bd. I. S. 630 f.

[7] Meine Abh. in der Zeitschrift f. d. gesammte Handelsrecht, Bd. VII. S. 390 f.

[8] Ob das Wort „angenommen" in einer sonst in der Form eines eigenen Wechsels ausgestellten Urkunde die Ungültigkeit des Wechsels nach sich zieht, ist quaestio facti. Arch. f. d. W. Bd. VI. S. 329 f. u. Bd. VIII. S. 437 f. — Seuffert, Arch. Bd. XI. no. 174.

Die wesentlichen Bestandtheile der Wechselurkunde aber sind diejenigen eines jeden Wechsels [9]. Dieß gilt insbesondere, wie vom Orte der Unterschrift des Ausstellers [10], so auch von der Bestimmung der Zahlungszeit; daher ist denn nach der D. W. O. die Ungültigkeit eines auf Kündigung lautenden eigenen Wechsels anzunehmen [11]. Zahlungsort ist, wenn im Wechsel ein anderer Zahlungsort nicht angegeben, der Ort der Ausstellung, welcher zugleich als wechselmäßiger Wohnort des Ausstellers gilt [12].

---

[9] Dies. Lehrb. §. 16. — D. W. O. Art. 96. — Schweiz. Concordats-Entw. §. 88; Ungarisch. Wechselrecht, §§. 2. 15. 16. — Russisch. Handelsg. §§. 435, 436. — Serb. Handelsg. §§. 161—163.

[10] Samml. handelsgerichtl. Entscheidung. . . . in Bayern Bd. I. S. 99 f.

[11] Der §. 88 des Preuß. Entw. „Eigene Wechsel können auf Kündigung „gestellt werden" wurde aus der D. W. O. weggelassen. Leipz. Protoc. S. 157 und S. 160 a. E. f. — Pöschmann im Arch. f. deutsch. Wechselrecht, Bd. I. S. 197 f. — Biener, ebendas. Bd. VI. S. 17 f. u. Präjudizien bei Borchardt, die D. W. O. . . . mit den von den deutschen Gerichtshöfen ausgesprochenen Grundsätzen des Wechselrechts, Zus. 107. — Arch. f. d. W. Bd. II. S. 329. — Lüb. Einf.-G. Art. 4. : Die Schuldverschreibungen, welche am 1. Mai dieses Jahres oder nachher unter der Form von eigenen Wechseln ausgestellt werden, jedoch eine Kündigungsclausel enthalten, fallen nicht unter die D. W. O, sondern sind nach statutarischen und gemeinrechtlichen Grundsätzen zu beurtheilen. — Würtemb. Einf.-G. Art. 6. Spätestens drei Jahre nach dem 1. Mai 1849 erlischt die Wechselkraft der vorher auf Kündigung gestellten eigenen Wechsel, wenn sie auch noch nicht verfallen sind. — Bayer. Einf.-G. Art. 8 desgleichen spätestens 3 Jahre nach dem 1. Januar 1851. — Dagegen : Thöl, Wechselrecht, S. 578 u. not. 22.

[12] D. W. O. Art. 97 : „Der Ort der Ausstellung gilt für den eigenen „Wechsel, insofern nicht ein besonderer Zahlungsort angegeben ist, als „Zahlungsort und zugleich als Wohnort des Ausstellers." — Seuffert, Arch. Bd. XIX. no. 264. — Hauff im Arch. f. deutsch. Wechselrecht, Bd. VI. S. 379 f. — Zeitsch. f. das gesammte Handelsrecht, Bd. X. S. 576 f. — Die Adresse „auf mich selbst aller Orten" hat eine rein processualische Bedeutung (vgl. §. 82 zu not. 11), daher denn ungeachtet derselben der Ausstellungsort als Zahlungsort anzusehen ist. Arch. f. d. W. Bd. V. S. 108. Sachsen-Altenburg. W. O. Kap. I. §. 5 : „Wenn die Clausula : Aller „Orten, befindlich, oder solche cumulative dem in specie benannten loco „solutionis beigefügt worden, kann der Wechseldebitor auch allenthalben

Von der Wechselsumme können zwar an sich Zinsen mit wechselmäßiger Wirkung verschrieben werden [13], was auch nach der D. W. O., beim Stillschweigen dieses Gesetzes hierüber [14], Einer Ansicht zufolge der Fall sein soll [15], während nach einer andern Meinung der Wechsel mit Zinsversprechen ungültig [16], nach einer dritten und richtigen Ansicht aber die Zinsverschreibung wechselrechtlich als nicht hinzugefügt zu betrachten ist [17]. Diese letztere Auffassung ist in

„verfolget werden; wo aber erstere weggelassen ist, hat der Inhaber sich „lediglich an den ausgedruckten Ort zu halten, es wäre denn, dass der „Debitor zur Zahlungszeit sich an dem bemerkten Ort nicht antreffen „liesse, auf welchen Fall er gleichergestalt allenthalben verfolget werden „kann."

[13] Treitschke, Encyc. II. S. 831 f. — Biener, wechselrechtl. Abhandl. S. 244 f. — Dagegen: Einert, Wechselr. S. 508 f.

[14] Der §. 88 des Preuß. Entw.: „In eigenen Wechseln können mit „wechselmässiger Wirkung auch Zinsen der verschriebenen Summe versprochen werden" wurde aus der D. W. O. weggelassen. Leipzig. Protocolle, S. 161.

[15] Berl. Kammerg. im Arch. f. d. W. Bd. II. S. 93; Braunschw. u. Bayer. Ger. bei Seuffert, Arch. VII. Nr. 354 u. XI. Nr. 92; Kletke, Präjudiz. S 247. Nr. 637 u. 639; Martens im Arch. f. deutsch. W. III. S. 62 f.; Stern, die Lehre von den Wechseln, S. 34; Ladenburg, Annal. der badisch. Gerichte, Jahrg. 1854. Nr. 7 u. im Arch. f. d. W. V. S. 461 f. Einert im Arch. f. d. W. Bd. VI. S. 1 f.

[16] Lübisch. Einf.-Ges. Art. 4; Ob. Trib. in Stuttgart bei Seuffert, Arch. III. Nr. 200 (Arch. f. d. W. Bd. III. S. 190 f.); O. A. G. in Rostock bei Seuffert VII. Nr. 93, in Oldenburg bei Seuffert X. Nr. 89; Urth. sächs. Gerichte im Arch. f. d. W. Bd. IV. S. 101 f. u. Braunschweig. im Arch. f. d. W. Bd. V. S. 331 f.; O. A. G. in München im Arch. f. d. W. Bd. VI. S. 215 f.; Handelsappellationsg. in Nürnberg in der Sammlung handelsgerichtl. Entscheidungen ... in Bayern, Bd. I. S. 50 f.; O. A. G. in Dresden im Arch. f. d. W. Bd. X. S. 95. — Borchardt in dems. Arch. Bd. I. S. 197 f.; Gelpke, Zeits. f. Handelsrecht, Heft 1. S. 127 f.; v. Arnold, das Zinsenversprechen in eigenen Wechseln. Erlangen 1854; Brinckmann in der krit. Zeitsch. f. die gesammte Rechtswiss. Bd. II. S. 439 f.; Meißner im Arch. f. d. W. Bd. IV. S. 416.

[17] Berlin. Ob. Tr. im Arch. f. d. W. Bd. II. S. 427 f.; u. Bd. III. S. 191 f.; Bd. VII. S. 192 f. — Brauer in demselb. Archiv, Bd. III. S. 173; Hauff, ebendas. Bd. V. S. 311 f.

Folge des eventuellen Vorschlags der Nürnberger Commission[18] in der Mehrzahl der deutschen Staaten zum Gesetze erhoben worden[19], während in anderen gesetzlich ausgesprochen ist, daß aus einem Wechsel, in welchem ein Zinsversprechen enthalten, keine wechselmäßige Verbindlichkeit entsteht[20].

§. 47.

Der Wechselvertrag und dessen Wirkungen.

Ein wechselmäßiges Verhältniß zwischen dem Aussteller des eigenen Wechsels und demjenigen, zu dessen Gunsten derselbe ausgestellt worden, entsteht durch einen Wechselcontract (dies. Lehrb. §. 12), von dessen Natur und Form das Nämliche wie vom Wechselvertrage zwischen Trassanten und Remittenten gilt (dies. Lehrb. §. 38).

Durch jenen Vertrag verpflichtet sich aber der Aussteller wechselmäßig zur Zahlung der Wechselsumme in der in der Wechselurkunde bezeichneten Weise, ohne daß es regelmäßig zur Begründung seiner Wechselverbindlichkeit einer Präsentation zur Zahlung bedürfte[1].

---

[18] Nach der 4. Nürnberg. Nov. soll die D. W. O. Art. 7, Satz 1 dahin lauten: „Aus einer Schrift, welcher eines der wesentlichen Erfordernisse „eines Wechsels fehlt, oder in welcher ein Zinsversprechen ent„halten ist, entsteht keine wechselmässige Verbindlichkeit." Eventuell soll statt jener Einschaltung Art. 7 den Zusatz erhalten „Das in einem Wechsel „enthaltene Zinsversprechen gilt als nicht geschrieben." Zeitsch. f. das gesammte Handelsrecht, Bd. V. S. 230.

[19] Zeitsch. f. das gesammte Handelsrecht, Bd. VI. S. 641; Bd. VII. S. 525. Goldschmidt, Handelsrecht, Bd. I. S. 117. 118.

[20] In Schaumburg-Lippe u. Oesterreich. — Zeitsch. f. das gesammte Handelsrecht, Bd. VI. S. 642. — Arch. f. d. W. Bd. VIII. S. 119.

[1] In diesem Sinne bestimmt die Nürnberg. Nov. 8, Zus. zu Art. 99 der D. W. O. „Bei nicht domicilirten eigenen Wechseln bedarf es zur Er„haltung des Wechselrechts gegen den Aussteller weder der Präsentation „am Zahlungstage, noch der Erhebung eines Protests." Vgl. auch dies. Lehrb. §. 86 zu not. 4.

Anders verhält es sich allerdings bei Wechseln, die auf Sicht lauten, insoferne als ein solcher Wechsel erst bei der Vorzeigung fällig wird, während die stattgehabte Präsentation und die Zeit, zu welcher sie geschehen, nicht bloß durch Protest hergestellt werden kann. Dagegen bedarf es zur Erhaltung des Wechselrechts gegen den Aussteller nicht der Präsentation zur Zahlung binnen bestimmter Zeit [2].

Die Präsentation zur Annahme fällt bei eigenen Wechseln der Natur der Sache nach weg [3].

Nach-Sichtwechsel können dagegen zur Bestimmung der Verfallzeit dem Aussteller zur Sichterklärung und Datirung vorgelegt werden, und in Ermangelung einer solchen protestirt werden, indem alsdann der Protesttag als Tag der Präsentation gilt. Ist aber die Präsentation und Protesterhebung nicht binnen zwei Jahren nach der Ausstellung geschehen, so wird die Verfallzeit vom letzten Tage dieser Frist an gerechnet [4], wogegen der wechselmäßige Anspruch gegen den Aussteller nicht verloren ist [5].

Abgesehen von besonderer Verabredung ist der Aussteller eines eigenen Wechsels zur Aushändigung von Wechselduplicaten nicht verpflichtet [6].

---

[2] Borchardt, die D. W. O. . . . . mit den von den deutschen Gerichtshöfen ausgesprochenen Grundsätzen des Wechselrechts, Zus. 689. — Dagegen: das Berlin. Ob. Trib im Arch. f. d. W. Bd. XV. S. 91 f. mit Rücksicht auf die D. W. O. Art. 31 u. A. 98 no. 5.

[3] Treitschke, Encyc. I. S. 61 f.

[4] Die D. W. O. Art. 98 bestimmt: „Nachstehende in diesem Gesetze „für gezogene Wechsel gegebene Vorschriften gelten auch für eigene „Wechsel:

„3. die Art. 19 u. 20 über die Präsentation der Wechsel auf eine Zeit „nach Sicht mit der Massgabe, dass die Präsentation dem Aussteller geschehen muss.“ — Hoffmann, Erläut. S. 650; Volkmar u. Löwy, D. W. O. S. 360 f.

[5] Dagegen: Koch, Wechselrecht, S. 353 f.; Pöschmann im Arch. f. d. W. Bd. II. S. 200 f.; ferner Arch. f. d. W. Bd. XI. S. 93 f.; Löhr, Centralorgan, N. F. Bd. III. S. 285 f.

[6] Treitschke, Encyc. I. S. 354 f. — Liebe, Entw. S. 76. — Dies. Lehrb. §. 19.

§. 48.

Der domicilirte eigene Wechsel und der eigene Wechsel an eigene Ordre.

Der domicilirte eigene Wechsel, der mit dem eigenen Distancewechsel zusammenfällt [1], ist entweder mit [2] oder ohne Bezeichnung eines Domiciliaten (bestimmtes oder unbestimmtes Domicil) [3] ausgestellt. Im erstern Falle [4] ist er am Domicilorte dem Domiciliaten rechtzeitig zur Zahlung zu präsentiren, und, wenn die Zahlung unterbleibt, zu protestiren, widrigenfalls der wechselmäßige Anspruch gegen den Aussteller verloren geht [5]. Besondere Formalitäten sind dagegen zur Erhaltung des Wechselrechts gegen den Aussteller eines eigenen Wechsels mit unbestimmtem Domicil nicht erforderlich [6].

An eigene Ordre ausgestellt ist der eigene Wechsel so lange ein unvollkommener Wechsel, bis durch Indossament ein Wechsel-

---

[1] Thöl, Wechselrecht, S. 610. 611.

[2] Die Worte „zahlbar bei . . ." sind auch hier für gleichbedeutend mit „zahlbar durch . . ." zu erachten. Vgl. dies. Lehrb. §. 42 not. 5. — Dagegen: Seuffert, Arch. Bd. XIX. no. 293.

[3] Treitschke, Encyc. I. S. 384.

[4] Die Ansicht Thöls, §. 299. I, daß in diesem Falle der domicilirte eigene Wechsel ganz als Tratte zu behandeln, ist ungegründet. Treitschke, Encyc. II. S. 678 f.

[5] Dagegen Treitschke, Encyc. I. S. 385 a. E. f., dessen Gründe jedoch nicht zutreffen, indem hier vielmehr die Analogie des Acceptanten der domicilirten Tratte als entscheidend erscheint. — D. W. O. Art. 99: „Eigene domicilirte Wechsel sind dem Domiciliaten, oder wenn ein solcher nicht „benannt ist, dem Aussteller selbst an demjenigen Orte, wohin der Wechsel „domicilirt ist, zur Zahlung zu präsentiren, und wenn die Zahlung unter„bleibt, dort zu protestiren. Wird die rechtzeitige Protesterhebung beim „Domiciliaten verabsäumt, so geht dadurch der wechselmässige Anspruch „gegen den Aussteller und die Indossanten verloren."

[6] Treitschke, Encycl. I. S. 385. — Thöl, §. 278 (S. 455). — Seuffert, Arch. Bd. IX. Nr. 329 u. X. Nr. 282. — Kletke, Präjudiz. S. 250. Nr. 649. — Löhr, Centralorgan, N. F. Bd. II. S. 420 f. — Sammlung handelsgerichtl. Entscheidung. . . . in Bayern, Bd. I. S. 517 f.

nehmer daselbst bezeichnet worden; nach der D. W. O. jedoch ist eine derartige Urkunde gar kein Wechsel [7].

Drittes Kapitel.

Das Indossament.

A. Das ältere Recht.

§. 49.

Die geschichtliche Entwickelung des Indossaments.

Das ursprüngliche einfache Verhältniß, wonach die Wechselsumme nur an denjenigen zu bezahlen war, der im Contexte des Wechselbriefs als Präsentant bezeichnet, erlitt seit dem 17. Jahrhundert zunächst bei Tratten dadurch eine Veränderung, daß es um größerer Bequemlichkeit willen üblich ward, denjenigen, der die Ausstellung des Wechsels veranlaßt hatte, als Gläubiger zu nennen und ihm durch den Beisatz „o chi ordinerà" die spätere Bezeichnung eines Präsentanten zu überlassen [1]. Eine solche Bezeichnung, welche

[7] Arg. D. W. O. Art. 98. 1 u. Art. 6, Abs. 1. — S. die Urth. Hamburg. Gerichte im Arch. f. d. W. Bd. III. S. 89 f. — Berlin. Ob. Trib. im Arch. f. deutsch. W. Bd. VII. S. 323 f. u. Seuffert, Arch. Bd. XIII. no. 177. — Walter, Syst. §. 361 zu Note 4. — Dagegen: Trummer im Arch. f. d. W. Bd. III. S. 91 f. u. Fick, der trassirt-eigene Wechsel, S. 83 f.; O. A. G. in Darmstadt b. Seuffert, Bd. VI. Nr. 250.

[1] Pragmat. a. Neapel vom 6. Nov. 1607, §. 14 (bei v. Martens, Anh. S. 77): „. . . si sogliono fare molte lettere di cambio pagabili al tale, ò chi ordinerà . . " v. Martens, Versuch, S. 69. — Nach Savary, Parère 80. 82. p. 588. 602 war das Indossament in Frankreich vor dem J. 1620 nicht im Gebrauche. Biener, wechselrechtl. Abh. S. 123. 139. 173. — Ueber die schwerfälligen Formen, welche im Hansagebiete zur Uebertragung des Wechsels vor dem Gebrauche des Indossaments angewendet wurden, vgl. Neumann, Geschichte des Wechsels, S. 162 f.

auf der Rückseite des Wechselbriefs geschah [2], nannte man giro, Indossament oder Transport. Das Giriren aber war, wo es überhaupt geschehen durfte [3], seiner ursprünglichen Bedeutung nach nur einmal zulässig [4], eine Bestimmung, die zwar mit Rücksicht auf die Begebbarkeit des Papiers durch das giro in bianco umgangen werden konnte [5]. Allmählig jedoch wurde das Indossiren, welches auch auf die eigenen Wechsel angewendet ward [6], mehr wie

---

[2] Biener, Abhandl. aus dem Gebiete der Rechtsgesch. S. 87.

[3] Botzener Marktordn. vom J. 1635, Art. 8 (bei Siegel, corp. jur. camb. I. S. 209) : „Dass inskünfftige in keinerley weise girirte oder über„wiesene Wechselbriefe mögen acceptiret werden, die confusiones u. Un„ordnungen, so sich dadurch begeben möchten, zu verhüten, ist derowegen „verordnet, dass kein eingeschriebener Handelsmann schuldig seyn wird, „dieselbe zu bezahlen, . . . sondern bleiben dergleichen Briefe gäntzlich „verboten, wie man's denn auch in andern Märckten also pflegt zu halten".

[4] Pragmat. a. Neapel vom 8. Nov. 1607, §. 14 : „ . . . Ordiniamo „e comandiamo, che da oggi avanti tutte le lettere di cambio, che si fa„ranno per le piezze e fiere del presente Regno pagabili al tale, ò chi „ordinerà, non si possano girar più che una sola volta". — Nürnberg. W. O. vom J. 1654, Art. 10 : — „sollen auch alle Wechselbriefe mehr „nicht als einmal girirt, u. die so mehr als einmal girirt seynd, von den „Handelsleuten nicht passirt, acceptirt, bezahlt, vorgeschlossene Wechsel „anstatt Wechsel angenommen, intimirt noch auf dieselbe Protestationes „angegeben — viel weniger erhebet und fortgeschickt werden, dieweilen „solche Protesti einige Krafft u. Würkung nicht haben sollen." S. auch Frémery, études p. 129.

[5] v. Martens, Versuch, S. 70. — Biener, Abhandl. aus dem Gebiete der Rechtsgesch. S. 86. — Dasselbe wurde jedoch durch einige W. O. verboten. Leipzig. W. O. vom J. 1682, §. XI (bei Siegel, I. S. 18) : „Obwohl „die vielfältige Girirung derer Wechselbriefe in etlichen ausländischen „Städten . . . . gänzlich verboten, dieweil aber selbige sowohl hier als „anderer Orten in starkem Gebrauch ist, so lässet man es zwar dabey ver„bleiben, gleichwohl aber soll dissfalls, nach etlicher Reichsstädte Exempel, „das Indossament in bianco hiermit gänzlich abgeschaffet . . . seyn". — Braunschw. W. O. vom J. 1715, Art. 43 (bei Siegel, I. S. 257) : „Die „Indossamente in bianco aber werden hiermit gänzlich abgeschafft."

[6] Leipz. W. O. v. 1682, §. IV : „ . . . Ein eigener Wechselbrief, er „sey noch in der ersten Hand oder an eine andere transportirt, bedarff „keiner sonderlichen Praesentation, noch Acceptation . . . Käme aber ein

einmal gestattet [7], und nachdem es zunächst in Frankreich, und von da in Deutschland in häufigere Uebung gekommen [8], zuletzt als ein naturale cambii [9] ohne Beschränkung rücksichtlich der Zahl zugelassen [10].

Uebrigens wurde die Bezeichnung eines Präsentanten in der Form des Indossaments nicht allein zum Zwecke der Begründung wechselmäßiger Forderungen, sondern auch zur Bestellung eines Auftrags zur Eincassirung der Wechselsumme angewendet [11].

„eigener Wechselbrief durch Transportirung oder andere Cession in die „dritte oder mehr Hände, soll nicht allein der Inhaber des Briefs denselben . . . zur Acceptation praesentiren, sondern auch der debitor oder „dessen Erben, ohne allen Verzug, damit der Inhaber u. Cessionarius von „des Wechselbriefs Richtigkeit desto eher versichert werden, zu acceptiren „schuldig seyn."

[7] Braunschw. W. O. v. 1715, Art. XLII. (b. Siegel I. S. 257): „weil auch das Giriren derer Wechselbriefe bishero erlaubt gewesen, so „sollen dergleichen girirte oder indossirte Wechselbriefe, zur Beförderung „derer Negotien, noch ferner passiret werden; jedoch mit der ausdrücklichen Condition, dass solches Indossiren, um alle Weitlauftigkeit, Confusion u. Unkosten zu evitiren, so zwischen denen vielen intermediis, in„sonderheit da ein solcher Wechselbrief mit Protest zurücke kehrete, zu „besorgen, nicht über drey oder höchstens viermahl geschehe: da es „aber geschähe, soll derselbe nicht acceptiret, noch dagegen einige Pro„testation verstattet werden . ." S. auch Biener im Arch. f. deutsch. W. Bd. V. S. 250 f.

[8] Biener, wechselrechtliche Abh. S. 139 f.

[9] Daher fiel die Beschränkung weg, wonach nur auf Ordre lautende Wechsel (Einert, Wechselr. S. 124) girirt werden konnten. Biener, Abh. a. d. Gebiete d. Rechtsgesch. S. 86 u. 87 u. im Arch. f. d. W. Bd. V. S. 253.

[10] W. O. v. Frankf. a. M. v. J. 1666, §. XI. (b. Siegel I. S. 184): „Die girirte u. transportirte oder indossirte Wechselbriefe . . . sollen, aus „gewissen Ursachen, nicht ferner verbothen, sondern angenommen werden." Das Verbot des Indossirens, welches Verordnungen vom 4. April 1620 und vom 9. April 1635 aussprachen, wurde auf die dringende Bitte des Handelsstandes aufgehoben. Bender, Grunds. I. S. 558, Note a. — S auch Biener, Abh. aus dem Gebiete der Rechtsgesch. S. 87 a. E. und S. 88. — Noback, über Wechsel und Wechselrecht, S. 16 f.

[11] Braunschw. W. O. A. XLII: „. . . Im Uebrigen (soll) aber allemahl „darinnen (im Wechselbriefe) der Giro . . . ingleichen . . . der Tauff- u.

§. 50.

Die rechtliche Natur des Indossaments.

Der Zweck des Indossaments, insoferne dasselbe nicht einen bloßen Auftrag zur Eincassirung enthielt, war die Bezeichnung eines andern Wechselgläubigers als des ursprünglichen Wechselnehmers, also die Uebertragung der Wechselforderung. So war es denn natürlich, daß die romanisirenden Juristen in demselben eine Cession fanden, welche sie jedoch von der gewöhnlichen Cession unterschieden [1]. Denn es konnte bei der Ansicht, daß der Aussteller durch die Worte „an Ordre" sich jedem wechselmäßig berechtigten Inhaber des Wechselbriefs verpflichten wolle [2], der Indossatar nicht schlechthin als Mandatarius in rem suam des Indossanten betrachtet werden, indem er vielmehr als selbstständiger Gläubiger erschien, welchem exceptiones ex persona indossantis nicht entgegengesetzt werden konnten [3].

„Zunahme der Person, so die Zahlung haben soll, in welchergestalt die „Valuta von dem Inhaber empfangen, oder ob derselbe nicht ein Cessio- „narius, sondern nur ein blosser Mandatarius sey, durch die Worte, soll „mir validiren oder gute Bezahlung seyn, von dem Ausgeber eines solchen „Wechselbriefs völlig exprimiret, u. darauf sowol wider den Trassanten „als Indossanten .... nach Wechselrecht verfahren werden." — Eigenthümlicher Weise unterschied der ältere französische Sprachgebrauch zwischen „ordre" und „endossement", indem mit diesem letzteren Ausdrucke das Procura-Indossament bezeichnet wurde. Biener, wechselrechtliche Abhandlung. S. 140 u. S. 226.

[1] Hamburg. Statut. u. Gerichtsordn. P. II. tit. 7. Art. 11. — Dies. Lehrb. §. 49, Note 11 u. Note 6. — Leyser, med. ad pand. spec. CCII. med. 1. — S. auch Biener, Abhandl. aus dem Gebiete der Rechtsg. S. 126. — Liebe, Entw. S. 84.

[2] Mittermaier, Grunds. §. 319 zu Note 22. — Noback, über Wechsel und Wechselrecht, S. 19.

[3] Chursächs. Mandat v. J. 1699 (bei Siegel, corp. jur. camb. I. S. 72): „Als setzen u. ordnen wir hiermit: dass hinfüro der Ausgeber „eines Wechselbriefs auf eine Schuld, womit derjenige, an welche solche „zuerst ausgestellet, ihm verhafftet, sie sey beschaffen, wie sie wolle, und

Es vermittelte aber das Indossament nicht allein die Uebertragung einer Wechselforderung, sondern überdieß ein an das ursprüngliche Wechselversprechen sich anschließendes wechselmäßiges Versprechen des Indossanten [4], und zwar ein solches, welches auch bei eigenen Wechselbriefen ein gezogenes war [5].

B. Das heutige Recht.

Grolmann, de cessione literarum cambialium. Vom Transport der Wechselbriefe. Giss. 1711.

Leyser, med. ad pand. spec. CCII u. CCIII.

„obgleich darüber ebenmässig ein Wechselbrief oder andere klare Ver„schreibung vorhanden, wider die Cessionarios oder diejenigen, an welche „der Wechselbrief indossiret, zu compensiren durchaus nicht befugt seyn „solle : .... wollen wir, dass künfftig die exceptio solutionis wider einen „Wechselbrief gegen einen Tertium, oder wenn die Sache nicht mehr „zwischen dem Ausgeber und dem ersten Empfänger bestehet, anderer„gestalt nicht zulässig sein soll, als wenn dasjenige, so auf den Wechsel„brief bezahlet, darauf abgeschrieben." S. auch Biener, Abhandl. aus dem Gebiete der Rechtsgesch. S. 131 f.

4 Dieß ist in den älteren W. O. bei der Cessions-Theorie, von welcher dieselben ausgehen, nur implicite dadurch anerkannt, daß sie beim Indossamente dieselben Bestandtheile wie bei der Tratte, und namentlich die Bezeichnung des Valuta-Empfangs verlangen (dies. Lehrb. §. 49. Note 11), und den Indossanten in derselben Weise wie den Aussteller einer Tratte verhaftet sein lassen. Brandenburg. W. O. v. 1724, §. XX. (b. Siegel a. a. O. I. S. 115) : „Wenn „ein Wechselbrief . . . mit Protest wegen nicht geschehener Acceptation „oder Zahlung zurückkäme : so soll der Aussteller oder Endossant . . . in „continenti wegen des Capitals . . . . Wiedererstattung und Bezahlung „thun, oder durch Pfand u. Bürgschaft seinem Creditori hinlängliche „Sicherheit schaffen."

5 Brandenburg. W. O. §. III : „ . . . Wenn aber der eigene Wechsel„brief auf Ordre gestellt und von dem Inhaber an einen dritten endossiret, „oder cediret worden, dieser dritte aber, da etwa der debitor zur Verfall„zeit nicht solvendo wäre, sich an den Indossanten halten wollte, solchen „Fall müsste ein solcher Cessionarius des Wechselbriefs, um seinen Regress „nach Wechselbrauch zu erlangen, ordentlich protestiren lassen." S. auch dies. Lehrb. §. 49, Note 6.

Riccius, de indossat. cambior. proprior. Gott. 1780. (In exercit. jur. camb. VI.)
Gries, de indossat. literar. cambial. sec. jus Hamburg. communi in auxilium vocato. Gott. 1795.
Grattenauer, über die Wechselprocura. Berlin 1800.
Jolly im Arch. f. d. W. Bd. IV. S. 374 f. u. Bd. V. S. 37 f.
R. Martin im N. Arch. f. Handelsrecht, Bd. II. S. 381 f.
Rießer in demselben Arch. N. F. Bd. III. S. 1 f.
Ladenburg in der Zeitsch. f. d. gesammte Handelsrecht, Bd. V. S. 415 f.
Hoffmann im Arch. f. d. W. Bd. XII. S. 113 f.
Wolff in demselb. Arch. Bd. XIII. S. 137 f.
Hoffmann, ebendas. Bd. XIV. S. 230 f.
Hartmann im Löhr's Central-Organ, N. F. Bd. III. S. 327 f.

§. 51.

Bedeutung und Arten des Indossaments.

Der Ausdruck „Indossament" bedeutet wörtlich eine auf dem Rücken des Wechselbriefs gemachte Beurkundung [1]; technisch aber bezeichnet er zwei verschiedene Arten auf dem Gebiete des Wechselrechts wirksamer Geschäfte, welche von der dieselben vermittelnden gewöhnlichen Form so benannt sind [2] und das gemeinsam haben, daß durch sie die Geltendmachung und Wahrung der wechselmäßigen Rechte einem Anderen als dem bisherigen Wechselgläubiger übertragen wird.

Diese zwei Geschäfte sind:

1) Das eigentliche Indossament (Eigenthums-Indossament, Indossament zur Begebung, indossa-

[1] Treitschke, Encycl. I. S. 433. — Thöl, Wechselrecht, §. 246. — Dufresne, glossar. v. indossare: „indossare i. e. chartae dorsum s. tergum, vel cujuscunque scripti partem aversam aut exteriorem inscribere."

[2] Doch kann die Form des Indossaments auch für andere Geschäfte angewendet werden. Thöl, a. a. O. §. 247.

mentum in vim cessionis, Transport oder Giro [3]).

2) Das uneigentliche Indossament (Indossament zum Incasso, Indossament in Procura, Indossament zur Vollmacht, indossamentum in vim mandati [4].

I. Das eigentliche Indossament.

§. 52.

Begriff und juristische Natur des eigentlichen Indossaments. — Die Wechselcession.

Das eigentliche Indossament ist das wechselrechtliche Geschäft, durch welches der Wechselnehmer (Indossant, Girant) die Uebertragung seiner wechselmäßigen Rechte an einen Andern (den Indossatar, Giratar) unter eigener wechselmäßiger Verpflichtung bezweckt [1].

Das Indossament ist seiner rechtlichen Natur nach keine Cession [2], also auch nicht eine Cession mit Bürgschaft; es ist ferner keine Bürgschaft [3]; auch wird durch dasselbe nicht Papiergeld in Umlauf gesetzt [4], so wie ihm überhaupt ohne Grund der Character als

---

[3] Indossament in Giro. Weim. W. O. §. 33. – Andere Benennungen s. bei Treitschke, I. S. 447. — Nach dem Sprachgebrauche einzelner W. O. werden girirte Wechselbriefe nur die mehrfach indossirten genannt. Sachs. Altenb. W. O. Kap. III. §. 4. – S. auch Treitschke, I. S. 444.

[4] Thöl, a. a. O. §. 247 not. 4.

[1] Ueber den Einfluß der Indossirbarkeit auf die Bedeutung des Wechsels s. Biener, wechselrechtl. Abhandl. S. 145 f.; Hoffmann im Arch. f. d. W. Bd. XII. S. 113 f.

[2] So die ältere Theorie. S. dies. Lehrb. §. 50. — Dagegen aber: Thöl, Wechselrecht §. 249; Kitka, Erläut. S. 169 f.

[3] So Einert, Wechselrecht, S. 136 f. – Dagegen: Thöl, Wechselrecht, §. 249. II.

[4] So Koch, Wechselrecht, S. 135.

Wechselvertrag abgesprochen wird [5]. Vielmehr ist es eine Uebertragung der Wechselforderung unter Ausstellung eines trassirten Wechselversprechens.

1) Das Indossament, insoferne als es eine Uebertragung von Wechselrechten bewirkt, hat einen verschiedenen Gegenstand beim trassirten Wechsel, welchem in dieser Hinsicht der indossirte eigene Wechsel gleichsteht, und bei der acceptirten Tratte, welcher in dieser Beziehung der eigene Wechsel gleichkömmt. Insoweit fällt aber das Indossament nicht unter den Begriff der Cession, indem der Indossatar selbstständiger Wechselgläubiger wird, welchem exceptiones ex persona indossantis nicht entgegengesetzt werden können [6]; ebensowenig begründet es eine Novation, da dem Wechselschuldner ohne seine Mitwirkung ein neuer Gläubiger gegeben wird, während eine solche Mitwirkung weder durch Stellvertretung construirt [7], noch auch auf den Willen des Ausstellers bei der Ausstellung zurückgeführt werden kann [8]. Auch ist jene Rechtswirkung des Indossaments nicht dadurch zu erklären, daß die successive eintretenden legitimirten Besitzer des Papiers nur mögliche Gläubiger sind, und derjenige allein, der es schließlich zur Einlösung präsentirt, als wirklicher Creditor erscheint [9], oder daß der Aussteller des Wechsels sich einem

---

[5] Vgl. dies. Lehrb. §. 10. — Dieß geschieht, obwohl wieder in verschiedener Weise, durch Kuntze, Wechselrecht S. 293 f.; Jolly im Arch. f. d. W. Bd. IV. S. 381 f.; Volkmar u. Löwy, in der Zeitsch. f. d. gesammte Handelsrecht, Bd. II. S. 548 f.; Martin im N. Archiv für Handelsrecht, Bd. II. S. 391 f.

[6] Liebe, Entw. S. 87. — Preuß. Motive, S. XXXVI. — Bluntschli, D. W. O. S. 37.

[7] So Unger, die rechtliche Natur der Inhaberpapiere, Wien 1857, S. 111 f. — S. aber Meine Abh. in der Krit. Ueberschau, Bd. V. Heft 3. S. 412 f.

[8] So Kuntze, Inhaberpapiere, S. 295 f. u. Wechselrecht, S. 312 f. — S. aber meine Abh. in der Zeitsch. f. d. gesammte Handelsrecht Bd. I. S. 471 f.

[9] So Goldschmidt in der Zeitsch. f. d. gesammte Handelsrecht Bd. III. S. 275. — S. aber Jolly in der Krit. Vierteljahrs-Schrift Bd. II. S. 559 f.

beliebigen Rechtssubjecte verpflichtet, dessen Individualität das Indossament bestimmt [10], oder daß jener sich dem ersten Nehmer oder einem beliebigen Andern durch Besitz des Wechsels und Indossament bezeichneten verbindlich gemacht [11], oder daß der Wechselbrief als Gläubiger durch jeden legitimirten Inhaber desselben vertreten wird [12]. Das Indossament bewirkt vielmehr eine Singular-Succession in die Wechselforderung, welche hier insoferne möglich, als der Wechselschuldner von vorne herein an den Wechselnehmer oder den zur Verfallzeit als dessen Rechtsnachfolger legitimirten Inhaber des Wechselbriefs zu leisten sich verpflichtete [13].

2) Der Indossant sowohl des trassirten als auch des eigenen Wechselbriefs stellt ein trassirtes Wechselversprechen aus; bei jenem bezieht er den ursprünglichen Trassaten (den Bezogenen der Grundtratte [14]), bei diesem den Wechselaussteller [15]. Diese Bedeutung des Indossaments ergiebt sich aus der gewöhnlichen Form desselben, so wie aus dessen Wirkungen [16].

---

[10] So Jolly im Arch. f. d. W. Bd. IV. S. 386 f., Bd. V. S. 58. S. aber Unger a. a. O. S. 103 f.

[11] So Jolly in der Krit. Vierteljahrs-Schrift Bd. II. S. 562 f.

[12] So Volkmar u. Löwy in der Zeitsch. f. d. gesammte Handelsr. Bd. II. S. 559 f. u. Bd. III. S. 124 f.; Martin im N. Arch. f. Handelsr. Bd. II. S. 399. 400.

[13] Dies. Lehrb. §. 50 zu Note 2. Mein Auff. in der Zeits. f. deutsch. Recht. Bd. XIV. S. 322 u. in der Krit. Ueberschau Bd. V. 3. S. 394 f. S. auch Windscheid, die Actio des röm. Civilrechts, S. 152. — Die lex Anastasiana und die übrigen Beschränkungen der Cession finden hiernach auf das Indossament keine Anwendung. — Treitschke, Encyc. I. S. 123 f. u. S. 450. — Bender, Grunds. I. S. 595 f. Beim Wechsel auf den Inhaber, resp. Blanco-Wechsel, kann eine Veräußerung der Wechselrechte ohne Indossement durch die bloße Uebergabe des Papiers geschehen; es kann aber ein solcher Wechsel auch indossirt werden.

[14] Thöl, a. a. O. §. 250.

[15] Biener, Abhandl. aus dem Gebiete der Rechtsgesch. S. 122.

[16] Thöl, a. a. O. §. 250. — S. auch Bender, Grundsätze, §. 364 u. §. 365.

Ausnahmsweise kann übrigens ein Indossament nur ein trassirtes Wechselversprechen [17], oder nur eine Veräußerung wechselmäßiger Rechte enthalten [18], oder endlich wie eine Cession wirken [19].

An den wechselmäßigen Wirkungen des Indossaments ändert übrigens der Umstand nichts, daß dasselbe zu außerwechselrechtlichen Zwecken, wie zur Verpfändung der Wechselforderung, geschehen. Wie nämlich zur Bestellung eines kaufmännischen Faustpfandrechts an einem Wechsel (oder anderen Ordrepapieren) außer dem Pfandvertrage die Uebergabe des indossirten Papiers an den Pfandgläubiger nöthig ist [20], so kann dieser nicht allein den Wechsel weiter begeben, sondern auch die Wechselzahlung erheben, ohne daß die Voraussetzungen der Geltendmachung seines Pfandrechts vorhanden zu sein brauchten [21].

Wenn nun das Indossament, insoferne als es eine Uebertragung von Wechselrechten bezweckt und bewirkt, keine Cession ist, auch das Vorhandensein eines Giro's durch den Ausdruck des Wechselnehmers auf dem Wechsel, daß er cedire, ausgeschlossen wird [22], so können dagegen die Rechte aus dem Wechsel cedirt werden. Die Wechselcession aber, obwohl sie kein Wechselgeschäft ist [23], bedarf zu ihrer Wirksamkeit der Uebergabe des Wechsels an den Cessionar [24], welcher dadurch zur wechselmäßigen Klage berechtigt wird [25]. In ähnlicher

---

[17] Wenn die Unterschriften des Ausstellers und Acceptanten, falls ein Accept vorhanden, unächt, oder Aussteller und Acceptant wechselunfähig sind. Dies. Lehrb. §. 17 u. §. 24.

[18] Dies. Lehrb. §. 55. I.

[19] Dies. Lehrb. §. 53 zu not. 7; §. 56.

[20] Allg. D. Handelsg. Art. 309. — Laband in der Zeitsch. f. d. gesammte Handelsrecht, Bd. IX. S. 245 f.

[21] Borchardt, die D. W. O. . . . mit den von den deutschen Gerichtshöfen ausgesprochenen Grundsätzen des Wechselrechts, Zus. 535 c.

[22] Pöhls, Wechselr. S. 363.

[23] Thöl, Wechselrecht, §. 245. — Kalessa, österreich. Wechselr. S. 40 f.

[24] Arch. f. d. W. Bd. XIII. S. 186 f.

[25] Entscheidungen des Berliner Geh. Obertribunals pro 1852 (Entscheid. Bd. XXII. S. 409): „Auch aus der Cession eines Wechsels

Weise wie eine Cession wirkt übrigens die Ueberweisung einer Wechselforderung im Executionswege, falls der Wechsel nicht mit einem unausgefüllten Indossamente versehen ist [26].

§. 53.

Die Voraussetzungen des Indossaments.

Die Voraussetzungen des Indossaments sind:

1) Ein Ordre-Wechsel, d. h. ein begebbares Papier. Für diese Eigenschaft streitet wie nach gemeinem Rechte [1], so auch nach der D. W. O. die Vermuthung [2], aus welchem Grunde die üblichen Worte „an die Ordre" — „oder an dessen Ordre", welche der Bezeichnung des Remittenten vor- oder nachgesetzt werden, ohne Bedeutung sind, indem sie als dem Wechsel einverleibt betrachtet werden [3], und das Durchstreichen derselben nicht als Verbot des Giro's gilt [4].

„kann, wie aus dem Indossamente, vom Cessionar gegen den Wechsel-„schuldner wechselmässig geklagt werden." Arch. f. d. W. Bd. IV. S. 452. Bd. X. S. 218 f. — Oberst. Oesterr. Gerichtshof im Arch. f. deutsch. Wechselr., Bd. XI. S. 284 f. gegen eine frühere Entscheidung in demselb. Arch. Bd. X. S. 379 f. — Obertrib. in Stuttgart in Löhr, Centralorgan, N. F. Bd. I. S. 139 f. — Handelsappellationsg. in Würzburg in der Sammlung handelsgerichtl. Entscheidungen ... in Bayern Bd. I. S. 143 f. — Dagegen: Volkmar u. Löwy, D. W. O., S. 65 f. — Arch. f. d. W. Bd. VI. S. 427; Bd. X. S. 379 f.

[26] Arch. f. deutsch. Wechselr., Bd. XII. S. 174 f. — Seuffert, Arch. Bd. XVI. no. 70 u. no. 140.

[1] Dies. Lehrb. §. 49 zu not. 9. — Treitschke, Encyc. I. S. 455 u. II. S. 51. — Mittermaier, Grundf. §. 337. I. — Dagegen: Pöhls, Wechselrecht, S. 343. — Thöl, Wechselrecht, §. 257. II.

[2] D. W. O. Art. 9, Abs. 1; Art. 98. 2. — Schweiz. Concord.-Entw., §. 9, Abs. 1 u. §. 89. — Schwed. W. O. §. 11. — Finnl. W. O. §. 10. — Russ. Handelsg. A. 450. — S. auch Leipzig. Protoc. S. 22.

[3] Biener im Arch. f. deutsch. Wechselrecht Bd. V. S. 255.

[4] Arch. f. d. W. Bd. I. S. 204 f. — Sammlung handelsgerichtl. Entscheidungen ... in Bayern, Bd. II. S. 139 f.

Andere Wechselgesetzgebungen machen dagegen die Begebbarkeit des Wechsels von der Ordre-Clausel abhängig [5], oder verlangen diese sogar als wesentliche Form des Wechselbriefs [6].

Die Indossirung eines Rectawechsels (dies. Lehrb. §. 18. I.) aber begründet für den Indossatar weder gegenüber dem Aussteller, noch gegenüber dem Acceptanten wechselmäßige Rechte [7], und ebensowenig gegenüber dem Indossanten, da das Papier ein nicht indossirbares ist [8].

2) Ein Indossant, als welcher nur der Nehmer des Wechsels, mag derselbe übrigens der erste Nehmer, oder der erste, zweite, dritte u. s. w. Indossatar sein [9], vorkommen kann. Die passive Wechselunfähigkeit des Indossanten zieht aber keineswegs die Ungültigkeit des Indossaments nach sich, wiewohl dieser wechselmäßig nicht verpflichtet wird [10]; die active

---

[5] Ungarisch. Wechselr. §. 15. — Portugies. Handelsg. A. 354. — Niederländ. Handelsg. A. 133. Ebenso das englische und nordamerikanische Wechselrecht. Borchardt, die D. W. O. . . . nebst Bemerkungen und Vergleichungen mit den fremden Gesetzgebungen, S. 47 a. E.

[6] Und zwar sowohl für den gezogenen Wechsel wie für das Ordre-Billet. Code de comm., Art. 110 u. A. 188; Waadtländ. Gesetz v. 4. Juni 1829, A. 2 u. A. 85; Neuenburg. Ges. v. 3. Juni 1833, A. 28 u. A. 85; — Span. Handelsg. Art. 426 u. A. 563; — Italien. Handelsg. A. 196 u. A. 273. — Serbisch Handelsg. §§. 80 u. 162.

[7] Thöl, §. 257. I. — Eine Cession, wie Koch, Wechselrecht, S. 136 i. A. meint, liegt in einem solchen Indossamente keineswegs immer, Jolly, im Arch. f. d. W. Bd. IV. S. 398: wohl aber ein uneigentliches Indossament. — Nicht gegründet ist dagegen die Ansicht (Volkmar u. Löwy, D. W. O., S. 69), daß in einem solchen Indossamente keine Cession liegen könne.

[8] Leipzig. Protoc. S. 23. — D. W. O. mit Einleit. u. Erläut. S. 71 f. — D. W. O. Art. 9, Abs. 2; Art. 98. 2. — Schw. Entw. §. 9, Abs. 2 u. §. 89. — Brauer, Erläut. S. 45 a. E. — Jolly, a. a. O. S. 397. — Nach englischem und nordamerikanischem Rechte wird jedoch der Indossant eines Rectawechsels wechselmäßig verpflichtet. Borchardt, D. W. O. S. 48, was Thöl, §. 257 unrichtig für das gemeine Recht behauptet.

[9] Die früheren Beschränkungen der Zahl der Indossamente (dies. Lehrb. §. 49) sind für das heutige Recht weggefallen. Daniels, Grunds. S. 91.

[10] Sammlung handelsgerichtl. Entscheidungen . . . in Bayern,

Wechselunfähigkeit desselben kömmt bei der Prüfung der Legitimation zur Zahlungserhebung nicht in Betracht [11].

3) Ein Indossatar, welcher nicht allein eine dritte, sondern auch eine bereits im Wechselverbande fungirende Person sein kann [12], wiewohl in diesem letztern Falle die Wirkungen des Indossaments der Natur der Sache nach theilweise modificirt werden. Der Indossatar bedarf als solcher der passiven Wechselfähigkeit nicht [13]. Da übrigens Theilindossamente nicht unstatthaft sind [14], so kann der nämliche Wechsel an mehrere Indossatare girirt werden [15].

§. 54.

Der Wechselvertrag zwischen Indossanten und Indossatar.

Der Wechselvertrag zwischen Indossanten und Indossatar (Begebungs-Vertrag) [1] hat zur Form:

Bd. I. S. 94 f. Daß das Indossament hier nur als gemeine Cession gelte, wie Treitschke, Encycl. I. S. 496, und Bender, Grundſ. I. S. 589 meinen, ist unrichtig.

[11] Dies. Lehrb. §. 69.

[12] Leyser, med. ad pand. spec. CXXXIII. med. 10. — Preuß. Motive, S. XLI f. — D. W. O. Art. 10 u. Art. 98. 2. — Schw. Entw. §. 10, Abs. 2.

[13] Treitschke, Encyc. I. S. 497. — Bender, Grundſ. I. S. 595.

[14] Bender, Grundſ. I. S. 585.

[15] Dies. Lehrb. §. 60. 2. — Treitschke, Encycl. I. S. 501. — Koch, Wechselr. S. 137. — Brauer, Erläut. S. 47. — Liebe, Entw. S. 102. — Bluntschli, D. W. O. S. 40. — Berger, die österr. W. O. S. 50; Kitka, Erläut. S. 154 f. — Blaschke, österr. Wechselr. S. 133, Not. 7. — Hoffmann, Erl. S. 238. — Dagegen Pöhls, Wechselrecht S. 347. — Thöl, Wechselrecht, §. 264. A. — Borchardt, D. W. O. S. 47. — Jolly, a. a. O. S. 399 f. — Kheil im Arch. f. d. W. Bd. X. S. 176 f. — Volkmar u. Löwy, D. W. O. S. 67.

[1] Begebung gemachter Wechsel im Gegensatze zur Begebung von der Hand. Doch ist nicht jeder indossirte Wechsel ein gemachter. Kitka, Erläut. S. 22 f.

1) eine wechselrechtliche Erklärung des Indossanten auf der Wechselurkunde, einer arretirten Copie oder Allonge [2]. — Wesentlich ist hierbei:

a) die Unterschrift des Indossanten [3]. Ist dieselbe unächt, so ist weder der angebliche Indossant, noch der Fälscher wechselmäßig verpflichtet [4];

b) die deutliche Kundgebung der Absicht zu indossiren [5], welche üblicher, nicht aber nothwendiger Weise mittelst eines mehr oder weniger aus der Grundtratte zu ergänzenden Zahlungs-Auftrags zu Gunsten des Indossatars geschieht [6].

Versteht es sich hiernach von selbst, daß das Giro keinen Beisatz enthalten darf, welcher auf eine andere Absicht als die der Begebung hinweist (§. 52 zu not. 22), so machen dagegen solche Zusätze, die, wie die Clausel „zum Pfande" „zur Sicherheit", auf die außerwechselrechtlichen Zwecke hindeuten, welche mittelst des Indossaments verfolgt werden, dasselbe nicht ungültig [7], indem sie vielmehr wechselrechtlich als nicht beigeschrieben zu betrachten sind.

c) Die Bezeichnung des Indossatars. — Sie geschieht mit Angabe des bürgerlichen Namens oder der Firma desselben (vollständiges, ausgefülltes Indossament [8]) oder

---

[2] D. W. O. Art. 11 u. A. 71; Art. 98. 2 u. 8. — Schweiz. Concord.-Entwurf, §. 11, Abs. 1, §. 75 u. §. 89. — Schwed. W. O. §. 13. — Finnl. W. O. §. 11. — Ungarisch. Wechselrecht, §§. 28 u. 46. — Russisch. Handelsg. Art. 451. — Liebe, Entw. S. 88 a. E. u. S. 89.

[3] S. jedoch auch dies. Lehrb. §§. 12. 13.

[4] Dies. Lehrb. §. 17. — Thöl, Wechselrecht, §. 306.

[5] Jolly, im Arch. f. d. W. Bd. V. S. 51.

[6] Die gewöhnlichen Formeln sind: — Für mich an — für mich an die Ordre — Ordre des — An — s. Thöl, Wechselrecht, §. 251. III. — Eine Quittung auf dem Wechsel kann nicht als Indossament betrachtet werden. Jolly, a. a. O. S. 52 f. — Dagegen Treitschke, Encycl. I. S. 494.

[7] Dieß meint Laband in der Zeitsch. f. d. gesammte Handelsrecht, Bd. IX. S. 246 f.

[8] Ein solches kann auch bei Wechseln auf den Inhaber und Blancowechseln stattfinden.

ohne eine solche, indem der Inhaber des Wechsels entweder ausdrücklich (Indossament auf den Inhaber) oder stillschweigend (Blanco-Indossament, Indossament in bianco)[9] als Wechselnehmer bezeichnet wird. In diesem letzteren Falle genügt die bloße Unterschrift des Indossanten auf der Rückseite des Wechsels oder der Copie, oder auf einer Allonge[10], woran auch der Umstand nichts ändert, daß es daselbst an einem Raume zur Ausfüllung des Blanco-Giro fehlt[11].

Nicht erforderlich ist dagegen wie nach Gemeinem Rechte, so auch nach der D. W. O., daß der Bezeichnung des Indossatars die Worte „an Ordre" beigesetzt werden[12], und ebensowenig erscheinen das

---

[9] D. W. O. Art. 12, 13, 98. 2. — Schweiz. Concord.-Entw. §§. 11, 12, 89. — Schwed. W. O. §. 12. — Finnl. W. O. §. 11. — Niederl. Handelsg. A. 136. — Portugies. Handelsg. A. 356. — Serbisch. Handelsg. §. 110. — Russ. Handelsg. A. 456. — Treitschke, Encyc. I. S. 487. — Jolly a. a. O. S. 69 f. — Biener, wechselrechtl. Abhandl. S. 229 f. — Andere W. O. befolgen rücksichtlich des Indossaments in bianco, mit welchem Ausdrucke sie übrigens auch das Indossament auf den Inhaber umfassen, verschiedene Systeme: 1) es ist ungültig (Span. Handelsg. A. 471); 2) es gilt nur als Procura-Indossament (Code de comm. A. 137. 138; Ungarisch. Wechselrecht, §§. 34. 35; Italien. Handelsg. A. 223, 224); 3) es ist nur Kaufleuten gestattet (Dessau. W. O. Art. 18); 4) auf Verlangen des Bezogenen muß es ausgefüllt oder statt dessen Caution bestellt werden (Cöthen. W. O. Art. 55).

[10] D. W. O. Art. 12: „Ein Indossament ist gültig, wenn der Indossant „auch nur seinen Namen oder seine Firma auf die Rückseite des Wechsels „oder der Copie oder auf die Allonge schreibt (Blanco-Indossament)"; Art. 98. 2. — Schweiz. Concordats-Entw. §. 11, Abs. 2 u. §. 89. — Arch. f. d. Wechselr. Bd. IV. S. 343. Seuffert, Arch. Bd. IX. no. 60. — Das Indossament in bianco kann übrigens auch in den Worten: „Für mich an" oder mit einer gleichbedeutenden Formel auf die Vorderseite des Wechsels oder der Copie gesetzt werden.

[11] Seuffert, Arch. Bd. XX. no. 62.

[12] Bender, Grunds. I. S. 577. — Anders nach einzelnen W. O. und zwar wieder in verschiedenem Sinne: 1) das Indossament, welches nicht an Ordre lautet, gilt nur als Procura-Indossament (Code de comm. A. 137. 138;

Datiren des Giro's [13], so wie eine Angabe des Valuten-Verhältnisses [14] bei demselben als wesentlich.

2) Das Geben und Nehmen der Wechselurkunde nach den vom Abschlusse des Wechselcontracts zwischen Trassanten und Remittenten geltenden Grundsätzen (dies. Lehrb. §. 38).

§. 55.

Die Wirkungen des Indossaments.

Die Wirkungen des eigentlichen Indossaments äußern sich:

I. Im Verhältnisse des Indossanten zum Indossatar [1]. Jener haftet diesem dafür, daß der Trassat der Grundtratte, resp. der Aussteller des eigenen Wechsels, die Wechselsumme nach Maßgabe der im Wechselbriefe enthaltenen Bestimmungen zahlen werde [2]; er ist zur Sicherheitsbestellung verpflichtet auf den Fall, daß der Bezogene den Wechsel nicht trassirtermaßen acceptirt [3], oder

---

Italien. Handelsg. Art. 223. 224); die Stellung des Indossaments an Ordre bedingt die weitere Begebbarkeit des Wechsels (Ungar. Wechselrecht §. 31).

[13] Thöl, Wechselrecht, §. 251. IV. — Dagegen Stern, die Lehre von den Wechseln, S. 43. — Nützlich kann namentlich das Zeitdatum sein. Treitschke, Encyc. I. S. 506 f. — Jolly im Arch. f. d. Wechselr. Bd. V. S. 55., Einzelne W. O. verlangen die Datirung. Code de comm. Art. 137. — Span. Handelsg. Art. 467; Portugies. Handelsg. A. 355. 356; Holländ. Handelsg. A. 134; Italien. Handelsg. Art. 223; Serbisch. Handelsg. §. 109. — Altenburg. W. O. Kap. III. §. 4. — Die Dessau. W. O. §. 18 verlangt ein Zeit-, nicht aber ein Ortsdatum.

[14] Seuffert, Arch. Bd. III. Nr. 364. — Dagegen Bender, Grundſ. I. S. 573. — Code de comm. Art. 137. — Spanisch. Handelsg. A. 467; Portugies. Handelsg. A. 355; Holländ. Handelsg. A. 134; Italien. Handelsg. A. 223.

[1] Dies. Lehrb. §. 52. 2. — Thöl, Wechselrecht, §. 255.

[2] D. W. O. Art. 14 u. Art. 98. 2. Schw. Entw. §. 13, Abs. 1 u. §. 89. — S. jedoch über Theilindossamente dies. Lehrb. §. 53. 3.

[3] D. W. O. Art. 14 u. Art. 25. — Schw. Entw. §. 13, Abs. 1 u. §. 25.

daß der Acceptant, resp. Aussteller des eigenen Wechsels unsicher werden sollte [4].

Diese Wirkungen fallen jedoch weg, indem das Indossament ein gezogenes Wechselversprechen nicht enthält:

1) wenn dasselbe unter der der Wechselerklärung beigesetzten Clausel „ohne Gewährleistung" oder „ohne Obligo" oder mit einem gleichbedeutenden Vorbehalte [5] gemacht worden [6], gleichgültig, ob die Clausel vor oder hinter der Namensunterschrift steht [7].

2) wenn es nach der wechselmäßigen Zeit für die Präsentation zur Zahlung geschehen ist [8].

Der Sinn eines solchen Indossaments kann nämlich nicht der sein, daß der Indossant sich verpflichtet, es solle die Wechselsumme zur Verfallzeit dem dermaligen Inhaber bezahlt werden [9], und ebensowenig kann darin die Ausstellung einer Tratte mit einem andern Verfalltage als demjenigen der Grundtratte, eines Sichtwechsels, gefunden werden [10], weil eine Urkunde ohne ausdrückliche Bestimmung der Verfallzeit kein Wechsel ist [11].

---

[4] D. W. O. Art. 29 u. Art. 98. 4. — Schw. Entw. §. 30.

[5] Arch. f. d. Wechselrecht, Bd. VI. S. 101; — Borchardt, die D. W. O. . . . mit den von den deutschen Gerichtshöfen ausgesprochenen Grundsätzen des Wechselrechts, S. 104, not. 137.

[6] D. W. O. Art. 14 u. Art. 98. 2. — Schweiz.-Concord.-Entw. § 13, Abs. 2 u. §. 89. — Schwed. W. O. §. 15. — Finnl. W. O. §. 15. — Ungar. Wechselr. §. 33. — Russisch. Handelsg. A. 463. — Einert, Wechselrecht, S. 143 u. 144; Thöl, Wechselrecht, S. 416; Kitka, Erläut. S. 150 f. — Ueber den Einfluß dieser Clausel auf die Civilvertretungsverbindlichkeit s. Löhr, Centraltralorgan, N. F. Bd. III. S. 605.

[7] Arch. f. d. W., Bd. XV. S. 80. — Löhr, Centralorgan, N. F. Bd. II. S. 495.

[8] Also nicht immer, wenn nach dem Verfalltage indossirt worden. — Mittermaier, Grunds. §. 337. II. — Derselbe im Arch. f. deutsch. Wechselr., Bd. I. S. 29.

[9] Preuß. Motive, S. XLIII.

[10] So Thöl, Wechselrecht (1. Aufl.), S. 340 f. u. S. 344. — S. ferner Treitschke, Encyc. I. S. 503, der ein Regreßrecht des Indossatars gegen den

Anders verhält es sich jedoch nach der D. W. O., nach welcher nur derjenige Indossant wechselmäßig nicht verpflichtet ist, der den Wechsel nach rechtsgültig erhobenem Proteste Mangels Zahlung [12], gleichgültig ob vor oder nach Ablauf der Protestfrist [13], indossirt hat [14]; während die Verspätung des Indossaments sich aus dem

---

Nachindossanten für den Fall annimmt, daß der Wechsel mit nächster Post eingesandt, präsentirt und protestirt worden ist.

[11] Dies. Lehrb. §. 16. — Biener, wechselrechtl. Abh. S. 439. — Nach dem Niederländ. Handelsg. Art. 139 können verfallene Wechsel nicht indossirt werden; nach dem Italien. Handelsg. A. 224 wirkt das Indossament nach Verfall nur als Procura. — Doch enthält die Mehrzahl der W. O. keine Bestimmungen über das Indossament nach Verfall (Liebe, Entw. S. 97); dagegen gehen die neuern Entwürfe in Ansehung derselben von verschiedenen Auffassungen aus. Der Preuß. Entw. §. 16 bestimmte: „Ein nach dem „Verfalltage des Wechsels ausgestelltes Indossament hat nur die Wirkung „einer Cession"; der Würtemb. Entw. Art. 576: „Die Begebung eines „verfallenen Wechsels.... gilt bloss als Bevollmächtigung zum Einzuge. „Sie ist ungültig, wenn die Zahlung eines nicht angenommenen Wechsel-„briefs bereits verweigert und Protest desshalb erhoben wäre"; — der Sächs. Entw. v. Einert, Kap. VIII. §. 13: „Ein Wechsel kann auch „nach der Verfallzeit durch Indossament begeben werden. Der Nehmer er-„langt dadurch den Anspruch an den Acceptanten, aber, wo nicht ein Accept „auf einen spätern Zahltag vorliegt, oder sich der Bezogene nicht beim „Protest anderweite Erklärung auf einen bestimmten Tag vorbehalten, kein „Regressrecht wider seinen Indossanten. Er kann aber, wenn die Solennität „der Präsentation und Protestation am Verfalltage beachtet ist, auf die „Vormänner seines Indossanten den Regress nehmen"; der Braunschw. Entw. v. Liebe, §. 28: „Wechsel können auch nach der Verfallzeit gültig „indossirt werden. Der Indossatar erlangt alsdann die Rechte aus dem „etwa vorhandenen Accepte gegen den Bezogenen und ausserdem a) wenn „der Wechsel gehörig zur Zahlung präsentirt und protestirt war, die ge-„setzlichen Regressrechte gegen den Aussteller und diejenigen, welche den „Wechsel bis zur Verfallzeit girirt haben; b) wenn der Wechsel präjudicirt „war, Regressrechte gegen diejenigen, welche den Wechsel nach der Ver-„fallzeit girirt haben. Diese Regressnahme setzt voraus, dass der Wechsel „innerhalb 24 Stunden nach Empfang zur Zahlung präsentirt oder zur „Präsentation abgesandt ist." S. auch Mittermaier im Arch. f. d. W. Bd. I. S. 11 f.

[12] Volkmar u. Löwy, D. W. O. S. 87.

[13] Volkmar u. Löwy, D. W. O. S. 84.

[14] D. W. O. Art. 16: „Wenn ein Wechsel indossirt wird, nachdem die

Proteste ergiebt. Geht aber aus dem Proteste hervor, daß erst nach Erhebung desselben der Wechselinhaber den Wechsel erworben, während er sich aus einem vor dem Proteste gegebenen Blanco-Giro als Nehmer legitimirt, so ist der Blanco-Indossant nicht als Nachindossant zu betrachten und sonach keineswegs von der wechselmäßigen Regreßpflicht frei [15]. Denn es ist das Blancogiro, und zwar Beurkundung und Begebung, vor der Protesterhebung M. Z. geschehen, andererseits der Wechselinhaber ohne Rücksicht auf die Zeit, zu welcher er das Papier erworben, durch jenes Indossament als Wechselnehmer legitimirt. Da jedoch durch die Protesterhebung M. Z. die Wechselforderung mit der Person desjenigen verknüpft worden, welcher den Protest hat leviren lassen, so stehen dem Wechselinhaber die Einreden entgegen, welche jenem hätten entgegengesetzt werden können [16].

„für die Protesterhebung Mangels Zahlung bestimmte Frist abgelaufen ist, „erlangt der Indossatar die Rechte aus dem etwa vorhandenen Accepte gegen „den Bezogenen und Regressrechte gegen diejenigen, welche den Wechsel „nach Ablauf dieser Frist indossirt haben.

„Ist aber der Wechsel vor dem Indossamente bereits Mangels Zahlung „protestirt worden, so hat der Indossatar nur die Rechte seines Indossanten „gegen den Acceptanten, den Aussteller und diejenigen, welche den Wechsel „bis zur Protesterhebung indossirt haben. Auch ist in einem solchen Falle „der Indossant nicht wechselmässig verpflichtet." Art. 98. 2. — Leipzig. Protoc. S. 25 f. — Schw. Entw. §. 16 u. §. 89.

[15] Hoffmann im Arch. f. d. W. Bd. X. S. 146 f. — Ladenburg in der Zeitsch. f. d. gesammte Handelsrecht, Bd. V. S. 415 f. — Dagegen: R. Martin im N. Arch. f. Handelsrecht, Bd. II. S. 383 f. Rießer im demselben Arch. Bd. III. S. 61 f. Arch. f. d. W. Bd. VII. S. 373; Bd. IX. S. 180 f. — Eine noch andere Ansicht hat später Hoffmann im Arch. f. d. W. Bd. XIV. S. 235 f. aufgestellt, indem er den Blancoindossanten dann als Nachindossanten betrachtet, wenn derselbe nachweist, daß er den Wechsel nach der Protesterhebung weiter begeben.

[16] Hermann v. Sicherer, Legitimation des Wechselinhabers durch ein dem Protest vorausgegangenes Blancogiro, München (Inaugural-Abhandl. ohne Jahreszahl), S. 30 f. (Arch. f. d. W. Bd. XI. S. 332 f.). — Dagegen Kuntze im Arch. f. d. W. Bd. XI. S. 145 f., nach welchem der Wechselinhaber schlechtweg als Vorindossatar zu behandeln ist.

Wird dagegen ein zur Verfallzeit nicht bezahlter und nicht oder nicht gültig protestirter Wechsel nach Ablauf der für die Protesterhebung Mangels Zahlung bestimmten Frist indossirt [17], so ist der Indossant wechselmäßig verpflichtet [18]. Indem aber ein solches Nachindossament eine Tratte enthält, ist zur Begründung des Regresses gegen den Nachindossanten die rechtzeitige Präsentation an den Bezogenen oder Aussteller der eigenen Wechsels, und beziehungsweise Domiciliaten, und Protesterhebung Mangels Zahlung erforderlich. Da jedoch die Verfallzeit dieser neuen Tratte nicht diejenige der Grundtratte sein kann, so ist für den Fall, daß das Nachindossament keinen Verfalltag bestimmt hat [19], die Frage nach der Zeit, in welcher der Wechsel zur Zahlung zu präsentiren und in ermangelnder Zahlung zu protestiren ist, bestritten. Es braucht aber der Wechsel zur Regreßnahme gegen den Nachindossanten nicht in Ermangelung eines andern Platzgebrauchs sofort präsentirt zu werden [20]; und eben so wenig ist die Frist für Präsentation und Protesterhebung die Verjährungszeit der Wechselklage gegen den Acceptanten und beziehungsweise Aussteller des eigenen Wechsels [21].

---

[17] Unbegründet ist die Meinung (Arch. f. d. W. Bd. V. S. 449), wonach ein Indossament, welches zwar vor Ablauf der Protestzeit, jedoch so spät erfolgte, daß eine rechtzeitige Präsentation für den Inhaber nicht mehr möglich, rechtlich einem nach Ablauf dieser Frist erfolgten Giro gleich gelte.

[18] D. W. O. Art. 16, Abs. 1; u. Art. 98. 2.

[19] Ungegründet ist jedoch die Ansicht des O. A. G. in Dresden (bei Seuffert, Arch. Bd. IX. no. 65), daß zwar zur Begründung des Regresses gegen den Nachindossanten Protesterhebung erforderlich, daß aber in Ermangelung einer gesetzlich dafür bestimmten Frist ein Regreß nur dann zulässig sei, wenn über das vom Indossatar zu beobachtende Verfahren im Indossamente ausdrücklich Bestimmung Statt gefunden, oder doch wenigstens im Wechsel auf andere Weise indicirt worden, daß von Seiten des Zahlers eine anderweite Erklärung wegen der von ihm zu gewärtigenden Einlösung für einen von ihm bestimmten Tag vorbehalten worden, wie z. B. durch Acceptation auf einen zur Zeit des Indossaments noch nicht eingetretenen Tag.

[20] So das Hamburg. Handelsg. im Arch. f. d. Wechselr., Bd. V. S. 452 f. u. N. Arch. f. Handelsrecht, Bd. III. S. 33 f.

[21] So das Berlin. Ob. Tr. bei Borchardt, die D. W. O. . . . mit den

Indem vielmehr jeder Wechsel einen Verfalltag haben muß, kann die im Nachindossamente enthaltene Tratte nur als Sichttratte betrachtet werden [22]; aus welchem Grunde denn der Wechselnehmer den Wechsel binnen der für Sichtwechsel geltenden (dies. Lehrb. §. 65), hier vom Datum des ersten Nachindossaments laufenden, Frist zur Zahlung zu präsentiren hat [23]. Es bedarf demnach der Wechselinhaber zur Regreßnahme gegen einen Nachindossanten eines Protestes M. Z., dessen rechtzeitige Aufnahme er durch den Nachweis herzustellen hat, daß das betreffende Indossament nach der wechselmäßigen Zeit für die Präsentation zur Zahlung Statt gefunden [24]; wogegen dem Nachindossanten der Beweis zusteht, daß der nachindossirte Wechsel nicht binnen der für Sichtwechsel bestimmten Zeit zur Zahlung präsentirt worden [25]. Diese Frist ist aber in gleicher Weise gegenüber dem Nachindossanten einer acceptirten Tratte zu beobachten [26].

---

von den deutschen Gerichtshöfen ausgesprochenen Grundsätzen des Wechselrechts, Zus. 219 u. Arch. f. d. W. Bd. VI. S. 85 f. — Das Handelsappellations-Gericht zu Nürnberg in Löhr, Centralorgan, N. F. Bd. II. S. 629 f. und Samml. handelsgerichtlicher Entscheidungen ... in Bayern, Bd. II. S. 25 f.; das O. A. G. in Lübeck bei Seuffert, Arch. Bd. XX. no. 174. — Wolff im Arch. f. d. W. Bd. XIII. S. 158 f. — Volkmar u. Löwy, D. W. O. S. 82 f.

22 Brauer, Erläut. S. 54; Mittermaier im Arch. f. d. W. Bd. I. S. 30. — Bluntschli, D. W. O. S. 48. — D. W. O. mit Einl. u. Erl. S. 76 f.; Jolly im Arch. f. d. W. Bd. V. S. 40 f. — Thöl, Wechselrecht, S. 461 f. Obergericht in Hamburg im N. Arch. f. Handelsrecht, Bd. III. S. 35 f. — Oberst. Gerichtshof in Wien in Löhr's Centralorgan, N. F. Bd. III. S. 410 f.

23 Thöl, Wechselrecht, S. 462. Nicht zu billigen ist die Ansicht Jolly's im Arch. f. d. W. Bd. V. S. 42, wonach jedes Nachindossament den Wechsel auf's Neue zu einem Sichtwechsel macht.

24 Jolly im Arch. f. d. W., Bd. V. S. 48.

25 Jolly a. a. O. S. 47. — Unrichtig ist demnach die Bemerkung Brauer's, Erl. S. 54, für den Fall, daß das Indossament nicht datirt sei, werde man die Präsentationsfrist vom ursprünglichen Verfalltage, als dem Tage, an welchem die Indossirung höchstens erfolgt sein könne, laufen lassen müssen.

26 Thöl, Wechselrecht, S. 462. — Dagegen: Rießer im N. Arch. f. Handelsrecht, Bd. III. S. 44 f.

§. 56.

Fortsetzung. — Die Wirkungen des Indossaments.

II. Im Verhältnisse des Indossatars zu den Indossaten hat das Indossament folgende Wirkungen:

1) Der Aussteller der Tratte, die Vorindossanten des gezogenen und des eigenen Wechsels, haften dem Indossatar, und zwar kraft dessen eigenen Rechts [1], wie ihrem ersten Nehmer.

Doch greifen abweichende Grundsätze bei dem nach der wechselmäßigen Zeit für die Präsentation zur Zahlung indossirten Wechsel ein.

War derselbe nämlich nicht protestirt, so haften der Trassant, so wie die Vorindossanten, welche ihn vor Ablauf der Protestzeit indossirten, nicht, weil der Wechsel ihnen gegenüber präjudicirt ist. — Wohl aber sind nach der D. W. O. die Vorindossanten, deren Indossamente nach Ablauf der Protestzeit stattgefunden (die Nachindossanten in diesem Sinne), wie ihrem ersten Nehmer, so auch dem Indossatar kraft dessen eigenen Rechts wechselmäßig verbunden, wiewohl mit der Maßgabe, daß sie aus einer Sichttratte haften, welche als an dem Tage ausgestellt gilt, an welchem der präjudicirte Wechsel zuerst indossirt worden (vgl. §. 55).

Dagegen erwirbt der Indossatar eines fälligen und Mangels Zahlung gültig protestirten Wechsels [2] gegen den Trassanten und diejenigen, welche den Wechsel bis zur Protesterhebung indossirt haben, nur die Rechte seines Indossanten, da jene sich dahin verpflichtet, daß der Wechsel zur wechselmäßigen Zahlungszeit dem der-

---

[1] Dies. Lehrb. §. 52. 1. — D. W. O. Art. 10 u. Art. 98. 2. — Schweiz. Concord.-Entw. §. 10, Abs. 1 u. §. 89. — Treitschke, Encyc. I. S. 463 f.

[2] Arch. f. deutsch. W. Bd. XI. S. 102 f. — Der Protesterhebung M. Z. steht die Einklagung des Wechsels gegen den Acceptanten nicht gleich. Arch. f. d. W. Bd. XV. S. 87 f.; Samml. handelsgerichtl. Entscheidungen ... in Bayern, Bd. II. S. 207 f.

maligen Inhaber bezahlt werden solle [3]. Indem er jedoch alle Rechte seines Indossanten hat, ist er durch das Giro auch legitimirt, die zum Vortheile jenes ergangene Verurtheilung zum Vollzuge zu bringen [4].

Andererseits hat der Nehmer eines Mangels Zahlung gültig protestirten Wechsels keine Wechselrechte gegen die Vorindossanten, welche den Wechsel nach der Protesterhebung indossirt haben (die Nachindossanten in diesem Sinne), indem dieselben den Beweis, daß ihr Indossament erst nach dem Proteste M. Z. erfolgt, als Beweis einer aus dem Wechselrechte selbst hervorgehenden Einrede auch einem mittelbaren Indossatare entgegensetzen können [5].

2) Der Acceptant der Tratte, der Aussteller des eigenen Wechsels haben gegenüber dem Indossatar die nämlichen Verbindlichkeiten wie gegenüber dem Wechselnehmer zur Zeit der Acceptation, resp. der ersten Begebung [6]. Sie haften jenem kraft dessen eigenen Rechts [7], wenn nicht der Wechsel nach der Protesterhebung Mangels Zahlung indossirt worden [8], eine Thatsache,

---

[3] D. W. O. Art. 16, Abs. 2. — Preuß. Motive, S. XLIII. — Thöl, Wechselrecht, §. 264. III. — Mittermaier im Arch. f. deutsch. Wechselr., Bd. I. S. 31 u. das nämliche Arch. Bd. IV. S. 449. — Seuffert, Arch. X. Nr. 172. — Arch. f. deutsch. Wechselr., Bd. VIII. S. 187 f. — Ueber den Schw. Entw. §. 16, Abs. 2 s. Mein Aufs. in der krit. Ueberschau IV. S. 356.

[4] Sammlung handelsgerichtl. Entscheid. . . . in Bayern, Bd. I. S. 537 f.

[5] Jolly im Arch. f. d. W. Bd. V. S. 49. — Dagegen: Thöl, Wechselr., S. 464.

[6] Der Umstand, daß der Wechsel von dem Aussteller selbst um einen niedrigern Betrag als die Wechselsumme girirt worden, ändert selbst dann, wenn er aus dem Indossamente ersichtlich ist, die Verbindlichkeit des Acceptanten, die ganze Wechselsumme zu bezahlen, nicht. Arch. f. d. W. Bd. III. S. 342 u. Seuffert, Arch. Bd. VII. Nr. 233. Bei einem Theilindossamente dagegen ist der Acceptant dem Inhaber des Originalaccepts nur für den auf ihn girirten Betrag verpflichtet. Kitka, Erläut. S. 156.

[7] Seuffert, Arch. Bd. III. Nr. 364 u. Bd. X. Nr. 280. — D. W. O. Art. 10 u. Art. 98. 2.

[8] D. W. O. Art. 16, Abs. 2; Art. 98. 2.

die der Wechselschuldner, welcher Rechte daraus ableiten will, beweisen muß [9].

Der Aussteller der Tratte, die Vorindossanten des gezogenen und des eigenen Wechsels, der Acceptant der Tratte und der Aussteller des eigenen Wechsels können aber die Einreden, welche ihnen gegenüber demjenigen zustehen, welcher zuerst den Wechsel nach der Protesterhebung girirt hat, nicht allein dem unmittelbaren Nehmer desselben, sondern auch einem mittelbaren Nachmanne entgegensetzen, indem der erste Nachindossatar nicht mehr Rechte übertragen kann, als er selbst hat [10]. Aus dem nämlichen Grunde und nach demselben Principe können jene Wechselverbundenen bei mehrfacher successiver Indossirung des protestirten Wechsels sich der Einreden bedienen, die ihnen gegenüber dem einen oder andern der Nachindossanten zustehen [11].

An diesen Grundsätzen wird dadurch nichts geändert, daß der nach Erhebung des Protests M. Z. mittelst unausgefüllten Indossaments girirte Wechsel in der Hand eines frühern Indossanten sich befindet [12].

Auch hat der Wechselinhaber, der sich durch ein vor Ablauf der Protestfrist gegebenes Blancogiro als Wechselnehmer legitimirt, während aus dem Proteste ersichtlich ist, daß er erst nach dessen Erhebung den Wechsel erworben, gegen den Trassanten und diejenigen, welche den Wechsel bis zur Levirung des Protests indossirt haben, so wie gegen den Acceptanten und den Aussteller des eigenen Wechsels,

---

[9] Thöl, §. 264. II. Der Behauptung Jolly's im Arch. f. deutsch. W. Bd. V. S. 49, daß der Acceptant zur Führung dieses Beweises eine Ausfertigung des Protests vom Notar verlangen könne, steht die R. N. O. von 1512. I. §. 23 entgegen.

[10] Arch. f. d. W. Bd. XII. S. 399 f.

[11] Arch. f. d. W. Bd. XIII. S. 103 f. — S. auch Volkmar u. Löwy, D. W. O. S. 85.

[12] Seuffert, Arch. Bd. XVI. no. 90. — Löhr, Centralorgan, N. F. Bd. I. S. 130 f.

keine selbstständigen Wechselrechte, indem er sich vielmehr die Einreden entgegensetzen lassen muß, welche demjenigen entgegenstanden, der den Protest hat erheben lassen [13].

§. 57.

Fortsetzung. — Die Wirkungen des Indossaments.

III. Im Verhältnisse des Indossanten zu den Indossaten hat das Indossament die Folge, daß jener die ihm gegen diese zustehenden Wechselrechte verliert [1]. Indem er letztere jedoch durch die Einlösung des Wechsels wiedererwirbt [2], hat er unter dieser Voraussetzung nicht eine neu erworbene [3], sondern seine frühere wieder aufgelebte Forderung [4]. Der Indossant ist aber befugt, auf dem eingelösten Wechsel sein und seiner Nachmänner Giro auszustreichen [5], und sich dadurch der Gefahr einer Regreßnahme zu entziehen [6], während eine solche Durchstreichung der Indossamente zum Zwecke seiner Legitimation nicht nothwendig ist [7]. Auch kann

---

[13] Seuffert, Arch. Bd. XV. no. 57. — Löhr, Centralorgan, N. F. Bd. II. S. 417 f.

[1] D. W. O., Art. 10 u. Art. 98. 2. — Schweiz. Concord.-Entw. §. 10 u. §. 89.

[2] D. W. O. Art. 51 u. Art. 98 no. 6; Arg. Art. 23. — Schweiz. Concordats-Entw. §. 52 u. §. 89; Arg. §. 24. — Jolly im Arch. f. deutsch. Wechselr. Bd. V. S. 59 f.

[3] Dieß hat das Berlin. O. Tr. angenommen (Arch. f. deutsch. Wechselr. Bd. VII. S. 105 f.).

[4] Borchardt, in der Zeitsch. f. das gesammte Handelsrecht, Bd. II. S. 94 f.

[5] D. W. O. Art. 55 u. Art. 98 no. 6. — Schweiz. Concord.-Entw. §. 56.

[6] Brauer, Erläut. S. 105; Bluntschli, D. W. O. S. 98. — Löhr, Centralorgan, N. F. Bd. I. S. 127 f.

[7] Berlin. Ob. Tr. im Arch. f. deutsch. Wechselr. Bd. III. S. 126 f. u. Bd. VI. S. 92 f.; Blaschke, Wechselr., S. 192, not. 6.

er unter Tilgung jener Indossamente den Wechsel weiter indossiren, ohne daß derselbe an ihn zurückgirirt worden wäre [8].

§. 58.

Das Recht des Indossatars, weiter zu indossiren. — Die Form des weitern Indossaments.

Der Indossatar kann den Wechsel mit voller Wirkung weiter indossiren, mag das Indossament, kraft dessen er denselben erhalten, an Ordre lauten oder nicht [1]; denn jedes Indossament ist im Zweifel ein Ordre-Indossament [2].

Selbst ein Recta-Indossament, als welches nach der D. W. O. wie nach gemeinem Rechte allein das vollständige Indossament gilt, welches „Nicht an Ordre" lautet oder einen gleichbedeutenden Zusatz hat, schließt das Recht des Recta-Indossatars, den Wechsel weiter zu indossiren, nicht aus; nur überträgt derselbe alsdann seine Wechselrechte gegen den Recta-Indossanten nicht auf seine Nachmänner [3], welche gegen jenen auch nicht als Bevollmächtigte des Recta-Indossatars zu regrediren befugt sind [4].

---

[8] Berl. Ob. Tr. im Arch. f. deutsch. Wechselr., Bd. XVI. S. 78 f.

[1] D. W. O. Art. 10, Art. 15 u. Art. 98. 2. — Schweiz. Concord.-Entw. §. 10, Abs. 1. — Schwed. W. O. §. 11. — Russisch. Handelsg. A. 450 u. A. 454. — Dagegen: Code de comm. Art. 157; Ungar. Wechselrecht, §. 31.

[2] Leipzig. Protoc. S. 22. — Treitschke, Encyc. I. S. 455; Mittermaier, Grundſ. §. 337. — Dagegen: Daniels, Grundſ. S. 94; Bender, Grundſ. I. S. 582; Pöhls, Wechselrecht, S. 343 f.; Thöl, Wechselrecht, §. 259. II.

[3] D. W. O. Art. 15: „Ist in dem Indossamente die Weiterbegebung „durch die Worte „nicht an Ordre" oder durch einen gleichbedeutenden „Ausdruck verboten, so haben diejenigen, an welche der Wechsel aus der „Hand des Indossatars gelangt, gegen den Indossanten keinen Regress." Art. 98. 2. — Schweiz. Concord.-Entw. §§. 14 u. 89. — Schwed. W. O. §. 16. — Thöl, Wechselrecht, §. 259. II. — Brauer, Erläut. S. 51 f. Bluntschli, D. W. O. S. 46 f.

[4] Liebe, Entw. S. 95; Volkmar u. Löwy, D. W. O. S. 79. — Da-

Die Form des weitern Indossaments ist die des Indossaments überhaupt. Beim Blancoindossament tritt jedoch der Natur der Sache nach die Eigenthümlichkeit ein, daß der Wechselinhaber den Wechsel entweder unter Ausfüllung des Blanquets, oder ohne dieses weiter indossiren kann [5]. Im erstern Falle, in welchem das Blanco-indossament als solches nicht mehr besteht [6], kann die Ausfüllung des Blanquets mittelst Einschaltung des Namens oder der Firma des Indossatars so wie des Datums der Indossirung [7], nicht aber mittelst solcher Zusätze geschehen, welche, wie die Angabe eines Valuta-Empfangs [8] oder die Clausel „ohne Protest" [9] geeignet sind, die Stellung des Blanco-Indossanten zu verschlechtern [10].

Uebrigens kann ein in bianco oder auf den Inhaber indossirter Wechsel mit oder ohne Ausfüllung auf den Namen des Nehmers auch ohne Indossament weiter begeben werden [11], in welchem Falle

---

gegen: Entw. einer Wechselordn. für das K. Sachsen von Einert (Tit. VIII. §. 4).

[5] D. W. O. Art. 13 u. Art. 98. 2. — Schweiz. Concord.-Entw. §. 12. — Schwed. W. O. §. 12. — Brauer, Erläut. S. 50.

[6] Arch. f. d. W. Bd. VIII. S. 439 f.

[7] Der Preuß. Entw. §. 14 bestimmte: „Jeder Eigenthümer eines Wech-„sels ist befugt, die auf demselben befindlichen Blanco-Indossamente aus-„zufüllen; insbesondere den Namen oder die Firma des In-„dossatars, und die Angabe des Orts, Monatstages und „Jahres der Indossirung einzurücken . . ." Die Worte insbesondere u. s. w. wurden aus der D. W. O., Art. 13 nur aus Redactionsgründen weggelassen (Leipziger Protoc. S. 24 f.). S. auch Löhr, Centralorgan, N. F. Bd. II. S. 282.

[8] Seuffert, Arch. Bd. VIII. no. 80. — Sammlung handelsgerichtl. Entscheidungen . . . in Bayern Bd. I. S. 515 f.

[9] Kletke, Präjudiz. S. 81 no. 443; S. 183 no. 447. — S. jed. Arch. f. d. W., Bd. VI. S. 88 f.

[10] Volkmar u. Löwy, D. W. O. S. 77. — Hoffmann, Erläut. S. 248.

[11] Einert, Wechselrecht, S. 130. — Borchardt, D. W. O. . . . mit den von den deutschen Gerichtshöfen ausgesprochenen Grundsätzen des Wechselrechts, Zus. 196. a.

der Geber nicht wechselrechtlich haftet [12], und der Wechselschuldner dem Wechselgläubiger nicht Einreden entgegensetzen kann, welche ihm gegenüber solchen Personen, die auf dem Wechsel nicht erscheinen, zustehen [13], so wie er ebensowenig dem Kläger entgegenzustellen vermag, daß derselbe in unredlicher Weise den Wechsel erworben [14].

§. 59.

Die Wirkungen des Indossaments an solche Personen, welche bereits im Wechselverhältnisse fungiren.

Der Wechsel kann an den Aussteller, an einen frühern Indossanten, an den Bezogenen oder Acceptanten gültig indossirt und von einem solchen Indossatar weiter begeben werden [1]. Findet aber eine weitere Begebung, welche selbst vom Acceptanten und resp. Aussteller des eigenen Wechsels mit voller Wirksamkeit vorgenommen werden kann [2], nicht Statt, so erleiden die regelmäßigen Wir-

[12] Arch. f. d. W. Bd. XI. S. 198 f.; Bd. XII. S. 204 f.

[13] Arch. f. d. W. Bd. X. S. 74 f.

[14] Dagegen der Oberste Gerichtshof in Wien im Arch. f. deutsch. W. Bd. XV. S. 105 f.

[1] Dies. Lehrb. §. 58. — D. W. O Art. 10: „Durch das Indossament „gehen alle Rechte aus dem Wechsel auf den Indossatar über, insbesondere „auch die Befugniss, den Wechsel weiter zu indossiren. Auch an den „Aussteller, Bezogenen, Acceptanten oder einen frühern Indossanten kann „der Wechsel gültig indossirt und von denselben weiter indossirt werden.“ — Art. 98 2. — Schw. Entw. § 10 u. §. 89. — Schwed. W. O. §. 14.

[2] Dieß ist jedoch für das Gemeine Recht bestritten, indem behauptet wird, durch das Giro an den Acceptanten würden sofort der Trassant und alle Indossanten liberirt. Im Einklange hiermit bestimmte z. B. die Bremer W. O. v. 1712, Art 30: „. . . wenn . . ein Wechselbrief an Ordre gestellt „oder an Ordre indossiret ist, so mag der Bezogene (Acceptant) denselben „sowohl als ein anderer negotiiren (vor Verfall), und an ihm selbst zur „Bezahlung indossiren lassen, wodurch der Wechselbrief vor dem „Verfalltage vollthan und gänzlich mortificiret ist.“ Diese Ansicht stützt man entweder darauf, daß man die Einlösung des Wechsels von Seiten des Acceptanten oder selbst des Bezogenen, der nicht acceptirt hat (Frank-

kungen des Indossaments, den Fall eines Giro's an den Bezogenen ausgenommen, gewisse Modificationen, rücksichtlich welcher in folgender Weise zu unterscheiden ist:

1) Der Trassant, welcher den Wechsel durch Indossament erworben, wird frei von der Gefahr eines Regresses von Seiten des Remittenten und der seitherigen Indossatare [3], währenddem er keine Wechselrechte gegenüber den Indossanten geltend machen kann, da jeder derselben sofort nach gezahlter Regreßsumme wieder gegen ihn regrediren könnte [4]. Dagegen wird er wechselmäßig gegenüber dem Acceptanten berechtigt, wenn er es auch als Trassant nach dem anzuwendenden Rechte nicht sein sollte [5]; aus welchem Grunde denn einzelne Wechselordnungen das Indossiren an den Aussteller eines gezogenen Wechselbriefs verbieten [6]. Ist aber auch nach der maßgebenden W. O. der Trassant als solcher aus dem Accepte berechtigt, so ist derselbe dessenungeachtet, wenn er den Wechsel durch Rückgiro erworben, als Indossatar zu behandeln, daher ihm im Falle einer nach Protestirung des Wechsels an

---

furt. W. O. v. 1739, §. 44), als eine vor Verfall geleistete Bezahlung des Wechsels auffaßt, oder darauf, daß mit der Indossirung an den Acceptanten eine Confusion seines Rechts und seiner Verbindlichkeit eintrete (Jurist. Wochenschrift f. die preuß. Staaten 1843, S. 592 f. u. S. 610 f.). — Allein die Annahme einer Zahlung wird durch die von den Parteien gewählte Giroform ausgeschlossen (Preuß. Motive, S. XLII.), und eine Confusion findet in Wirklichkeit nicht Statt, da der Acceptant in dem Augenblicke, in welchem ihm der Wechselbrief begeben wird, aufhört Wechselschuldner zu sein. S. auch die D. W. O. mit Einl. u. Erläut. S. 73.

[3] Bluntschli, D. W. O. S. 39.

[4] Treitschke, Encyc. I. S. 498. — Brauer, Erläut. S. 46. — Thöl, Wechselrecht, §. 326. 3. — Arch. f. d. W. Bd. IV. S. 98 u. Seuffert, Arch. Bd. VII. Nr. 348. — Kletke, Präjud. S. 270. Nr. 707.

[5] Treitschke, Encycl. I. S. 498. — Kitka, Erläut. S. 117 f.

[6] Weimar'sche W. O. §. 29. — Treitschke, Encycl. II. S. 477.

ihn erfolgten Girirung die exceptiones ex persona indossantis entgegenstehen [7].

2) Der Indossant, an welchen der Wechsel zurückindossirt worden, wird von der Gefahr des Regresses befreit, und erwirbt Wechselrechte gegenüber dem Acceptanten, so wie den seinem früheren Indossamente vorgehenden Indossanten, nicht aber gegenüber den Giranten, welche zwischen diesem Indossamente und demjenigen, durch welches er den Wechsel wieder erworben, stehen [8].

3) Der Acceptant, auf welchen der Wechsel girirt worden [9], kann zur Verfallzeit bei sich selbst einen Protest Mangels Zahlung erheben lassen und Regreß nehmen; diesen Regreß hat er jedoch nur gegen den Trassanten [10], und auch gegen diesen nicht, wenn er, wie dieß nach der D. W. O. der Fall ist, demselben aus dem Accepte wechselmäßig haftet [11].

4) Der Aussteller des eigenen Wechsels, welcher denselben durch Indossament erworben, wird hierdurch von der Verpflichtung zur Wechselzahlung befreit, kann aber selbst keine Wechselrechte geltend machen [12], außer gegen den Mitaussteller des

---

[7] Berlin. Ob. Trib. bei Seuffert, Arch. Bd. XI. Nr. 173 u. im Arch. f. d. W. Bd. V. S. 425 f.

[8] Treitschke, Encyc. I. S. 498. — Bluntschli, D. W. O. S. 40. — Die Verpflichtung der zuletzt genannten Indossanten erlischt nicht, wie Brauer, Erläut. S. 47 sagt.

[9] Formeln des Giro's an den Acceptanten, resp. Bezogenen sind: — Für mich an Sie selbst oder Ihre Ordre — Für mich an den Bezogenen oder dessen Ordre — Für mich an ihre eigene Ordre — Für mich zahlt Herr NN. zu seiner Zeit an sich selbst —.

[10] Treitschke, Encycl. I. S. 499 a. E. — Die Einrede, welche Thöl, Wechselrecht, §. 326. 2 dem Trassanten gegenüber dem Acceptanten beilegt, steht jenem keineswegs immer liquid zur Seite.

[11] Dies. Lehrb. §. 41. — Eine Confusion, wie Brauer, Erläut. S. 47 und Bluntschli, D. W. O. S. 40 meinen, tritt hier jedoch nicht ein (s. oben Note 2 a. E.); wohl aber hat der Trassant gegen den Acceptanten die Einrede, daß er, sobald er den Wechsel eingelöst, sich an ihm erholen könne.

[12] Kitka, Erläut., S. 118 f. u. S. 123.

Wechsels, welcher jedoch die Regreßklage mittelst der exceptio doli insoweit elidiren kann, als er zu beweisen vermag, daß die eingeklagte Summe über den auf ihn fallenden Antheil an der Schuld hinausgeht [13].

5) Der Bezogene endlich, welcher den an ihn indossirten Wechsel nicht acceptirt hat, kann auf den bei ihm selbst erhobenen Protest Mangels Annahme oder Zahlung gegen alle Wechselverbundenen wirksam regrediren, so wie auch gegen den Ehrenacceptanten klagen [14].

§. 60.

Der Gebrauch von Wechselduplicaten und Copien bei der Indossirung.

Die Bequemlichkeit der Wechselduplicate und Copien tritt bezüglich der Indossirung, und zwar in verschiedener Weise, hervor [1]:

---

[13] Seuffert, Arch. Bd. X. Nr. 205. Sammlung handelsgerichtl. Entscheidungen ... in Bayern, Bd. I. S. 199 f. Anders die Erkenntnisse des Rostock. O. A. G. bei Borchardt, D. W. O. .... mit den von den deutschen Gerichtshöfen ausgesprochenen Grundsätzen des Wechselrechts, Zus. 522. b.

[14] Treitschke, Encycl. I. S. 500. — Thöl, Wechselrecht, §. 326. 1. — Bluntschli, D. W. O. S. 40. — Kletke, Präjudiz. S. 177. Nr. 428.

[1] Auch der Indossatar kann bei oder nach der Indossirung auf seine Kosten (Jolly, über Wechselduplicate und Wechselcopien im Arch. für deutsch. Wechselrecht, Bd. III. S. 8 f.) die Ausstellung von Duplicaten, welche in allen Stücken mit der ursprünglichen Wechselurkunde übereinstimmen, verlangen. Er hat sich deshalb an seinen unmittelbaren Vormann zu wenden, welcher wieder an seinen Vormann zurückgehen muß, bis die Anforderung, welche übrigens keine wechselrechtliche ist, an den Trassanten, resp. den ersten Indossanten des eigenen Wechsels gelangt. Dieser hat alsdann ein zweites, drittes u. s. w. Original-Exemplar auszustellen, welches durch die Hand der sämmtlichen Indossanten, von einem jeden derselben mit einem mit dem auf das ursprüngliche Exemplar gesetzten, gleichlautenden Indossamente versehen, an den letzten Indossatar zurückgelangt. — D. W. O. Art. 66, Abs. 3. — Schw. Entw. §. 70, Abs. 2. — Schwed. W. O. §. 64. — Finnl. W. O. §. 61. — Cod. de comm. Art. 154. — Jolly, a. a. O. S. 8 u. S. 11 f.

1) Das eine Exemplar der Tratte wird zum Accepte versandt, das andere oder eine Copie indossirt, und auf dem indossirten Duplicate oder der Abschrift [2] bemerkt, bei wem das zur Annahme versandte Exemplar zu treffen [3], und überdieß bei Nach-Sichtwechseln, zu welcher Zeit die Einsendung Statt gefunden [4].

Der Indossatar und dessen Nachmänner werden an sich nicht Eigenthümer des zum Accepte versandten Exemplars [5]; dagegen haben sie, so wie der an Stelle eines solchen eingetretene Ehrenzahler, gegen dessen Bewahrer [6] eine persönliche Klage auf Herausgabe desselben, und zwar sowohl eine Klage aus dem Rechte des Einsenders, als auch eine selbstständige actio ad exhibendum [7].

---

[2] D. W. O. Art. 70, Abs. 2 u. Art. 98. 8. — Schw. Entw. §. 74 u. §. 89.

[3] D. W. O. Art. 68, Abs. 1: „Wer eines von mehreren Exemplaren „eines Wechsels zur Annahme versandt hat, muss auf den übrigen Exem„plaren bemerken, bei wem das von ihm zur Annahme versandte Exemplar „anzutreffen ist. Das Unterlassen dieser Bemerkung entzieht jedoch nicht „dem Wechsel die Wechselkraft." — Schw. Entw. §. 71, Abs. 1. — Schwed. W. O. §. 66. — Finnl. W. O. §. 63. Der sog. Depositions-Vermerk geschieht mit der gewöhnlich unter den Namen des Ausstellers gesetzten Formel: — Prima (oder Secunda) acceptirt bei NN. — oder — Prima (Secunda) zur Verfallzeit bei NN. — Einert, Wechselrecht, S. 404 u. 408. Derselbe braucht nicht unterschrieben (Jolly, a. a. O. S. 34), noch auch vom Versender eigenhändig geschrieben zu sein. Borchardt, D. W. O. S. 122.

[4] Nicht bei Sichtwechseln überhaupt, wie Borchardt, D. W. O. S. 122 und Jolly, a. a. O. S. 35 meinen. Eine Unterlassung dieser Angabe hat übrigens keine besondern Folgen. Jolly, a. a. O.

[5] Jolly im Arch. f. deutsch. Wechselr., Bd. III. S. 22 f. u. S. 52 f. — Blaschke, Wechselr. S. 133. — Dagegen Treitschke, Encyc. I. S. 356. — Einert, Wechselr. S. 413 f. — Thöl, Wechselrecht, §. 301. III. — Mittermaier, Grundf. §. 331 zu Note 28. — Leipz. Protoc. S. 136.

[6] Derselbe ist Mandatar des Einsenders. Jolly, a. a. O. S. 38 f.

[7] Jolly, a. a. O. S. 54 f. — D. W. O. Art. 68, Abs. 2: „Der Ver„wahrer des zum Accepte versandten Exemplars ist verpflichtet, dasselbe „demjenigen auszuliefern, der sich als Indossatar (Art. 36) oder auf andere „Weise zur Empfangnahme legitimirt.." D. W. O. Art. 72, Abs. 1:

Erhält aber der Inhaber des indossirten Exemplars das zum Accepte versandte nicht, oder ist der auf jenem Duplicate bezeichnete Verwahrer des letztern nicht zu finden, so ist hierüber Protest zu erheben (Protest M. Auslieferung), worauf nun auf den Mangels Annahme oder Zahlung des indossirten Duplicats gegen den Bezogenen levirten Protest [8] Regreß genommen werden kann. Der Regreß geht gegen alle Vormänner; dieß gilt auch von dem Falle, daß laut dem Proteste der Bezogene Annahme oder Zahlung auf Grund der Acceptation des ihm nicht vorgelegten Exemplars verweigert haben sollte, da bei einer solchen Fassung des Protests die nicht stattgehabte Honorirung des indossirten Duplicats feststeht, währenddem die Thatsachen, welche die Befreiung der Vormänner des Einsenders bewirken sollen, völlig ungewiß bleiben [9].

„Der Verwahrer des Originalwechsels ist verpflichtet, denselben dem Besitzer einer mit einer oder mehreren Original-Indossamenten versehenen „Copie auszuliefern, sofern sich derselbe als Indossatar oder auf andere „Weise zur Empfangnahme legitimirt." — Art. 98, Note 8. — Ueber die Worte „oder auf andere Weise" s. Jolly, a. a. O. S. 37 und Arch. f. deutsch. W. Bd. VIII. S. 336. — Schw. Entw. §. 71, Abs. 2 u. §. 76, Abs. 1.

[8] D. W. O. Art. 69: „Der Inhaber eines Duplicats, auf welchem angegeben ist, bei wem das zum Accepte versandte Exemplar sich befindet, „kann Mangels Annahme desselben den Regress auf Sicherstellung, und „Mangels Zahlung den Regress nicht eher nehmen, als bis er durch Protest „hat feststellen lassen:

1. „dass das zum Accepte versandte Exemplar ihm vom Verwahrer nicht „verabfolgt worden ist, und
2. „dass auch auf das Duplicat die Annahme oder die Zahlung nicht „zu erlangen gewesen". Schw. Entw. §. 72.

Bestritten ist für das Gemeine Recht, ob nicht auf den bloßen Protest über die verweigerte Herausgabe des zum Accepte versandten Exemplars Regreß Mangels Annahme oder Zahlung genommen werden könne (Thöl, Wechselrecht (1. Aufl.), S. 466 f. — Liebe, Braunschweig. Entw. §. 19 und S. 77 f.). Nach den Leipz. Protoc. S. 137 wurde jedoch die im Texte angenommene und durch die D. W. O. sanctionirte Ansicht als allgemeine Praxis anerkannt.

[9] Bluntschli, D. W. O. S. 113. — D. W. O. Art. 69. — Leipzig. Protoc. S. 137. — Dagegen Brauer, Erläut. S. 125 f. — Borchardt,

Die nämlichen Grundsätze finden auf den Fall Anwendung, daß das zum Accepte versandte Original dem Inhaber der indossirten Copie nicht verabfolgt wird; nur daß hier der Regreß lediglich gegen die Original-Indossanten genommen werden kann [10]. Eigenthümlich ist jedoch die Bestimmung der D. W. O., nach welcher in diesem Falle der Regreß ohne Protest Mangels Annahme oder Zahlung Statt findet [11].

Will aber bei präjudicirtem Wechsel der legitimirte Inhaber des girirten Duplicats oder der indossirten Copie aus dem Accepte klagen, welches auf dem zur Einholung desselben versandten Duplicate oder Solawechsel steht, so kann er die zu diesem Zwecke nöthige Innehabung des acceptirten Papiers nur von dem Inhaber fordern, nicht aber von seinen Vormännern verlangen, daß sie ihm dasselbe herbeischaffen [12].

2) Ein Theilindossament kann nur unter Benutzung eines Wechselduplicats oder einer arretirten Copie geschehen, indem auf dem einen Duplicate, resp. dem Originale, das auf dem andern Duplicate, beziehungsweise der Copie, stattgehabte Theilindossament verzeichnet [13], und auf der indossirten Urkunde angedeutet wird, welches Bewenden es mit dem andern Theile der Wechselsumme hat [14].

D. W. O. S. 124. — Braunschw. Entw. §. 19. — Sächs. Entw. §. 190.

[10] Treitschke, Encycl. I. S. 1 f. — Einert, Wechselrecht, S. 418. — Liebe, Entw. S. 82. — D. W. O. Art. 72, Abs. 2 und Art. 98. 8.

[11] D. W. O. Art. 72, Abs. 2 und Art. 98. 8. — Schw. Entw. §. 76, Abs. 2 u. §. 89. — Arch. f. d. W. Bd. V. S. 411. — Ueber die Inconsequenz dieser Bestimmung s. Koch, Wechselrecht, S. 284.

[12] Cropp, jurist. Abhandl., Bd. I. S. 555; Thöl, Wechselrecht, §. 301. VII. — Volkmar u. Löwy, D. W. O. S. 245 f. — Dagegen: Einert, Wechselr. S. 416 f.

[13] Z. B. in den Worten: „Von diesem Wechsel ist auf Grund einer „davon genommenen Abschrift die Summe von . . . Rthl. an den Herrn „NN. indossirt". A.

[14] Also z. B. durch die auf das Indossament: „Für mich auf den Betrag

3) Die mehreren Exemplare eines Wechsels, resp. Original und Copie, können ohne Theilung der Wechselsumme an verschiedene Indossatare begeben werden [15]. Der Indossant, welcher den Wechsel an verschiedene Personen begeben, haftet diesen und deren Nachmännern wechselmäßig aus einem jeden Duplicate [16], beziehungsweise aus dem Originale und der indossirten Copie; — die Vormänner jenes Indossanten dagegen sind aus den mehreren Duplicaten nur wie aus einem Wechsel verbunden [17].

II. Das uneigentliche Indossament.

§. 61.

Begriff des uneigentlichen Indossaments. — Dessen juristische Natur.

Das uneigentliche Indossament (dies. Lehrb. §§. 49 a. E. u. 51) ist das Geschäft, durch welches der Wechselnehmer die Geltendmachung und Wahrung seiner wechselmäßigen Rechte, ohne sich derselben zu begeben, einem Andern überträgt. — Es bewirkt sonach dieses Indossament, welches auch bei einem Recta-Wechsel statthaft ist [1], weder eine Veräußerung der Wechselrechte, noch eine wechselmäßige Verpflichtung des Indossanten; vielmehr begründet dasselbe

---

„von . . . Rthlr. an die Ordre des Herrn NN.“ folgenden Worte: „Das Ori-„ginal ist auf den Betrag von . . . Rthlr. anderweit indossirt“.

A.

S. auch Bluntschli, D. W. O. S. 40.

[15] Auch durch Indossament auf den Inhaber oder in bianco. Mittermaier, Grundſ. §. 331 zu Note 26.

[16] Treitschke, Encyc. I. S. 380. — D. W. O. Art. 67. 1. — Schw. Entw. §. 73, Abſ. 2. — Brauer, Erläut. S. 122. — Jedoch dann nicht, wenn er die mehreren Duplicate „ohne Obligo“ indossirte. Dagegen Jolly, im Arch. f. Wechselr. Bd. III. S. 30 f. S. aber Denselben in dem näml. Arch. Bd. V. S. 69, Not. 1.

[17] Preuß. Motive, S. LXIX.

[1] Seuffert, Arch. Bd. XX. no. 173.

ein wechselmäßiges Vertretungs-Verhältniß des Indossanten durch den Indossatar gegenüber den im Wechselverbande stehenden Personen.

§. 62.

Die Form des uneigentlichen Indossaments.

Die Form des uneigentlichen Indossaments ist mit den in der Natur der Sache begründeten Modificationen diejenige des eigentlichen (s. §. 54).

1) Die wechselrechtliche Erklärung des Indossanten muß mit einem Zusatze [1] versehen sein, aus welchem die Absicht, den Wechsel in Procura zu indossiren, deutlich hervorgeht [2], da die einfache Giro-Form auf ein eigentliches Indossament hinweist [3], wenn nicht aus dem Wechsel ersichtlich ist, daß das Giro von einem Procuristen herrührt [4]. Abgesehen von diesem

---

[1] Solche Formeln sind : — zum Incasso — zur Eincassirung — in Vollmacht — in Procura — Werth einzusenden — für meine Rechnung — es soll mir gute Zahlung werden — u. a. m. — Treitschke, Encyc. I. S. 477. — Thöl, Wechselrecht, §. 247. I. — D. W. O. Art. 17, Abs. 1 und Art. 98. 2. — Schw. Entw. §. 15, Abs. 1 u. §. 89. — Anders der Preuß. Entw. §. 17. — Das Indossament in Procura kann auch auf den Inhaber oder in bianco geschehen. Dagegen Mittermaier, Grundſ. §. 335. II.

[2] Als ein solcher Zusatz ist die Formel „Werth in Rechnung" nicht anzusehen. Kletke, Präjudiz. S. 183, Nr. 449.

[3] Thöl, Wechselrecht, §. 247. III. — Treitschke, Encyc. I. S. 484 f. — D. W. O. Art. 17, Abs. 1. — Jolly, i. Arch. f. d. W. Bd. V. S. 75 f. — Viele W. O. jedoch stellen gewisse Formbestimmungen für das eigentliche Indossament auf, wie Datirung, Bezeichnung einer bestimmten Person als Indossatars und Angabe des Valuten-Verhältnisses, und erklären jedes Indossament, welchem das eine oder das andere dieser Erfordernisse abgeht, für ein Procura-Indossament. Code de comm. Art. 136—138. — Spanisch. Handelsg. Art. 467. 468; Portug. Handelsg. A. 355. 357; Italien. Handelsg. A. 223. 224; Serbisch. Handelsg. §§. 109—111; Ungarisch. Wechselrecht §. 34.

[4] Thöl, Wechselrecht, §. 247. II. 2.

Falle kann der Einwand, es sei in der Form eines eigentlichen Indossaments ein uneigentliches enthalten, zwar dem Indossatar von dessen Indossanten, nicht aber von anderen Wechselverbundenen entgegengesetzt werden, da die Einrede keine im Wechselrechte begründete ist, und dieselbe auch nicht aus dem Gesichtspunkte, als sei die einfache Giroform zu dem Zwecke gewählt worden, die Einreden aus der Person des Indossanten auszuschließen, als exceptio doli sich darstellt [5]. Auch ist ein Anwalt auf Grund eines einfachen Blanco-Giro nicht legitimirt, den Wechsel Namens des Blanco-Indossanten einzuklagen [6].

2) Das Geben und Nehmen des Wechsels geschieht nicht in der Absicht der Uebertragung, resp. Erwerbung des Eigenthums an demselben [7], sondern lediglich zu dem Zwecke, damit der Indossatar mittelst des Papiers die Wechselrechte des Indossanten wahren und ausüben könne. Aus diesem Grunde braucht der Procurist nicht wechselfähig zu sein [8].

---

[5] Berlin. Ob. Trib. im Arch. f. d. W. Bd. IV. S. 340; Bd. VI. S. 268 f.; VII. S. 332 f.; Borchardt, die D. W. O. . . . mit den von den deutschen Gerichtshöfen ausgesprochenen Grundsätzen des Wechselrechts, S. 368, no. 44; Samml. handelsgerichtl. Entscheidung. . . . in Bayern Bd. II. S. 213 f. S. überhaupt Koch im Arch. f. d. W. Bd. XV. S. 270 f. u. über den Einwand, daß der Blancoindossatar den Wechsel alieno nomine besitze, Jolly in demselb. Archiv, Bd. V. S. 72 f. — A. M. Hoffmann im Arch. f. d. W. Bd. XIV. S. 246 f. — Hat ferner Jemand seinem Bevollmächtigten einen Wechsel zur Eincassirung mittelst einfacher Giroform übergeben, so ist, wenn später über das Vermögen des Machthabers der Concurs eröffnet wird, der noch uneingehobene in der Masse befindliche Wechsel als zu derselben gehörig zu betrachten. Arch. f. d. W. Bd. IV. S. 92 u. Seuffert, Arch. VII. Nr. 349.

[6] Sammlung handelsgerichtl. Entscheidung. . . . in Bayern, Bd. I. S. 46 f.

[7] D. W. O. Art. 17, Abs. 1. — Art. 98. 2.

[8] Bender, Grunds. I. S. 601.

§. 63.

Die Wirkungen des uneigentlichen Indossaments.

Zu seinem Indossanten steht der Procurist in einem möglicherweise sehr verschieden gestalteten Mandats-Verhältnisse [1], welches jedoch außerhalb des Gebiets des Wechselrechts liegt. Daher ist denn die Ersatzklage gegen den Incasso-Mandatar wegen versäumter Protesterhebung, obwohl sie mittelst Darlegung des Verlusts der Wechselforderung und des Verschuldens des Procuristen [2] begründet wird [3], keine Wechselklage.

Die wechselrechtlichen Wirkungen des uneigentlichen Indossaments sind dagegen:

1) Der Indossatar ist zur Einziehung der Wechselsumme, Erhebung und Notificirung des Protests Mangels Zahlung und Ausklagung des Acceptanten, resp. Ausstellers des eigenen Wechsels, sowohl als auch der Vormänner seines Indossanten und zwar nach denselben Grundsätzen wie der eigentliche Giratar legitimirt [4], wobei ihm jedoch die exceptiones ex persona indossantis entgegenstehen [5].

---

[1] Treitschke, Encyc. I. S. 470; Mittermaier, Grundſ. §. 335 zu not. 32; Jolly im Arch. f. d. W. Bd. V. S. 77 f.

[2] Arch. f. d. W. Bd. XII. S. 196 f.

[3] Arch. f. d. W. Bd. XII. S. 194 a. E. f.

[4] Treitschke, Encyc. I. S. 475. — D. W. O. Art. 17, Abſ. 1: „Ist „dem Indossamente die Bemerkung „zur Einkassirung", „in Procura" oder „eine andere die Bevollmächtigung ausdrückende Formel beigefügt worden, „so überträgt das Indossament das Eigenthum an dem Wechsel nicht, ermächtigt aber den Indossatar zur Einziehung der Wechselforderung, Pro„testerhebung und Benachrichtigung des Vormannes seines Indossanten „von der unterbliebenen Zahlung (Art. 45), so wie zur Einklagung der nicht „bezahlten und zur Erhebung der deponirten Wechselschuld." D. W. O. Art. 98. 2. — Schweiz. Conc.-Entw. §. 15, Abſ. 1 u. §. 89. — Schwed. W. O. §. 17. — Finnl. W. O. §. 15. Daher ist auch ein Advocat auf Grund eines Procura-Indossaments zur Einklagung der Wechselschuld ohne Beibringung einer durch die Proceßordnung vorgeschriebenen Vertretungs-Vollmacht berechtigt.

Ebenso kann er auf den in seiner Innehabung befindlichen Protest Mangels Annahme, resp. Securitätsprotest, den Regreß auf Sicherstellung nehmen [6].

2) Seine Befugnisse kann der Procurist durch ein weiteres Procura-Indossament auf einen Andern übertragen [7], wenn ihm dieß nicht durch das Giro, mittelst dessen er den Wechsel erhalten, untersagt worden ist [8]; in keinem Falle ist er dagegen den Wechsel weiter zu begeben befugt [9], sollte er auch den Wechsel auf Grund eines an Ordre lautenden Vollmachts-Indossaments haben [10].

Die hier bezeichneten Rechte hat aber der Procurist so lange, als er sich in der Innehabung des auf ihn indossirten und nicht weiter girirten Wechsels befindet [11].

Wien. Oberlandesgericht im Arch. f. d. W. Bd. VI. S. 424. — Die Legitimation des Procuristen zum Empfange und resp. zur Einklagung der Regreßsumme gegen die Vormänner seines Indossanten wird vielfach in Abrede gestellt (Einert, Wechselr. S. 143. — Thöl, Handelsr. (1. Aufl.) §. 229. I. 4. — Braunschw. Entw. §. 27); jedoch aus nicht zureichenden Gründen. — Leipzig. Protoc. S. 32.

5 Treitschke, Encyc. I. S. 470.

6 Brauer, Erläut. S. 56. — D. W. O. Art. 26 u. Art. 29. — Das Recht zur Annahme zu präsentiren und Protest Mangels Annahme, so wie auch einen Securitätsprotest erheben zu lassen, hat der Procurist nicht als solcher, sondern lediglich als Inhaber der Wechselurkunde.

7 Treitschke, Encycl. I. S. 474 f. — D. W. O. Art. 17, Abs. 2 u. Art. 98. 2. — Schw. Entw. §. 15, Abs. 2. — Schwed. W. O. §. 17. — Finnl. W. O. §. 15. Nach einer anderen Ansicht nur dann, wenn das Giro „auf Ordre" lautet. Bender, Grunds. I. S. 602. So auch einzelne W. O. — Dessau. W. O. §. 20. — Niederländ. Handelsgesetzb. Art. 37. — Portugies. Handelsg. §. 357.

8 Treitschke, Encyc. I. S. 474.

9 Treitschke, Encyc. I. S. 471 f. — Bender, Grunds. I. S. 603 f. — D. W. O. Art. 17, Abs. 3 u. Art. 98. 2. — Leipzig. Protoc. S. 32.

10 Treitschke, Encyc. I. S. 472 f. — Dagegen: Dessau. W. O. §. 20.

11 Der Widerruf und der Tod des Indossanten sind sonach an sich im Verhältnisse des Procuristen zu den Wechselverbundenen unerheblich. S. aber Treitschke, Encyc. I. S. 470. — Kalessa, Handb. des Wechselr. S. 39. — Jolly, im Arch. f. d. W. Bd. V. S. 79.

Viertes Kapitel.

Die Wechselzahlung.

§. 64.

Zahler und Zahlungsart.

Zahler ist ordentlicher Weise bei der Tratte der Trassat oder Acceptant, beim eigenen Wechsel der Aussteller [1], oder statt derselben der Domiciliat.

Indem aber die Zahlung des Wechsels nicht allein voll [2], sondern auch baar zu geschehen hat, braucht sich der Wechselgläubiger Zahlung durch Anweisung, Wechsel, Scontro, Compensation gegenüber dem Aussteller der Tratte, und beziehungsweise den Indossanten des gezogenen oder eigenen Wechsels nicht gefallen zu lassen [3]; wohl aber kann der Acceptant des gezogenen und beziehungsweise der Aussteller des eigenen Wechsels der Wechselklage die Einrede der Compensation entgegensetzen, falls die Voraussetzungen zutreffen, unter welchen Einreden, die nicht im Wechselrechte begründet sind, einer wechselmäßigen Klage entgegenstehen (vgl. §. 84).

Auch muß die Wechselzahlung in der im Wechsel bestimmten Geldsorte geschehen [4]. Besteht jedoch über die Geldsorte ein Zweifel,

---

[1] Treitschke, Encyc. II. S. 765.

[2] Anders particularrechtlich: Thöl, Wechselrecht, §. 185 zu not. 10.

[3] Treitschke, Encyc II. S. 767 f.; Pöhls, Wechselr. S. 439; Mittermaier, Grundſ. § 343. IX.

[4] Treitschke, Encyc. II. S. 776 u. 786. — Thöl, a. a. O. §. 185. 1. — Code de comm. Art. 143. — Códico de commercio, Art. 494. — Ungarisch. Wechselrecht, §. 112. — Schw. Entw. §. 42: „Lautet „ein Wechsel auf eine fremde Geldsorte oder Währung, so ist derselbe „in der angegebenen Geldsorte oder Währung zu bezahlen, insofern nicht „auf dem Wechsel selbst durch den Beisatz „oder Werth zum Tages-„curs“ oder durch eine ähnliche Bestimmung die Zahlung in schweizer. „Währung gestattet wird.“ Mein Aufſ. in der krit. Ueberschau IV. S. 359.

so findet die Zahlung in der am Platze geltenden Wechselwährung Statt [5], so wie auch ein Wechsel, welcher auf eine bloße Rechnungswährung lautet, in der Landesmünze zu bezahlen ist [6].

Nach der D. W. O. kann überdieß die Wechselsumme in der Landesmünze bezahlt werden, wenn der Wechsel auf eine Münzsorte lautet, die am Zahlungsorte nicht cursirt, und der Aussteller nicht ausdrücklich die Zahlung der daselbst benannten Münzsorte bestimmt hat [7]. Die Reducirung der Wechselsumme auf Landesmünze [8] geschieht aber, insoweit als nicht im Wechsel selbst oder durch das particuläre Recht des Zahlungsorts etwas Anderes bestimmt ist [9],

---

[5] Treitschke, Encyc. II. S. 776. Der Wechsel kann auch ausdrücklich auf „Wechselzahlung" oder auf „Wechselzahlung oder Werth" lauten. Ueber den Werthwechsel s. Mittermaier, Grunds. §. 330. V.

[6] D. W. O. Art. 37. — Bluntschli, D. W. O. S. 78; Blaschke, Wechselr. S. 198. S. ferner Holstein. Einf.-G. §. 8 : „Auf Altona gezogene Bancowechsel sind durch Abschreiben in der Hamburg. Bank „zu bezahlen."

[7] D. W. O. Art. 37 : „Lautet ein Wechsel auf eine Münzsorte, welche „am Zahlungsorte keinen Umlauf hat, oder auf eine Rechnungswährung, „so kann die Wechselsumme nach ihrem Werthe zur Verfallzeit in der „Landesmünze gezahlt werden, sofern nicht der Aussteller durch den Ge„brauch der Worte „„effectiv"" oder eines ähnlichen Zusatzes die Zahlung „in der im Wechsel benannten Münzsorte ausdrücklich bestimmt hat." Art. 98. 5. Leipzig. Protoc., S. 61. — Der Art. ist nicht glücklich redigirt. Schwed. W. O. §. 38. — Finnl. W. O. §. 36. — Serbisch. Handelsg. §. 119.

[8] Scheidemünze braucht nur insoweit angenommen zu werden, als das Gesetz des Zahlungsorts Zahlungen in Scheidemünze erlaubt. Es können aber Zweifel darüber entstehen, ob eine gegebene Münze Scheidemünze ist. Trummer im Arch. f. d. W. Bd. III. S. 319 f.

[9] Frankf. Einf.-Ordn. §. 7 : „Diejenigen Wechsel, welche in Preuss. „Courant zu 105 Kreuz. oder in Preuss. Thalern, wenn das Wort „„effec„tiv"" nicht beigefügt ist, auf Frankfurt ausgestellt worden, kann der Be„zogene entweder in Preuss. Silbergelde, oder in Gulden, den Preuss. „Thaler zu 1 fl. 45 kr. gerechnet, bezahlen. — Diejenigen Wechsel, welche „in Franken, wenn das Wort „„effectiv"" nicht beigefügt ist, auf Frank„furt ausgestellt werden, kann der Bezogene in französischem Silbergelde, „oder in Gulden, den Franken zu 28 kr. berechnet, bezahlen. — K. Sächs.

nach deren Curswerthe zur Verfallzeit [10], und nicht nach dem Münzwerthe [11]. Dieser letztere Werth ist selbst in dem

---

Einf.-Ordn. §. 7 : „Der Ausdruck — nach Curs — ohne speciellere „Bezeichnung ist von dem Curs am Verfalltage, wie er Vormittags 9 Uhr „in dem letzten am Zahlorte, oder falls dieser kein Wechselplatz ist, am „nächsten Wechselplatze angegebenen Curszettel notirt ist, zu verstehen. „Fehlt jede Beziehung auf Curs, so wird die angegebene „Sorte nach ihrem Münzwerthe angenommen, z. B. der „Louisd'or zu 5 Thalern, der Ducaten zu 3 Thalern im „Vierzehnthalerfusse."

[10] Brauer im Arch. f. d. W. Bd. V. S. 113 f.; Stern, ebendaselbst, Bd. VI. S. 373 f. — Volkmar u. Loewy, D. W. O. S. 152 a. E. f. — Kletke, Präjud. S. 275 no. 725. — Seuffert, Arch. Bd. X. no. 86. — Die Reducirung der Wechselsumme auf Landesmünze geschieht im Streitfalle durch einen beeidigten Mäkler nach dem Curse der Börse des Zahlungsorts oder des nächsten Platzes. Treitschke, Encyc. II. S. 786; Koch, Wechselr. S. 214; — Brauer, a. a. O. S. 120. — Hamburg. Einf.-Ordn. §. 4 : „Wenn ein Wechsel auf eine fremde Landesmünze, welche hierselbst keinen „Umlauf hat, lautet, ohne dass der Aussteller sich dabei des Worts „„effectiv"" oder eines gleichbedeutenden Ausdruckes bedient, oder eine „anderweitige Bestimmung über die Art der Bezahlung getroffen hat, so „ist die Wechselsumme entweder in der im Wechsel benannten Münze, „oder in Banco nach dem zur Verfallzeit notirten, oder wenn solche No„tirung nicht statt findet, nach dem sonst geltenden kurzen Curs auf den „hauptsächlichsten Platz des Landes, welchem jene Münze angehört, zu „bezahlen." Holstein. Einf.-Ordn. §. 4 : „Wenn ein Wechsel auf eine „fremde Landesmünze lautet, welche hieselbst keinen Umlauf hat, ohne „dass der Aussteller sich dabei des Worts „„effectiv"" oder eines gleich„bedeutenden Ausdrucks bedient, so ist die Wechselsumme entweder in „der im Wechsel benannten Münze, oder nach dem an dem betreffenden „Orte bekannten, zuletzt in Hamburg notirten Geldcurs, oder, wenn solche „Notirung in Hamburg nicht stattfindet, nach dem sonst dort geltenden „kurzen Curs auf den hauptsächlichsten Wechselplatz des Landes, welchem „jene Münze angehört, zu leisten. — Für die in Altona zahlbaren Wechsel „richtet sich die Berechnung nach dem zur Verfallzeit in Hamburg no„tirten Curs, und gilt überdiess die Regel, dass die Zahlung, wenn selbige „nicht in der im Wechsel benannten Münze geleistet wird, in Hamburg. „Banco verlangt werden kann." — Schwed. W. O. §. 38; Finnländ. W. O. §. 36.

[11] Dagegen : Kheil im Arch. f. d. W. Bd. III. S. 394 f. und Wechselrecht, S. 141 f.

Falle nicht maßgebend, daß der Wechsel auf eine Münzsorte lautet, welche am Zahlungsorte und beziehungsweise der für denselben maßgebenden Börse keinen Curs hat [12], indem alsdann eine indirecte Wechselreduction stattfindet [13].

Als Landesmünze ist übrigens auch das inländische Papiergeld zu betrachten [14], welches jedoch dann nicht angenommen zu werden braucht, wenn der Wechsel auf eine inländische Gold- oder Silbermünze lautet [15].

§. 65.

Die Verfallzeit des Wechsels.

Die Verfallzeit der Wechselsumme tritt nach Maßgabe der in der Wechselurkunde darüber enthaltenen Bestimmungen ein (vgl. §. 16).

Tagwechsel, welche auf die Mitte eines Monats lauten, werden nach der D. W. O. so wie nach einzelnen anderen Gesetzen schlechtweg am 15. [1], nach gemeinem Rechte dagegen am 16., 15. oder 14. fällig [2]. Ist die Zahlungszeit auf Anfang oder auf Ende eines Monats gesetzt worden, so ist darunter der erste oder der letzte

---

[12] Dieß meint Brauer, a. a. O. S. 120

[13] Stern, im Arch. f. d. W. Bd. VI. S. 375 a. E. f.

[14] Borchardt, die D. W. O. . . . mit den von den deutschen Gerichtshöfen ausgesprochenen Grundsätzen des Wechselrechts, Zus. 323.

[15] Der Art. 37 der D. W. O. findet hier keine Anwendung, daher es bei dem allgemeinen Grundsatze verbleibt. S. dagegen die Entscheidungen österr. Gerichte im Arch. f. d. W. Bd. IV. S. 93 u. S. 97 u. Borchardt, a. a. O. Zus. 322. — Vgl auch das Russ. Handelsg. A. 508.

[1] D. W. O. Art. 30 und Art. 98 5. — Schweiz. Concordats-Entw. §. 31 u. §. 89. — Ungar. Wechselr. §. 93. — Schwed. W. O. §. 94. — Finnl. W. O. §. 92. — Altenburg. W. O. Kap. III. §. 1. — Dessau. W. O. §. 28 a.

[2] Treitschke, Encyc. II. S. 536 f. — Thöl, Wechselrecht (1. Auflage), §. 165.

Tag des Monats zu verstehen [3], so wie unter dem „Ende des Jahres" der letzte Jahrestag [4]. Wechsel, welche im Allgemeinen auf einen Monat gestellt, — was jedoch nach der D. W. O. nicht zulässig, — verfallen am letzten Monatstage [5].

Dato- und Nach-Sichtwechsel verfallen, wenn die Frist nach Tagen bestimmt ist, am letzten Tage der Frist. Diese läuft bei Dato-Wechseln vom Tage nach dem Wechseldatum, bei Nach-Sichtwechseln vom Tage nach der Präsentation zur Annahme und beziehungsweise Sicht [6], und bei nicht erfolgter Annahme

---

[3] Nürnberg. Nov. 7 (zu Art. 30 der D. W. O.). — Protocolle der Nürnberg. Commission, die Ergänzung der Allg. D. W. O. betreff., XLVII. XLVIII. LXII. LXXIX. LXXXIII. no. 2 e. — Zeitsch. f. d. gesammte Handelsrecht, Bd. I. S. 548.

[4] Berlin. Ob. Trib. bei Seuffert, Arch. Bd. XIII. no. 115.

[5] Treitschke, Encyc. II. S. 538. — Bender, Grundſ. I. S. 495.

[6] D. W. O. Art. 32: „Bei Wechseln, welche mit dem Ablaufe einer be„stimmten Frist nach Sicht oder nach Dato zahlbar sind, tritt die Verfall„zeit ein:

„1) wenn die Frist nach Tagen bestimmt ist, an dem letzten Tage der Frist; bei Berechnung der Frist wird der Tag, an welchem der nach Dato zahlbare Wechsel ausgestellt oder der nach Sicht zahlbare zur Annahme präsentirt ist, nicht mitgerechnet;

„2) wenn die Frist nach Wochen, Monaten oder einem mehrere Monate umfassenden Zeitraume (Jahr, halbes Jahr, Vierteljahr) bestimmt ist, an demjenigen Tage der Zahlungswoche oder des Zahlungsmonats, der durch seine Benennung oder Zahl dem Tage der Ausstellung oder Präsentation entspricht; fehlt dieser Tag in dem Zahlungsmonate, so tritt die Verfallzeit am letzten Tage des Zahlungsmonats ein.

„Der Ausdruck „halber Monat" wird einem Zeitraume von 15 Tagen „gleichgeachtet. Ist der Wechsel auf einen oder mehrere ganze Monate „und einen halben Monat gestellt, so sind die 15 Tage zuletzt zu zählen." — D. W. O. Art. 98. 5. — Schweiz. Concordats-Entw. §. 33. — Schwed. W. O. §. 36. — Finnl. W. O. §. 33. — Russ. Handelsg. A. 495. — Ungar. Wechselrecht, §§. 91. 92. — Serbisch. Handelsg. §. 105. 1

oder verweigerter Datirung des Accepts oder der Sichterklärung vom Tage nach der Protesterhebung [7].

Ist die Frist nach Wochen bestimmt, so verfällt der Wechsel an dem Tage der Zahlungswoche, der mit demjenigen, an welchem der Wechsel ausgestellt, beziehungsweise zur Annahme präsentirt oder protestirt worden ist, den gleichen Namen führt [8].

Bei Dato- und Nach-Sichtwechseln, in denen die Verfallzeit nach Monaten bezeichnet ist, wird die Wechselsumme an dem Tage des Zahlungs-Monats fällig, welcher die Zahl des Tages der Ausstellung und resp. Präsentation hat, — und wenn diese Zahl im Zahlungsmonate fehlt, am letzten Tage dieses letztern [9].

Ist endlich die Verfallzeit nach Jahren oder Bruchtheilen von einem Jahre (halbes Jahr, Vierteljahr) bestimmt, so tritt sie nach denselben Grundsätzen ein, wie wenn die entsprechende Zahl von Monaten angegeben wäre [10].

Wechsel, die auf Sicht gestellt sind, verfallen bei deren Präsentation zur Zahlung [11]. Während nun rücksichtlich dieser Präsen-

---

[7] D. W. O. Art. 20 u. Art. 98. 3. — Dies. Lehrb. §§. 35. 40. 47. — Thöl, Wechselrecht, §. 178.

[8] D. W. O. Art. 32. 2; Art. 98. 5. — Schweiz. Concord.-Entw. §. 33. — Schwed. W. O. §. 36. — Bluntschli, D. W. O. S. 72.

[9] D. W. O. Art. 32. 2. — Schweiz. Concord.-Entw. §. 33; Schwed. W. O. §. 36. — Serb. Handelsg. §. 105. 2. — Brauer, Erl. S. 80. S. auch Frémery, étud. p. 149.

[10] D. W. O. Art. 32. 2. — Schweiz. Concord.-Entw. §. 33; Schwed. W. O. §. 36. — Treitschke, Encyc. II. S. 542. — Thöl, Wechselr, §§. 176. 178. Ueber den Fall, daß ein im Inlande zahlbarer Datowechsel in einem Lande ausgestellt worden, in welchem nach altem Styl gerechnet wird, s. D. W O. Art. 34. — Schw. Entw. §. 35. — Finnl. W. O. §. 33. — Bluntschli, D. W. O. S. 74. — Borchardt, D. W. O. S. 81. — Ditscheiner, Wechselrecht, S. 308 f.

[11] D. W. O. Art. 31, Abs. 1; Art. 98. 5. — Code de comm. Art. 130; Span. Handelsg. Art. 440. — Schweiz. Concord.-Entw. §. 32, Abs. 1 u. §. 89. — Schwed. W. O. §. 37. — Finnl. W. O. §. 34. — Ungar. Wechselr. §. 90. — Serb. Handelsg. §. 100. — Italien. Handelsg. Art. 217. — Thöl, Wechselrecht, §. 177. — Samml. handelsgerichtl.

tation nach gemeinem Rechte der Wechselinhaber an keine Zeit gebunden ist, muß er dagegen nach der D. W. O. bei Verlust des wechselmäßigen Anspruchs gegen Indossanten und Trassanten den Wechsel binnen zwei Jahren nach der Ausstellung zur Zahlung vorzeigen [12], wenn nicht im Wechselbriefe eine kürzere oder längere Frist zu diesem Zwecke festgesetzt ist, in welchem Falle die Präsentation zur Zahlung nach Maßgabe der besonderen im Wechsel enthaltenen Bestimmung zu geschehen hat [13]. Hat jedoch ein Indossant seinem Indossamente eine besondere Präsentationsfrist hinzugefügt, so ist jenem gegenüber diese Frist zu beobachten, während im Verhältnisse zum Aussteller und zu den übrigen Indossanten die im Wechsel bezeichnete, resp. die gesetzliche Frist in Anwendung kömmt [14]. Ist aber der auf Sicht gestellte Wechsel zur Zahlung präsentirt und nicht honorirt worden, so kann die unterlassene Protesterhebung nicht durch neue Vorzeigung unter Protestlevirung im Laufe der im

---

Entscheidungen ... in Bayern, Bd. I. S. 137. Particularrechtlich hat der Zahler noch eine Frist von 24 Stunden, Russ. Handelsg A. 494, welche durch die Worte „stracks oder fix auf Sicht" keineswegs immer ausgeschlossen wird. Treitschke, Encyc. II. S. 547.

[12] D. W. O. Art. 31 : „Ein auf Sicht gestellter Wechsel ist bei der „Vorzeigung fällig. Ein solcher Wechsel muss bei Verlust des wechsel„mässigen Anspruchs gegen die Indossanten und den Aussteller nach Mass„gabe der besondern im Wechsel enthaltenen Bestimmung, und in Er„manglung derselben binnen zwei Jahren nach der Ausstellung zur Zah„lung präsentirt werden.

„Hat ein Indossant auf einen Wechsel dieser Art eine besondere Prä„sentationsfrist hinzugefügt, so erlischt seine wechselmässige Verpflichtung, „wenn der Wechsel nicht innerhalb dieser Frist präsentirt worden ist." Art. 98. 5. Die gesetzliche Präsentationsfrist beträgt Ein Jahr nach dem Schweiz. Concord.-Entw. §. 32; nach der Schwed. W. O. §. 19 dagegen je nach Umständen 3 oder 6 Monate, 1 Jahr oder 18 Monate.

[13] Anders Hoffmann in der Zeitsch. f. das gesammte Handelsr., Bd. I. S. 239.

[14] D. W. O. Art. 31, Abs. 3; Art. 98. 5. — Schweiz. Concord.-Entw. §. 32, Abs. 4. — Schwed. W. O. §§. 37 u. 19, Abs. 2. — Finnländ. W. O. §. 34 u. §. 17, Abs. 2.

Wechsel bestimmten oder gesetzlichen Präsentationsfrist nachgeholt werden [15], indem hier vielmehr die im Wechselrechte begründete, allerdings aus dem Wechsel und Proteste sich nicht ergebende Einrede der Wechselpräjudicirung stattfindet.

Wenn dagegen ein Sichtwechsel acceptirt worden ist, so ist der Inhaber gegenüber dem Acceptanten für die Präsentation zur Zahlung an keine Zeit gebunden [16], was in gleicher Weise gegenüber dem Aussteller eines eigenen Wechsels gilt.

Meß- und Marktwechsel verfallen, wenn die Messe oder der Markt nur Einen Tag dauert, an diesem Tage [17], sonst an der am Meß- oder Marktorte rechtlich bestimmten Zahlungszeit [18], und

---

[15] Erk. des App.-Ger. zu Arnsberg bei Borchardt, die D. W. O. .... mit den von den deutschen Gerichtshöfen ausgesprochenen Grundsätzen des Wechselrechts, Zus. 292. — Dagegen Volkmar u. Löwy, D. W. O., S. 143 und Hoffmann, Erläut. S. 355. — Indessen kann man sich hier nicht auf die Analogie der D. W. O. Art. 19, und sonach auch nicht auf die Preuß. Motive, S. XLVI f. berufen.

[16] Thöl, Wechselrecht, §. 177. — Löhr, Centralorg. N. F. Bd. II. S. 419 a. E. f. — Dagegen: Arch. f. d. W. Bd. III. S. 424 f.; Borchardt, a. a. O. Zus. 289. — Volkmar u. Löwy, D. W. O. S. 143.

[17] D. W. O. Art. 35, Abs. 2; Art. 98 no. 5. — Schweiz. Concord.-Entw. §. 36, Abs. 2.

[18] Treitschke, Encyc. II. S. 563 f. Solche Zahlungszeiten sind: K. Sächs. Einführ.-Ordn. §. 5: — Leipzig. Meßwechsel, d. h. solche, welche schlechthin in einer namhaft gemachten Leipziger Messe in Leipzig zahlbar lauten, verfallen in der Jubilate- und Michaelis-Messe Donnerstag nach Ausläutung der Messe, in der Neujahrs-Messe den 12. Januar, und wenn dieser auf einen Sonntag fällt, am folgenden Tage. — §. 6: Bei Wechseln, welche mit Bezeichnung einer der Meßwochen an einem bestimmten Wochentage zahlbar gestellt sind, ist unter der „ersten Meßwoche" die vor Einläutung der Messe oder sog. Böttcherwoche, unter der „zweiten" die darauf folgende (eigentliche Meßwoche), unter der „dritten" die Zahlwoche, d. i. die Woche nach Ausläutung der Messe, zu verstehen. — Lautet ein Wechsel schlechthin zahlbar „in der Meßwoche", so versteht man darunter die Woche zwischen Einläutung und Ausläutung der Messe. — Frankfurt. Gesetz v. 13. Febr. 1850, §. 2: — Wechsel, welche auf eine Messe ohne nähere Angabe der Woche oder auf die Zahlwoche einer Messe lauten, müssen am Dienstage der dritten Woche, d. i. an dem letzten Tage der Messe bezahlt oder protestirt werden. — Wechsel, welche auf die erste

in Ermanglung einer solchen nach der D. W. O. und anderen Gesetzgebungen an dem Tage vor dem gesetzlichen Schlusse der Messe oder des Markts [19], sonst aber am letzten Meß- oder Markttage [20].

Uso-Wechsel endlich werden nach Ablauf der durch Üsance oder Gesetz am Zahlungsorte für Wechsel der Art bestimmten Frist [21], welche im Zweifel von der Präsentation zur Sicht an läuft [22], fällig [23].

---

oder zweite oder dritte Woche einer Messe lauten, müssen am Dienstage der benannten Meßwoche bezahlt oder protestirt werden. — Braunschweig. Einführungs-Ordn. §. 4: — Der Verfalltag der auf einer der Braunschweiger Messen zahlbaren Wechsel soll der Mittwoch in der ersten Meßwoche sein. — Oesterr. Einf.-Pat. §. 4: Der Verfalltag ist der Tag vor dem gesetzlichen Schlusse des Marktes oder der Messe, wenn dieselbe mehrere, jedoch nicht über 8 Tage, dauern; im letzteren Falle dagegen der dritte Tag vor dem gesetzlichen Schlusse. — In Preußen verfallen Meß- und Marktwechsel: in Breslau am Freitag der Meß- oder Marktwoche; in Elbing am 8. Tage nach der Ausläutung bis um 12 U. Mitt.; in Frankfurt a. O. am Dienstag der zweiten Meßwoche; in Königsberg am fünften Tag der Zahlwoche; in Magdeburg am vierten Tag der Zahlwoche; in Naumburg am Donnerstag der Zahlwoche. Borchardt, die D. W. O. S. 83.

[19] D. W. O. Art. 35, Abs. 1; Art. 98. 5. — Code de comm. Art. 133. — Schweiz. Concord.-Entw. §. 36; Niederländ. Handelsg. A. 135. Russisch. Handelsg. Art. 496; Serbisch. Handelsg. §. 102; Italien. Handelsg. §. 219.

[20] Treitschke, Encycl. II. S. 562. — Spanisch. Handelsg. Art. 446. Cöthen. W. O. Art. 49. — Eigenthümliche Bestimmungen enthalten: das Ungar. Wechselrecht, §. 97: . . . „Wechsel, die a. auf Märkte gezogen „sind, welche nur einen Tag dauern, verfallen an diesem Markttage; b. die „auf Märkte von 2—8 Tagen gezogen sind, verfallen am letzten Tage des „Markts; c. die auf Märkte, welche länger als 8 Tage dauern, gezogen sind, „verfallen auf Mittwoch der zweiten Woche"; — so wie die Churhess. W. O. v. 26. Oct. 1859, Art. 35, Abs. 1: „Auf Mess- u. Marktwechsel „können Zahlungen erst nach Ablauf der ersten Hälfte der Messe, be„ziehungsweise am letzten Markttage gefordert werden."

[21] Blaschke in Haimerl's Magaz. für Rechts- und Staatswiss. Bd. III. S. 244. — S. auch Berger, die österr. W. O. S. 38. Unrichtig nehmen Brauer, Erläut. S. 37 u. Kitka, Erläut. S. 34 den Uso des Ausstellungsorts schlechthin als maßgebend an. — Bayer. Einführ.-Gesetz zur D. W. O., Art. 3: „Bei den vom Auslande eingehenden Usowechseln wird die

§. 66.

Die Bedeutung der Verfallzeit. — Der Zahlungstag.

Die Verfallzeit ist der Tag, mit welchem vom Acceptanten, wenn derselbe nicht seinem Accepte einen dies beigefügt (§. 36), resp. dem Aussteller des eigenen Wechsels die Zahlung gefordert werden, mit dem ferner der Zahler sicher zahlen kann [1], so wie endlich der Tag, an welchem zur Begründung des Regresses der gezogene Wechsel dem Trassaten, selbst dann, wenn er unter Beifügung eines dies acceptirt [2], der indossirte eigene Wechsel dem

---

„Verfallzeit auf 14 Tage, vom Tage der Präsentation der Wechsel an, fest-„gestellt“ — K. Sächs. Einf.-Gesetz § 4: „Usowechsel, welche vom „Auslande aus in Sachsen zahlbar sind, verfallen am 14ten Tage nach der „Präsentation zur Annahme“ — Desgleichen das Weimar'sche Einführ.-Gesetz § 2. — Ueber kaufmännische Anweisungen, welche auf Uso gestellt sind, s. das K. Sächs. Gesetz v. 7 Juny 1849, Art 3 u. das Weimar'sche Gesetz vom 3 Aug 1849, Art 2, die kaufmännischen Anweisungen betreffend — S. ferner Cod. de comm. Art. 132 — Die Usi der deutschen und der außerdeutschen Wechselplätze sind zusammengestellt bei Treitschke, Encyc II S. 551 f. und Pöhls, Wechselr S. 396 f.

[22] Dies. Lehrb §. 15 zu not 7 — Mittermaier, Grunds § 342 zu not. 11. — Ungar. Wechselr § 96. — Anders, wenn im Wechsel eine entgegengesetzte Bestimmung wegen des Laufs des Uso getroffen.

[23] Nach einzelnen W. O läuft der Uso jedoch von der Acceptation oder dem Protest M. A an. S oben not. 21; Code de comm. A. 131; Ruſſ. Handelsg. A 498; Italien. Handelsg. A. 218; — nach andern W O. von dem Tage nach dem Wechseldatum Spanisch. Handelsg. A 442. — Niederl Handelsg. A. 152

[1] Bender, Grundſ. I. S. 527 f. u. S. 529 f — Treitschke, Encyc. II S 816 f — Pöhls, Wechselr. S. 381 f. — Thöl, Wechselrecht §. 222. A. II. — Mittermaier, Grundſ. §. 343 III — Liebe, Entw. S. 126. — Cod. de comm. Art 144 — Schw. Entw. §. 40. — Ist aber die Zahlungszeit durch eine längere Periode ausgedrückt, so kann schon zu Anfang derselben, und ebenso vor Ablauf der Respecttage sicher gezahlt werden Treitschke, Encyc II S. 813 und 814. Dieß ist namentlich bei Meß- und Marktwechseln wichtig. Treitschke, Encyc II S. 562.

[2] Arch. f. deutsch. W. IV S. 206; Seuffert, Arch. Bd. IX, N 62. Arch. f d W. Bd XV S. 69 f.

Aussteller, oder statt dieser dem Domiciliaten zur Zahlung präsentirt und Mangels Zahlung protestirt werden muß [3]. Nach der D. W. O. jedoch ist die Zeit für die Präsentation zur Zahlung und Protesterhebung bis zum zweiten Werktage nach dem Zahlungstage ausgedehnt [4], so daß jene [5] wie diese nicht allein am Zahlungstage, sondern auch an einem der beiden auf denselben zunächst folgenden Werktage stattfinden kann [6], wiewohl mit der

---

[3] Treitschke, Encyc. II. S. 141.

[4] D. W. O. Art. 41: „. . . Die Erhebung des Protests ist am Zahlungs„tage zulässig, sie muss aber spätestens am zweiten Werktage nach dem „Zahlungstage geschehen". D. W. O. Art. 98. 6. — Nach dem Schweiz. Concord.-Entw. §. 45 sind Präsentation und Protesterhebung: „am Verfalltage oder spätestens am nächstfolgenden Werktage" vorzunehmen. Ebenso nach der Schwed. W. O. §. 43 und der Finnländ. W. O. §. 40.

[5] Seuffert, Arch. Bd. XI, Nr. 89.

[6] Aussez, in Nr. 56 der Allg. Oesterr. Gerichtszeitung vom J. 1852, S. 217; Lutteroth, im Arch. f. d. W. Bd. II. S. 414 f.; Haimerl, in demselb. Arch. Bd. III. S. 84 f.; — Mothes, ebendas., Bd. III. S. 86 f.; — Borchardt, ebendas. Bd. III. S. 182 f.; — Brauer, ebendas. Bd. III. S. 166 f.; — Gelpcke, Zeitsch. f. Handelsr. Heft 3. S. 67 f.; — Kitka, Erl. S. 64 f.; — Blaschke, Wechselrecht, S. 172. — Berlin. Ob. Tr. bei Borchardt, die D. W. O. mit den von den Gerichten ausgesproch. Grunds. Zus. 339; Bekanntmachung des O. A. G. in Dresden mit Genehmigung des Justizminist. erlassen; bei Seuffert, Arch. Bd. VIII. Nr. 78 und Kletke, Präjudiz. S. 197, Nr. 490; Stuttgart. Ob. Trib. bei Seuffert Arch. VII. Nr. 91; über Oesterreich s. Arch. f. deutsch. W. IV. S. 240 a. E. u. Not.; — Kreis- u. Stadtg. Fürth u. Appell.-G. in Eichstädt im Arch. f. deutsch. Wechselr., Bd. VII. S. 208 f. u. S. 212. — Nach einer andern Meinung, welche sich auf die Leipzig. Protocolle, S. 73 f. und S. 80, so wie auf die D. W. O. Art. 92 stützt, sind Präsentation und Protesterhebung längstens am zweiten Tage nach dem Zahlungstage, wenn der zweite Tag ein Werktag ist, vorzunehmen. Brauer, Erl. S. 91 und im Arch. f. deutsch. Wechselr., Bd. II. S. 407 f.; — Stubenrauch, Vortr. über die neue Wechselordn. S. 74; Brinckmann, im Arch. f. deutsch. Wechselr. Bd. III. S. 187 f. — Erk. des Berlin. O. Tr. v. 21. Febr. 1867 bei Löhr, Centralorgan, N. F. Bd. III. S. 596 a. E. f. — Nach einer dritten von vorn herein unhaltbaren Meinung endlich ist unter dem ersten Werktage der Zahlungstag, und unter dem zweiten Werktage der nächste auf den

Maßgabe, daß bei Meß- und Marktwechseln Präsentation und Protesterhebung jedenfalls vor dem gesetzlichen Schlusse der Messe oder des Markts geschehen müssen [7].

Wenn hiernach sowohl die Präsentation zur Zahlung wie die Erhebung des Protests M. Z. bereits am Verfalltage geschehen können [8], so können sie auch an diesem Tage zu jeder Stunde, wenn nur innerhalb der Protestzeit, stattfinden (vgl. §. 28). Doch verhält es sich alsdann anders, wenn der Präsentat erklärt, zu einer spätern, innerhalb der Protestzeit liegenden Stunde des Verfalltags zahlen zu wollen, unter welcher Voraussetzung vor dieser Zeit ein gültiger Protest nicht erhoben wird [9].

Jene Bedeutung hat die Verfallzeit nach Gemeinem Rechte selbst dann, wenn sie mit einem Sonn- oder Feiertage des Zahlers oder Wechselnehmers zusammentrifft [10].

Particularrechtlich dagegen, und so auch nach der D. W. O., giebt es Fälle, in denen mit der Verfallzeit die Zahlung der Wech-

---

Zahlungstag folgende Werktag zu verstehen. (Beilage zu Nr. 90 der Allg. Oesterr. Gerichtszeitung v. J. 1851, S. 22).

[7] Volkmar u. Löwy, D. W. O. S. 146.

[8] Nach dem Code de comm. Art. 161. 162 dagegen ist der Wechsel am Verfalltage zur Zahlung zu präsentiren und am folgenden Tage zu protestiren. Ebenso nach dem Niederländ. Handelsg. A. 179 u. nach dem Italien. Handelsg. A. 248.

[9] O. A. G. in Jena im Arch. f. d. W. Bd. XV. S. 318 f. — Nach dem Ungar. Wechselrecht §. 109 ist jedoch die Zahlung des Wechsels am Zahlungstage bis 12 Uhr Mitt., bei Meßwechseln bis 4 Uhr Nachmittags zu leisten.

[10] Treitschke, Encyc. II. S. 531. — Thöl, Wechselrecht, (1. Aufl.) §. 171. — Einzelne W. O. stimmen hiermit überein; so im Allgemeinen die Dessau. W. O. §. 29. — Andere enthalten nur unvollständige Bestimmungen: die Protesterhebung darf nicht an Sonn- und Festtagen geschehen (Altenburg. W. O. Kap. II. §. 10); der Christ braucht den acceptirten Wechsel erst am nächsten Werktage zu bezahlen, der Jude muß ihn am vorhergehenden Tage bezahlen (Cöthen. W. O. Art. 51). — Nach dem Cod. de comm. Art. 134 ist der an einem Feiertage verfallende Wechsel am vorhergehenden Tage zahlbar; ebenso nach dem Portug. Handelsg. A. 375, dem Italien. Handelsg. A. 220, dem Neuenburg. Gesetz v. 3. Juni 1833, A. 41.

selsumme nicht gefordert werden kann, oder auch die Protestzeit damit nicht zusammenfällt, resp. nicht von da an läuft; — man unterscheidet alsdann Verfallzeit und Zahlungstag:

1) Verfällt der Wechsel an einem Sonntage oder allgemeinen Feiertage, so ist nach der D. W. O. der nächste Werktag der Zahlungstag in dem doppelten Sinne: die Wechselzahlung kann erst mit diesem Tage vom Wechselschuldner verlangt werden; — der Wechselnehmer kann und darf erst an diesem Tage oder in den beiden folgenden Tagen nach den oben bezeichneten näheren Bestimmungen den Wechsel zur Zahlung präsentiren und Mangels Zahlung protestiren lassen [11].

2) Bestehen am Zahlungsorte allgemeine Zahl- oder Cassirtage [12], so ist der nächste Cassirtag, der auf die Verfallzeit des Wechsels folgt, Zahlungstag in dem Sinne und nur in dem Sinne, daß erst an diesem Tage die Wechselzahlung geleistet zu werden braucht [13]; doch findet diese Ausnahmsbestimmung nach der D. W. O. auf Wechsel, die auf Sicht lauten, keine Anwendung [14].

---

[11] D. W. O. Art. 92 und Art. 98. 10. — Schw. Entw. §. 37 u. §. 89. Waadtländ. Ges. v. 4. Juni 1829 A. 28; Freiburg. Handelsg. A. 117. — Hamb. Einf.-G. §. 9: „Verfällt ein in Banco zahlbarer Wechsel „während der Zeit des Bankschlusses, so ist der nächste Werktag, an „welchem die Bank wieder geöffnet ist, der Zahlungstag.“ Desgl. Holstein. Einf.-Ord. §. 13.

[12] Einert, Wechselr. S. 379. — Bayer. Einf.-Ordn. §. 6: „Mit dem „1. Januar 1851 werden für die Stadt Augsburg der Montag und der Don„nerstag als allgemeine Zahltage (Cassirtage) bestimmt. Die an andern „Plätzen bestandene Einrichtung allgemeiner Zahltage wird aufgehoben.“ — In Bremen sind Cassirtage der Mittwoch und Sonnabend. S. auch Leipzig. Protoc. S. 219.

[13] D. W. O. Art. 93 und Art. 98. 10. Sammlung handelsgerichtl. Entscheidungen ... in Bayern Bd. I. S. 510 f.

[14] D. W. O. Art. 93. — Nach gemeinrechtlicher Theorie dagegen gilt hier von den Wechseln a vista und a piacere das Nämliche was von andern Wechseln. — Augsburg. W. O. v. 1778, Kap. IV. §. 3.

3) Wo Respecttage (Respit-, Discretions-, Ehren-, Honor-, Vergünstigungs-, Gnaden-, Faveur-Tage, jours de grace) bestehen [15], fällt der Zahlungstag mit der Verfallzeit insoferne nicht zusammen, als der Wechselinhaber während einer gewissen durch Herkommen oder Gesetz bestimmten Zahl von Tagen mit der Erhebung der Wechselsumme warten muß, oder mit der Präsentation zur Zahlung und Protesterhebung warten darf, — welches letztere im Zweifel anzunehmen ist [16].

Wo aber auch die Respecttage, wie dieß durch die D. W. O. geschehen, aufgehoben worden [17], können, ungeachtet der ursprünglichen Bedeutung jenes Instituts [18], die Nachtheile der nicht rechtzeitig geschehenen Präsentation zur Zahlung und beziehungsweise Protesterhebung durch den Beweis der höhern Gewalt nicht abgewendet werden, da der Aussteller eines trassirten Wechselversprechens nach Laut desselben lediglich für die Zahlung zur Verfallzeit haftet, sonach die Voraussetzungen seiner Verhaftung nicht vorhanden sind, wenn — gleichgültig aus welchem Grunde — eine rechtzeitige Präsentation zur Zahlung nicht Statt gefunden [19]. Es

---

[15] Die einzelnen W. O. geben Respecttage für alle oder nur für gewisse Wechsel, zu Gunsten des Präsentanten oder des Wechselschuldners oder beider. — Die Copenhagener W. O. §. 9 u. 10 giebt dem Acceptanten 8, dem Präsentanten 10 Respecttage; die Cöthen. W. O. Art. 53 giebt dem Acceptanten 3 Respecttage; ebenso die Hanau. W. O. §. 3; das Ruff. Handelsg. A. 503 giebt bei Sichtwechseln 3, bei andern Wechseln, mit Ausschluß der Meßwechsel, 10 Respecttage. Pöhls, Wechselr. S. 403 f.; Treitschke, Encyc. II. S. 152 f. — Borchardt, D. W. O. S. 80.

[16] Treitschke, Encyc. II. S. 149 f. — Einert, Wechselr. S. 380 a. E. und S. 381. — Thöl, Wechselrecht, §. 183. — Dagegen Mittermaier, Grundf. §. 342 zu Note 21.

[17] D. W. O. Art. 33 und Art. 98. 5. — Leipz. Protoc. S. 73 f. — Cod. de Comm. Art. 135. — Spanisch. Handelsg. A. 447. — Ungarisch. Wechselr. §. 98. — Freiburg. Handelsg. A. 119. — Serbisch. Handelsg. A. 106. — Schweiz. Concord.-Entw. §. 38.

[18] Einert, Wechselr. S. 376 f.

[19] Einert, Wechselrecht, S. 391 a. E. f. und im Arch. für deutsch.

sind sonach die Nachtheile einer durch höhere Gewalt verursachten Versäumniß nur durch ein Gesetz abwendbar, welches wegen eingetretener außerordentlicher Ereignisse die Frist für die Präsentation nnd Protestation aller bereits ausgestellten Wechsel verlängert [20].

§. 67.

Die Prolongation des Wechsels *.

Die **nothwendige** und die **freiwillige** Prolongation sind ihrem Wesen nach verschieden.

Die **nothwendige Prolongation** ist das Hinausschieben der Verfallzeit des Wechsels durch ein von der Willkür der Parteien unabhängiges Ereigniß, wie namentlich bei Meß- und Marktwechseln durch die Verlegung der Messe oder des Markts [1]; oder sie besteht im Aufschub der Zeit für Präsentation und Protesterhebung durch einen Act der Staatsgewalt [2].

Wechselrecht, Bd. I. S. 277 f. — Brauer, ebendas. Bd. I. S. 272 f. Bluntschli, D. W. O. S. 83 f. — Seuffert, Arch. Bd. II. Nr. 319 und Bd. III. Nr. 94. — Borchardt, die D. W. O. mit den von den Gerichtshöfen ausgespr. Grunds. Zus. 342 no. 11. — Dagegen Treitschke, Encyc. II. S. 619 f. — Liebe, Entw. S. 134 f. — Mittermaier, im Arch. f. deutsch. Wechselrecht Bd. I. S. 147 f.

[20] Brauer, im Arch. f. deutsch. Wechselr., Bd. I. S. 273 u. Bd. V. S. 31 f. — Swoboda in demselb. Arch. Bd. XVI. S. 34 f. — S. aber Seuffert, Arch. Bd. III. Nr. 94.

* Becker, diss. de literis cambialibus earumque prolongatione, Rostock. 1758 (§§. 21—25). — Kapf, de prolongat. cambii, Tub. 1777. — Huch in der Zeitsch. für Rechtspfl. im Herzogth. Braunschweig, Jahrg. II (1855), S. 1 f. — Brauer im Arch. f. d. W. Bd. V. S. 13 f. — Kheil in dem nämlich. Arch. Bd. VI. S. 64 f. — Swoboda ebendas. Bd. XVI. S. 29 f.

[1] Pöhls, Wechselr., S. 444.

[2] V. dies. Lehrb. §. 66 a. E. — Unrichtig wird eine Art nothwendiger Prolongation in der Ertheilung eines Moratoriums gefunden (Thöl, §. 316; Brauer a. a. O. S. 34 f.), da ein solches weder die Verfallzeit, noch sonst

Die freiwillige Prolongation dagegen ist das Hinausschieben der Verfallzeit des Wechsels durch Wechsel-Interessenten. Indem eine solche Verlegung nur vor Eintritt der Verfallzeit geschehen kann [3], ist eine nachher geschehene s. g. Prolongation nicht als neuer Wechsel mit neuer Verfallzeit zu betrachten [4]. Nicht bloß bei eigenen Wechseln möglich [5], geschieht die freiwillige Prolongation am sichersten auf dem Wechselbriefe selbst [6], durch Beisetzung eines Termins [7] oder einer Frist, welche im Zweifel vom Zahlungstage, und im Falle mehrmaliger Prolongation von der letzten prolongirten Verfallzeit an läuft [8].

---

die Zeit für Präsentation und Protesterhebung aufschiebt, womit jedoch die Frage nach dem Einflusse desselben auf die Wechselverjährung nicht entschieden ist. Vgl. §. 93.

[3] Huch, a. a. O. S. 2 f. — Die Bewilligung einer Frist nach Verfall des Wechsels wird uneigentlich Prolongation genannt.

[4] Oberst. Oesterr. Gerichtsh. im Arch. f. deutsch. Wechselrecht, Bd. XI. S. 207 f.

[5] Einzelne Particularrechte jedoch erwähnen der Prolongation nur hinsichtlich eigener Wechsel, Dessau. W. O. §. 116. — Preuß. Landr. Th. II. Tit. 8, §. 1219 f., bei denen sie auch häufiger vorkömmt. Kheil, Wechselrecht, S. 253.

[6] Treitsche, Encyc. II. S. 272. — Einzelne W. O. verlangen, daß die Prolongation auf den Wechsel selbst geschrieben werde. Altenburg. W. O. Kap. III. §. 6. S. jed. Allg. D. Handelsg. A. 317, 274 u. 273. — Zeitsch. f. das gesammte Handelsrecht, Bd. XI. S. 119 f. — Swoboda im Arch. f. d. W. Bd. XVI. S. 36 f.

[7] Treitschke, Encyc. II. S. 272.

[8] Thöl, §. 316. I. — Bender, Grundſ. II. S. 247. — Preuß. Landr. Th. II. Tit. 8, §. 1232—1235. — Abweichend Treitschke, Encyc. II. S. 272 f. — Die Prolongation ohne Zeitbestimmung ist keine Prolongation (Treitschke, Encyc. II. S. 273, Brauer, a. a. O. S. 29. — Dagegen Kitka, Erläut. S. 83 a. E. f.). — Particularrechtlich jedoch wird hier die Prolongationszeit auf so lange gerechnet, als der Wechsel zuerst ausgestellt worden, oder, wenn schon vorher Prolongationen erfolgt sind, auf den Zeitraum der nächst vorhergehenden Prolongation. Preuß. Landrecht, Th. II. Tit. 8. §. 1231.

Die freiwillige Prolongation steht nur denjenigen entgegen, welche in dieselbe eingewilligt haben [9]; also dem Acceptanten, resp. Aussteller des eigenen Wechsels, wenn er sie durch seine Unterschrift genehmigt hat, indem sie den Anfang der Wechselverjährung gegen ihn aufschiebt [10]; — dem Wechselnehmer aber, indem er bis zum Eintritt der hinausgeschobenen Verfallzeit nicht klagen kann, auch dann, wenn er den Wechsel, auf welchem die Prolongation geschrieben, an sich genommen [11].

Der Regreß Mangels Zahlung wird durch die Prolongation an sich nicht abgeschnitten [12]; dagegen muß der Wechselnehmer zu dessen Wahrung den prolongirten Wechsel zur Verfallzeit präsentiren und Mangels Zahlung protestiren lassen, wie wenn er nicht prolongirt wäre, es wäre denn, daß derjenige, gegen den regredirt werden soll, in die Prolongation eingewilligt hätte.

---

[9] Treitschke, Encyc. II. S. 271. — Koch, Wechselr. S. 206. — In diesem Sinne sagen die W. O. (so z. B. die Dessau. W. O. §. 116), daß ein Wechsel mit Einstimmung des Wechselgläubigers und Wechselschuldners prolongirt werden könne.

[10] Treitschke, Encyc. II. S. 270. — Schw. Entw. §. 83, Abs. 2 und §. 89.

[11] Daniels, Grundſ. S. 145. — Thöl, §. 316. I. Nicht nothwendig ist sonach, daß der Gläubiger die Prolongation unterschrieben habe, wie Wagner, Handb. des österreich. Wechselr. Th. II. §. 247 meint. S. jed. über die hier aufgestellten sehr verschiedenen Ansichten Brauer, a. a. O. S. 30 f. Unrichtig ist die Behauptung Koch's, Wechselr. S. 207 f., daß der von dem Gläubiger, nicht aber von dem Schuldner unterschriebene Prolongations-Vermerk unwirksam sei, weil eine Fristbewilligung die Verjährung hindere, diese aber ohne Einwilligung des Schuldners nicht gehindert werden könne. Denn einmal ist die Ertheilung einer Zahlungsfrist innerhalb der Verjährungsfrist möglich (Brauer, Erläut. S. 140), und dann hindert überhaupt nicht jede Fristbewilligung die Verjährung.

[12] Thöl, §. 316. III. Dagegen Treitschke, Encyc. II. S. 389. Mittermaier, Grundſ. §. 343. X. — Preuß. Landr. Th. II. Tit. 8. §. 1238. 1239. — Bad. Landr. Anh. Art. 186 a. — Schw. Entw. §. 44: „Gewährt der Wechselinhaber dem Acceptanten eine Prolongation, so verliert „er seine Rechte gegen diejenigen Vormänner, welche zu dieser Prolongation „nicht eingewilligt haben" u. §. 89. — S. aber mein. Auff. in der krit. Ueberschau IV. S. 360.

Die D. W. O. erwähnt der Wechselprolongation nicht; doch ist eine freiwillige Prolongation im Sinne dieses Gesetzes für wechselrechtlich unwirksam zu erachten [13], was jedoch die Berücksichtigung einer auf dem Wechselbriefe befindlichen Prolongationserklärung zur Hebung von Zweifeln über wesentliche Angaben des Wechsels nicht ausschließt [14]. Indem sonach die freiwillige Prolongation die Verfallzeit des Wechsels nicht ändert [15], vermag sie den Lauf der Wechselverjährung nicht aufzuschieben [16], so wie sie die Zeit für die Vornahme der zur Begründung und Erhaltung der Wechselrechte erforderlichen Solennitäten, selbst gegenüber den einwilligenden Vormännern, nicht hinaussetzt [17], dagegen bei gehöriger Beobachtung dieser Formalien den Regreß gegenüber den Nicht-Einwilligenden nicht abschneidet [18].

---

[13] Leipziger Protoc. S. 228. Brauer, a. a. O. S. 14 f. — Hoffmann, Erläut. S. 352 f.; Volkmar u. Löwy, D. W. O. S. 268 f. — Stuttgart. Ob. Trib. bei Seuffert, Arch. Bd. XII. no. 295.

[14] Purgold im Arch. f. deutsch. Wechselrecht, Bd. X. S. 225 f.

[15] Berl. Ob. Trib. bei Borchardt, die D. W. O. mit den von den deutschen Gerichtshöfen ausgesprochenen Grundsätzen des Wechselrechts, Zus. 288.

[16] Brauer, a. a. O. S. 20. — Swoboda im Arch. f. d. W. Bd. XVI. S. 41 f. — Braunschw. Handelsg. im Arch. f. deutsch. W. Bd. V. S. 331 f. — Oberst. Oesterr. Gerichtshof in demselben Arch. Bd. XIV. S. 195 f. — Sammlung handelsgerichtl. Entscheidungen ... in Bayern Bd. II. S. 30 f. — Dagegen Kheil, Wechselr. S. 154 und im Arch. f. d. Wechselr., Bd. VI S. 76 f. — Oberst. Oesterr. Gerichtsh. in demselb. Arch. Bd. X. S. 302 a. E. f. — Auch unterbricht eine nach Verfall ertheilte s. g. Prolongation die Wechselverjährung nicht. Arg. D. W. O. Art. 80. — Kletke, Präjudiz. S. 212 no. 534; Seuffert, Arch. Bd. VII. no. 234; dagegen Koch, Wechselr. S. 300.

[17] Brauer, a. a. O. S. 22 f. — Dagegen Kheil, Wechselrecht, S. 154. — Kitka, Erläut. S. 85.

[18] Brauer, a. a. O. S. 23; Kitka, Erläut. S. 78 a. E. f. u. S. 80 not.; Thöl, Wechselrecht, §. 316 III; dagegen Kheil, Wechselr. S. 155; Kalessa, Handb. S. 31; Koch, Wechselrecht S. 206; Volkmar u. Löwy, D. W. O. S. 270. — Arch. f. d. W. Bd. X. S. 49 f.

Wohl aber giebt die Prolongation, auch wenn sie aus dem Wechsel nicht ersichtlich sein sollte [19], dem Acceptanten, und resp. Aussteller des eigenen Wechsels, nicht aber dem Ehrenacceptanten [20] eine Einrede [21], welche er jedoch als eine nicht aus dem Wechselrechte selbst hervorgehende nur dem Kläger entgegensetzen kann, der in die Prolongation eingewilligt [22], oder aus dem Rechte des Einwilligenden klagt.

§. 68.

Die Legitimation zur Zahlungserhebung *.

Zur Erhebung der Wechselsumme legitimirt ist [1]:

I. Bei nicht indossirten Wechseln (Tratten oder eigenen Wechseln) der Wechselinhaber, auf dessen Namen als Wechselnehmer

---

[19] Arch. f. d. W. Bd. X. S. 70 f.

[20] Brauer, a. a. O. S. 27.

[21] Sammlung handelsgerichtl. Entscheidungen . . . in Bayern, Bd. I. S. 102 f. Erstreckt sich die Prolongationsfrist über die Verjährungsfrist hinaus, so steht die Prolongation einem Verzichte auf die Wechselklage gleich. Brauer, a. a. O. S. 28. — In jedem Falle kann aber der Schuldner vor Ablauf der Prolongationsfrist bezahlen. Brauer, a. a. O. S. 19 a. E.; dagegen Kitka, Erläut. S. 80.

[22] Eine solche Einwilligung liegt hier aber nicht in dem Nehmen des prolongirten Wechsels (Brauer, a. a. O. S. 25; dagegen Kitka, Erläut. S. 83 u. S. 85), da der Indossatar in das in Folge der Prolongation von einer wechselmäßigen Einrede nicht betroffene Wechselrecht seines Indossanten gegen den Wechselschuldner succedirt, in dem zwischen Indossanten und Indossatar abgeschlossenen Wechselgeschäfte aber die Gewährung einer Zahlungsfrist von Seiten dieses letztern an den Wechselschuldner nicht zu finden ist.

* Jolly, im Arch. f. deutsch. Wechselrecht, Bd. II. S. 163 f.

[1] Es kann hier übrigens selbstverständlich eine Stellvertretung Statt finden, Jolly, a. a. O. S. 165. — Ueber die Folgen einer an einen nicht Legitimirten geschehenen Zahlung s. Jolly, a. a. O. S. 183 f.

der Wechsel lautet [2]; bei Wechseln auf den Inhaber und Blanco-Wechseln der Wechselinhaber schlechthin [3].

II. Bei indossirten Wechseln (Tratten oder eigenen Wechseln) jedenfalls nur derjenige Wechselinhaber, der durch das letzte Indossament als Zahlungsempfänger bezeichnet ist.

1) Ist der Wechsel nur einmal indossirt, so ist bei vollständigem Indossamente derjenige, welcher daselbst mit Namen oder Firma als Indossatar benannt ist, bei unvollständigem Giro aber jeder Wechselinhaber zur Zahlungserhebung berechtigt [4].

2) Ist der Wechsel mehrfach indossirt, so erscheint der letzte Indossatar, resp. der Wechselinhaber nur dann als legitimirt zur Zahlungserhebung, wenn die Reihe der Indossamente bis auf ihn herab eine ununterbrochene ist [5]. Diese Reihe wird aber dadurch nicht unterbrochen, daß inmitten derselben ein Indossament auf den Inhaber oder in bianco, welches übrigens jeder Wechselinhaber auszufüllen befugt ist [6], steht [7]; dagegen werden ausgestrichene Indossamente als nicht geschrieben an-

---

[2] Auch wenn vor der Bezeichnung des Remittenten die Worte „an die Ordre von" stehen, indem dieselben keine Verpflichtung zur Indossirung begründen. Borchardt, die D. W. O. mit den von den deutschen Gerichtshöfen ausgesprochenen Grundsätzen des Wechselrechts, Zus. 311.

[3] Thöl, Wechselrecht, §. 266. I.

[4] Arch. f. d. W., Bd. IV. S. 452; Seuffert, Arch. Bd. X. Nr. 80.

[5] Treitschke, Encyc. II. S. 804 f. — Thöl, Wechselrecht §. 266. II. — D. W. O. Art. 36, Abs. 1: „Der Inhaber eines indossirten Wechsels wird „durch eine zusammenhängende, bis auf ihn hinuntergehende Reihe von „Indossamenten als Eigenthümer des Wechsels legitimirt. Das erste In-„dossament muss demnach mit dem Namen des Remittenten, jedes folgende „Indossament mit dem Namen Desjenigen unterzeichnet seyn, welchen das „unmittelbar vorhergehende Indossament als Indossatar benennt. Wenn auf „ein Blanco-Indossament ein weiteres Indossament folgt, so wird ange-„nommen, dass der Aussteller des letztern den Wechsel durch das Blanco-„Indossament erworben hat". D. W. O. Art. 98, 5. — Schw. Entw. §. 39. — Schwed. W. O. §. 42.

[6] D. W. O. Art. 13 und Art. 98, 2. — Brauer, Erläut. S. 50.

[7] D. W. O. Art. 36, Abs. 1 und Art. 98, 5. — Koch, Wechselr. S. 210.

gesehen [8]. Wie demnach ausgestrichene Giro's inmitten der Indossamenten-Reihe dieselbe unterbrechen können, so erscheint andererseits der Besitzer eines in bianco girirten Wechsels nicht um deßwillen als zur Zahlungserhebung nicht legitimirt, weil auf das Blanco-Giro durchstrichene Indossamente folgen [9], was in gleicher Weise auch in dem Falle gilt, daß diese Indossamente erst nach Verfall des Wechsels und erhobenem Proteste Mangels Zahlung ausgestrichen worden sind [10].

Der Besitz des mit Blanco-Indossament versehenen Wechsels hört aber nicht nothwendig mit dem Verluste des Gewahrsams desselben auf [11]. Auch ist der Zahler nicht verpflichtet, die Aechtheit der sämmtlichen Indossamente [12] oder doch diejenige des letzten Giro's [13] zu prüfen [14]; dieß ergiebt sich aus der Bestimmung des Wechsels, und nicht aus der angeblichen Verpflichtung eines jeden Wechselnehmers, sich der Identität der Person seines Gebers zu vergewissern, welche Pflicht in Wirklichkeit nicht besteht [15]. Zu einer

---

[8] D. W. O. Art. 36, Abs. 2 und Art. 98, 5. — Schweiz. Concord.-Entw. §. 39. — Brauer, Erläut. S. 86. — Bluntschli, D. W. O. S. 76.

[9] Seuffert, Arch. Bd. IX. no. 90; — Arch. f. d. Wechselr. Bd. VIII. S. 441 f.

[10] Arch. f. d. W. Bd. IX. S. 70 f. u. Bd. XI. S. 325 f.

[11] Berlin. O. Tr. im Arch. f. deutsch. Wechselr. Bd. VI. S. 99 f.

[12] Die Begründung dieser Ansicht s. bei Thöl, Wechselrecht, S. 648 f. — Souchay, in der Zeits. f. deutsch. Recht, Bd. XII. S. 342 f. — S. dagegen aber Thöl, a. a. O. S. 650 f.

[13] So das Preuß. Landr. Th. II. Tit. 8. §. 1153. — Dessau. W. O. §. 100.

[14] Mittermaier, Grunds. §. 343. IV. — Thöl, II. S. 650 f. Jolly, a. a. O. S. 166 f. — Liebe, Entw. S. 128. — D. W. O. Art. 36, Abs. 3: „Die Aechtheit der Indossamente zu prüfen ist der Zahlende nicht verpflichtet". Art. 98, Nr. 5. — Schweiz. Concord.-Entwurf, §. 39. — Weiter geht der Code de comm. Art. 145: „Celui qui paie une lettre de change à son échéance est présumé valablement libéré."

[15] Dagegen Thöl, II. S. 654 f. — S. aber Jolly, a. a. O. S. 167 f.

solchen Prüfung ist aber folgeweise der Acceptant, resp. der Aussteller des eigenen Wechsels auch nicht berechtigt und daher zu der von ihm angebotenen Diffession der Indossamente nicht zuzulassen [16], was ebenfalls vom letzten Giro gilt [17].

Die nämlichen Grundsätze finden rücksichtlich der Prüfung der Wechselfähigkeit der Indossanten Anwendung [18].

Dagegen versteht es sich von selbst, daß der Wechselinhaber zur Zahlungserhebung alsdann nicht legitimirt ist, wenn ein Indossament schon seiner äußern Beschaffenheit nach die geschehene Fälschung in einer einem Jeden erkenntlichen Weise ersehen läßt [19].

Andererseits ist der Zahler bei indossirten wie bei nicht indossirten Wechseln nicht allein berechtigt [20], sondern auch verpflichtet, sich der Identität des Präsentanten mit der auf dem Wechsel als letzter Nehmer bezeichneten Person zu versichern [21], beziehungsweise

---

[16] Brauer, Erläut. S. 85. — Koch, Wechselr. S. 212. — Füssel, im Arch. für deutsch. Wechselrecht, Bd. II. S. 257 f. und S. 267 f. — Bluntschli, D. W. O. S. 76. — Blaschke, Wechselr. S. 193. — Löhr, Centralorgan, N. F. Bd. II. S. 461 f. — Dagegen Seuffert, Arch. Bd. III. Nr. 92 und Urtheil im Arch. f. deutsch. Wechselr., Bd. I. S. 207 f. — Wohl aber kann der Wechselschuldner dem letzten Indossatar, resp. bei einem Indossamente in bianco dem Wechselinhaber die Einrede der Fälschung und eines dolosen oder culposen Verhaltens desselben bei der Erwerbung des Wechsels entgegensetzen. Berlin. Ob. Tr. im Arch. f. d. W. Bd. XI. S. 94; Seuffert, Arch. Bd. X. Nr. 203.

[17] Dagegen Brauer, Erläut. S. 85. — S. aber Jolly a. a. O. S. 174. — Füssel, a. a. O. S. 276 f. — O. A. G. zu Rostock im Arch. f. d. W. Bd. III. S. 405.

[18] Jolly, a. a. O. S. 170.

[19] Jolly, a. a. O. S. 171 f.

[20] Dieß meinen Hoffmann im Arch. f. d. W. Bd. V. S. 607 und Erläut. d. Allg. D. W. O. S. 141 f. u. 365. — O. Wächter, Wechsellehre, S. 288 u. S. 470; und bestimmt auch der Schweiz. Concordats-Entw. §. 39, Abs. 3: „Die Aechtheit der Indossamente zu prüfen ist der Zahlende „nicht verpflichtet; hingegen ist derselbe berechtigt, von einem unbe„kannten Inhaber den Nachweis der Identität zu fordern, und wenn der„selbe nicht beigebracht wird, den Betrag der Wechselsumme bei der zu„ständigen Behörde niederzulegen."

[21] Scaccia, tract. §. II. Gloss. V. no. 340 sqq. — Treitschke, Encyc.

der Befugniß jenes zur Vertretung der Firma, an welche der Wechsel begeben ist.

Die Legitimation kann übrigens nur mittelst eines Wechsel-Originals geschehen, wobei das eine oder das Andere von mehreren Duplicaten genügt, wenn alle Bedingungen jener aus dem präsentirten Exemplare ersichtlich sind [22]. Doch braucht der Acceptant das nicht acceptirte Exemplar nicht zu bezahlen [23], wiewohl er auf dasselbe bezahlen kann [24].

Ist der Wechsel mittelst Indossaments einer Copie begeben worden, so legitimirt sich der Nehmer durch das Original und die Abschrift [25].

Sind aber die mehreren Duplicate Eines Wechsels an verschiedene Personen indossirt worden, so zahlt der Bezogene mit voller Wirkung an den ersten Präsentanten [26], währenddem im Falle gleichzeitiger Meldung mehrerer legitimirter Inhaber zur Zahlung keiner den Vorzug hat, und der Trassat sonach an den einen oder den andern zu zahlen befugt ist [27], wenn nicht das eine Duplicat von ihm acceptirt worden [28].

II. S. 805. — Thöl, Wechselrecht, §. 266. III. — Jolly, a. a. O. S. 170. — Volkmar u. Löwy, D. W. O., S. 150. — Kuntze im Arch. f. d. W. Bd. XII. S. 1 f.; insbes. S. 12 f. — O. A. G. in Dresden bei Löhr, Centralorgan, N. F. Bd. II. S. 263 f.

22 Treitschke, Encycl. II. S. 811.

23 Einert, Wechselr. S. 450.

24 Einert, Wechselr. S. 448 f.

25 S. auch Arch. f. d. W. Bd. VI. S. 212 f.

26 Brauer, Erläut. S. 122 a. E. und S. 133.

27 Die gewöhnliche Lehre ist, daß hier der Bezogene nicht zahlen könne, sondern die Wechselsumme deponiren müsse (Treitschke, Encycl. II. S. 170. Brauer, Erläut. S. 123). Allein gesetzt der Trassat bezahlt an den Inhaber des einen Duplicats, so bezahlt er gültig, weil an einen gehörig Legitimirten, und der Anspruch auf Deckung kann ihm zweifelsohne nicht abgesprochen werden.

28 Einert, Wechselr. S. 450.

§. 69.

Die Rechte des Zahlers.

Der Zahler, welcher dem Wechselinhaber weder die Zahlung anzubieten, noch auch das Geld zu überbringen verpflichtet ist [1], kann gegen die in seinem Geschäftslocale und in Ermangelung eines solchen in seiner Wohnung [2] vorzunehmende Zahlung der Wechselsumme die Aushändigung des Wechsels [3], und, wenn mehrere Duplicate vorhanden sind, des acceptirten Exemplars [4], resp. der mehreren Exemplare oder des Originals und der Copie, aus deren Zusammenstellung allein die Legitimation des Inhabers sich ergiebt [5], nicht aber aller [6], oder aller acceptirten Duplicate [7] fordern. Außerdem

[1] Treitschke, Encyc. II. S. 797 f. — Bender, Grunds. I. S. 489. — Thöl, Handelsrecht, §. 186. 2. — Mittermaier, Grunds. §. 343. VIII. — Altenb. W. O. Kap. II. §. 7 : „Wer einen bereits acceptirten Wechselbrief in Händen hat, ist schuldig, das Geld von dem Debitore bei der „Verfallzeit selbst oder durch Andere abholen zu lassen. Im Fall aber „solches nicht geschieht, steht dem Debitori frei, das Geld gerichtlich zu „deponiren. . . . Würde auch unterdessen eine Veränderung der Münze „vorgehen, und der Präsentant oder Briefsinhaber sein Geld zur Verfallzeit nicht abholen, soll der Acceptant oder Debitor die Zahlung in keiner „andern Münze, als wie sie im Wechselcurs gültig und verschrieben, zu „thun schuldig seyn, wie denn vor keinen dem Präsentanten aus solchem „Verzug fliessenden Schaden zu stehen schuldig“. — Leipzig. W. O. Art. 12. — Cöthen. W. O. Art. 20. — Nach einzelnen W. O. jedoch muß dem Gläubiger das Geld überbringen : 1) der Aussteller des eigenen Wechsels (Dessau. W. O. §. 30); 2) der jüdische Wechselschuldner (Leipzig. W. O. §. 12).

[2] Arg. D. W. O. Art. 91.

[3] D. W. O. Art. 39, Abs. 1; Art. 98, no. 5. — Schwed. W. O. §. 40. — Finnl. W. O. §. 38. — Löhr, Centralorgan, N. F. Bd. II. S. 86 a. E. f.

[4] Treitschke, Encyc. I. S. 29 f.

[5] Thöl, Wechselr., §. 206. I. — Jolly, im Arch. für deutsch. Wechselr. Bd. III. S. 38. — Preuß. Landr. Th. II. Tit. 8. §. 1102. — Liebe, Entw. §. 45.

[6] Borchardt, die D. W. O. mit den von den Gerichtshöfen ausgespr. Grundf., Zus. 315. — Dagegen Pöhls, Wechselrecht S. 441. — Treitschke, Encyc. II. S. 808.

ist der Zahler berechtigt, Quittirung der bezahlten Summe auf dem Wechsel zu verlangen [8], und daher nicht allein befugt, einem zur Quittungsleistung Unfähigen die Zahlung zu verweigern [9], sondern auch von dem den Wechsel zur Zahlung präsentirenden Notar oder Gerichtsbeamten Nachweisung der Legitimation zur Quittirung zu fordern [10]. Obwohl aber die Aushändigung des quittirten Wechsels mit der Zahlung Zug um Zug zu geschehen hat, so braucht sich der Kläger zu jener Ausantwortung in der Klage nicht zu erbieten [11].

Bei Theilzahlungen jedoch ist der Zahler nur die Vermerkung der Zahlung auf dem Wechsel und die Ausstellung einer abgesonderten Quittung zu verlangen befugt [12], was auch im Falle der

---

[7] Jolly im Arch. f. d. Wechselr., Bd. III. S. 25 f. – Dagegen der Oesterr. Oberste Gerichtshof in J. Peitler, Sammlung wechselrechtl. Entscheidungen, no. 209, S. 178; und für den Fall, daß der Präsentant die mehreren acceptirten Exemplare besitzt, Hoffmann im Arch. f. d. Wechselr. Bd. XIV. S. 248 f.

[8] Treitschke, Encyc. II. S. 807. — Thöl, Wechselrecht, §. 206, 2. — Pöhls, Wechselrecht, S. 442. — D. W. O. Art. 39, Abs. 1: „Der Wechselschuldner ist nur gegen Aushändigung des quittirten Wechsels zu „zahlen verpflichtet." Art. 98. 5. — Hamburg. Einführ.-Ordn. §. 5: „Bei einem in Banco zahlbaren Wechsel vertritt die auf denselben gesetzte „Anweisung, an welche Banco-Conto der Betrag abgeschrieben werden „soll (Bank-Indorso), die Stelle der nach Art. 39 der D. W. O. vor dem Empfang der Zahlung vorzunehmenden Quittirung des Wechsels". — Bluntschli, D. W. O. S. 79 f. — Der Domiciliat kann überdieß eine besondere Quittung verlangen. Treitschke, Encycl. I. S. 30.

[9] Volkmar u. Löwy, D. W. O. S. 157.

[10] Lincke in Löhr's Centralorgan, N. F. Bd. I. S. 402 f.; dagegen ebendas. Erk. des Appellat.-Gerichts in Zwickau.

[11] Kletke, Präjud. S. 194, no. 478. — Arch. f. d. Wechselr. Bd. XIV. S. 182.

[12] Bender, Grunds. I. S. 539. — D. W. O. Art. 39, Abs. 2 (auf einer Copie) und Art. 98. 5. — Schw. Entw. §. 41. — Schwed. W. O. §. 41. — Finnl. W. O. §. 39. — Doch kann der Avalist des Wechselschuldners die Aushändigung des Wechsels verlangen, wenn das zwischen ihm und dem Gläubiger ergangene rechtskräftige Urtheil ausgesprochen, daß der Wechsel nicht nach Höhe des ausgedrückten Betrags, sondern nur nach einer geringeren Summe Gültigkeit habe und er diese geringere Summe bezahlt hat; weil die Zahlung

Zahlung einer Accordsumme gilt, in welchem der Cridar so wenig die Streichung seines Accepts wie die Aushändigung des Wechsels fordern kann [13].

Wird übrigens die fällige Wechselsumme bei ihm nicht rechtzeitig abgeholt, so ist der Acceptant und beziehungsweise Aussteller des eigenen Wechsels nach Ablauf der für die Protesterhebung Mangels Zahlung bestimmten Zeit befugt, nicht aber verpflichtet [14], die Wechselsumme auf Gefahr und Kosten des Gläubigers [15] bei Gericht oder bei einer andern zur Annahme von Depositen ermächtigten Behörde oder Anstalt niederzulegen [16], eine Deposition, zu welcher es der Vorladung des Wechselinhabers nicht bedarf [17]. Indem aber

---

der richterlich moderirten Summe als vollständige Zahlung gilt. — O. A. G. in Dresden bei Borchardt, die Allg. D. W. O. . . . mit den von den deutschen Gerichtshöfen ausgesprochenen Grundsätzen des Wechselrechts, Zus. 332.

[13] Borchardt, a. a. O. Zus. 330. — Arch. f. d. Wechselr. Bd. VII. S. 420 f.

[14] Arch. f. d. W. Bd. III. S. 343; Hoffmann, Erläut. S. 373 und im Arch. f. d. Wechselr. Bd. XI. S. 373. Dagegen D. W. O. mit Einl. u. Erläut. S. 138; Blaschke, österr. Wechselr., S. 196.

[15] Thöl, Wechselrecht, §. 223. I.

[16] D. W. O. Art. 40, Abs. 2: „Wird die Zahlung des Wechsels zur „Verfallzeit nicht gefordert, so ist der Acceptant nach Ablauf der für „die Protesterhebung Mangels Zahlung bestimmten Frist befugt, die Wech„selsumme auf Gefahr und Kosten des Inhabers bei Gericht, oder bei einer „andern zur Annahme von Depositen ermächtigten Behörde oder Anstalt „niederzulegen". D. W. O. Art. 98. 5. — Brauer, Erläut. S. 88. — Borchardt, D. W. O. S. 89. Für Oesterreich fallen die Schlußworte des Art. 40, Abs. 2: „oder — niederzulegen" weg. — Nach dem Würtemb. Einf.-G. Art. 8 geschieht die Deposition bei dem für Wechselsachen zuständigen Gerichte des Zahlungsorts; nach dem Großh. Hess. Einf.-G. §. 1: nach Maßgabe des Gesetzes vom 20. Oct. 1821 die Anlegung der Depositen bei der Staatsschuldentilgungs-Casse betreffend; nach dem Bad. Einf.-G. Art. 3: auf den Grund einer von dem zuständigen Amts- oder Handelsgerichte ausgegangenen Verfügung oder einer von dem zuständigen Staatsschreiber aufgenommenen Hinterlegungsurkunde nach Vorschrift des Gesetzes v. 3. August 1837 über die Errichtung der Hinterlegungscasse und der über dasselbe ergangenen Vollzugs-Vorschriften. — Schw. Entw. §. 43.

[17] D. W. O. Art. 40, Abs. 2.

der nicht rechtzeitigen Abforderung der Wechselsumme der Fall gleichsteht, daß dieselbe von einer nicht gehörig legitimirten oder zur Quittungs-Ertheilung nicht ermächtigten Person verlangt worden [18], ist der Acceptant und beziehungsweise Aussteller des eigenen Wechsels auch unter einer solchen Voraussetzung [19], so wie aus anderen durch das allgemeine Civilrecht bestimmten Gründen [20] zur Deposition, welche jedoch überall nicht vor Ablauf der Protestzeit geschehen darf [21], befugt; — was in gleicher Weise vom Bezogenen, der nicht acceptirt hat, und nicht weniger vom Domiciliaten gilt [22].

Das Recht des vom Aussteller verklagten Acceptanten, zur Sicherung des Anspruchs auf Deckung die Wechselsumme zu deponiren, ist dagegen ganz unabhängig von den hier durch die D. W. O. aufgestellten Bestimmungen [23].

Fünftes Kapitel.

Die Intervention.

Thomasius, de jure adimpl. lit. camb. honoris causa, Hal. 1715.

Mothes, de interventione cambiali. Lips. 1822.

Heidenreich, de interventione cambiali. Lips. 1826.

---

[18] D. W. O. Art. 40, Abs. 2.

[19] Brauer, Erläut. S. 89. 4. — Koch, Wechselrecht, S. 220. II. — Hoffmann im Arch. f. d. W. Bd. XI. S. 375.

[20] Leipzig. Protoc. S. 70, aus denen sich ergiebt, daß die Deposition der Wechselsumme unter besonderen Umständen, deren Prüfung dem richterlichen Ermessen zu überlassen, selbst dann gestattet sein soll, wenn der Wechselinhaber nach Art. 36 der D. W. O. als zur Zahlungserhebung legitimirt erscheint. — Arch. f. deutsch. W. Bd. IV. S. 453; Bd. XII. S. 208 f. — Seuffert, Arch. Bd. X. no. 81.

[21] Arch. f. d. W. Bd. VIII. S. 185 f.

[22] Brauer, Erläut. S. 89. 3.

[23] Arch. f. pract. Rechtswissenschaft, Bd. VII. S. 154 f.

§. 70.

Die Wechselintervention im Allgemeinen. — Geschichtliche Einleitung.

Die Wechselintervention ist die Dazwischenkunft in ein Wechselverhältniß durch Honorirung, also durch Annahme oder Zahlung (Ehrenannahme, Ehrenzahlung im weitesten Sinne des Worts) des trassirtermaßen nicht honorirten Wechsels (einer Tratte, eines indossirten eigenen Wechsels) [1]. Eine solche Dazwischenkunft geschieht nun entweder in Folge eines in der Wechselurkunde stehenden Auftrags (Nothadresse), oder nicht in Gemäßheit eines solchen (Ehrenintervention im engern Sinne des Worts) [2].

Die Intervention der letztern Art war schon früh zur Aufrechterhaltung des Credits des Wechselgebers [3] sogar dem Bezogenen (super protestum) [4] gestattet, und zwar unter Anwendung der Grundsätze über negotiorum gestio [5]; daher denn der Intervenient sich nur an demjenigen, zu dessen Ehren er den Wechsel bezahlt hatte, erholen konnte [6]. Doch gestattete ihm die Praxis, durch ausdrückliche Erklärung zum Proteste sich die Rechte des Inhabers

---

[1] Treitschke, Encycl. I. S. 517 f. — Einert, Wechselrecht, S. 321 f.

[2] Thöl, Wechselrecht, §. 267.

[3] Der Gebrauch der Intervention scheint nach v. Martens, Versuch, S. 72 schon im 15. Jahrh. aufgekommen zu sein; „pro honore litterarum, „crediti et reputationis Titii (des Trassanten)“. Die Capit. nundinar. Genuens. Nr. 36 bestimmen : „che sia lecito à cui si voglia pagar sopra „protesto“. Scaccia, tractat. §. II. Glos. V. Nr. 382. S. auch Biener, wechselrechtl. Abh. S. 113 f.

[4] Scaccia, tract. §. II. Glos. V. Nr. 358 sqq. — Ansaldi de Ansaldis, de commercio et mercatura, Discurs. LXXIX. Nr. 4 u. 5.

[5] Decis. rotae Gen. dec. 19 : „Actores qui solverunt literas cambii „pro honore — liberando eos — negotia utiliter gesserunt — pecunias „solutas repetere possunt, eorumque fundatam intentionem habemus ex in„strumento Protesti. — Scaccia, tract. §. II. Glos. V. No. 357—359. 365.

[6] Antwerp. W. O. von 1578, §. 5. Hamburg. Stat. u. Ger.-Ordn. v. 1603, Th. II. Tit. 7. §. 9. — Leipzig. W. O. vom J. 1682, §. 17. — Braunschweig. W. O. von 1715, Art. 17.

gegen die übrigen Wechſelverpflichteten vorzubehalten [7]; eine Wirkung, welche bald von ſelbſt an die Zahlung ſich knüpfte [8], jedoch mit der bei richtiger Erkenntniß des Weſens der Wechſelintervention eingetretenen Beſchränkung, daß der Intervenient keine Wechſelrechte gegen die Nachmänner des Honoraten erhielt [9].

Die wechſelmäßige Aufforderung zur Intervention dagegen, welche früher mittelſt eines dem Wechſel angehefteten Zettels geſchah [10], ſcheint erſt ſeit dem 18. Jahrhundert in allgemeinere Uebung gekommen zu ſein [11].

I. Die Nothadreſſaten.

§. 71.

Begriff und juriſtiſche Natur der Nothadreſſe. — Allgemeine Grundſätze.

Die Nothadreſſe (Hülfs- oder Nebenadreſſe) iſt eine Adreſſe für den Fall der Noth; d. h. die Bezeichnung einer andern Perſon als des Traſſaten, reſp. Ausſtellers des indoſſirten eigenen Wechſels, auf dem Wechſelbriefe ſelbſt, einer Allonge [1] oder Copie [2],

---

[7] Ansaldi de Ansaldis, de commercio et mercatura, Disc. LXXIX. Nr. 8 sqq.

[8] Hamburg. W. O. von 1711, Art. 11 (bei Siegel, corp. jur. camb. I. S. 417): „Wenn an Jemand ein Wechselbrief zur Acceptation präsentiret „und von demselben nicht acceptiret wird, mag ein Dritter zu Ehren des „Ausgebers oder Indossanten ihn acceptiren, der dann krafft selbiger Ac„ceptation Selbstschuldiger wird, und hingegen durch würckliche Zahlung „in des Inhabers jura tritt. . . “

[9] Würtemb. W. O. von 1759, Kap. IV. §. 20. — Oeſterr. W. O. von 1763, Art. XXVI.

[10] Siegel, corp. jur. camb. I. S. 32; II. S. 109.

[11] Frémery, études, p. 151. — Brem. W. O. von 1712, Art. 24.

[1] Bender, Grundſ. I. S. 624. — Dieſ. Lehrb. §. 70 zu Note 10.

[2] D. W. O. Art. 62.

mit einem an dieselbe gerichteten Zahlungsauftrage für den Fall, daß der Wechsel trassirtermaßen nicht honorirt werden sollte [3].

Die Nothadresse enthält hiernach eine neue eventuelle Tratte [4], welche nicht allein vom Trassanten, sondern auch von einem Indossanten ausgestellt [5], und selbst auf den Trassanten gezogen sein kann [6]; doch gilt im Zweifel der Aussteller der Grundtratte, resp. der erste Indossant des eigenen Wechsels als Nothadressant [7].

Aus der juristischen Natur der Nothadresse ergeben sich aber folgende allgemeine Grundsätze:

1) Der Noth- oder Nebentrassat wird unter den nämlichen Voraussetzungen wie der Trassat, und nur unter diesen, wechselmäßig verpflichtet [8].
2) Der Wechsel ist ihm nur dann zur Annahme und resp. Zahlung zu präsentiren, wenn er Noth leidet [9] und deßhalb Protest erhoben worden ist. Der Wechsel leidet aber auch

---

[3] Die Nothadresse wird gewöhnlich unter oder neben die Adresse gesetzt, mit den Worten: nöthigenfalls bei Herrn N. — Im Fall der Noth bei N. — Im Falle bei. — In Ermangelung der Honorirung bei. — Au besoin chez Mr. N. — à défaut chez N. — Bender, Grunds. I. S. 624. — Thöl, Wechselr. §. 268 not. 8.

[4] Bender, Grunds. I. S. 625 f. — Thöl, Wechselrecht, §. 268. II.

[5] Bender, Grundsf. I. S. 623. Pöhls, Wechselr. S. 248. — Brauer, Erläut. S. 108. 5. — Span. Handelsg. A. 491; Portugies. Handelsg. A. 343; Russ. Handelsg. A. 510. — Dagegen Code de comm. A. 173: „les protêts faute d'acceptation ou de paiement sont faits ...

„Au domicile des persones indiquées par la lettre de change pour la payer au besoin ...; Frémery, étud. p. 151 sqq. — Niederländ. Handelsg. Art. 181; Italien. Handelsg. A. 259.

[6] Berlin. Ob. Tr. im Arch. f. deutsch. Wechselr. Bd. X. S. 217.

[7] Thöl, Wechselrecht (1. Aufl.), S. 363.

[8] Bender, Grundsf. I. S. 628. — Thöl, Wechselrecht, §. 268. V. Daher ist eine bloß auf dem Proteste befindliche Ehrenannahme unwirksam. Gengler, Privatr. S. 655, dagegen Bluntschli, D. W. O. S. 101.

[9] Treitschke, Encyc. I. S. 520.

dann Noth, wenn der Acceptant, resp. Ausſteller des indoſſirten eigenen Wechſels, unſicher iſt [10].

3) Der Nothadreſſat darf allein unter dieſer Vorausſetzung interveniren [11].

4) Der Wechſelinhaber hat den Regreß Mangels Zahlung gegen den Nothadreſſanten und deſſen Nachmänner nur dann, wenn er den dem Bezogenen und beziehungsweiſe Domiciliaten, oder dem Ausſteller des indoſſirten eigenen Wechſels erfolglos zur Zahlung präſentirten und Mangels Zahlung proteſtirten Wechſel dem Nothadreſſaten ſpäteſtens am zweiten Werktage nach dem Zahlungstage zur Zahlung vorgelegt und den Erfolg im Proteſte M. Z. oder in einem Anhange zu demſelben hat bemerken laſſen [12]. Wird hierdurch die Ablehnung der Zahlung Seitens der Nothadreſſaten oder die Nicht-Auffindung deſſelben hergeſtellt, ſo ſind die Bedingungen des Regreſſes gewahrt [13]. Hat aber der Nothadreſſat ſich zur Zahlung bereit erklärt, dieſelbe deſſenungeachtet ſpäter nicht geleiſtet, ſo iſt ein ſpäteſtens am zweiten Werktage nach dem Zahlungstage gegen ihn er-

---

[10] D. W. O. Art. 29, Abſ. 2 und Art. 98. 4.

[11] Einert, Wechſelrecht, S. 365.

[12] D. W. O. Art. 62, Abſ. 1 und 2 : „Befinden sich auf dem von dem „Bezogenen nicht eingelösten Wechsel oder der Copie Nothadressen oder „ein Ehrenaccept, welche auf den Zahlungsort lauten, so muss der Inhaber „den Wechsel spätestens am zweiten Werktage nach dem Zahlungstage „den sämmtlichen Nothadressen und dem Ehrenacceptanten zur Zahlung „vorlegen, und den Erfolg im Proteste Mangels Zahlung oder in einem „Anhange zu demselben bemerken lassen.

„Unterlässt er diess, so verliert er den Regress gegen den Adressanten „oder Honoraten und deren Nachmänner“. — D. W. O. Art. 98. 7. — Leipz. Protoc. S. 128. — Schw. Entw. §. 65. — Schwed. W. O. §. 58. — Finnl. W. O. §. 55. Unter dem hier zu bemerkenden Erfolge iſt aber nicht mit dem Berl. Ob. Tr. (Borchardt, die Allg. D. W. O. . . . mit den von den Gerichtshöfen ausgeſprochenen Grundſätzen des Wechſelrechts, Zuſ. 428) allein zu verſtehen, ob die Zahlung wirklich geleiſtet worden iſt, oder nicht. — Volkmar u. Löwy, D. W. O. S. 221.

[13] Leonhard Wächter im Arch. f. d. W. Bd. IX. S. 330 f.

hobener Protest M. Z. zur Begründung des Regresses nöthig [14].

Dagegen ist die Regreßnahme Mangels Zahlung gegen diejenigen Vormänner, welche den Wechsel, wie aus dieser Urkunde selbst ersichtlich, ohne Nothadresse begeben haben, durch Präsentation zur Zahlung an den Nothadressaten und Protesterhebung gegenüber diesem nicht bedingt [15].

Der Regreß auf Sicherstellung Seitens des Wechselinhabers setzt schlechtweg einen gegen den Nothadressaten levirten Protest Mangels Annahme voraus [16].

Jedenfalls braucht aber nach der D. W. O. der Wechselinhaber nur die auf den Zahlungsort lautende Nothadresse zu berücksichtigen [17], als welche nicht schon diejenige erscheint, welcher

---

[14] Volkmar u. Löwy, D. W. O. S. 221. — Hillig im Arch. f. d. W. Bd. XV. S. 264 f. — Dagegen O. A. G. in Lübeck im Arch. f. d. W. Bd. X. S. 38 a. E. f. u. Leonh. Wächter im Arch. f. d. W., Bd. IX. S. 331 f

[15] D. W. O. Art. 62, Abs. 1 u. 2 u. Art. 98. 7. – Mittermaier, Grunds. §. 348 zu Note 16. — Hoffmann, Erl. S. 479. — Ungerechtfertigt ist die Behauptung Thöl's, Wechselr. §. 268 (S. 494), daß im Wechselprocesse, wenn nicht Eidesdelation gestattet sei, der Regreß gegen jeden Vormann wegfalle, falls der Protest M. Z. des Nothadressaten fehle.

[16] D. W. O. Art. 56, Abs. 1 : „Befindet sich auf einem Mangels Annahme „protestirten Wechsel eine auf den Zahlungsort lautende Nothadresse, so „muss, ehe Sicherstellung verlangt werden kann, die Annahme von der „Nothadresse gefordert werden.“ Art. 29 : „ . . . wenn in diesen Fällen (der Unsicherheit des Acceptanten oder Ausstellers (A. 98. 4) die Sicherheit „von dem Acceptanten nicht geleistet, auch von den auf dem Wechsel „etwa benannten Nothadressen die Annahme nach Ausweis „des Protests nicht zn erhalten ist, so kann der Inhaber des „Wechsels . . . von seinen Vormännern Sicherstellung fordern.“ — Dagegen Koch, Wechselr. S. 253.

[17] D. W. O. Art. 56. 62 und 98. 7. Uebereinstimmend Schweiz. Concord.-Entw. §§. 59. 65. 89. — Schwed. W. O. §. 58. — Finnl. W. O. §. 55. — Ungarisch. Wechselr. §. 64. S. aber die Hamburg. Einf.-Ordn. §. 7 : „Die in den Art. 56 u. 62 der D. W. O. enthaltene Vor„schrift der Präsentation des Wechsels an die auf den Zahlungsort lauten-

kein Zahlungsort beigefügt ist [18], oder hinsichtlich deren sich aus dem Wechsel ergiebt, daß das Vorhandensein des Nothadressaten am Zahlungsort gemeint [19], sondern in der That nur die, welche ausdrücklich auf diesen Ort gestellt ist [20].

Im Verhältnisse des Wechselinhabers zum Acceptanten kömmt die Nothadresse weder rücksichtlich der Klage auf Zahlung der Wechselsumme [21], noch bei derjenigen auf Sicherheitsbestellung [22] in Betracht.

§. 72.

Die Acceptation des Nothadressaten.

Der Nothadressat, welcher den Wechsel acceptirt, gilt im Zweifel, d. h. wenn er nicht einen andern Honoraten in seinem Accepte bezeichnet hat [1], als Intervenient zu Ehren des Nothadressanten [2], — nach der D. W. O. jedoch zu Ehren des Aus-

---

„den Nothadressen gilt auch für Altonaische Nothadressen, welche sich „auf einem auf Hamburg gezogenen, so wie für Hamburgische Nothadressen, „welche sich auf einem auf Altona gezogenen Wechsel befinden." — Unrichtig behauptet Blaschke, Wechselrecht, S. 164, not. 3, daß im Falle des Art. 29 nicht bloß die auf dem Zahlungsorte lautende Nothadresse zu berücksichtigen sei.

[18] Dieß meint Thöl, Wechselrecht, §. 268. IV.

[19] Ob. Trib. in Berlin unt. 15. Nov. 1860 im Arch. f. d. W., Bd. X. S. 218.

[20] Ob. Trib. in Berlin unt. 15. Jan. 1867 bei Löhr, Centralorgan, N. F. Bd. III. S. 411 a. E. f.

[21] Berl. Ob. Trib. bei Seuffert, Arch. Bd. III, Nr. 365.

[22] Berl. Ob. Tr. bei Borchardt, die D. W. O. mit den von den Gerichten ausgespr. Grundſ., Zuſ. 276.

[1] Thöl, Wechselrecht (1. Aufl.), §. 249 zu Note 8. — Ist aus dem Wechsel der Nothadressant ersichtlich, so kann der Nothadressat als solcher nur dann zu Ehren eines Andern interveniren, wenn dieser ein Nachmann des Nothtrassanten ist.

[2] Treitschke, Encyc. I. S. 552. — Thöl, Wechselrecht (1. Aufl.), S. 363. Dagegen Daniels, Grundſ. S. 316.

stellers der Tratte [3], beziehungsweise des ersten Indossanten des eigenen Wechsels, sollte auch aus dem Wechselbriefe ein anderer Nothadressant ersichtlich sein, oder ein Vermerk im Proteste einen andern Honoraten bezeichnen [4].

Die Wirkungen des Accepts sind aber :

I. Im Verhältnisse des Nothadressaten zum Wechselinhaber :

Jener haftet aus seinem Accepte gerade so wie der Trassat, der acceptirt hat [5], jedoch unter folgenden Beschränkungen :

1) er haftet nicht dem Honoraten und dessen Vormännern [6];

2) er ist nur dann zur Zahlung verpflichtet, wenn der Wechsel beim Trassaten oder Aussteller des eigenen Wechsels, resp. beim Domiciliaten rechtzeitig Mangels Zahlung protestirt worden ist [7];

3) auch ist, anders wie nach Gemeinem Rechte [8], nach der D. W. O. zur Erhaltung des Rechts aus dem Ehren-Accepte die

---

[3] D. W. O., Art. 59 : „Wenn der Ehren-Acceptant unterlassen hat, in „seinem Accepte zu bemerken, zu wessen Ehren die Annahme geschieht, „so wird der Aussteller als Honorat angesehen.“ — Preuß. Motive, S. LXVII. — Uebereinstimmend Schweiz. Concord.-Entw. §. 61. — Schwed. W. O. §§. 51. 53. — Finnl. W. O. §§. 48. 50.

[4] Leipziger Protoc. S. 128.

[5] Bender, Grundſ. I. S. 657.

[6] D. W. O. Art. 60 : „Der Ehrenacceptant wird den sämmtlichen Nach„männern des Honoraten durch die Annahme wechselmässig verpflichtet. „Diese Verpflichtung erlischt, wenn dem Ehrenacceptanten der Wechsel „nicht spätestens am zweiten Werktage nach dem Zahlungstage zur Zah„lung vorgelegt wird.“ Schweiz. Concordats-Entw. §. 63. — Schwed. W. O. §. 56. — Finnl. W. O. §. 53. — Koch, Wechselr. S. 262.

[7] Bender, Grundſ. I. S. 459. — Einert, Wechselrecht S. 368 f. — Liebe, Entw. S. 158.

[8] Treitschke, Encyc. I. S. 572. — Dagegen : Bender, Grundſ. II. S. 305. 6.

Präsentation des Wechsels, auf welchem derselbe steht [9], zur Zahlung am Zahlungstage oder spätestens am zweiten Werktage nach diesem an den Nothadressaten nöthig [10].

II. Im Verhältnisse des Wechselinhabers zu dessen Vormännern:

Der Präsentant so wie überhaupt die Nachmänner des Honoraten haben keinen Regreß auf Sicherstellung [11].

Dagegen kann dieser Regreß nach der D. W. O. von dem Honoraten und dessen Vormännern geltend gemacht werden [12], indem sie hierzu anders wie nach Gemeinem Rechte durch den bloßen Besitz des beim Bezogenen erhobenen Protests Mangels Annahme ermächtigt sind, und der Beibringung des Wechsels nicht bedürfen [13]. Zum Zwecke dieser Regreßnahme hat der Nothadressat jenen Protest, nachdem er sich denselben gegen Erstattung der Kosten hat aushändigen und in einem Anhange dazu die Ehrenannahme hat bemerken lassen, dem Honoraten unter dessen Benachrichtigung von der geschehenen Intervention zu übersenden, indem er diese Benachrichtigung

---

[9] Volkmar u. Löwy, D. W. O. S. 215. 2.

[10] D. W. O. Art. 60. — Schweiz. Concord.-Entw. §. 63, Abs. 2. — Schwed. W. O. §. 56. — Finnl. W. O. §. 53. — Preuß. Motive, S. LXVII.

[11] D. W. O. Art. 61: „Wenn der Wechsel von einer Nothadresse oder „einem andern Intervenienten zu Ehren angenommen wird, so haben der „Inhaber und die Nachmänner des Honoraten keinen Regress auf Sicher„stellung.

„Derselbe kann aber von dem Honoraten und dessen Vormännern „geltend gemacht werden." — Leipzig. Protoc. S. 117 f. — Koch, Wechselr. S. 264. I. — Brauer, Erläut. S. 112 f. Schweiz. Concord.-Entw. §. 64. — Schwed. W. O. §. 54. — Finnl. W. O. §. 51. — Dagegen: Code de comm. A. 128. — Spanisch. Handelsg. A. 526 u. 529. — Niederländ. Handelsg. A. 128. — Italien. Handelsg. Art. 215.

[12] D. W. O. Art. 61, Abs. 2. — Schweiz. Concordats-Entwurf, §. 64 a. E.

[13] D. W. O. Art. 26. — Schweiz. Concord.-Entw. §. 27. — Schwed. W. O. §§. 28. 29. — Finnl. W. O. §. 26.

mit dem Proteste innerhalb zweier Tage nach der Protesterhebung zur Post giebt [14].

Ebenso können aber auch die Vormänner des Honoraten auf jenen Protest hin gegen ihre Vormänner Mangels Annahme regrediren [15].

III. Gegenüber dem Zahler erwirbt der Nothadressat nach der D. W. O. durch seinen Accept einen zwar nicht wechselmäßigen Anspruch auf eine Provision von 1/3 Procent, wenn er in Folge der durch den Bezogenen oder durch einen andern Intervenienten geleisteten Zahlung selbst nicht hierzu gelangt [16].

§. 73.

Die Zahlung des Nothadressaten.

Der Nothadressat hat die Wechselzahlung nur gegen Aushändigung des Wechsels und des beim Bezogenen oder Aussteller des

---

[14] D. W. O. Art. 58: „Der Ehrenacceptant muss sich den Protest Man„gels Annahme gegen Erstattung der Kosten aushändigen und in einem „Anhange zu demselben die Ehrenannahme bemerken lassen.

„Er muss den Honoraten unter Uebersendung des Protestes von der „geschehenen Intervention benachrichtigen und diese Benachrichtigung mit „dem Proteste innerhalb zweier Tage nach dem Tage der Protesterhebung „zur Post geben.

„Unterlässt er diess, so haftet er für den durch die Unterlassung ent„stehenden Schaden.“ D. W. O. Art. 88. 5. Schw. Entw. §. 62. S. auch Bender, Grundsätze, I. S. 634. 10. — Volkmar u. Löwy, D. W. O. S. 211.

[15] D. W. O. Art. 61, Abs. 2. — Koch, Wechselr. S. 264. — Schw. Entw. §. 64.

[16] D. W. O. Art. 65: „Der Ehren-Acceptant, welcher nicht zur Zahlungs„leistung gelangt, weil der Bezogene oder ein anderer Intervenient gezahlt „hat, ist berechtigt, von dem Zahlenden eine Provision von 1/3 Procent zu „verlangen.“ D. W. O. Art. 98. 7. — Leipz. Protoc. S. 132. — Koch, Wechselrecht, S. 270. — Volkmar u. Löwy, D. W. O. S. 226. — Schwed. W. O. §. 63. — Finnl. W. O. §. 60.

eigenen Wechsels, resp. beim Domiciliaten, Mangels Zahlung erhobenen Protests zu leisten [1].

Durch diese Zahlung erwirbt er an und für sich so wenig wechselmäßige Befugnisse gegen den Nothadressanten, beziehungsweise Honoraten, als der Trassat gegen den Trassanten [2], wogegen der Honorat, welchem der Wechsel sammt dem Proteste eingehändigt worden, gegen seine Vormänner den Regreß Mangels Zahlung nehmen kann.

Anders verhält es sich jedoch nach der D. W. O., nach welcher der Nothadressat durch die von ihm vorgenommene Wechselzahlung, die er im Proteste oder in einem Anhange zu demselben bemerken lassen muß [3], die nämlichen Rechte wie der Ehrenzahler im engern Sinne des Worts erhält [4].

§. 74.

Die Mehrheit von Nothadressen.

Ein Wechsel kann mit mehreren Nothadressen versehen sein. Es kann eine solche Adresse nämlich der Trassant, ferner der erste, zweite, dritte u. s. w. Indossant beigesetzt, — es kann auch jede

---

[1] D. W. O. Art. 63, Abs. 1 u. Art. 98. 7. — Schweiz. Conc.-Entw. §. 67, Abs. 1.

[2] Bender, Grunds. I. S. 634. 11 und S. 668 a. — Die meisten deutschen W. O., welche der Intervention erwähnen, sprechen auch nur von einem Eintreten des Ehrenzahlers im engern Sinne des Worts in die Rechte des abbezahlten Wechselinhabers. So die Leipzig. W. O. §. 17; die Dessau. W. O. §. 67. — S. jedoch die Hannöv. W. O. §. 36. Civilrechtliche Befugnisse kann der Nothadressat gegen den Honoraten durch die Zahlung allerdings erwerben. Einert, Wechselrecht, S. 349 f. Thöl, Wechselrecht, §. 271 i. A.

[3] D. W. O. Art. 88. 5 u. Art. 98. 10.

[4] D. W. O. Art. 63, Abs. 2 und Art. 98. 7. — Dies. Lehrb. §. 77. — Code de comm. Art. 159. — Span. Handelsg. Art. 531. — Portugies. Handelsg. A. 392. — Niederländ. Handelsg. Art. 171. — Russisch. Handelsg. A. 525. — Italien. Handelsg. Art. 245. — Schweiz. Concord.-Entw. §. 67. — Schwed. W. O. §. 61. — Finnl. W. O. §. 58.

dieser Personen dem Wechsel mehrere Nothadressen, und zwar mit oder ohne Anweisung ihres Rangs [1] gegeben haben. Sind aber aus dem Wechselbriefe die Aussteller der einzelnen Nothadressen nicht ersichtlich, so sind diese als vom Trassanten, resp. dem ersten Indossanten des eigenen Wechsels herrührend zu betrachten [2].

Was nun die aus einer Mehrheit von Nothadressen hervorgehenden Verhältnisse anbetrifft, so ist zu unterscheiden:

I. Präsentation zur Annahme.

Der Wechselinhaber hat an sich zur Erlangung des Regresses auf Sicherstellung gegen einen Nothadressanten und dessen Nachmänner den Wechsel an sämmtliche von demselben begebenen Nothadressen zur Annahme zu präsentiren; also, wenn aus dem Wechsel nicht ersichtlich ist, von wem die Nothadressen herrühren, an alle Nothadressaten, um überhaupt zum Regresse Mangels Annahme berechtigt zu werden.

Nach der D. W. O. jedoch ist der Regreß auf Sicherstellung gegen den einen oder den andern Vormann ohne Unterschied durch die Präsentation zum Accepte an sämmtliche Nothadressaten und Protestlevirung Mangels Annahme gegenüber denselben bedingt [3]. Acceptirt daher eine der Nothadressen, so ist der Regreß des Wechselinhabers auf Sicherstellung ohne Rücksicht darauf, ob alle Nothadressaten um Annahme angegangen worden sind, und in welcher Ordnung dieß geschehen ist, ausgeschlossen [4]. Ist dagegen der Wechsel von keiner der Nothadressen angenommen worden, so muß die Präsentation zum Accepte in gehöriger Ordnung geschehen sein, d. h. mit Berücksichtigung der Eventualität, für welche jeder einzelne Nothadressat durch die Wechselurkunde zur Intervention berufen, indem

---

[1] Z. B. durch die Worte „nöthigenfalls zuerst bei Herrn M., dann bei Herrn N." Koch, Wechselrecht, S. 253. V.

[2] Dies. Lehrb. §. 71 zu Note 7.

[3] D. W. O. Art. 56, Abs. 1; — Art. 29 (vgl. dies. Lehrb. §. 71 zu Note 16).

[4] Vgl. dies. Lehrb. §. 72. II.

im entgegengesetzten Falle der gegen die Nothadressen erhobene Protest sich um deßwillen als ungültig darstellt, weil ein Nothadressat nur dann interveniren darf, wenn die vor ihm zur Honorirung des Wechsels beauftragten Personen vergeblich angegangen worden sind [5]. Es muß demnach der Wechsel zunächst an die Nothadressen des Trassanten, dann an diejenigen des ersten, zweiten, dritten Indossanten u. s. w. zur Annahme vorgelegt worden sein [6]. War unter den

[5] D. W. O. Art. 56 : „Befindet sich auf einem Mangels Annahme pro„testirten Wechsel eine auf den Zahlungsort lautende Nothadresse, so muss, „ehe Sicherstellung verlangt werden kann, die Annahme von der Noth„adresse gefordert werden.

„Unter mehreren Nothadressen gebührt derjenigen der Vorzug, durch „deren Zahlung die meisten Verpflichteten befreit werden.“

Die Fassung des zweiten Absatzes ist unklar, weil der Wechselinhaber nur nach vorheriger Anfrage bei sämmtlichen Nothadressen wissen kann, zu wessen Ehren die einzelnen Nothadressaten zu acceptiren gesonnen, und welcher von ihnen durch die Wechselzahlung die meisten Verpflichteten befreien wird. Daß der Wechselinhaber aber zu einer solchen Umfrage nicht verpflichtet, geht aus den Leipzig. Protoc., S. 126 hervor. — Der wahre Sinn des Art. 56, Abs. 2 ergiebt sich aus seiner ursprünglichen Redaction : „Wenn mehrere „Nothadressen benannt sind, so ist diejenige aufzufordern, welche, wenn sie „zu Ehren des Adressanten eintritt, durch ihre demnächstige Zahlung die „meisten Indossanten befreit. Verweigert diese das Accept, so ist der „Wechsel nach der durch die eben erwähnte Rücksicht bestimmten Reihen„folge den übrigen Adressen vorzulegen, bis eine annimmt oder von allen „die Annahme nicht zu erhalten ist.“ Leipzig. Protoc. S. 122. — Koch, Wechselr. S. 253. V. — Bluntschli, D. W. O. S. 99. — Ditscheiner, Wechselr. S. 296. — Blaschke, Wechselr. S. 165. — Hoffmann, Erläut. S. 458 f.; Thöl, Wechselrecht, §. 276. I. — Dagegen verlangt Brauer im Arch. f. d. W. Bd. IV. S. 316 f. eine vorhergehende Anfrage bei sämmtlichen Nothadressen, während Volkmar u. Löwy, D. W. O., S. 205 f. die Reihenfolge der Präsentation für den Regreß auf Sicherstellung für unerheblich erachten. — Die nämliche unklare Fassung wie in der D. W. O. findet sich in der Schwed. W. O. §. 49, Abs. 2 u. der Finnländ. W. O. §. 46. Bestimmter ist das Ungarisch. Wechselrecht §. 65. — Eine vorhergehende Anfrage bei sämmtlichen Nothadressen verlangt der Schweiz. Concord.-Entw. §. 59.

[6] Treitschke, Encyc. II. S. 37. — Pöhls, Wechselr. S. 255. — Bender, Grunds. I. S. 630. — Preuß. Landr. Th. II. Tit. 8. §. 1034.

mehreren von der nämlichen Person beigesetzten Nothadressen eine Ordnung nicht ausdrücklich vorgeschrieben, so hatte der Wechselinhaber die Wahl, an welche derselben er sich zuerst wenden wollte [7]; das nämliche gilt für den Fall, daß aus dem Wechsel nicht ersichtlich gewesen, von wem die einzelnen Nothadressen herrühren [8].

II. Acceptation.

Das Accept des einen unter mehreren Nothadressaten kömmt dem Wechselinhaber zu Statten, gleichgültig, in welcher Reihenfolge er es gesucht hat. Der Inhaber kann also auch von mehreren ihm angebotenen Accepten nach seiner Wahl das eine oder das andere, oder alle annehmen [9].

Wie aber jedes Accept eines Nothadressaten den Regreß des Präsentanten so wie aller Nachmänner des Honoraten auf Sicherstellung ausschließt, so zieht andererseits die Verweigerung der von einer Nothadresse angebotenen Annahme nach der D. W. O. den Verlust jenes Regresses gegen alle Vormänner nach sich, da nach jenem Gesetze ein gegenüber sämmtlichen Nothadressen Mangels Annahme erhobener Protest zur Regreßnahme erforderlich ist.

III. Präsentation zur Zahlung.

Diese hat der Wechselinhaber spätestens am zweiten Werktage nach dem Zahlungstage an sämmtliche Nothadressaten, und zwar in der gehörigen, d. h. in der bereits für die Präsentation zur Annahme bezeichneten Ordnung vorzunehmen, indem er den Erfolg im Protest Mangels Zahlung oder in einem Anhange zu demselben bemerken läßt.

Verweigern alle Nothadressen sofort die Zahlung, so ist der Regreß Mangels Zahlung gegen alle Vormänner begründet.

Hat aber der Wechselinhaber die Präsentation zur Zahlung

---

7 Bender, Grundſ. I. S. 631.

8 Thöl, Wechselrecht, §. 276. I. — Dagegen Pöhls, a. a. O. S. 255.

9 Leipz. Protoc. S. 126. — Thöl, Wechselrecht, §. 276. II.

gegenüber einer Nothadresse versäumt, so ist der Regreß gegen den Adressaten und dessen Nachmänner verloren [10].

Das Nämliche gilt auch in dem Falle, daß zwar die Präsentation zur Zahlung an sämmtliche Nothadressen rechtzeitig Statt gefunden, gegenüber einem Nothadressaten jedoch, welcher, ungeachtet er sich zur Zahlung bereit erklärt hatte, später nicht bezahlte, nicht spätestens am zweiten Werktage nach dem Zahlungstage Protest M. Z. erhoben worden ist (vgl. §. 71 zu Note 14).

Im Sinne der D. W. O. soll übrigens die Anfrage an alle Nothadressen auch dann fortgesetzt werden, wenn eine derselben bereits zur Zahlung sich erboten [11]; doch ist an die Nichtbeachtung dieser Bestimmung kein Präjudiz geknüpft.

IV. Die Zahlung.

Die Zahlung des einen unter mehreren Nothadressaten kömmt dem Wechselinhaber zu Statten, ohne Rücksicht darauf, ob er den Wechsel sämmtlichen Nothadressaten zur Zahlung vorgelegt hat, so wie auf die Reihenfolge, in welcher dieß geschehen ist. Auch kann der Wechselinhaber, wenn mehrere Nothadressen sich zur Zahlung erbieten, diese nach seiner Wahl von der einen oder andern annehmen [12]. Schlägt er aber die von einer Nothadresse angebotene Zahlung aus, so verliert er den Regreß gegen den Adressanten und dessen Nachmänner, nicht aber gegen dessen Vormänner, da er diesen gegenüber eines bei dem betreffenden Nothadressaten erhobenen Protests nicht bedarf.

Unter den Nothadressen selbst dagegen gebührt der Vorzug bezüglich der Zahlung derjenigen, welche durch dieselbe die meisten Wechselverbundenen befreit [13]. Während jedoch die Nichtbeachtung

---

[10] D. W. O. Art. 62, Abs. 1 u. 2.

[11] Arg. D. W. O. Art. 62 u. A. 64, Abs. 2. — Schweiz. Concordats-Entw. §§. 65. 66. — Brauer, Erläut. S. 115.

[12] Thöl, Wechselrecht, §. 276. III. — D. W. O. mit Einl. u. Erläut. S. 180.

[13] D. W. O Art. 64, Abs. 1.

dieses Vorzugs nach Gemeinem Rechte kein wechselmäßiges Präjudiz für die zahlende Nothadresse nach sich zieht, erleidet dieselbe nach der D. W. O. den nämlichen wechselrechtlichen Nachtheil, wie der Ehreninterveniens im engern Sinne des Worts, der unter Verdrängung eines vor ihm Berufenen Zahlung leistet [14].

II. Die Ehreninterveniente im engeren Sinne des Worts.

§. 75.

Bedingungen und Zweck der Ehrenintervention. — Die Honoraten und Honoranten.

Die Ehrenintervention im engeren Sinne des Worts (dies. Lehrb. §. 70) ist dadurch bedingt, daß der Wechsel vom Trassaten, der indossirte eigene Wechsel vom Aussteller, oder statt derer vom Domiciliaten, resp. von dem oder den Nothadressaten trassirtermaßen nicht honorirt worden ist [1], oder daß ein Regreßfall wegen Unsicherheit des Wechselschuldners vorliegt [2]. Die Ehrenannahme und resp. Ehrenzahlung setzt demnach einen Protestfall und regelmäßig auch einen Protest voraus [3], weßhalb sie denn Acceptation und resp. Zahlung sopra Protesto genannt wird [4]. Ihr Zweck ist Aufrechterhaltung des Credits des Wechselgebers, von welchem der Regreß des Wechselinhabers abgewendet wird [5], jedoch so, daß die Regreßrechte dieses Letzteren in einem gewissen Umfange auf den Interventienten übergehen [6].

---

[14] Dies. Lehrb. §. 78. III. — Schweiz. Concord.-Entw. §. 66.

[1] Thöl, Wechselrecht, §. 269 i. A.

[2] Treitschke, Encyc. I. S. 519. S. jedoch auch dies. Lehrb. §. 71. 2.

[3] S. auch dies. Lehrb. §. 76 und §. 77.

[4] Treitschke, Encyc. I. S. 518. — Gelpke, im Arch. f. d. W. Bd. II. S. 64. — Mittermaier, Grundf. §. 349 zu Note 4.

[5] Einert, Wechselr. S. 321 f. — Thöl, §. 271. I.

[6] Dies. Lehrb. §. 70.

Die Intervention kann zu Ehren des Trassanten (per onor di lettera) oder zu Ehren eines Indossanten der Tratte oder des eigenen Wechsels (per onor del giro oder della gira) geschehen [7], nicht aber zu Ehren des Bezogenen oder des Dritten, für dessen Rechnung gezogen worden [8]. Zu Ehren des Acceptanten oder Ausstellers des eigenen Wechsels ist eine Ehrenannahme der Natur der Sache nach ausgeschlossen [9], auch eine Intervention durch Zahlung aber für unstatthaft zu erachten [10], und zwar selbst dann, wenn der Wechsel vom Domiciliaten nicht bezahlt worden sein sollte [11].

Eine Intervention mit wechselrechtlicher Wirkung für den Intervenienten kann aber nicht allein von einer dem Wechsel fremden, sondern auch von einer beim Wechselverhältnisse betheiligten Person ausgehen [12], wie vom Bezogenen, wenn er den fälligen Wechsel noch nicht bezahlt hat [13], und selbst vom Wechselinhaber [14]; doch können eine solche nicht vornehmen : der Acceptant [15], der Aussteller des eigenen Wechsels und der Trassant, so wie die Giranten zu Ehren ihrer Nachmänner [16], wiewohl eine auch von einer solchen Person vorgenommene Zahlung dem Wechselnehmer nützlich ist [17].

---

[7] Pöhls, Wechselr. S. 250. — Code de comm., Art. 126.

[8] Bender, I. S. 643 e. — Einert, S. 346. — Thöl, §. 272. I. — Dagegen Pöhls, Wechselr. S. 255.

[9] Treitschke, Encycl. I. S. 523 a. E. f.

[10] Treitschke, Encyc. I. S. 523 f. — Gelpke, a. a. O. S. 63. — Dagegen Einert, Wechselrecht, S. 346 f.

[11] Mittermaier, Grunds. §. 349. IV. — Liebe, Entw. S. 156. — Bluntschli, D. W. O. S. 107. — Dagegen Treitschke, Encyc. I. S. 525. — Brauer, Erläut. S. 118.

[12] Thöl, Wechselrecht, §. 273. I.

[13] Arch. f. d. W. Bd. XII. S. 383 f.

[14] Bender, Grunds. I. S. 671. 7. — Thöl, Wechselrecht, §. 273 zu Note 3.

[15] Arch. f. d. W. Bd. XIV. S. 124 f.

[16] Treitschke, Encyc. I. S. 527 f. — Brauer, Erläut. S. 106.

[17] Thöl, Wechselrecht, §. 273. II.

§. 76.

Die Ehrenannahme.

Wie es selbstverständlich eine Verpflichtung zur Präsentation zur Ehrenannahme (Freundes-Annahme) [1] nicht giebt, so braucht sich auch der Wechselinhaber eine derartige Acceptation nicht gefallen zu lassen [2], sollte sie selbst von einem Nothadressaten oder Trassaten angeboten worden sein [3], indem er durch die Zurückweisung eines solchen Anerbietens keinen Schaden an seinen Regreßrechten nimmt [4].

Während dagegen nach Gemeinem Rechte die Ehrenacceptation des Trassaten oder eines Nothadressaten nicht zurückgewiesen werden darf [5], verpflichten einzelne W. O. sogar den Wechselinhaber schlechthin, die Ehrenannahme auch anderer Personen zuzulassen [6], in welchem Falle jedoch ein solches Ehrenaccept den Regreß Mangels Annahme nicht ausschließt [7], — oder sprechen andere diese Verpflichtung unter der Voraussetzung aus, daß der Intervenient für die Zahlung hinreichende Sicherheit bestellt [8].

Die Ehrenannahme setzt einen Protestfall voraus, welcher durch Protest Mangels Annahme oder wegen Unsicherheit festzustellen ist [9].

---

[1] Andere Benennungen s. bei Bender, Grunds. I. S. 638 f.

[2] Pöhls, Wechselr. S. 251. — Thöl, Wechselrecht, §. 269. I. — Liebe, Entw. S. 156 f. — D. W. O. Art. 57. — Schw. Entw. §. 60. — Dagegen Treitschke, Encycl. I. S. 534 f.

[3] D. W. O. Art. 57: „Die Ehrenannahme von Seiten einer nicht auf „dem Wechsel als Nothadresse benannten Person braucht der Inhaber „nicht zuzulassen." — Schw. Entw. §. 60. — Schwed. W. O. §. 50. — Finnl. W. O. §. 47. — Leipzig. Protoc. S. 123 f. — Brauer, Erläut. S. 109 f. — Bluntschli, D. W. O. S. 100. — Dagegen Koch, Wechselr. S. 255.

[4] Gobert im Arch. f. d. W. Bd. IX. S. 1 f.

[5] Daniels, Grunds. S. 309. — Ungarisch. Wechselrecht, §. 61.

[6] Leipz. W. O. §. 17. — Augsburg. W. O. Kap. VI. §. 1.

[7] Treitschke, Encyc. I. S. 535 a. E. f.

[8] Hannöv. W. O. §. 33. — S. auch Souchay in der Zeitschrift für deutsch. Recht, Bd. XI. S. 44 f.

[9] Thöl, Wechselrecht, §. 278. I. 1.

Die Nothwendigkeit eines solchen Protests ist jedoch nicht in dem Sinne zu verstehen, daß das ohne Protest vorgenommene Accept den Intervenienten nicht wechselmäßig verpflichtete [10].

Die Form der Ehrenacceptation ist die des gewöhnlichen Accepts mit einem die Intervention zu Ehren andeutenden, jedoch keineswegs wesentlichen, Zusatze [11].

Im Zweifel gilt die Ehrenannahme als Intervention zu Ehren des Trassanten [12]; ist dieselbe „per onor del giro" ohne Angabe des Honoraten geschehen, so ist sie auf den ersten Indossanten zu beziehen [13].

Ihre Wirkungen sind die nämlichen, wie die des Accepts eines Nothadressaten [14].

Dieß gilt :

I. Im Verhältnisse des Ehrenacceptanten zum Wechselinhaber, nur daß jener allein auf den gegen die sämmtlichen Nothadressaten rechtzeitig erhobenen Protest Mangels Zahlung zu letzterer verpflichtet ist [15].

II. Im Verhältnisse des Wechselinhabers zu dessen Vormännern, welcher, so wie überhaupt die Nachmänner des Honoraten, keinen Regreß auf Sicherstellung hat [16], während der Regreß Mangels Zahlung gegen den Honoraten und dessen Nachmänner durch rechtzeitige Präsentation und Protesterhebung beim Ehrenacceptanten bedingt ist [17].

---

[10] Bluntschli, D. W. O. S. 101.

[11] Thöl, Wechselrecht, §. 270. I. — Koch, Wechselrecht, S. 261.

[12] D. W. O. Art. 59. — Schweiz. Concord.-Entw. §. 61. — Schwed. W. O. §. 51. — Finnl. W. O. §. 48. — Daniels, Grunds. S. 316. — Bender, Grunds. I. S. 655.

[13] Treitschke, Encycl. I. S. 553.

[14] D. W. O. Art. 60. 61. 58. 62. 65. — Dies. Lehrb. §. 72.

[15] Thöl, a. a. O. §. 270. II.

[16] D. W. O. Art. 61, Abs. 1.

[17] D. W. O. Art. 62. — Schweiz. Concord.-Entw. §. 65. — Leipzig. Protoc. S. 128 f.

Indem aber der Regreß auf Sicherstellung im Falle einer Ehrenacceptation von dem Honoraten und dessen Vormännern geltend gemacht werden kann [18], ist der Ehrenacceptant in der nämlichen Weise wie der acceptirende Nothadressat verpflichtet, den Protest Mangels Annahme, nachdem er sich denselben gegen Erstattung der Kosten hat aushändigen und in einem Anhange dazu die Ehrenannahme hat bemerken lassen (Interventionsprotest als Anhang zum Hauptprotest), dem Honoraten zu übersenden [19].

III. Gegenüber dem Zahler, gegen welchen der Ehrenacceptant in der nämlichen Weise wie der Nothadressat einen Anspruch auf Provision hat [20].

§. 77.

Die Ehrenzahlung.

Die Ehrenzahlung gilt, wenn aus dem Wechsel oder Proteste der Honorat, welcher freilich nach der D. W. O. in diesem letztern bezeichnet werden soll [1], nicht ersichtlich, als Intervention für denjenigen, zu dessen Ehren acceptirt worden, oder doch der Wechsel als angenommen zu betrachten wäre, wenn der betreffende Intervenient ein Ehrenaccept gegeben hätte.

Eine solche Zahlung befreit aber den Honoraten von der Regreßnahme des abbezahlten Präsentanten [2] und die Nachmänner jenes von allem Regresse [3]. Verweigert demnach der Wechselinhaber die ihm angebotene Ehrenzahlung, so verliert er jedenfalls den Re-

---

[18] D. W. O. Art. 61, Abs. 2.

[19] D. W. O. Art. 58 u. Art. 88. 5. — Code de comm. Art. 158.

[20] D. W. O. Art. 65 u. Art. 98. 7.

[1] D. W. O. Art. 88. 5 u. Art. 98. 10. — Koch, Wechselrecht, S. 338.

[2] Einert, Wechselr. S. 330.

[3] Thöl, Wechselrecht, S. 510. a. — Einert, Wechselr. S. 333 f.

greß gegen diese letzteren[4], so wie er desselben auch gegen den Honoraten entbehrt, wenn die Ehrenzahlung von einem Intervenienten angeboten worden, der bereits ein Ehrenaccept gegeben[5].

Der Ehrenzahler tritt in die Rechte des abbezahlten Wechselinhabers gegen den Honoraten, dessen Vormänner und den Acceptanten ein[6], gegenüber welchen er sich durch den Wechsel und den Protest Mangels Zahlung, in welchem die Ehrenzahlung bemerkt worden, legitimirt[7]. Zum Zwecke des Regresses gegen den Honoraten und dessen Vormänner muß der Wechsel rechtzeitig den sämmtlichen auf den Zahlungsort lautenden Nothadressen, soferne sie vom

---

[4] Thöl, a. a. O. §. 269. II. — Bender, Grundſ. I. 667. 4. — D. W. O. Art. 62, Abſ. 3 u. Art. 98. 7. — Schw. Entw. §. 65, Abſ. 3, §. 89. — Bluntschli, D. W. O. S. 104 f. — Theilzahlungen braucht der Inhaber nicht anzunehmen, und zwar auch nicht nach der D. W. O. Leipzig. Protoc. S. 132.

[5] D. W. O. Art. 62, Abſ. 2 u. Art. 98. 7. — Schw. Entw. §. 65, Abſ. 2. — Dieſ. Lehrb. §. 76.

[6] D. W. O. Art. 63 : „Dem Ehrenzahler muss der Wechsel und der „Protest Mangels Zahlung gegen Erstattung der Kosten ausgehändigt „werden.

„Er tritt durch die Ehrenzahlung in die Rechte des Inhabers (§§. 50, 52) „gegen den Honoraten, dessen Vormänner und den Acceptanten." — Schw. Conc.-Entw. §. 67. — Schwed. W. O. §. 61. — Finnl. W. O. §. 58. — Cod. de comm. A. 159. — Span. Handelsg. A. 591. — Portug. Handelsg. Art. 392. — Niederländ. Handelsg. Art. 171. — Waadtländ. Gesetz v. 4. Juni 1829, Art. 54. — Neuenburg. Ges. v. 3. Juni 1833, Art. 59. — Ungar. Wechselr. §. 115. — Russisch. Handelsg. Art. 525. — Serbisch. Handelsg. §. 135. — Italien. Handelsg. Art. 245. — Bender, Grundſ. I. S. 668. a. — Einert, Wechselr. S. 326 u. S. 334 i. A. — Mittermaier, Grundſ. §. 349. XVII. — Bluntschli, D. W. O. S. 106. Es beruht dieß auf einem Rechtssatze des Wechselrechts. Dieſ. Lehrb. §. 70. — Koch, Wechselrecht, S. 267 f. — Aus einem Mandate, einer negotiorum gestio oder einer Cession, welche allerdings unterliegen können (Einert, Wechselr. S. 325 f., Thöl, Wechselr. §. 271. II. u. III.), lassen sich die wechselmäßigen Rechte der Intervenienten nicht erklären.

[7] D. W. O. Art. 63 u. A. 88. 5. — Nicht nothwendig ist eine Quittung, in welcher die Ehrenzahlung bemerkt ist. Arch. f. d. Wechselrecht, Bd. XII. S. 180 f.

Regressaten oder einem Vormanne desselben herrühren, zur Zahlung präsentirt und M. Z. protestirt worden sein, so wie nicht weniger dem Ehrenacceptanten, der zu Ehren des Regressaten oder eines Vormannes desselben acceptirt hat [8]. Hatte insbesondere der Ehrenzahler selbst ein Ehrenaccept gegeben, so muß auch ihm der Wechsel rechtzeitig zur Zahlung vorgelegt und die hierbei geleistete Ehrenzahlung im Proteste vermerkt, oder wenn dieselbe später geschehen, die erfolglose Zahlungsaufforderung daselbst festgesetzt worden sein [9].

Wie aber zur Ausübung jener Wechselrechte der Ehrenzahler die Aushändigung des Wechsels [10], so wie der gegen den Bezogenen oder Aussteller des eigenen Wechsels, und gegen den oder die Nothadressaten, resp. den Ehrenacceptanten rechtzeitig erhobenen Proteste gegen Erstattung der Protestkosten zu verlangen berechtigt ist [11], so kann der Intervenient jedoch auch den fälligen Wechsel ohne Protest bezahlen und seine Regreßrechte dadurch wahren, daß er selbst den Protest rechtzeitig leviren läßt [12]. Hat er die Unterlassung der Pro-

---

[8] D. W. O. Art. 62. — Dies. Lehrb. §. 74 zu Note 10 u. §. 76 zu Note 17. — Samml. handelsgerichtl. Entscheidung. . . . in Bayern, Bd. I. S. 328 f.

[9] Dies. Lehrb. §. 76 zu Note 17. — Hoffmann im Arch. f. pract. Rechtsw. Bd. I. 3. S. 62 f. — Arch. f. deutsch. Wechselrecht, Bd. VII. S. 341 a. E. f.

[10] Und zwar auch dann, wenn nach stattgehabter Theilzahlung für den Rest intervenirt wird (Treitschke, Encyc. I. S. 580). Leisten dagegen mehrere Intervenienten Theilzahlungen, so hat keiner einen Vorzug vor dem andern auf den Wechsel. Dagegen Bender, Grundſ. I. S. 670 h.

[11] D. W. O. Art. 63, Abſ. 1 : „Dem Ehrenzahler muss der Wechsel und „der Protest Mangels Zahlung gegen Erstattung der Kosten ausgehändigt „werden." Art. 98. 7. — Schw. Entw. §. 67, Abſ. 1.

[12] Gelpke im Arch. für deutsch. Wechselr. Bd. II. S. 69 f. — Hamburg. Einf.-Ordn. §. 8 : „Wenn gleich ein Ehren-Acceptant nach „Art. 62 und 63 der D. W. O. nur verpflichtet ist, sein Accept gegen ihm „geschehende Einlieferung des vom Inhaber ordnungsmässig erhobenen „Protestes M. Zahlung einzulösen, so bleibt es demselben dennoch ge„stattet, nach Massgabe des hieselbst bestehenden Gebrauchs, die Zahlung

testerhebung verlangt, so steht dem zuwider handelnden Wechselinhaber kein Anspruch auf Ersatz der Protestkosten zu, so wie derselbe auch, wenn durch die stattgehabte Protestation die Ehrenzahlung abgewendet wird, den Regreß wie in Folge verweigerter Zahlungs-Annahme verliert [13].

Durch seinen Eintritt in die Rechte des abbezahlten Wechselinhabers erwirbt übrigens der Ehrenzahler selbstständige Wechselrechte in dem Sinne, daß ihm Einreden aus der Person des abbezahlten Inhabers nicht entgegengesetzt werden können [14]. Anders verhält es sich dagegen in Ansehung desjenigen, an welchen der Honorat, der den Wechsel eingelöst, seine Rechte gegen seine Vormänner und den Acceptanten, sei es durch ein Indossament, sei es ohne ein solches, mittelst bloßer Begebung des Wechsels, übertragen hat [15].

§. 78.

Mehrheit von Ehrenintervenienten. — Ehrenintervenienten und Nothadressaten.

Es kommen hier folgende Verhältnisse in Betracht:

I. Anerbieten mehrerer zum Ehrenaccepte im engern Sinne des Worts.

Der Wechselinhaber kann die mehreren Accepte sich gefallen lassen, oder dieselben ausschlagen, oder das eine oder das andere nach seiner Willkühr annehmen [1].

„auf Verfall auch bereits vor erhobenem Protest zu leisten. — Er tritt „durch solche Zahlung in die Rechte des Inhabers gegen den Honoraten, „dessen Vormänner und den Acceptanten, und hat sodann die zur Aus-„übung dieser Rechte von der W. O. vorgeschriebenen Förmlichkeiten an „der Stelle des Inhabers seinerseits zu erfüllen.“ Lübecker Einführ.-Ordn. Art. 5.

[13] D. W. O. mit Einl. u. Erläut. S. 181.

[14] Volkmar u. Löwy, D. W. O. S. 224. — Samml. handelsgerichtl. Entscheidungen . . . in Bayern Bd. I. S. 329.

[15] Löhr, Centralorgan, N. F. Bd. I. S. 146 f.

[1] Thöl, Wechselrecht, §. 276. II. — Vgl. jedoch dies. Lehrb. §. 76.

II. Präsentation zur Zahlung.

1) Der Wechsel enthält eine Nothadresse und ein Ehrenaccept, welches zu Ehren eines Begebers jener Statt gefunden hat. Der Wechselinhaber muß zur Wahrung seines Regresses gegen den Adressanten und Honoraten, resp. dessen Nachmänner, den Wechsel zuerst der Nothadresse und dann dem Ehrenacceptanten zur Zahlung präsentiren.

2) Der Wechsel enthält mehrere Ehrenaccepte im engern Sinne des Wortes. Hier muß der Wechselinhaber zur Wahrung seines Regresses gegen den Honoraten und dessen Nachmänner die Präsentation zur Zahlung an sämmtliche Ehrenacceptanten vornehmen [2], ohne daß er jedoch hierbei an die Beobachtung einer bestimmten Reihenfolge gebunden wäre.

III. Die Zahlung.

Die Zahlung kömmt dem Wechselinhaber zu Statten, mag sie ihm von einer Nothadresse, einem Ehrenacceptanten oder einem dritten Intervenienten geleistet worden sein; er kann dieselbe also, wenn sie ihm von einer Nothadresse und einem Ehreninterventienten oder Mehreren angeboten wird, von dem einen oder dem andern nach seiner Wahl annehmen [3].

Unter Mehreren, welche zu Ehren interveniren wollen, gebührt dagegen der Vorzug bezüglich der Zahlung demjenigen, welcher durch dieselbe die meisten Wechselverpflichteten befreit [4], gleichgültig, ob unter denen, welche die Ehrenzahlung beabsichtigen, Ehrenacceptan-

---

[2] Dies. Lehrb. §. 76.

[3] Thöl, §. 276. III. — Brauer, Erläut. S. 117.

[4] Treitschke, Encyc. I. S. 542. — Thöl, §. 277. I. — D. W. O. Art. 64, Abs. 1. — Schw. Entw. §. 66, Abs. 1. — Unrichtig wird als Anwendung dieses Princips behauptet, daß bei Commissionstratten der Intervenient zu Ehren desjenigen, auf dessen Rechnung der Wechsel gezogen, den Vorzug habe (Mittermaier, Grunds. §. 349. VII.), weil hier überhaupt von einer wechselrechtlichen Intervention nicht die Rede sein kann. (Dies. Lehrb. §. 75 zu Note 8.) — Dagegen Borchardt, D. W. O. S. 116.

ten sich befinden oder nicht [5]. Derselbe Grundsatz findet auch auf Collisionen zwischen Nothadressaten und Ehreninterventienten Anwendung [6]. Die Nichtbeachtung dieses Vorzugs zieht aber für den zahlenden Ehreninterventienten den Verlust des Regresses gegen diejenigen Vormänner nach sich, welche durch die Leistung der von Andern angebotenen Zahlung befreit worden wären [7]. Doch setzt dieses Präjudiz den dem Ehrenzahler von dem von ihm in Regreß genommenen Vormanne gelieferten Nachweis voraus, daß eine diesem nützliche Ehrenzahlung von anderer Seite angeboten worden und daß diese Thatsache jenem bekannt gewesen sei [8]. Nach der D. W. O. ist freilich die Einrede, daß der Ehrenzahler sich widerrechtlich vorgedrängt habe, nur dann begründet, wenn aus dem Wechsel oder Proteste ersichtlich ist, daß ein Anderer, welchem der Ehrenzahler nachstehen mußte, den Wechsel einzulösen bereit gewesen [9].

---

[5] Brauer, Erläut. S. 117. — Mehrere, die für den nämlichen Honoraten eintreten wollen, stehen sich gleich. Leipz. Protoc. S. 130.

[6] Thöl, §. 277. II.

[7] Thöl, §. 277. — D. W. O. Art. 64, Art. 98. 7. — Schw. Entw. §. 66 u. §. 89. — Schwed. W. O. §. 62. — Finnländ. W. O. §. 59. — Dagegen Braunschw. Entw. §. 74 u. Liebe, Motive S. 161 f.

[8] Thöl, Wechselrecht, S. 530 f. — Dieser Beweis kann geführt werden durch einen eigenen Protest, welchen der verdrängte Mitbewerber aufnehmen läßt und dem Honoraten einsendet. Doch ist ein solcher Protest nicht das allein zulässige Beweismittel. Dagegen der Sächs. Entw. §. 205 und Einert, S. 352 f. — S. aber Liebe, Motive S. 161 f.

[9] D. W. O. Art. 64: „Unter mehreren, welche sich zur Ehrenzahlung „erbieten, gebührt demjenigen der Vorzug, durch dessen Zahlung die „meisten Wechselverpflichteten befreit werden.

„Ein Intervenient, welcher zahlt, obgleich aus dem Wechsel oder Pro- „teste ersichtlich ist, dass ein anderer, dem er hiernach nachstehen müsste, „den Wechsel einzulösen bereit war, hat keinen Regress gegen diejenigen „Indossanten, welche durch Leistung der von dem Andern angebotenen „Zahlung befreit worden wären.“ D. W. O. Art. 98. 7. — Schw. Entw. §. 66 u. §. 89. — Schwed. W. O. §. 62. — Finnl. W. O. §. 59. — Thöl, Wechselrecht, S. 531. — Brauer, Erläut. S. 119.

Sechstes Kapitel.

Der Aval.

§. 79.

Begriff des Avals. — Dessen Bedeutung im Allgemeinen.

Das Wort „Aval" bezeichnet eine Unterschrift, die auf dem Wechsel unter einer andern Unterschrift steht [1]; dann ein Verhältniß wechselrechtlicher Mitverpflichtung, welches von der gewöhnlichen Form, in der es begründet wird, so genannt ist, und als Mitverpflichtung mit dem Wechselaussteller, einem Indossanten oder Acceptanten vorkommen kann.

Der Umstand aber, daß durch den Aval, welcher zwar, weil dem Credit des betreffenden Wechselverpflichteten nachtheilig, wenig gebräuchlich ist [2], die Sicherheit des Wechselgläubigers durch Hinzutreten eines neuen Wechselschuldners erhöht wird, veranlaßte die Bezeichnung desselben als Wechselbürgschaft [3]. Es kann nun freilich die Absicht zu intercediren dem Aval zu Grunde liegen, dieselbe sogar in dessen Form hervortreten, allein auf dem Gebiete des Wechselrechts äußert sich dieses Verhältniß nicht, weil der Aval nach seiner Form und dem Handelsgebrauche ein Wechselversprechen enthält [4]. Daher wird denn insbesondere eine Ehefrau durch ihre

---

[1] Von „firmare a valle." Treitschke, Encyc. I. S. 242 f. — Aval ist = locus inferior. Dufresne, Gloss. S. v. aval, avalare, avalterrae. — Die Franzosen leiten das Wort „aval" von „à valoir" ab. Treitschke, Encyc. I. S. 242. — So auch Bender, Grundſ. II. S. 68 a.

[2] Daniels, Grundſ. S. 335; — Einert, Wechselr. S. 137 f.

[3] Vgl. z. B. Code de comm. Art. 141 u. A. 142. — Niederländ. Handelsg. A. 130—132. — Italien. Handelsg. Art. 226. 227. — Bender, Grundſ. II. S. 68.

[4] Thöl, Wechselrecht, §. 280. — D. W. O. mit Einl. u. Erläut. S. 213 f.

mit ihrem Ehemanne gegebene Wechselunterschrift wechselrechtlich verpflichtet, wenn auch die Formen einer gültigen eheweiblichen Intercession hierbei nicht beobachtet worden sind [5].

Uebrigens kann die Sicherheit des Wechselgläubigers noch in anderer Weise als durch Aval, und zwar sowohl in wechselrechtlicher [6] als auch in civilrechtlicher Art [7] erhöht werden.

§. 80.

Allgemeine Grundsätze. — Arten des Avals.

Ein Verhältniß wechselrechtlicher Mitverpflichtung wird dadurch begründet, daß der Unterschrift eines Wechselverbundenen auf dem Wechsel oder auf einer Copie [1] eine andere Unterschrift bei-, unter- oder übergesetzt wird; so derjenigen des Trassanten oder des Ausstellers eines eigenen Wechsels, so ferner derjenigen eines Indossanten, Acceptanten oder Ehrenacceptanten.

In diesen verschiedenen Fällen muß sich die Mitunterzeichnung auf dem Wechselpapiere örtlich so darstellen, daß sie in unzweifelhafter Beziehung zu der von einem Andern durch seine Unterschrift

---

[5] Sammlung handelsgerichtl. Entscheidungen ... in Bayern, Bd. I. S. 363 f. — Arch. f. deutsch. W. Bd. XVI. S. 72 f. S. auch dies. Lehrb. §. 23 zu Note 21.

[6] Durch Indossament oder Accept. Thöl, Wechselr. §. 286. — Treitschke, Encyc. I. S. 248 f. — Das Indossament enthält sogar eine unverkleidete Bürgschaft, wenn es den Beisatz hat: „Valuta in übernommener Gewährleistung für NN.", ein Beisatz, der jedoch wechselrechtlich irrelevant ist. — Dagegen Bender, Grundsätze. II. S. 81. — Treitschke, Encyc. I. S. 246.

[7] Thöl, Wechselrecht, §. 285. — Neumann, Geschichte des Wechsels, S. 155 f. — Dies. Lehrb. §. 18. II. 3.

[1] Daniels, Grunds. S. 338. — D. W. O. Art. 81, Abs. 1 u. Art. 98. 10. — Der Aval kann nicht auf einer besonderen Urkunde geschehen, wie Stern, die Lehre von den Wechseln, S. 67 meint, wenn nicht das particuläre Gesetz dieß gestattet, wie dieß z. B. der Cod. de comm. Art. 142, das Niederländ. Handelsg. A. 131, das Spanisch. Handelsg. A. 476, das Portug. Handelsg. A. 352 und das Italien. Handelsg. A. 227 thun.

documentirten Wechselerklärung steht [2], wenn nicht die räumlich von einer andern getrennte Unterschrift in Folge eines ausdrücklichen Beisatzes als Mitunterschrift zu jener sich kundgiebt [3]. Daher vermag eine allgemein lautende Bürgschaftserklärung auf der Rückseite einer Tratte so wenig eine Wechselverbindlichkeit zu begründen [4], wie die Unterschrift als Garant des Wechselausstellers, wo es an jeglicher Unterschrift, die sich als diejenige des Trassanten darstellte, fehlt [5], oder wie die Unterzeichnung der Ehefrau des Acceptanten „als Bürge", wenn dieselbe unter die Unterschrift des Ausstellers eines an eigene Ordre gezogenen Wechsels gesetzt ist [6].

Die bei-, unter- oder übergesetzte Unterschrift kann mit dem üblichen Zusatze „als Bürge", „per aval" oder einer ähnlichen Formel [7], oder ohne eine solche Statt gefunden haben. Doch darf die aus dem räumlichen Verhältnisse einer Unterschrift zu einer andern sich ergebende Annahme der Absicht des Mitunterzeichners, sich in der nämlichen Weise wie der Mitunterzeichner wechselrechtlich verbindlich zu machen, nicht durch einen Zusatz zur Unterschrift ausgeschlossen sein, welche auf den Mangel an Willen, sich wechselmäßig zu verpflichten, hinweist [8], oder auf die Absicht hindeutet, eine Wech-

---

[2] Berlin. Ob. Trib. im Arch. f. d. W. Bd. V. S. 457 f.

[3] Berlin. Ob. Trib. im Arch. f. d. Wechselr. Bd. VII. S. 387 f. — Borchardt, die D. W. O. . . . mit den von den deutschen Gerichtshöfen ausgesprochenen Grundsätzen des Wechselrechts, Zus. 521 a. — Volkmar u. Löwy, D. W. O. S. 280. — Hoffmann, Erläut. S. 575.

[4] Löhr, Centralorgan, N. F. Bd. II. S. 91 f. — Sammlung handelsgerichtl. Entscheidungen . . . in Bayern, Bd. I. S. 541. — Kletke, Präjudiz. S. 219 no. 555.

[5] Sammlung handelsgerichtl. Entscheid. . . . in Bayern, Bd. I. S. 512 f.

[6] Löhr, Centralorgan, N. F. Bd. II S. 117 a. E f.

[7] Bender, Grundſ. II. S. 69. — Treitschke, Encyc. I. S. 243.

[8] Berl. Ob. Trib. im Arch. f. d. W. Bd. IV. S. 457 f. und Bd. X. S. 215 f. — Borchardt, a. a. O. Zus. 521. d. — Ueber den Fall, daß ein Bürgschafts-Document unter einen Wechsel gesetzt worden, s. Löhr, Centralorgan, N. F. Bd. II. S. 617 f.

selverpflichtung anderer Art wie diejenige, welche mittelst der ursprünglichen Unterschrift übernommen worden, einzugehen [9].

Wenn nun im Falle einer ohne Zusatz gegebenen Mitunterschrift sich oft nicht ermitteln läßt, welches die Avalunterschrift ist, so ist doch dieses, so wie auch der Umstand, ob die Avalunterschrift mit oder ohne den Zusatz „als Bürge" gegeben worden, wechselrechtlich irrelevant, indem von den mehreren Mitunterschriebenen jeder für das Ganze, mit Ausschluß der Einreden der Theilung und der Vorausklage, haftet [10], und die Ungültigkeit der Verpflichtung des Einen auf die Wechselverbindlichkeit des oder der Andern ohne Einfluß ist [11]. Wie demnach die wechselrechtliche Haftung eines Mitunterzeichners von der Fälschung oder Ausstreichung der Mitunterschrift unabhängig ist [12], so wird jene Haftung auch dadurch nicht beseitigt, daß letztere erst später hinzugekommen [13].

Im Einzelnen sind folgende Verhältnisse zu unterscheiden:

---

9 Berlin. Ob. Tr. im Arch. f. deutsch. Wechselr. Bd. XIII. S. 183 a. E. f. und bei Löhr, Centralorgan, N. F. Bd. I. S. 150 f.

10 Brauer, Erläut. S. 138. 2. — D. W. O. Art. 81: „Die wechselmässige Verpflichtung trifft den Aussteller, Acceptanten und Indossanten „des Wechsels, so wie einen Jeden, welcher den Wechsel, die Wechselcopie, das Accept oder das Indossament mit unterzeichnet hat, selbst dann, „wenn er sich dabei nur als Bürge (per aval) benannt hat.

„Die Verpflichtung dieser Personen erstreckt sich auf Alles, was der „Wechselinhaber wegen Nichterfüllung der Wechselverbindlichkeit zu „fordern hat.

„Der Wechselinhaber kann sich wegen seiner ganzen Forderung an den „einzelnen halten; es steht in seiner Wahl, welchen Wechselverpflichteten „er zuerst in Anspruch nehmen will." D. W. O. Art. 98. 10. — Schw. Entw. §. 68 u. 89. — Dagegen Code de comm. Art. 142: „... le „donneur d'aval est tenu solidairement et par les mêmes voies que les „tireurs et endosseurs, sauf les conventions différentes des par„ties." — Nach dem Russisch. Handelsg. Art. 530 haftet der Mitunterzeichner, der sich „als Bürge" mitunterschrieben, nur subsidiär.

11 Dies. Lehrb. §§. 17 u. 24.

12 Arch. f. d. W. Bd. VIII. S. 229 f.

13 Volkmar u. Löwy, D. W. O. S. 280 f.

1) Die Tratte hat mehrere Unterschriften. — Die mehreren Mitunterschriebenen haften als Mittrassanten, gleichgültig, ob die Unterschriften neben oder über und unter einander stehen, und wie der Wechsel gefaßt ist [14].
2) Der eigene Wechsel hat mehrere Unterschriften. Die mehreren Mitunterschriebenen haften als Mitaussteller [15].
3) Das Indossament hat mehrere Unterschriften. Die mehreren Mitunterschriebenen haften als Mitindossanten, mag der Avalgeber aus dem Wechsel ersichtlich sein oder nicht, wie letzteres dann der Fall ist, wenn das Indossament eines Blanco-Wechsels mehrfach unterschrieben worden, oder das betreffende Giro auf ein Indossament auf den Inhaber oder in bianco folgt [16].
4) Der Unterschrift des acceptirenden Trassaten ist eine andere Unterschrift beigefügt. — Der Avalgeber ist nicht Acceptant, weil er nicht bezogen ist; er ist ebensowenig Ehrenacceptant, weil der Wechsel trassirtermaßen honorirt worden; aus welchem

---

[14] Thöl, Wechselrecht, §. 281. I. — W. O. v. Schwarz.-Rudolst. §. 3. — Dagegen: Treitschke, Encyc. I. S. 243. — Dessau. W. O. §. 13: „Ist ein Wechsel in der einfachen Zahl ausgestellt und von Mehreren unter„schrieben, so wird der zuerst Unterzeichnete als Hauptschuldner betrach„tet und die übrigen haften nur als Bürgen. Lautet aber der Inhalt des „von Mehreren unterschriebenen Wechsels in der Mehrzahl, so ist anzu„nehmen, dass sie Einer für Alle und Alle für Einen haften. Wer also „bei einem solchen Wechsel nur als Bürge, als Assistent oder Zeuge be„trachtet seyn will, muss diese Eigenschaft bei seiner Unterschrift aus„drücklich erklären."

[15] Archiv für deutsches Wechselrecht Bd. VI. S. 215. — Sachsen-Altenburgische W. O. Kap. I.: Von denen eigenen Wechseln, §. 6: „Weil es sich öfters zuträgt, dass zwei oder mehrere „zugleich einen Wechsel ausstellen, so hat es, wenn die clausula: in soli„dum, einer vor alle, und alle vor einen, darinn enthalten, ohnedem dabei „sein Bewenden, dass dem Creditori frei stehet, einen jeden nach Belieben „auf die ganze Forderung zu beklagen, alleine, wenn auch obige Clausel „nicht vorhanden wäre, hat ebensowenig das beneficium excussionis oder „divisionis statt, und bleibet jeder von denen Ausstellern in solidum ver„bunden . . ."

[16] Thöl, §. 281. II. — Dagegen Treitschke, Encyc. I. S. 244.

Grunde denn rechtzeitige Präsentation zur Zahlung und Protesterhebung gegenüber dem Avalisten des Bezogenen zur Begründung der Regreßrechte nicht erfordert ist [17]. Er haftet aber wie ein Acceptant [18].

5) Diejenigen, welche das Accept einer Nothadresse oder ein Ehrenaccept im engern Sinne des Wortes mitunterschrieben haben, haften wie Ehrenacceptanten [19].

Auf den einlösenden Avalisten gehen an sich die Rechte aus dem Wechsel nicht über [20]. Anders verhält es sich dagegen im Falle eines Indossaments, zu welchem freilich der Avalist den Wechselinhaber nicht nöthigen kann [21], das aber, wenn es geschehen, die gewöhnlichen Wirkungen eines Giro's an eine im Wechselverhältnisse bereits fungirende Person äußert. Insbesondere giebt ein solches dem Zahler Wechselrechte gegenüber dem Mitunterzeichner, welcher jedoch die Klage insoweit elidiren kann, als er zu beweisen vermag, daß die eingeklagte Summe über den auf ihn fallenden Antheil an der Schuld hinausgehe [22]. Auf Grund einer Cession des abbezahlten Wechselinhabers kann dagegen der Mitunterzeichner des Wechsels seinen Mitunterschriebenen nicht belangen [23].

---

[17] Volkmar u. Löwy, D. W. O. S. 286 f.

[18] Thöl, §. 282. I. — Dagegen Treitschke, Encyc. I. S. 244. Der Code de comm. A. 142 spricht vom Avalisten des Acceptanten nicht; der Gerichtsgebrauch schließt sich aber der im Texte angenommenen Ansicht an. Nouguier, lettres de change, §. 175.

[19] Thöl, Wechselr, §. 282. II. — Dagegen Volkmar u. Löwy, D. W. O. S. 283.

[20] Stuttg. Ob. Trib. bei Seuffert, Arch. X. Nr. 82. — Dagegen Schw. Entw. §. 69: „Der Bürge, welcher den Wechsel einlöst, erlangt „die Ansprüche und Regressrechte, welche demjenigen zustanden, für „welchen er sich verbürgt hat."

[21] Volkmar u. Löwy, D. W. O. S. 288.

[22] Vgl. dies. Lehrb. §. 59. — S. auch Arch. f. deutsch. W. Bd. XIV. S. 184 f.

[23] Sammlung handelsgerichtl. Entscheidung.... in Bayern, Bd. II. S. 23 f. — Löhr, Centralorgan, N. F. Bd. II. S. 251 a. E. f.

Siebentes Kapitel.

Die Klagen aus dem Wechsel. — Die Wechselverjährung.

I. Die Klagen aus dem Wechsel im Allgemeinen.

§. 81.

Die Eigenthümlichkeiten dieser Klagen.

Die Klagen aus dem Wechsel (die Wechselklagen im weitern Sinne des Wortes [1]) zerfallen in die Wechselklage im engern Sinne und in die Wechselregreßklagen. Wiewohl nun diese Klagen verschiedene Voraussetzungen und Zwecke haben, so kommen ihnen doch folgende gemeinsame Eigenthümlichkeiten zu:

1) Der Wechselgläubiger kann seinen ganzen wechselrechtlichen Anspruch gegen den einen oder den andern der in gleicher Weise wechselmäßig Verbundenen nach Willkühr einklagen [2], so wie ihm auch die Wahl zwischen der Klage wider den Acceptanten, resp. den Aussteller des eigenen Wechsels, und der Klage gegen die Vormänner, und ebenso das jus variandi zusteht [3].

Dagegen haftet von den mehreren Erben Eines Wechselschuldners der einzelne nur nach Verhältniß seiner Erbportion [4],

---

[1] D. W. O. Art. 49.

[2] D. W. O. Art. 81. 49. 26, Abs. 2 u. Art. 98. 6 u. 10. — Cod. de comm. Art. 164. — Schwed. W. O. §. 84. — Finnl. W. O. §. 89.

[3] D. W. O. Art. 49 u. A. 26, Abs. 2; Art. 98. 6. — Schwed. W. O. §. 45 u. §. 84. — Finnl. W. O. §. 42 u. §. 89. — Ungar. Wechselr. §. 155. — Treitschke, Encyc. I. S. 44. — Thöl, Wechselrecht, S. 432. — D. W. O. mit Einl. u. Erläut. S. 158 f. — Kletke, Präjudiz. S. 203 no. 510. — Arch. f. d. W. Bd. XI. S. 322 f.

[4] Samml. handelsgerichtlicher Entscheidungen ... in Bayern,

während der Beneficiar-Erbe nicht ultra vires portionis suae einsteht, und sich auch gegenüber einer Wechselklage darauf berufen kann, daß die Frist für die Inventarerrichtung nicht abgelaufen sei [5].

2) Die Wechselklagen können im Wechselprocesse, ebenso aber auch im ordentlichen Processe geltend gemacht werden [6]. Unabhängig von der Proceßart ist aber in Wechselsachen dem Unterrichter unbenommen, trotz eingelegter Appellation „nach der Sachen Befund und Ermäßigung, entweder mit oder ohne Caution der Gläubiger, die Execution zu vollziehen“ [7].

3) Die Einrede-Vertheidigung gegen Wechselklagen ist beschränkt.

Dagegen besteht ein besonderer Gerichtsstand für Wechselklagen nicht [8]. Daher sind für dieselben die ordentlichen Gerichte zuständig, wo jene nicht durch die particuläre Gesetzgebung eigenen Wechselgerichten oder den Handelsgerichten zugewiesen sind [9]. Der Kläger hat aber die Wahl, seine Wechselklage entweder bei dem Gerichte des Erfüllungsorts der eingeklagten Wechselschuld, oder da anzubringen, wo der Beklagte seinen allgemeinen Gerichtsstand hat, also regelmäßig bei dem Erst-

---

Bd. II. S. 204 f. — S. auch Arch. f. d. W. Bd. VII. S. 82 f. u. Borchardt, die D. W. O. . . . mit den von den deutschen Gerichtshöfen ausgesprochenen Grundsätzen des Wechselrechts, Zus. 31.

5 Sammlung handelsgerichtl. Entscheidungen ... in Bayern, Bd. I. S. 73 f.

6 Arch. f. deutsch. Wechselr., Bd. III. S. 203 f. — Kletke, Präjud. S. 217. Nr. 550. — Brem. Einf.-G. §. 17 : „Der Kläger kann zu jeder „Zeit den Wechselprocess aufgeben und seine Sache im ordentlichen Pro„cesse fortsetzen.“ — Oldenburg. Zusatz-Artikel zur D. W. O. Art. 105.

7 I. R. A. §. 107. — Mein Lehrbuch des Civilproceßrechts, S. 513.

8 Thöl, Wechselrecht §. 334.

9 Treitschke, Encyc. II. S. 204 f. — Pöhls, Wechselrecht, S. 673 f. — Heise, Handelsrecht, S. 298 f. — Code de comm. Art. 632, 636, 637. — Oesterreich. Civiljurisdictions-Norm vom 20. Nov. 1852, §. 60; Lübisch. Proc.-Ordn. vom 17. Mai 1862, §. 10. 8.

instanzgerichte des Domicils desselben. Als Domicil des Wechselschuldners in diesem Sinne erscheint jedoch an sich nicht der wechselrechtliche Wohnort des Ausstellers eines eigenen Wechsels am Orte der Ausstellung [10], so wie der wechselmäßige Wohnort des Trassaten am Adreßorte. Wohl aber bewirkt die bei eigenen Wechseln vorkommende Adresse „auf mich selbst aller Orten", „zahlbar aller Orten, wo ich anzutreffen bin" eine prorogatio fori, in Folge deren der Aussteller überall, wo er zu treffen ist, wechselrechtlich belangt werden kann [11].

Eigenthümlich ist dagegen die Bestimmung mehrerer Einführungs- und Wechselproceß-Gesetze zur D. W. O., wonach mehrere Wechselpflichtige nicht bloß bei dem Gerichte des Zahlungsorts, sondern bei jedem Gerichte, welchem Einer der Beklagten persönlich unterworfen, zusammen belangt werden können [12].

§. 82.

Der Wechselproceß insbesondere *.

Der Wechselproceß, über dessen Form das Gesetz des Klageorts

[10] Stuttg. Ob. Trib. bei Seuffert, Arch. Bd. VII. no. 102 und Bd. X. no. 87. — Arch. f. d. W. Bd. X. S. 46 f. — Samml. handelsgerichtl. Entscheidungen . . . in Bayern, Bd. I. S. 358 f.

[11] Seuffert, Arch. Bd. V. no. 222. — Arch. f. d Wechselr. Bd. III. S. 225 f. — Sammlung handelsgerichtlich. Entscheidungen in Bayern, Bd. I. S. 221. — Borchardt, a. a. O. Zus. 671. — Braunschweig. Wechselproceßg. vom 11. Januar 1849, §. 1. — Coburg-Goth. Ausführ.-Ges. v. 27. Juni 1849, §. 6.

[12] Preuß. Einf.-Ges. §. 5 (Arch. f. d. W. Bd. IV. S. 323); Braunschweig. Wechselproceßg. §. 1; Großh. Hess. Wechselproceßg. §. 2; Lippe-Detmold. Wechselproceßg. §. 1. — Mein Lehrb. des Civilproceßrechts, S. 73 a. E. f.

* Riccius, exercitatio XVII, de processu cambiali, 1781. — J. F. Ludovici, Einleit. zum Wechselproceß. Mit Zusätzen von J. G. Schlitte, 10. Aufl. Halle 1753. — P. E. Scherer, der Wechselproceß, 2. Ausg. Er-

entscheidet [1], und der auch für ausländische Wechsel statthaft ist [2], ist durch die D. W. O. nicht geregelt. Nach dem hier im Zweifel in Anwendung kommenden gemeinen Rechte erscheint er aber als eine Art des Executivprocesses [3], welche sich durch folgende Eigenthümlichkeiten auszeichnet:

---

langen 1818. — Voigt im N. Archiv für Handelsr. Bd. II. S. 128 f. — O. Wächter, Wechsellehre, S. 626 f. — G. M. Kletke, Encycl. des europäischen Wechselrechts, Bd. II, Anhang: Darstellung des deutschen Wechselprocesses mit Einschluß des Kaiserreichs Oesterreich, S. 225. — Weiske, Rechtslex. Bd. XIV. S. 450 f. — G M. Ketke, Darstellung des Wechsel- und Mercantil-Processes in den 7 älteren Kreisen des K. Bayern, diesseits des Rheins, Bamberg 1858. — Blaschke, der österreich. Wechselproceß mit theilweiser Berücksichtigung der in Deutschland bestehenden Wechselproceß-Vorschriften, Wien 1858. — Hauser in der Krit. Vierteljahrs-Schrift, Bd. IX. S. 403 f.

[1] Arch. f. d. W., Bd. IV. S. 180.

[2] Dieß leugnet für ausländische Wechsel, welche den Bestimmungen der D. W. O. nicht entsprechen, ohne zureichenden Grund Purgold im Arch. f. d. W. Bd. III. S. 78 f.; s. auch Arch. f. d. W. Bd. IV. S. 443 f. — Dagegen Hoffmann im Arch. f. pract. Rechtswiss. Bd. I. 2. S. 72 f. — Ed. Brauer im Arch. f. d. Wechselr. Bd. VI. S. 337 f. — Thöl, Wechselrecht, §. 333.

[3] Treitschke, Encycl. II. S. 204 f. — Heffter, System des Civilproc. §. 412 zu Note 327 u. 328. — Morstadt, Civilproceß-Schlüssel, S. 245. — Voigt im N. Arch. f. Handelsrecht, Bd. II. S. 144 f. — Heise, Handelsrecht, S. 296 f. — Großh. Hess. Ges. über das Wechselverf. in den Provinzen Starkenburg und Oberhessen v. 4. Juni 1849, §. 38: „Soweit „dieses Gesetz keine Abweichung enthält, sind in Wechselsachen die für „das gewöhnliche Verfahren und insbesondere die für den Executiv-Process „geltenden Bestimmungen anzuwenden." Oldenburg. Zusatzartikel zur D. W. O. Art. 103: „Für das Verfahren in Wechselsachen (Wechsel- „process) kommen, insoweit das vorliegende Gesetz besondere Bestimmungen „nicht enthält, neben den allgemeinen Processvorschriften die Grundsätze „des Executivprocesses zur Anwendung." — Manche Schriftsteller betrachten jedoch, obwohl ohne Grund, den Wechselproceß als eine eigene summarische Proceßart. — Danz, summar. Proceß, §. 85 f. — Claproth, summar. Proc. §. 54 f. — Bender, Grunds. §. 447 f. — Daniels, Grunds. S. 379 f. — Thöl, Wechselrecht, §. 333.

1) Der Beklagte kann keinen Kostenvorstand verlangen [4], während er nach einzelnen Particularrechten überhaupt mit keinerlei Cautionsanträgen gehört wird [5].

2) Widerklagen können nur, wenn sie Wechselklagen sind, mit der Wirkung der gleichzeitigen Verhandlung mit der Vorklage angestellt werden [6], und particularrechtlich selbst in diesem Falle nicht [7].

3) Auch ist particularrechtlich den Rechtsmitteln im Wechselprocesse die aufschiebende Wirkung schlechtweg abgesprochen, ohne daß die Execution des condemnatorischen Urtheils von der Leistung einer Caution Seitens des Siegers abhängig gemacht werden könnte [8].

Dagegen ist der Personalarrest, mittelst dessen die auf eine Wechselklage ergangene Verurtheilung regelmäßig vollstreckt werden kann, nicht als eine Eigenthümlichkeit des Wechselprocesses zu betrachten (vgl. §. 22, Note 4).

Die einzelnen Particularrechte schließen sich, was den Wechselproceß anbetrifft, entweder an das gemeine Recht an [9], oder sie ge-

---

[4] Claproth, a. a. O. §. 68. — Mecklenburg. Einführ.-Ordn., §. III. 2. — Großh. Hess. Ges. v. 4. Juni 1849, §. 18.

[5] Bremisch. Einf.-Verordn. §. 20.

[6] Claproth, a. a. O. §. 70. — Großh. Hess. Ges. vom 4. Juni 1849, §. 19.

[7] Braunschw. Wechselproc.-Ges. §. 8; Waldeck'sche Wechselproc.-Ordn. §. 10; Coburg. Ausf.-Ges. §. 13; Lippe'sches Wechselproc.-Ges. §. 8.

[8] Oldenburg. Zus.-Art. zur D. W. O. Art. 121. — Braunschweig. Wechselproc.-Ges. §. 12. — Gotha. Ausführ.-Ges. §. 10. — Coburg. Ausführ.-Gesetz §. 17. — Waldeck. Wechselproc.-Ordn. §. 13. — Lippe'sches Wechselproc.-Ges. §. 12; Bremer. Einführ.-Verordn. §. 31.

[9] Hierher gehören die meisten Wechselproceßgesetze, welche bei Einführung der D. W. O. in den einzelnen deutschen Staaten erlassen worden, wie: das Braunschw. Wechselproceß-Ges. v. 11. Januar 1849; — die Olden-

statten in Wechselsachen eine eigene, mehr oder weniger nach Analogie des Executivprocesses gebildete [10] Proceßart [11].

Wo aber Meßfreiheit besteht, — welche durch die Einführung der D. W. O. und der damit im Zusammenhange stehenden Wechselproceß-Gesetze nicht als abgeschafft zu betrachten, kann gegen meßfremde Wechselschuldner regelmäßig [12] zwischen dem Ein- und Ausläuten der Messe nicht verfahren werden, wenn sie nicht in dem Wechsel ausdrücklich oder durch Setzung des Verfalltags auf einen jener Meßtage auf diese s. g. Freiheit verzichtet haben [13].

---

burg. Zusatz-Art zur W. O. (als 4ter Abschn. der W. O.) v. 31. März 1849; — die Bremische Verordn. v. 25. April 1849 (§. 13—32); — die Waldeck'sche Wechselproc.-Ordn. v. 30. Mai 1849; das Großh. Hess. Gesetz, das Wechselverfahren in den Provinzen Starkenburg u. Oberhessen betr., v. 4. Juni 1849; das Meckleub. Gesetz v. 14. Juni 1849; — das Sachsen-Coburg-Gothaische Gesetz v 27. Juni 1849 (§. 6—25); — die Nassauische Wechselproc.-Ordn v. 27. Juni 1849; — das Lippe'sche Wechselproceß-Gesetz v. 5. Juli 1849. — S. auch Koch, Wechselrecht, S. 306. IV. — Die hauptsächlichsten Abweichungen vom gemeinem Rechte, welche in einzelnen dieser Wechselproceßgesetze vorkommen, sind: daß die Klage mündlich Statt finden kann, die Fristen abgekürzt sind, und der Beklagte persönlich vor Gericht erscheinen muß.

[10] Mittermaier, Grundſ. §. 353 zu Note 8.

[11] So z. B. das K. Sächs. Gesetz über Schuldarrest u. Wechselproceß v. 7. Juni 1849, welches, wiewohl es den Wechselproceß als eine besondere Gattung des Executivprocesses bezeichnet (§. 30), doch in demselben eine eigene Proceßart statuirt, bei der sowohl mündlich als schriftlich geklagt, und auf die Klage sofort mit Realcitation oder Hausexpedition vorgeschritten werden kann. — So ferner ältere Wechselproceß-Ordnungen, wie z. B. die Reuß. Verordn. (jüngere Linie) v. J. 1717 (im Allgemeinen bestätigt durch Verordn. v. 15. Januar 1849), nach welcher sofort auf die stattgehabte Recognition des Wechsels Wechselarrest verfügt, auf die Klage aber Wechselexpedition angeordnet werden kann.

[12] S. jedoch Gutachten P bei Siegel, Corp. jur. camb. II. S. 180.

[13] Mothes, die Meßfreiheit in Leipzig (im Arch. f. deutsch. Wechselr., Bd. III. S. 174 f.).

§. 83.

Die Einreden gegen Wechselklagen *.

Abgesehen davon, daß im Wechselprocesse regelmäßig nur solche Einreden zu berücksichtigen sind, welche sofort liquid erbracht werden [1], ist ohne Rücksicht auf die Proceßform die Exceptional-Vertheidigung gegen Wechselklagen, mögen dieselben auf Zahlung oder auf Sicherstellung gehen [2], eine beschränkte [3].

---

* Ladenburg in der Zeitsch. f. das gesammte Handelsrecht, Bd. VII. S. 28 f. — Wolff, die Einreden im Wechselverfahren im Arch. f. d. W. Bd. XV. S. 113 f.

[1] Treitschke, Encycl. I. S. 399. — Bender, II. S. 394. — Pöhls, Handelsr. II. 1. S. 676. — Koch, Wechselr. S. 316. — Coburg.-Goth. Ver. über Wechselproc. v. 27. Juni 1849, §. 13: „Im Wechselverfahren „werden nur solche Einreden berücksichtigt, welche, insoferne den Beklagten die Beweislast trifft, durch öffentliche oder anerkennungsfähige „Privaturkunden erweislich sind." — Ebenso das Großh. Hess. Wechselproc.-Ges. §. 15 und die Waldeck'sche Wechselproc.-Ordn. §. 7. — Dagegen bestimmt das Preuß. Einf.-Gesetz v. 15. Febr. 1850, §. 7: „In denjenigen Landestheilen, in welchen die Allg. Gerichtsordn. gilt, ist „auch auf an sich zulässige Einwendungen, so weit es eines Beweises „derselben bedarf, in Wechselsachen nur dann Rücksicht zu nehmen, wenn „dieselben durch Urkunden, Eideszuschiebung oder Aussagen solcher „Zeugen, die sogleich zur Stelle gebracht sind, dargethan werden. Auswärtige Zeugenverhöre, wenn sie gleich im Termine beigebracht werden, „gelten nur so weit, als sie mit Zuziehung des Gegentheils oder eines von „ihm dazu bestellten Bevollmächtigten aufgenommen sind . ." (S. auch Borchardt, D. W. O. S. 155 a. E.) Die nachträgliche Ausführung einer wegen Illiquidität im Wechselprocesse unzulässigen Einrede ist ohne besonderen Vorbehalt zulässig (O. A. G. in Darmstadt im Arch. f. pract. Rechtsw. Bd. V. S. 112). Wolff im Arch. f. d. Wechselr., Bd. XV. S. 167 f.

[2] Arch. f. d. W., Bd. XI. S. 103 f.

[3] Ueber die in älteren W. O. hier aufgestellten Beschränkungen s. Wolff im Arch. f. d. W. Bd. XV. S. 115 f. — Besonders streng ist der Schweiz. Concord.-Entw. §. 102: „Ausser den Einwendungen, welche die Competenz des Gerichts oder sonstige wesentliche Mängel des Verfahrens betreffen, kann der Beklagte gegen das Recht des Klägers aus dem Wechsel

Allgemein statthaft sind, als exceptiones rei cohaerentes, nur solche Einreden, welche aus dem Wechselrechte selbst hervorgehen [4], d. h. die ihr rechtliches Fundament im Wechselrechte haben, mögen sie unmittelbar oder mittelbar aus dessen Bestimmungen folgen [5].

Dahin gehören insbesondere die Einreden aus der Wechselunfähigkeit des Beklagten zur Zeit der Eingehung der Wechselverbindlichkeit [6], diejenigen aus einem Mangel der Form der Wechselerklärung und daher insbesondere aus der Nichtbegebung des Wechsels durch den beklagten Aussteller oder Indossanten [7], der Einwand der Unächtheit des Indossaments, durch welches der Aussteller eines Wechsels an eigene Ordre den Wechsel angeblich begeben (vgl. §. 43 zu Note 13); die Einwendungen aus dem Inhalte der Wechselerklärung [8], wie die Einrede des Acceptanten, daß die

---

„oder der Anweisung nur solcher Einreden sich bedienen, welche auf einer „Bestimmung dieser W. O. beruhen. — Alle übrigen nicht aus dem Wech„selrechte entspringenden Einreden sind unstatthaft, mit der einzigen Aus„nahme, dass der Beklagte die Tilgung seiner Verbindlichkeiten durch Zah„lung oder Erlass geltend zu machen berechtigt ist, insofern diese Ein„reden ihm unmittelbar gegen den Kläger zustehen. — Der Einwand der „Simulation oder Compensation, so wie Widerklagen dürfen niemals statt „finden.“

[4] D. W. O. Art. 82: „Der Wechselschuldner kann sich nur solcher „Einreden bedienen, welche aus dem Wechselrechte selbst hervorgehen, „oder ihm unmittelbar gegen den jedesmaligen Kläger zustehen.“ — D. W. O. Art. 98. 10. — Schweiz. Concord.-Entw. §. 102. — Schwed. W. O. §. 89. — Finnländ. W. O. §. 85.

[5] Treitschke, Encyc. I. S. 398. — Pöhls, Wechselr. S. 677. — Preuß. Landr. Th. II. Tit. 8, §. 916. — Preuß. Motive, S. LXXVIII. — Seuffert, Arch. Bd. V. S. 279 f. — Gengler, Lehrb. S. 672.

[6] Arch. f. d. Wechselr., Bd. X. S. 392; Bd. XI. S. 212 f. u. S. 287 f. — Löhr, Centralorg. N. F. Bd. II. S. 125; Bd. III. S. 425 f.

[7] Wolff im Arch. f. d. W. Bd. XV. S. 130 f. — Thöl, Wechselrecht, §. 318.

[8] Bluntschli, D. W. O. S. 125. — D. W. O. Art. 9, Abs. 2; Art. 14 u. 15.

Wechselsumme nach der Acceptation durch Verfälschung erhöht [9], oder daß ein den ursprünglichen Zahlungsort abändernder Domicilvermerk wider seinen Willen nachträglich in den Wechsel gesetzt worden sei [10], die Einreden aus der Nichtbeachtung oder nicht gehörigen Befolgung einer wechselrechtlichen Solennität oder Frist [11], wie die Einwendung der mangelhaften Protesterhebung, diejenige, daß der Domicilvermerk nicht vom Aussteller herrühre und der Wechsel demnach kein domicilirter sei [12], und die Einrede der Wechselaerjährung [13].

Andere Einreden sind dagegen jedenfalls nur dann zulässig, wenn sie dem Beklagten aus eigener oder seines Erblassers oder Cedenten Person [14] unmittelbar gegen den Kläger oder denjenigen, aus dessen Rechte dieser klagt [15], zustehen [16]. Unter dieser Voraussetzung können der Wechselforderung nicht allein Einwendungen entgegengesetzt werden, welche, wie die exceptio rei judicatae und litis pendentis, auf deren bereits stattgehabte gerichtliche Geltendmachung, oder die auf deren gerichtliche Beschlagnahme sich beziehen [17], sondern

---

[9] Arch. f. d. W. Bd. IX. S. 195 f.

[10] Oberst. Oesterr. Gerichtshof im Arch. f. d. W. Bd. XII. S. 200 f. — Berlin. Ob. Trib. in demselben Arch. Bd. XIII. S. 186.

[11] Bluntschli, D. W. O. S. 125. — D. W. O. Art. 62. 45. 19. 31. 77 f. — Dies. Lehrb. §. 56 zu not. 5.

[12] Arch. f. deutsch. W. Bd. VI. S. 312 f.; Bd. XIV. S. 206 f. — Löhr, Centralorgan, N. F. Bd. I. S. 319 f.; Bd. II. S. 260 f.

[13] Seuffert, Arch. Bd. IX. no. 208.

[14] Borchardt, die Allg. D. W. O. . . . mit den von den deutschen Gerichtshöfen ausgesprochenen Grundsätzen des Wechselr. Zus. 536 u. Zus. 546. — Arch. f. d. W. Bd. XV. S. 90 no. 15.

[15] Borchardt, a. a. O. Zus. 537. — Löhr, Centralorgan, N. F. Bd. I. S. 496 f. — Arch. f. d. W. Bd. V. S. 342 f. — Dies. Lehrb. §. 55 zu not. 16 u. §. 56.

[16] D. W. O. Art. 82. — Leipziger Protoc. S. 168. — Treitschke, Encyc. I. S. 398. — Thöl, Wechselrecht, §. 258. IV u. V. — Arch. f. d. W Bd. III. S. 200.

[17] Löhr, Centralorgan, N. F. Bd. II. S. 122 f.

nicht weniger solche Exceptionen, die aus der Begründung oder Aufhebung der Forderung entnommen sind.

In letzterer Hinsicht können insbesondere der Klage aus dem Wechsel die Einrede der Compensation [18] und in der Form dieser Einrede diejenige der nicht erhaltenen Valuta [19] oder Deckung [20], so wie ferner der Einwand der Delegation [21], die Einrede, daß die Wechselverbindlichkeit unter einer nunmehr eingetretenen Resolutivbedingung eingegangen worden [22], die Einrede des Erlasses u. a. m. [23] entgegengestellt werden.

Was aber die Einreden aus der Begründung der Wechselforderung anbelangt, so kann der Beklagte der Klage aus dem Wechsel einmal solche Einwendungen entgegensetzen, welche auf die Eingehung des Wechselgeschäfts selbst Bezug haben, wie die Einrede, daß er

---

[18] Arch. f. d. W. Bd. II. S. 425 u. Bd. XV. S. 95 f. — Haimerl, im Magazin f. Rechts- u. Staatswissensch. Bd. II. S. 98 f. — Borchardt, a. a. O. Zus. 544 no. 29. — Kitka, Erläut. S. 86 f. — Dagegen Kalessa, S. 100 f.; welche auch aus andern als Wechselforderungen begründet werden kann (Kitka, a. a. O. S. 112 f.) und insoweit zulässig ist, als nicht das particuläre Recht dieselbe beschränkt (Arch. f. d. W. Bd. I. S. 201); Thöl, Wechselr. §. 321. — Purgold im Arch. f. d. W. Bd. XVI. S. 57 f., welcher jedoch eine nicht begründete Beschränkung hier aufstellt.

[19] Thöl, Wechselrecht, §. 322. II; Arch. f. d. W. Bd. V. S. 348; Bd. VIII. S. 434 f. u. S. 437 f.; Bd. IX. S. 310 f.; Bd. X. S. 107 f.; Bd. XIV. S. 67 f.; Bd. XV. S. 324 f. — Dagegen: Volkmar u. Loewy, D. W. O. S. 296.

[20] Präjudiz. des Berl. Ob. Trib. bei Heckert, preuß. Wechselrecht, S. 55. k.; Kletke, Präjudiz. S 221. no. 559; Arch. f. d. W. Bd. IV. S. 93. no. 3; Bd. X. S. 305 f.; Löhr, Centralorgan, N. F. Bd. II. S. 427 f.; Borchardt, a. a. O. Zus. 554; Samml. handelsgerichtl. Entscheidung. . . . in Bayern, Bd. II. S. 150 f.

[21] Samml. handelsgerichtl. Entscheidung . . . in Bayern, Bd. I. S. 307 f.; Bd. II. S. 86 f.

[22] Dagegen das Handelsappellat.-Gericht in Nürnberg in der Samml. handelsgerichtl. Entscheidung. . . . in Bayern, Bd. I. S. 37 f. und bei Löhr, Centralorgan, N. F. Bd. II. S. 431 f.

[23] Thöl, Wechselrecht, §. 321. — S. ferner Borchardt, a. a. O. Zus. 242. d. — Arch. f. d. W. Bd. VIII. S. 218 a. E. f.; Bd. X. S. 394 a. E. f.

den Wechsel als Zeuge [24] oder sonst ohne die Absicht der Eingehung einer Wechselverbindlichkeit unterschrieben habe [25], den Einwand der betrüglichen Verleitung zur Unterzeichnung des Wechsels [26], der betrüglichen Ausfüllung des Wechselformulars [27], des Zwangs [28] und der Trunkenheit [29], so wie die Einrede der Simulation, soferne sie sich als exceptio doli gegenüber dem Kläger darstellt [30]. Andererseits kann aber der Beklagte auch insoweit auf das dem Wechsel unterliegende materielle Verhältniß zurückgehen, als er den Mangel an Causa der Wechselobligation, oder die Illegalität oder sonstige Ungültigkeit der Rechtsursache, aus welcher dieselbe hervorgegangen, darthut [31]. Daher kann jener insbesondere der Klage aus dem Wechsel entgegensetzen, daß dieser ein Depot-Wechsel [32] sei und daß die Forderung, zu deren Sicherstellung er sich dem Kläger wech-

---

[24] Löhr, Centralorgan, N. F. Bd. II. S. 430 f.

[25] Arch. f. d. Wechselr. Bd. X. S. 283 a. E. f.; Bd. VI. S. 427 f. — Borchardt, a. a. O. Zus. 528. b.

[26] Kletke, Präjud. S. 222 no. 562 u. 565. — Löhr, Centralorgan, N. F. Bd. II. S. 435 f.; Arch. f. deutsch. Wechselr., Bd. IX. S. 314 f.

[27] Dies. Lehrb. §. 17 not. 2. — Arch. f. deutsch. Wechselr., Bd. XII S. 372 f.

[28] Borchardt, a. a. O. Zus. 558.

[29] Borchardt, a. a. O. Zus. 533.

[30] Dies. Lehrb. §. 62. 1. — Arch. f. d. W. Bd. III. S. 403 f.; Bd. VI. S. 268 f.; Bd. VII. S. 428 f.; Bd. X. S. 53 f. — Löhr, Centralorgan, N. F. Bd. I. S. 339 a. E. f. u. S. 502.

[31] Weber im Arch. f. pract. Rechtswissenschaft, Bd. III. S. 181; Berger, die österr. W. O. S. 102. — Sachs. Weimar. Einf.-G. §. 6: „. . . Insbesondere bleibt in dem Falle, dass ein ungültiges Geschäft einer „Wechselerklärung zum Grunde läge, — unbeschadet der wechselmässigen „Wirksamkeit des letztern —, die Ausführung der Ungültigkeit unter dem „Aussteller und Empfänger der Wechselerklärung und den Nachmännern „des letztern, — so weit diese um die Ungültigkeit wussten, — vorbehalten." — S. jedoch Jolly, in der Krit. Vierteljahrs-Schrift für Gesetzgebung u. Rechtswiss. Bd. III. S. 214 f.

[32] (Christ) über Inhaberpapiere u. Wechseleinreden, S. 33 f. — Arch. f. d. W. Bd. VII. S. 332 f.

selrechtlich verbindlich gemacht, nicht bestehe [33]; oder daß der eingeklagte Wechsel ein Bürgschafts-Wechsel sei, während die principale Forderung nicht existire [34]. Nicht weniger steht der Wechselklage die exceptio Senatusconsulti Vellejani entgegen [35], den Beweis vorausgesetzt, daß in der Eingehung der Wechselschuld eine Intercession von Seiten der Wechselschuldnerin zum Vortheile des dermaligen Klägers oder desjenigen, aus dessen Recht dieser klagt, gelegen [36], so wie ferner die Einrede, daß der Wechsel für eine verbotene Schuld, wie z. B. eine Spielschuld, ausgestellt worden [37], die

[33] Borchardt, a. a. O., Zus. 535 a u. b. — Arch. f. deutsch. Wechselr. Bd. VII. S. 85 f.; Bd. XIV. S. 198 f. — Volkmar u. Löwy, D. W. O. S. 296 f.

[34] Samml. handelsgerichtl. Entscheidungen . . . in Bayern, Bd. II. S. 148 f.

[35] l. 25. 4 D. ad senatusc. Vellej. [16. 1] : „Omnis omnino obligatio senatus-„consulto Vellejano comprehenditur, sive verbis, sive re, sive quocunque alio „contractu intercesserint"; — Weber, im Arch. f. pract. Rechtswiss. Bd. III. S 178 f. — Unger, die Inhaberpapiere, S. 159, Not. 33. — Preuß. Motive, S. XXVII, mit welchen die Leipzig. Protoc S. 7 nicht in Widerspruch stehen, da daselbst lediglich von der Wechselfähigkeit der Frauen die Rede und nicht von der Möglichkeit, die Wechselklage mittelst einer Exception zu elidiren. S. auch dies. Lehrb. §. 23. — Die exceptio Senatusc. Vellejani schließen schlechtweg aus : Gelpke in der Zeitsch. f. Handelsr. Heft 3. S. 131. 137; — das Berlin. Ob. Trib. im Arch. f. d. Wechselr. Bd. X. S. 213 f. — Borchardt, a a. O. S. 11, not 18.

[36] Ob Trib. in Stuttgart im Arch. f. d. W. Bd. VII. S. 307 f. — Appellat.-Ger. in Frankfurt a. M. im Magazin f. bad. Rechtspflege, Bd. III. S. 378. — O. A. G. in Celle bei Seuffert, Arch. Bd. XX. no. 65. — Unrichtig aber ist die Behauptung, dbß die exc. Senatusc. Vellej. nicht allein demjenigen entgegengesetzt werden könne, dem gegenüber die Frau intercedirte (dageg. Weber im Arch. f. pract. Rechtsw. III. S. 189 f.). - Wolff im Arch. f. d. Wechselr. Bd. XV. S. 150 f. — O. A. G. in Darmstadt im Arch. f. pract. Rechtsw. Bd. IV. S. 352 f u. Arch. f. d W. Bd. XI. S. 319 f.

[37] Kletke, Präjud. S. 226 no. 576; Löhr, Centralorgan, N. F. Bd. II. S. 621 f.; Arch. f. d. W. Bd. XIV. S. 84; N. Arch. f. Handelsr. Bd. I. S. 237 f.; Kitka, Erläut. S. 366, welchem jedoch nicht durchgehends beizutreten ist. — Ueber die Bestimmungen der Particularrechte vgl. Treitschke, Encyc. II. S. 462 f.

exceptio usurariae pravitatis [38], und der Einwand, daß durch eine unter den Parteien getroffene Verabredung die Geltendmachung des Wechsels von der Bedingung einer zu Gunsten des Nehmers sich ergebenden Differenzforderung abhängig gemacht worden sei [39].

Dagegen ist ein Zurückgehen auf das der Wechselobligation unterliegende Rechtsverhältniß nicht insoweit zulässig, daß mittelst einer aus dem Wesen desselben hergenommenen Einrede die Wechselklage elidirt werden könnte [40].

Daher sind denn insbesondere die exceptio non adimpleti contractus [41], die s. g. exceptio non numeratae pecuniae [42], die exceptio ordinis [43] und nicht weniger die exceptio Senatusconsulti Macedoniani [44] für unstatthaft zu erachten.

---

[38] Altenburg. W. O. Kap. V. §. 8; Würtemb. W. O. von 1759, Kap. VI. §§. 16. 17. — Arch. f. d. W., Bd. II. S. 28; Bd. X. S. 47. — Borchardt, a. a. O. Zus. 545. — Dagegen: Samml. handelsgerichtl. Entscheid. . . . in Bayern, Bd. I. S. 163 f.

[39] Arch. f. d. W. Bd. III. S. 414 f.

[40] Walter, Syst. §. 367. IV. — Borchardt, a. a. O. Zus. 547. — Arch. f. d. W. Bd. VII. S. 434 f.; Bd. IX. S. 183 f. — Denn es ist die Wechselforderung keine Forderung aus einem Kaufe, Darlehen, Versicherungsgeschäfte u. s. w., und auch die analoge Anwendung der Bestimmungen des römischen Rechts über die Zuläßigkeit der exceptio doli gegenüber der actio ex stipulatu nicht gerechtfertigt. — Mein Auff. in der Krit. Ueberschau, Bd. V. S. 411 f.

[41] Pöhls, Wechselr. S. 677. — Bähr, die Anerkenn. (1. Aufl.), S. 277. — Berlin. O. Tr. bei Borchardt, a. a. O. Zus. 551 u. im Arch. f. deutsch. Wechselr. Bd. XIV. S. 83 f. Dagegen: das Berl. Ob. Tr. im Arch. f. d. Wechselrecht, Bd. VII. S. 406 f. und der Oberste Gerichtshof in Wien in demselb. Arch. Bd. XII. S. 212 f.

[42] Dies. Lehrb. §. 2 zu not. 26; §. 31, not. 8.

[43] Dagegen: Borchardt, a. a. O. Zus. 541. — Arch. f. d. Wechselr. Bd. V. S. 86.

[44] Appellat.-G. Nürnberg in der Zeitsch. f. G. u. R. in Bayern, Bd. X. S. 217; Appellat.-Ger. in München in der Samml. handelsgerichtl. Entscheid . . . in Bayern, Bd. I. S. 132 f. — Dagegen: O. A. G. in Cassel bei Seuffert, Arch. Bd. XV. no. 70. — O. A. G.

§. 84.

Fortsetzung. — Die Einrede der Zahlung insbesondere *.

Die Einrede der Zahlung kann sich beziehen auf die Zahlung der Wechselsumme oder die Zahlung der Regreßsumme.

I. Die Einrede der Zahlung der Wechselsumme ist eine aus dem Wechselrechte selbst hervorgehende, wenn sie auf den Wechsel, und nicht auf die der Wechselbegebung unterliegende Schuld [1], nach Verfall durch den Bezogenen, Acceptanten oder Aussteller des eigenen Wechsels, einen Mitacceptanten oder Mitaussteller, den Domiciliaten oder eine andere Person ohne Wechselintervention an den zur Zahlungserhebung Legitimirten geschehen ist [2]. Eine solche Zahlung ist, gleichgültig ob sie aus dem Wechsel erhellet oder nicht erhellet [3], um deßwillen im Wechselrechte begründet, weil sie nach Maßgabe desselben jedes Recht aus dem Wechsel tilgt [4].

Daher kann der Acceptant die Einrede der Zahlung, mag diese durch ihn oder eine andere der oben bezeichneten Personen ge-

---

in Lübeck in der Jurisprud. des O. A. G. in Wechselsachen, S. 155 f. — O. A. G. in Dresden bei Borchardt, a. a. O S. 6, not. 10. — Unger, Inhaberpapiere, S. 154 u. not. — Hoffmann, Erläut. S. 172. — Thöl, Wechselrecht, §. 322 zu not. 8.

* Meine Abh. im Arch. f. d. W., Bd. VIII. S. 294 f. — Löwy in demselben Arch. Bd. XI. S. 8 f. u. S. 153 f. — Hoffmann in demselben Arch. Bd. XI. S. 377 f. — Wolff ebendas. Bd. XII. S. 127 f. — Geller ebendas. Bd. XV. S. 308 f. — Ladenburg in Löhr's Centralorgan, N. F. Bd. III. S. 465 f.

[1] Samml. handelsgerichtl. Entscheidungen . . . in Bayern, Bd. I. S. 542 f.

[2] Löwy im Arch. f. d. Wechselr., Bd. XI. S. 28. — Thöl, Wechselrecht, §. 320. I.

[3] Thöl, Wechselrecht, §. 320 (S. 714). — Nicht entgegen steht die D. W. O. Art. 39. — Dagegen: Seuffert, Arch. Bd. IX. no. 207. Borchardt, die D. W. O. mit den von den deutschen Gerichtshöfen ausgesprochenen Grundsätzen des Wechselrechts, Zus. 544 no. 13.

[4] D. W. O. Art. 8, 14, 23, 28 no. 3; 67.

schehen sein [5], nicht allein dem abbezahlten Wechselinhaber [6], sondern jedem Kläger entgegensetzen, wenn die Zahlung nur, wie z. B. eine Theilzahlung, an den zur Zeit ihrer Leistung legitimirten Wechselinhaber geschehen ist.

Nicht weniger kann sich der Trassant oder ein Indossant unter den bezeichneten Voraussetzungen auf die Zahlung der Wechselsumme wie dem Zahlungsempfänger so auch einem andern Kläger gegenüber berufen, wenn nur die Zahlung vor der Protesterhebung geschehen ist, da allein eine solche Zahlung die Regreßansprüche aufhebt [7].

II. Die Einrede der Zahlung der Regreßsumme ist, mag sie aus dem Wechsel erhellen oder nicht, eine aus dem Wechselrechte selbst hervorgehende, so weit sie nach den Grundsätzen dieses Rechts die Ansprüche aus dem Wechsel tilgt.

Die Zahlung der Regreßsumme durch den Trassanten oder einen Indossanten kömmt dem Acceptanten und beziehungsweise Aussteller des eigenen Wechsels gegenüber dem Zahlungsempfänger [8], nicht aber gegenüber einem andern Kläger zu Statten.

Die Zahlung der Regreßsumme durch einen Indossanten begründet keine Einrede für den Trassanten und die frühern Indossanten [9]; wohl aber kann der Zahler und dessen Mitindossant die an

---

[5] Berlin. Ob. Tr. im Arch. f. deutsch. Wechselr. Bd. VII. S. 198 f.; Bd. XII. S. 193 a. E. f. und bei Borchardt, a. a. O. Zus. 544 no. 18. — Oberst. Oesterr. Gerichtshof im Arch. f. d. Wechselr. Bd. XIV. S. 80 f.

[6] Dieß meint Thöl, Wechselr. §. 320. II. 1.

[7] Arg. D. W. O. Art. 38 u. Leipzig. Protoc. S. 72. — Nicht zu billigen ist die Meinung des Berlin. Ob. Trib. (b. Heckert, das preuß. Wechselrecht, S. 54 no. e u f), es sei der Einwand, daß der Kläger vom Acceptanten Befriedigung erhalten habe und der Protest M. Z. nur zum Scheine erhoben worden sei, unstatthaft.

[8] Arg. D. W. O. Art. 81. — Thöl, Wechselr. §. 320. II. 1. — Oesterr. Oberst. Gerichtshof im Arch. f. d. W. Bd. XII. S. 395 f. — Dagegen Berl. Ob. Trib. im Arch. f. deutsch. W. Bd. II. S. 451 f. — Kletke, Samml. von Präjudiz. 2. Forts. S. 263 no. 1540.

[9] Arg. D. W. O. Art. 51.

den legitimirten Wechselinhaber geleistete Zahlung jedem Kläger entgegensetzen.

Die Zahlung der Regreßsumme durch den Trassanten oder einen Indossanten an den legitimirten Wechselinhaber befreit die Nachmänner des Zahlers, und begründet sonach für diesen wie für dessen Nachmänner eine jedem Kläger entgegenstehende Einrede.

II. Die einzelnen Klagen aus dem Wechsel.

A. Die Wechselklage.

§. 85.

Grundsätze.

Die Wechselklage im engern Sinne des Worts ist die Klage aus dem Wechsel, welche gegen den Acceptanten, den Ehrenacceptanten im weitesten Sinne des Worts, den Aussteller des eigenen Wechsels und die Avalisten dieser Personen geht.

Sie steht dem gehörig legitimirten Wechselinhaber zu, und zwar:

1) gegen den Acceptanten dem Remittenten oder letzten Indossatar (dies. Lehrb. §. 68), so wie dem Ehrenzahler im engern Sinne des Worts, indem derselbe in die Rechte des abbezahlten Wechselinhabers eintritt (dies. Lehrb. §. 77); nach der D. W. O. überdieß dem Nothadressaten, welcher zu Ehren gezahlt (§. 73). Auch ist zur Klage gegen den Acceptanten, und zwar durch den bloßen Besitz des Wechsels [1], der Indossant, der denselben eingelöst hat, legitimirt (§. 57), so wie nach der D. W. O. der Trassant (§ 41);

2) gegen den Aussteller des eigenen Wechsels dem ersten Nehmer oder letzten Indossatar oder Ehrenzahler;

[1] Berlin. Ob. Trib. im Arch. f. d. W. Bd. IV. S. 200 f. — S. auch Löhr, Centralorgan, N. F. Bd. II. S. 118.

3) gegen den Ehrenacceptanten dem ersten Nehmer oder letzten Indossatar, falls dieser ein Nachmann des Honoraten ist (dies. Lehrb. §§. 72. 76).

Die Wechselklage bedarf der Regel nach weder zu ihrer Begründung noch zu ihrer Erhaltung einer wechselmäßigen Solennität [2]; auch kann sie ohne vorausgehende Vorweisung des Wechselbriefs an den Acceptanten [3], resp. Aussteller des eigenen Wechsels [4] angestellt werden, sobald die Wechselsumme fällig, beziehungsweise der dem Accepte beigefügte dies eingetreten ist. Weist jedoch der beklagte Wechselschuldner nach, daß er die Wechselsumme nach Maßgabe der ihm hierzu gesetzlich eingeräumten Befugniß deponirt habe (vgl. §. 69), so ist die Klage unter Kostenersatze abzuweisen [5], während

---

[2] D. W. O. Art. 44 : „Zur Erhaltung des Wechselrechts gegen den „Acceptanten bedarf es mit Ausnahme des in Art. 43 erwähnten Falles „weder der Präsentation am Zahlungstage, noch der Erhebung eines „Protests."

[3] Hauser im Arch. f. d. Wechselr. Bd. VI. S. 51 f.; Kekule in demselben Arch. Bd IX. S. 256 f. — O. A. A. in Rostock bei Seuffert, Arch. Bd. X. no. 279; Ob. Trib. in Berlin bei Kletke, Präjudiz. S. 194 no. 497, und im Arch. f. d. W. Bd. XI. S. 429 f.; O. A. G. in München bei Kletke, a. a. O. S. 195 no. 481.

[4] Berl. Ob. Tr. im Arch. f. d. W. Bd. III. S. 198 f. u. S. 112. — Stuttgart. Ob. Trib. bei Seuffert, Arch. Bd. IX. no. 330. — O. A. G. in Celle im Arch. f. d. W. Bd. VI. S. 211 f. — S. ferner dasselbe Arch. Bd. V. S. 84 u. S. 107. — Sammlung handelsgerichtl. Entscheidungen . . . in Bayern, Bd. I. S. 23 f. — Pöschmann im Arch. f. d. W. Bd. II. S. 207 f. — Kitka, Erläut. S. 308 f. — Ladenburg in den Bad. Annalen, Jahrg. XXI. S. 52 f. — Dies. Lehrb. §. 47 zu not. 1. — Dagegen : O. A. G. in Cassel bei Seuffert, Arch. Bd II. no. 97; in Darmstadt im Arch. f. pract. Rechtswiss. Bd. V. S. 34; ferner Arch. f. d. W. I. S. 442 f.; V. S. 81. — Mannhardt, über die Nothwendigkeit der Präsentation und Protestirung eigener Wechsel, deren Aussteller gegenüber, Schleswig u. Flensburg 1855. — Löhr, Centralorgan, N. F. Bd. II. S. 451 f. — Ohne Grund beruft man sich auf die D. W. O. Art. 41 u. 98 no. 6, sowie darauf, daß Art. 98 auf Art. 44 nicht verweist.

[5] Samml. handelsgerichtl. Entscheidungen . . . in Bayern, Bd. II. S. 13 f.

der Kläger die Proceßkosten auch im Falle einer Verurtheilung des Beklagten in der Hauptsache dann tragen muß, wenn dieser, nachdem er ohne vorausgegangene Präsentation des Wechsels belangt worden, sich in seiner Klagebeantwortung schlechtweg zur Zahlung erboten [6].

Ausnahmsweise ist bei Wechseln, die auf Sicht zahlbar sind, zur Begründung der Wechselklage, eine vorgängige Präsentation zur Zahlung, welche jedoch nicht bloß durch Protest erwiesen werden kann, an den Acceptanten und beziehungsweise Aussteller in dessen Geschäftslocal oder Wohnung erforderlich [7].

Andrerseits ist Präsentation zur Zahlung und rechtzeitige Protesterhebung nöthig:

1) An den Domiciliaten zur Wahrung der Wechselklage gegen den Acceptanten, resp. den Aussteller des eigenen Wechsels (vgl. dies. Lehrb. §§. 42. 48), während selbst im Falle des Concurses des Domiciliaten dessen Concurscurator hier nicht an dessen Stelle tritt [8].
2) An den Trassaten, resp. Domiciliaten zur Begründung der Wechselklage gegen den Ehrenacceptanten, so wie nach der D. W. O. an diesen selbst zur Erhaltung des Rechts aus dem Ehrenaccepte (dies. Lehrb. §§. 72 u. 76).

Die Wechselklage geht auf Bezahlung der Wechselsumme, soweit dieselbe bei der Tratte vom Beklagten acceptirt ist, nebst Verzugs- und beziehungsweise Proceßzinsen (dies. Lehrb. §. 37),

---

[6] Mein Lehrb des Civilproceßrechts, S. 600. — Hoffmann im Arch. f. pract. Rechtsw. Bd. V. S. 31 a. E. — Berl. Ob. Trib. im Arch. f. deutsch. Wechselrecht, Bd. XI. S. 430.

[7] Arg. D. W. O. Art. 31, Abs. 1 u. Art. 91; Art. 98 no. 5 und 10. — Samml. handelsgerichtl. Entscheidungen ... in Bayern Bd. I. S. 100 a. E. f. u. S. 137 a. E. f. — Borchardt, die Allg. D. W. O. ... mit den von den deutschen Gerichtshöfen ausgesprochenen Grundsätzen des Wechselrechts, Zus. 291. — Dies. Lehrb. §. 47 zu not. 2.

[8] Dagegen Oberst. Oesterr. Gerichtshof im Arch. f. d. W. Bd. XII. S. 215.

und Ersatz aller Kosten, welche dem Kläger aus der Nichterfüllung der Wechselverbindlichkeit erwachsen sind [9]. Zu diesen Kosten gehören insbesondere auch diejenigen des erhobenen Protests Mangels Zahlung, wenn die Levirung eines solchen zur Begründung oder Erhaltung von Wechselrechten nöthig [10] und nicht bloß zur Herstellung der stattgehabten Präsentation räthlich war [11]; dagegen nicht die Kosten eines Vorprocesses gegen einen anderen Wechselverbundenen, in welchem der Wechselinhaber ungeachtet seines Sieges nicht zur Zahlung gelangte [12].

Auch hat der Wechselinhaber weder überhaupt [13], noch um deßwillen allein, weil er Protest Mangels Zahlung erhoben [14], Anspruch

---

[9] D. W. O. Art. 81, Abs. 1 u. 2: „Die wechselmässige Verpflichtung „trifft den Aussteller, Acceptanten und Indossanten des Wechsels, so wie „einen Jeden, welcher den Wechsel, die Wechselcopie, das Accept oder „das Indossament mit unterzeichnet hat, selbst dann, wenn er sich dabei „nur als Bürge (per aval) bekannt hat.

„Die Verpflichtung dieser Personen erstreckt sich auf alles, was der Wech„selinhaber wegen Nichterfüllung der Wechselverbindlichkeit zu fordern „hat." — D. W. O. Art. 98 no. 10. — Schwed. W. O. §. 91. — Finnl. W. O. §. 89. — Arch. f. deutsch. Wechselr., Bd. I. S. 56 f. — Brauer, Erläut. S. 137 f.

[10] Thöl, Wechselrecht, S. 258.

[11] Arch. f. d. Wechselr. Bd. VI. S. 315 u. not. *; Seuffert, Arch. Bd. VII. no. 229. — Dagegen: Seuffert, Arch. Bd. X. no. 84.

[12] Ob. Trib. in Berlin bei Borchardt, a. a. O. Zus. 401; Ob. Trib. in Stuttgart bei Löhr, Centralorgan, N. F. Bd. I S. 126. — Dagegen Oberster Oesterr. Gerichtshof im Arch. f. deutsch. Wechselr. Bd. X. S. 298.

[13] Berl. Ob. Trib. im Arch. f. deutsch. Wechselr. Bd. IV. S. 448 f. — Ob. Trib. in Stuttgart bei Seuffert, Arch. Bd. VII. no. 228. — O. A. G. in Wiesbaden bei Seuffert, Arch. Bd. XI. no. 88. — Oberst. Oesterr. Gerichtshof im Arch. f. d. W. Bd. XIV. S. 70 f. — S. jed. Seuffert, Arch. Bd. VIII. no. 225.

[14] Verhandlung. der Nürnberg. Commission in der Zeitsch. f. d. gesammte Handelsrecht, Bd. I. S. 551. — Hamburg. Handelsgericht bei Löhr, Centralorgan, N. F. Bd. II. S. 612 f. — Dagegen: Thöl, Wechselrecht, S. 258. — Borchardt, a. a. O. Zus. 398.

auf eine Provision. Wohl aber kann er eine solche im Betrage von $1/3$ % verlangen, wenn er den Wechsel durch Ehrenzahlung [15] oder durch Einlösung erworben [16]. Im letztern Falle kann aber der Trassant oder Indossant mit der Wechselklage außer den ihm entstandenen Kosten statt der Wechselsumme die Regreßsumme, für welche er den Wechsel eingelöst hat, und eine Provision von $1/3$ % von dieser Summe nebst 6 % jährlichen Zinsen vom Tage der Einlösung an fordern [17].

Daß übrigens die Wechselklage vor Verfall gegen den Acceptanten und beziehungsweise Aussteller des eigenen Wechsels wegen Unsicherheit auf Cautionseistung angestellt werden kann, ergiebt sich aus den früheren Erörterungen [18].

B. Die Wechselregreßklagen.

§. 86.

Die Wechselregreßklagen im Allgemeinen.

Die Wechselregreßklagen sind: die Klagen auf Sicherstellung, nämlich die Regreßklage Mangels Annahme und die Klage wegen Unsicherheit des Acceptanten, resp. Ausstellers des eigenen Wechsels, dann die Regreßklage Mangels Zahlung.

Diese Klagen sind begründet, wenn eine Störung im regelmäßigen Gange des Wechselgeschäfts eingetreten [1] oder doch zu befürchten ist, — daher sie denn regelmäßig einen zur Feststellung

---

[15] Arg. D. W. O. Art. 65 u. Art. 81.

[16] Arg. D. W. O. Art. 51 u. Art. 81. — Arch. f. d. W. Bd. I. S. 60. — Brauer, Erläut. S. 137 f.

[17] Arg. D. W. O. Art. 51 u. A. 81. — Thöl, Wechselrecht, S. 258 f. — O. A. G. in Dresden im Arch. für deutsch. Wechselrecht, Bd. X. S. 309.

[18] Dies. Lehrb. §§. 37. 41.

[1] Bender, Grundsf. II. S. 163. — Abweichende Ansichten s. bei Einert, Wechselr. S. 201 f.

der Ursache, welche die Störung veranlaßt hat oder zu veranlassen droht, aufgenommenen Protest voraussetzen [2]. Gemeinsam ist ihnen endlich auch, daß sie nur gegen die Vormänner gehen, gegen diese aber in der Art, daß der Kläger an keine Reihenfolge gebunden (springender Regreß, regressus per saltum) [3] und der übersprungene Vormann von der Regreßnahme nicht befreit ist [4].

Nach einzelnen W. O. jedoch besteht ein Reihenregreß (regressus per ordinem) in der Art, daß der Wechselinhaber zunächst seinen Indossanten ausklagen muß, und erst, nachdem die Fruchtlosigkeit der Klage sich ergeben oder die notorische Insolvenz des nächsten Vormannes constatirt ist, an den Indossanten dieses u. s. f. zurückgehen darf [5].

---

[2] Nach englischem Rechte bedarf es zum Zwecke der Regreßnahme einer Protestlevirung nur bei „foreign bills", d. h. solchen Wechseln, welche vom Auslande auf England oder von England auf das Ausland gezogen sind, nicht aber für „inland bills". — Chitty and Hulme, treatise on bills of exchange (ed. 9) 1840, p. 12, p. 458 not. e, p. 465, 466. — Story, englisch. und nordamerikanisch. Wechselrecht, deutsch bearbeitet von Treitschke, §. 281. — Arch. f. d. W. Bd. VI. S. 290 f. — Biener, wechselrechtl. Abh. S. 240.

[3] D. W. O. Art. 26, Abs. 2; A. 49, Abs. 2; A. 81, Abs. 3; Art. 98, no. 6 u. 10. — Mittermaier, Grundს. §. 346. III. — Schwed. W. O. §. 84. — Finnländ. W. O. §. 89. — Ungar. Wechselrecht, §. 144.

[4] Dies. Lehrb. §. 81 zu not. 3. Nach einigen W. O. jedoch kann, wiewohl dieselben den springenden Regreß gestatten, auf den übersprungenen Wechselschuldner nicht zurückgegriffen werden. — Schw. Entw. §. 50: „Der Regress M. Z. kann gegen die Indossanten und den Aussteller, und zwar „gegen alle oder mehrere zugleich, oder gegen einen derselben ergriffen „werden, und ist an die Reihenfolge der Indossamente nicht gebunden. — „Wird einer der frühern Indossanten in Anspruch genommen, so sind die „übersprungenen Nachmänner desselben von ihrer Verbindlichkeit befreit; „hält der Regressnehmer sich an den Aussteller, so sind sämmtliche In„dossamente ihrer Verpflichtungen entbunden." Desgl. §. 26 bezüglich des Regresses auf Sicherstellung.

[5] Sachsen-Altenburg. W. O. Kap. III. §. 5: „Wenn ein solcher „girirter Wechselbrief wegen nicht erfolgter Zahlung protestirt worden, so „hat der Inhaber und Creditor zuförderst seinen Regress an den letzten „Indossirer, von welchem ihm der Wechsel zugekommen, zu nehmen, als-

§. 87.

Die Regreßklage M. Annahme.

Allgemeine Voraussetzungen dieser Klage sind: Präsentation des Wechsels zur Annahme an den Trassaten, nicht unbeschränkte Acceptation und gehörige Protesterhebung vor der Verfallzeit. Hierzu kömmt im Falle von Nothadressen: Präsentation an den oder die Nothadressaten [1], Nichterlangung einer unbeschränkten Acceptation von Seiten des einen oder des andern, und Protestlevirung.

Unter diesen Voraussetzungen und auf den Fall, daß nicht eine Ehrenannahme im engern Sinne des Worts Statt gefunden, ist nach Gemeinem Rechte und vielen Landesgesetzgebungen der Wechselinhaber [2] durch den Besitz des aufgenommenen Protests zur Anstellung der Regreßklage gegen den einen oder den andern seiner Vormänner legitimirt. Nach der D. W. O. und verwandten W. O. kann sogar auf den bloßen Protest M. A. jeder Indossatar so wie der Remittent den Regreß nehmen, also nicht allein der letzte Indossatar oder der bereits in Regreß genommene Vormann desselben, auch nicht bloß derjenige, welcher den Protest hat erheben

„dann soll er an den nächst vorhergehenden, wofern derselbe guten Credites ist und noch zu zahlen hat, und also ordentlich bis zum Ausgeber „zurückgehen, und stehet ihm nicht frei, solche Ordnung zu überschreiten, „es wäre denn, dass einer expresse Ordre hätte, wenn der Brief nicht bezahlet würde, denselben an einen andern als den letzten Indossirer zu „senden . . .“ Leipzig. W. O. §. 19. — Cöthen. W. O. Art. 61. — Schwarzburg. Rudolst. W. O. §. 4.

[1] Daß bei einer Mehrheit von Nothadressen die Präsentation zur Annahme nicht in der gehörigen Ordnung stattgefunden, ist Gegenstand einer Einrede. Dies. Lehrb. §. 74.

[2] Treitschke, Encyc. II. S. 105. — D. W. O. mit Einl. u. Erläut. S. 115. — Cod. de comm. Art. 120. — Ungar. Wechselrecht, §. 137. — Russ. Handelsg. A. 491.

lassen, oder dessen Vormann, sondern ebenso ein späterer Indossatar[3]. Daher steht denn auch, wenn der Wechsel von einer Nothadresse oder einem andern Intervenienten zu Ehren angenommen worden ist, die Regreßklage dem Honoraten und dessen Vormännern zu[4].

Die Regreßklage Mangels Annahme geht auf Bestellung genügender Sicherheit gegen Aushändigung des M. A. aufgenommenen Protests[5]. Die Sicherheit, welche dahin zu leisten ist, daß die Bezahlung der im Wechsel verschriebenen Summe oder des nicht angenommenen Betrags trassirtermaßen erfolgen, und nicht weniger die Erstattung der durch die Nicht-Annahme oder durch die nicht unbeschränkte Acceptation veranlaßten Kosten zur Zahlungszeit Statt haben werde[6], kann auch durch Deposition der betreffenden Summe

---

[3] D. W. O. Art. 26: „Der Remittent sowie jeder Indossatar wird durch „den Besitz des Mangels Annahme aufgenommenen Protestes ermächtigt, „von dem Aussteller und den übrigen Vormännern Sicherheit zu fordern, „und im Wege des Wechselprocesses darauf zu klagen . . .

„Der Beibringung des Wechsels und des Nachweises, dass der Regressnehmer seinen Nachmännern selbst Sicherheit bestellt habe, bedarf es „nicht." Leipz. Protoc. S. 60 u. S. 65 f. — D. W. O. mit Einl. u. Erläut. S. 116 f. — Ortloff, D. W. O. S. 59 f. — Arch. f. deutsch. Wechselr., Bd. III. S. 219 f. u. Bd. VII. S. 364 f. — Schw. Entw. §. 27 u. Mein Aufsatz in der krit. Ueberschau, Bd. IV. S. 357. — Schwed. W. O. §§. 28. 29. — Finnl. W. O. §. 26.

[4] Dies. Lehrb. §. 72 u. §. 76.

[5] D. W. O. Art. 25. — Das Anerbieten dieser Aushändigung gehört nicht zur Begründung der Klage. Arch. f. d. W. Bd. V. S. 340 f.

[6] D. W. O. Art. 25, Abs. 1: „Wenn die Annahme eines Wechsels „überhaupt nicht oder unter Einschränkungen oder nur auf eine geringere „Summe erfolgt ist, so sind die Indossanten und der Aussteller wechselmässig verpflichtet, gegen Aushändigung des Mangels Annahme aufge„nommenen Protests genügende Sicherheit dahin zu leisten, dass die Be„zahlung der im Wechsel verschriebenen Summe oder des nicht ange„nommenen Betrags, so wie die Erstattung der durch die Nichtannahme „veranlassten Kosten am Verfalltage erfolgen werde." — Dies. Lehrb. §. 39 zu not. 8.

geleistet werden [7], während an Stelle der nicht zu erlangenden Sicherheitsbestellung Arrest in Anwendung kommen kann [8].

Wie aber der Regreßnehmer auf die bestellte Sicherheit kein wechselmäßiges Recht hat [9], so gilt das Nämliche von den übrigen Nachmännern des Bestellers, welchen, insoferne sie, wie dieß nach der D. W. O. möglich, gegen diesen Regreß suchen [10], die fragliche Sicherheit ebenfalls haftet [11], so daß auf deren Klage regelmäßig

---

[7] D. W. O. Art. 25, Abs. 2. — Ueber die anderweitigen Cautionsmittel, s. die Leipzig. Protoc. S. 60. — Volkmar u. Löwy, D. W. O. S. 128 f. — Löhr, Centralorgan, N. F. Bd. I. S. 321. — Die Oesterr. W. O. hat statt des Art. 25, Abs. 2 der D. W. O. folgende Sätze: „Die Art der Sicher-„stellung und der Ort, wo die zur Sicherheit gegebene Sache verwahrt „werden soll, hängt von der Uebereinkunft der Parteien ab. Sind sie dar-„über nicht einig, so muss der sicher zu stellende Betrag bei Gericht „baar erlegt werden. Dem Gläubiger gebührt auf die zur Sicherstellung „erlegte Sache das Pfandrecht, wenn es ihm auch nicht ausdrücklich ein-„geräumt worden ist." S. auch Brauer, Erläut. S. 71. — Die Befugniß, den Wechsel sofort einzulösen, welche der Code de comm. Art. 120 und andere Gesetzgebungen (dies. Lehrb. §. 39, not. 8) dem mit der Regreßklage in Anspruch Genommenen geben, steht demselben nach der D. W. O. nicht zu. D. W. O. mit Einl. u. Erläut. S. 116. 2.

[8] Koch, Wechselrecht, S. 183. V.

[9] Koch, Wechselrecht, S. 182.

[10] D. W. O. Art. 27: „Die bestellte Sicherheit haftet nicht bloss dem „Regressnehmer, sondern auch allen übrigen Nachmännern des Bestellers, „insoferne sie gegen ihn den Regress auf Sicherstellung nehmen. Dieselben „sind weitere Sicherheit zu verlangen nur in dem Falle berechtigt, wenn „sie gegen die Art und Grösse der bestellten Sicherheit Einwendungen zu „begründen vermögen." Ueber die Fassung des Art. s. Brauer, Erläut. S. 74. — Der hier unterstellte Fall, daß der nämliche Vormann von verschiedenen Nachmännern auf Sicherheitsbestellung belangt wird, macht deßhalb Schwierigkeiten, weil die Sicherheitsbestellung nur gegen Aushändigung des Protests zu geschehen braucht. Dessenungeachtet ist nicht mit dem Verfasser der D. W. O. mit Einl. u. Erläut. S. 117. 4 anzunehmen, daß jeder Nachmann sich entgegen der R. N. O. v. 1512, I. §. 23 eine Ausfertigung des Protests geben lassen könne. S. vielmehr Koch, Wechselr. S. 186 u. 187. — Schw. Entw. §. 28 u. Mein Aufs. in der krit. Ueberschau, Bd IV. S. 357.

[11] D. W. O. Art. 27.

nur der richterliche Ausspruch dieser Haftung [12], eine Verurtheilung des Bestellers zu anderer oder weiterer Sicherheitsleistung aber allein dann erfolgen kann, wenn der neue Regreßnehmer gegen die Art oder Größe der bestellten Sicherheit Einwendungen zu begründen vermochte [13].

Die bestellte Sicherheit muß übrigens zurückgegeben werden [14], sobald deren Grund wegfällt; also wenn der Wechsel nachträglich ohne Beschränkung [15] acceptirt wird [16], oder durch Zahlung oder in anderer Weise erlischt [17]; — überdieß nach der D. W. O., wenn binnen Jahresfrist, vom Verfalltage des Wechsels an gerechnet, gegen den Regreßpflichtigen, welcher die Caution bestellt hat, nicht auf Zahlung geklagt worden ist [18].

§. 88.

Die Regreßklage wegen Unsicherheit.

Allgemeine Voraussetzungen der Regreßklage wegen Unsicherheit sind: Nach Ausstellung des Wechsels eingetretene Unsicherheit des

---

[12] Koch, Wechselr. S. 187. II.

[13] D. W. O. Art. 27. — Koch, Wechselr. S. 188.

[14] Koch, Wechselr. S. 192. II.

[15] Geschieht die Acceptation nur auf einen Theil der Wechselsumme, so ist der Natur der Sache nach die bestellte Sicherheit verhältnißmäßig zurückzugeben. — Dagegen die D. W. O. Art. 28. 1. — Leipz. Protoc. S. 61. — Nach der D. W. O. kommt es übrigens darauf an, ob der Trassat als solcher nachträglich acceptirt oder ein Ehrenaccept Statt gefunden.

[16] Werden die Protestkosten Demjenigen oder Denjenigen, welche Regreß genommen, nicht ersetzt (Leipzig. Protoc. S. 61), so bleibt die bestellte Sicherheit auf den Belauf derselben bestehen. Koch, a. a. O. S. 189.

[17] D. W. O. Art. 28. — Brauer, Erläut. S. 75.

[18] D. W. O. Art. 28. 2. — D. W. O. mit Einl. u. Erl. S. 118. 7. Unrichtig behauptet Koch, Wechselr. S. 190, der Regreßnehmer könne, wenn er den Regreß auf Zahlung nach Ablauf eines Jahres nach dem Verfalltage, allein vor Rückgabe der bestellten Sicherheit nehme, sich noch an diese halten.

Acceptanten oder Ehren-Acceptanten der Tratte [1], resp. des Ausstellers des (indossirten) eigenen Wechsels, welcher in den nämlichen Fällen wie der Acceptant unsicher ist [2], so wie ferner Herstellung der beim Acceptanten und beziehungsweise Aussteller erfolglos nachgesuchten Caution durch einen vor der Verfallzeit erhobenen Protest (Sicherheits-, Securitäts-Protest) [3], welchen leviren zu lassen der bloße Besitz des Wechsels ermächtigt [4]. Hierzu kömmt im Falle von Nothadressen: Präsentation zur Annahme an den oder die Nothadressaten [5], verweigerte Acceptation von Seiten derselben und Protesterhebung.

Unter diesen Voraussetzungen und auf den Fall, daß keine Ehrenacceptation im engern Sinne des Worts Statt gefunden, ist nach Gemeinem Rechte der Wechselinhaber [6], nach der D. W. O. aber jeder Indossatar [7], so wie der erste Nehmer der Tratte zur

---

[1] Dies Lehrb. §. 39 3. — Dagegen nicht des Bezogenen (D. W O mit Einl. u. Erläut. S. 126; s jed Cöthen W. O. §§. 40 41) und auch nicht des Trassanten. Dagegen: Code de comm. Art 163 u. 444

[2] D. W. O. Art 98 4 — Koch, Wechselr S 354.

[3] Auch muß die Unsicherheit des Acceptanten und resp. Ausstellers des eigenen Wechsels, falls sie nicht notorisch und auch nicht gerichtlich eingestanden sein sollte, nachgewiesen werden, was aber nicht durch den Securitätsprotest geschieht Vgl dies Lehrb. §. 27 — Borchardt, die D W O mit den von den Gerichtshöfen ausgesprochenen Grundsätzen des Wechselrechts, Zus 277. Dagegen: Treitschke, Encyc II. S. 453 f Brauer, Erläut S. 78. 5. Leipzig. Protoc, S. 63

[4] D. W. O Art. 29 — Schw Entw §. 30: „Wenn der Acceptant vor „dem Verfalltage seine Zahlungen einstellt, oder in Concurs verfällt, so ist „der Wechselinhaber berechtigt, hierüber Protest erheben zu lassen, und „Regress auf Sicherstellung zu nehmen."

[5] Daß der Wechsel bei einer Mehrheit von Nothadressen nicht in der gehörigen Ordnung präsentirt worden, begründet eine Einrede gegenüber der Regreßklage Dies Lehrb. §. 74. I.

[6] Treitschke, Encyc II. S 456. — Schweiz Concord-Entw. §. 30. — Mein Auss in der Krit. Ueberschau, Bd. IV. S 358.

[7] D W. O. Art. 29 u A 98. 4. — Schwed. W O § 31 · Finnl W. O. §. 28

Anstellung der Regreßklage auf Sicherstellung gegen den einen oder den andern Vormann durch den Besitz der bezeichneten Proteste legitimirt.

Rücksichtlich der zu bestellenden Sicherheit gelten aber die in §. 87 entwickelten Grundsätze [8].

§. 89.

Die Regreßklage Mangels Zahlung.

Die allgemeinen Voraussetzungen dieser Klage sind: rechtzeitige Präsentation des Wechsels zur Zahlung an den Trassaten, den Acceptanten oder den Aussteller des indossirten eigenen Wechsels, beziehungsweise an den Domiciliaten, und Herstellung dieser Präsentation, so wie der nicht erlangten Zahlung oder der stattgehabten bloßen Theilzahlung durch rechtzeitig erhobenen Protest (Protest Mangels Zahlung) [1].

Die Präsentation zur Zahlung hat aber auch dann an den Acceptanten oder Aussteller des eigenen Wechsels selbst, und nicht an dessen Concurscurator zu geschehen, wenn jener bereits in Concurs gefallen ist [2].

---

[8] Ueber die Fälle, in welchen hier die bestellte Sicherheit zurückzugeben ist, s. Koch, Wechselrecht, S. 196. — Unrichtig aber ist die Behauptung dieses Schriftstellers, daß der durch die D. W. O. Art. 28. 1 bezeichnete Auflösungsgrund „sobald die vollständige Annahme des Wechsels nachträglich erfolgt ist" hier niemals eintreffen könne, da sich der Wechselinhaber möglicher Weise eine Ehrenacceptation gefallen lassen kann.

[1] Dies. Lehrb. §. 68. — Die Rechtzeitigkeit der Protesterhebung schließt auch die Rechtzeitigkeit der Präsentation in sich. Arch. f. deutsch. Wechselr., Bd. I. S. 56 f. — D. W. O. mit Einl. u. Erläut. S. 139 f. — S. auch Brauer, Erläut. S. 90. 1. b. Aus der Protesturkunde muß aber nicht allein die Rechtzeitigkeit der Protesthandlung, sondern auch diejenige der Beurkundung sich ergeben. Arch. f. d. Wechselr. Bd. V. S. 91 f.; Seuffert, Arch. Bd. X. Nr. 83.

[2] Arch. f. pract. Rechtsw. Bd. II. Heft 1, S. 149 f. — Koch, Wechselr. S. 341 u. Arch. f. d. W. Bd. IV. S. 431 f. — O. A. G. in Dresden im

Andererseits ist der Wechselinhaber, anders als nach Gemeinem Rechte [3], nach der D. W. O. insoferne nicht befugt eine ihm vor Erhebung des Protests Mangels Zahlung [4] angebotene Theilzahlung zurückzuweisen, als unter einer solchen Voraussetzung nur in Ansehung des nicht angebotenen Theiles der Wechselsumme gültig Protest erhoben wird [5].

Wie aber zur Begründung der Regreßklage Mangels Zahlung Wechsel und Protest M. Z. [6], welcher letztere durch den Mangels Annahme erhobenen Protest nicht ersetzt wird [7], erforderlich, und bei Nachsicht-Wechseln sogar unter Umständen zwei Proteste (dies. Lehrb. §§. 40. 47) nöthig sind, bedarf es dagegen zu jenem Zwecke der

---

Arch. f. d. W Bd. X. S. 93 f.; Ob. Trib. in Berlin in demselben Arch. Bd. XII. S. 71 f. — Dagegen: Oberst. Gerichtshof in Wien im Arch. f. d. W. Bd. XV. S. 100 f. und bei Löhr, Centralorgan, N. F. Bd. I S. 327 f. — Die Leipzig. Protoc. besagen freilich (S. 153): „Es ward „der Redactionscommission .... in Gemässheit eines diesfallsigen Antrags „anheimgegeben, ob ein Ausdruck gefunden werden könne, woraus sich er„gebe, dass im Falle eines eingetretenen Concurs- oder Gantverfahrens die „Präsentation u. s. w. nicht bei dem Cridar, sondern bei dem Curator der „Masse zu bewirken sei."

[3] Pöhls, Wechselr. S. 437. — Thöl, Wechselrecht, §. 223. B. — Mittermaier, Grunds. §. 343 zu not. 31. — Code de comm. Art. 156. — Span. Handelsg. Art. 502. — Dieß gilt auch für den Fall, daß ein Particular-Accept Statt gefunden. Preuß. Motive, S. XLVII f. — Dagegen Treitschke, Encycl. II. S. 788 f.

[4] Arch. f. d. Wechselr. Bd. VII. S. 113. — Seuffert, Arch. Bd. XII. no. 70.

[5] D. W. O. Art. 38: „Der Inhaber des Wechsels darf eine ihm ange„botene Theilzahlung selbst dann nicht zurückweisen, wenn die Annahme „auf den ganzen Betrag der verschriebenen Summe erfolgt ist." — D. W. O. Art. 98. 5. — Leipz. Protoc. S. 72. — Uebereinstimmend: Schw. Entw. §. 41 u. §. 89. — Schwed. W. O. §. 41. — Finnl. W. O. §. 39. — Russisch. Handelsg. A. 507. — Portugies. Handelsg. A. 389. — Niederländ. Handelsg. A. 168.

[6] Löhr, Centralorgan, N. F. Bd. I. S. 502 f.

[7] Arch. f. d. W. Bd. VII. S. 210 f. — Waatländ. Gesetz v. 4. Juni 1829, Art. 59.

vorgängigen Vorlegung des Wechsels sammt Protest an den zu verklagenden Vormann nicht [8], und ebensowenig zur Wahrung der Klage der Notification des Protests [9].

Dessenungeachtet verpflichtet die D. W. O. den Wechselinhaber zur sofortigen schriftlichen [10] Benachrichtigung seines unmittelbaren Vormannes von der Nichtzahlung des Wechsels [11], und diesen wieder zur Benachrichtigung seines nächsten Vormannes [12], unter dem Präjudize der Verbindlichkeit zum Schadensersatze [13], so wie gewisser wechselrechtlicher Nachtheile gegenüber den übersprungenen Vormännern [14].

---

[8] Arch. f. d. W. Bd. IV. S. 345 f.; Bd. XIV. S. 188 f. — Löhr, Centralorgan, N. F. Bd. I. S. 136 f.

[9] Brauer, die Notification von der Nichtzahlung des Wechsels im Arch. f. d. W. Bd. VIII. S. 1 f.

[10] Brauer, a. a. O. S. 4. — Arch. f. d. W. Bd. VII. S. 210 f.

[11] Es genügt die einfache schriftliche Notification der Nichtzahlung, und ist auch nicht einmal die Versendung einer beglaubigten Abschrift des Protests erforderlich. Ortloff, D. W. O. S. 80. 2. — Brauer, a. a. O. S. 3 f.

[12] D. W. O. Art. 45, Abs. 1 und 2: „Der Inhaber eines Mangels Zahlung „protestirten Wechsels ist verpflichtet, seinen unmittelbaren Vormann inner„halb zweier Tage nach dem Tage der Protesterhebung von der Nicht„zahlung des Wechsels schriftlich zu benachrichtigen, zu welchem Ende „es genügt, wenn das Benachrichtigungsschreiben innerhalb dieser Frist „zur Post gegeben ist.

„Jeder benachrichtigte Vormann muss binnen derselben, vom Tage des „empfangenen Berichts zu berechnenden Frist seinen nächsten Vormann „in gleicher Weise benachrichtigen."

D. W. O. Art. 47: „Hat ein Indossant den Wechsel ohne Hinzufügung „einer Ortsbezeichnung weiter begeben, so ist der Vormann desselben von „der unterbliebenen Zahlung zu benachrichtigen." D. W. O. Art. 98. 6. — Lutteroth, im Arch. f. d. W. Bd. I. S. 416 f. — Brauer, a. a. O. S. 9 f. — Frankfurt. Einf.-Ordn. §. 8: „Der Art. 47 der D. W. O. „ist so zu verstehen, dafs wenn ein Indossant den Wechsel ohne Hinzu„fügung einer Ortsbezeichnung weiter begeben hat, der Inhaber oder In„dossant befugt ist, statt desselben dessen Vormann zu benachrichtigen."

[13] D. W. O. Art. 45, Abs. 3. — Koch, Wechselr. S. 233.

[14] Dies. Lehrb. §. 90. — Ueber dieses vermittelnde System der D. W. O. vgl. die Leipzig. Protoc. S. 88 f. u. S. 94 f. — Bluntschli,

Einzelne W. O. jedoch haben das strenge Notificationssystem in dem Sinne, daß der Regreß Mangels Zahlung durch die Notification der Nichtzahlung mit erster Post bedingt ist, und zwar entweder in der Art, daß die an den unmittelbaren Vormann geschehene Benachrichtigung den Regreß gegen alle Vormänner wahrt [15], oder so, daß eine solche an alle die Vormänner geschehen muß, welche man im Obligo erhalten will [16].

Nach einem dritten Systeme (dem Verjährungs-Systeme) ist die Notification nur in dem Sinne erfordert, daß der gerichtlichen Regreßnahme binnen der Verjährungsfrist eine außergerichtliche vorausgeschickt werden muß [17], während endlich noch andere W. O. eine Verpflichtung zur Notification gar nicht kennen [18].

Ausnahmsweise kann übrigens ohne Protest Mangels Zahlung Regreß genommen werden, nämlich gegen denjenigen Wechselverpflichteten, welcher dessen Erhebung erlassen hat [19], vorausgesetzt

---

D. W. O. S. 88 f. — Biener, wechselrechtl. Abhandl. S. 243 f. Mit der D. W. O. stimmen in Ansehung der Notification im Allgemeinen überein: das Portugies. Handelsg. A. 404. 405. - Niederländ. Handelsg. Art. 184. 185.

[15] Frankfurt. W. O. Art. 28 und 29. — Preuß. Entw. §. 44—47.

[16] So das englische und das nordamerikanische Wechselrecht. Borchardt, D. W. O. S. 96. — Biener, wechselrechtliche Abh. S. 241 f. — Ungar. Wechselrecht, §§. 138 f — Russ. Handelsg. A. 515—517. — Nach der Dessau. W. O. Art. 26, 72 und 76 muß der Wechselinhaber dem Vormann, an welchen er sich zuerst halten will, mit nächster Post die Nichtzahlung notificiren und falls er binnen 24 Stunden nicht vollständige Befriedigung erhält, gegen ihn Contraprotest erheben, und hiermit gegenüber allen andern Vormännern, ohne daß er hierbei an eine Reihenfolge gebunden wäre, fortfahren, wodurch der Regreß gegen alle erhalten wird.

[17] Code de comm. Art 165 f. — Neuenburg. Gesetz vom 3. Juni 1833, Art. 65 f. — Thöl, Wechselrecht, (1. Aufl.) §. 224. I. 3.

[18] So der Schweiz. Concord.-Entw. Meine Kritik, S. 22 a. E. u. Mein Aufs. in der Krit. Ueberschau, Bd. IV. S. 361 f. — So die Schwed. und die Finnl. W. O.

[19] Durch die Worte: „ohne Protest" — „ohne Kosten" — „retour sans fais" — „retour sans protêt." — S. auch Löhr, Centralorg., N. F. Bd. III. S. 603 f.

jedoch, daß die Präsentation zur Zahlung rechtzeitig Statt gefunden, was hier kraft einer einfachen Rechtsvermuthung zu Gunsten des Regredienten anzunehmen ist [20]. Der Protesterlaß kann außerhalb des Wechsels [21], wie auf dem Wechsel geschehen sein. Nur in diesem letztern Falle kömmt er jedoch jedem Wechselinhaber zu Statten, während er im Zweifel als vom Wechselaussteller herrührend zu betrachten, und eine ausdrückliche Berufung darauf zur Begründung der Klage nicht nöthig ist [22].

Die Regreßklage M. Z. kann verschiedenen Personen gegen verschiedene Personen zustehen:

1) Sie steht einmal unter den oben bezeichneten Voraussetzungen dem Wechselinhaber, welcher als letzter Indossatar und bei einer nicht indossirten Tratte als Remittent nach den Grundsätzen über Legitimation zur Zahlungserhebung legitimirt ist [23], gegen seine Vormänner zu.

---

[20] Einert, Wechselr. S. 256 f. — Liebe, Entw. S. 138 f. — D. W. O. Art. 42: „Die Aufforderung keinen Protest erheben zu lassen (ohne „Protest," „ohne Kosten" etc.) gilt als Erlass des Protestes, nicht aber „als Erlass der Pflicht zur rechtzeitigen Präsentation. Der Wechselver- „pflichtete, von welchem jene Aufforderung ausgeht, muss die Beweislast „übernehmen, wenn er die rechtzeitig geschehene Präsentation in Abrede „stellt.

„Gegen die Pflicht zum Ersatze der Protestkosten schützt jene Auffor- „derung nicht." D. W. O. Art. 98. 6. — Schw. Entw. §. 48.

[21] Samml. handelsgerichtl. Entscheidung. . . . in Bayern, Bd. I. S. 219 f. — Sammlung wichtiger Entscheid. des K. Bayer. Handelsappellationsg. Bd. I. S. 124 f. — Einert, Wechselrecht, S. 257. — Löhr, Centralorgan, N. F. Bd. III. S. 591 f. — S. auch Seuffert, Arch. Bd. IX. no. 209.

[22] Sammlung wichtiger Entscheidungen des K. Bayer. Handelsappellationsg. Bd. I. S. 124 f.

[23] Dieß folgt aus der Natur der Sache, während die D. W. O. Art. 36 u. Art. 98. 5 sich unmittelbar auf die Legitimation zur Zahlungserhebung gegenüber dem Trassaten, Acceptanten, Domiciliaten und beziehungsweise Aussteller des eigenen Wechsels bezieht. — S. auch Hoyer, Grundlinien des Wechselr. S. 80 f.

a. Ist jedoch bei einem indossirten Wechsel die Reihe der Indossamente unterbrochen, so geht die Regreßklage M. Z. nur gegen die der Lücke nachfolgenden Vormänner [24].

b. Ist ferner bei einer auf den Zahlungsort lautenden Nothadresse oder einem Ehrenaccepte der Wechsel dem Nothadressaten oder Ehrenacceptanten nicht rechtzeitig präsentirt und im Falle der hier nicht erlangten vollständigen Zahlung nicht Mangels Zahlung protestirt worden, so kann der Wechselinhaber die Regreßklage nur gegen die Vormänner des Adressaten und beziehungsweise Honoraten anstellen (dies. Lehrb. §§. 71. 4; 74. III; 76. II).

c. Wenn endlich der Wechselinhaber eine ihm von einem andern wie einem Nothadressaten oder Ehrenacceptanten angebotene Ehrenzahlung zurückgewiesen hat, so hat er den Regreß nur gegen den Honoraten und dessen Vormänner (dies. Lehrb. §. 77).

2) Die Regreßklage Mangels Zahlung steht an Stelle des abbezahlten Wechselnehmers dem Ehrenzahler gegen den Honoraten und dessen Vormänner zu (dies. Lehrb. §§. 73. 77).

3) Endlich kann der Indossant, welcher den Wechsel eingelöst oder als Rimesse [25] erhalten hat, gegen seine Vormänner Mangels Zahlung regrediren (dies. Lehrb. §. 57). Indem er aber zur Regreßklage, den Nachweis seiner Identität vorausgesetzt, durch den bloßen Besitz des nothleidenden Wechsels und des Protests M. Z. legitimirt ist, ohne daß zu diesem Zwecke die Beibringung einer Quittung des befriedigten Wechselgläubigers nöthig wäre [26], kann er bei bloßer Theilzahlung, bei

---

[24] Wiener Oberlandesger. u. Oberst. Gerichtshof in Wien im Arch. f. d. W. Bd. III. S. 339 u. Bd. XII. S. 404 f. — Jolly, in demselben Arch. Bd. V. S. 67. — Blaschke, Wechselr. S. 191, not. 4. — Dagegen: Kitka in der Allg. Oesterr. Gerichtszeitung, Jahrg. 1853, no. 136.

[25] Koch, Wechselrecht, S. 243. — Kletke, Encyc. II. S. 314.

[26] Arch. f. d. W. Bd. IV. S. 200 f. u. Bd. IX. S. 99 f. — S. auch dies. Lehrb. §. 57 zu not. 7.

welcher er sich mit einer quittirten Abschrift des Wechsels und einer Abschrift des Protests begnügen muß [27], nicht Regreß nehmen, wenn nicht die Theilzahlung eine Restzahlung ist, gegen welche allerdings Wechsel und Protest auszuhändigen sind [28].

Andererseits ist jeder Indossant, und nicht weniger der Trassant so wie ein anderer Wechselschuldner berechtigt, gegen Erstattung der Wechselsumme nebst Zinsen und Kosten die Auslieferung des quittirten Wechsels und des wegen Nichtzahlung erhobenen Protests von dem Wechselinhaber zu fordern [29]. Während dieser aber durch Zurückweisung der ihm angebotenen vollen Zahlung zum Schadensersatze verpflichtet wird [30], ist er dagegen befugt, Wechsel sammt Protest dem Wechselschuldner auszuliefern, der sich zuerst zur Einlösung erbietet, wogegen er diesen auf seine Gefahr einstweilen zurückweist,

---

[27] Koch, Wechselr. S. 236.

[28] Löwy im Arch. f. d. W. Bd. XII. S. 42 f.; insbes. S. 67 f. — S. auch ebendas. S. 156 f.

[29] So schon nach Gemeinem Rechte. — Koch, Wechselrecht, S. 236. I. — D. W. O. Art. 48: „Jeder Wechselschuldner hat das Recht, gegen Erstattung der Wechselsumme nebst Zinsen und Kosten die Auslieferung des „quittirten Wechsels und des wegen Nichtzahlung erhobenen Protests von „dem Inhaber zu fordern." D. W. O. Art. 98. 6.

[30] Zu Art. 48 der D. W. O. war der Zusatz vorgeschlagen: „die Verweigerung der Annahme der angebotenen Zahlung befreit den Anbietenden, „so wie seine Nachmänner von allen weiteren Ansprüchen, sofern über die „Verweigerung Protest aufgenommen und die Wechselsumme gerichtlich „niedergelegt wird." — In der Discussion vereinigte man sich nun dahin, daß zum Eintreten des angedrohten Präjudizes die Deposition der Wechselsumme nicht erforderlich sei, und ließ schließlich das Präjudiz selbst fallen, indem man aber von der Voraussetzung ausging, daß selbstverständlich der die Zahlung Ausschlagende zum Schadensersatze verpflichtet werde. Leipzig. Protoc. S. 183 f. Brauer, Erläut. S. 100. 2. — Ortloff, D. W. O. S. 85. — Volkmar u. Löwy, D. W. O. S. 184 f. Dagegen Koch, Wechselr. S. 236. D. W. O. mit Einleit. und Erläut. S. 157 f. Straß, D. W. O. S. 111 und Hoffmann, Erl. S. 415 f., welche nach der nicht passenden Analogie der verweigerten Annahme einer Ehrenzahlung das Präjudiz festhalten wollen.

bis er Nachricht erhalten, ob nicht ein entfernterer Vormann, durch dessen Zahlung eine größere Zahl Wechselpflichtiger befreit würde, den Wechsel einlösen werde [31].

§. 90.

Fortsetzung. — Die Regreßklage Mangels Zahlung.

Gegenstand der Regreßklage Mangels Zahlung ist die vom Regressaten in dessen Geschäftslocale und in Ermangelung eines solchen in dessen Wohnung [1] zu entrichtende Regreßsumme [2]. Die einzelnen Ansätze, welche dieselbe begreift, sind vom Regreßnehmer in einer s. g. Retourrechnung [3] zusammenzustellen, welche, insoweit sie nicht durch Wechsel und Protest gerechtfertigt ist, mit Belegen versehen sein muß [4]. Diese Rechnung ist dem Regreßpflichtigen gegen die Zahlung nebst Wechsel und Protest quittirt auszuhändigen [5].

Rücksichtlich der Ansetzung der Regreßsumme ist aber zu unterscheiden:

---

[31] Hoffmann, Erläut. S. 417 — Dagegen: Hamburg Handelsg. b. Schletter, Jahrbücher, Bd. V. S. 59.

[1] Arg. D. W. O. Art. 91. — Arch. f. deutch. W. Bd. IV. S. 345. — Seuffert, Arch. Bd. IX. no. 67.

[2] Nach der Üsance vieler Orte hat der Regreßnehmer die Wahl, auf die Regreßsumme oder auf die Erstattung der von ihm gegebenen Valuta sammt Zinsen zu klagen. — S. aber die Leipzig. Protoc. S. 108 f.

[3] Formulare bei Ditscheiner, Wechselrecht, S. 371 f. S. auch Stern, die Lehre von den Wechseln, S. 268 f. — Gengler, Lehrbuch des deutschen Privatr. S. 651.

[4] Treitschke, Encyc. II. S. 332. — Thöl, Wechselrecht, §. 235. V. — D. W. O. Art. 50, Abs. 4: „Der Curs ist auf Verlangen des Regresspflichtigen durch einen unter öffentlicher Autorität ausgestellten Curszettel „oder durch das Attest eines vereideten Mäklers oder in Ermangelung derselben durch das Attest zweier Kaufleute zu bescheinigen.“ D. W. O. Art. 51 a. E. und Art. 98. 6. — Leipz. Protoc. S. 111. — Code de comm. A. 181 u. 186. — Ueber die öffentlichen Curszettel s. Treitschke, Encycl. I. S. 311 f.

[5] D. W. O. Art. 54 und 98. 6. — Schw. Entw. §. 55.

1) Regredirt der letzte Indossatar oder der Remittent der nicht indossirten Tratte, und beziehungsweise statt des letzten Nehmers ein Ehrenzahler, so begreift die Regreßsumme die Wechselsumme, die Kosten, welche die Nicht-Honorirung des Wechsels veranlaßt hat [6], so wie eine Provision von 1/3 Procent der Wechselsumme [7].

Die Wechselsumme ist nach dem Curse, den sie am Zahlungsorte zur Verfallzeit hat, zu berechnen [8]; nach der D. W. O. jedoch muß der Gesammtbetrag der Ansätze, welche die Regreßsumme bilden, nach dem Curse bezahlt werden, den ein am Zahlungstage [9] vom Zahlungsorte auf den Wohnort des Regreßpflichtigen gezogener Sichtwechsel hat [10].

---

[6] Thöl, Wechselrecht, §. 235. II. — D. W. O. Art. 50, Abs. 1—3 : „Die „Regressansprüche des Inhabers, welcher den Wechsel Mangels Zahlung „hat protestiren lassen, beschränken sich auf :

„1) die nicht bezahlte Wechselsumme nebst 6 Procent jährlicher Zinsen „vom Verfalltage ab,

„2) die Protestkosten und andere Auslagen,

„3) eine Provision von 1/3 Procent.

„Die vorstehenden Beträge müssen, wenn der Regresspflichtige an einem „anderen Orte als dem Zahlungsorte wohnt, zu demjenigen Curse gezahlt „werden, welchen ein vom Zahlungsort auf den Wohnort des Regresspflich„tigen gezogener Wechsel auf Sicht hat.

„Besteht am Zahlungsorte kein Curs auf jenen Wohnort, so wird der „Curs nach demjenigen Platze genommen, welcher dem Wohnorte des Re„gresspflichtigen am nächsten liegt." D. W. O. Art. 98. 6. — Schw. Entw. §. 51. — Nicht aber die Kosten, die bei der Anschaffung des Wechsels entstanden sind. Liebe, Entw. S. 144. 3.

[7] Treitschke, Encyc. II. S. 298. — D. W. O. Art. 50 und Art. 98 6.

[8] Thöl, Wechselrecht, §. 235 I. — Die meisten W. O. lauten unbestimmt; so z. B. die Altenburg. W. O. Kap. III. §. 5, welche den Regreßanspruch als ein Recht auf Befriedigung „wegen Capitals, Interesse, Schäden und Unkosten" bezeichnet. — Ueber den Geldcurs s. Siebenhaar im Arch. f. deutsch. Wechselr. Bd. I. S. 183 f.

[9] Dagegen Koch, Wechselr. S. 241.

[10] D. W. O. Art. 50 und Art. 98. 6. — Schw. Entw. §. 51 u. §. 89. — Code de comm. Art. 181. — Ungar. Wechselrecht §. 165. — Abweichend : Schwed. W. O. §. 46. — Finnl. W. O. §. 43. — Blunt-

Von der Regreßsumme, so weit sie die Wechselsumme befaßt, können nach der D. W. O. Zinsen zu 6 % vom Zahlungstage an bis zum Tage der Erstattung verlangt werden [11], von der übrigen Regreßsumme aber Proceßzinsen von der Klagebehändigung an [12].

2) Regredirt ein Indossant, so begreift die Regreßsumme, die er von seinem Vormanne ansprechen kann, die von ihm remboursirte Summe, die Kosten, die der Regreßnehmer gehabt [13], und eine Provision von $1/3$ % der Rembourssumme; — Ansätze, deren Gesammtbetrag nach der D. W. O. nach dem Curse zu bezahlen ist, den ein zur Zeit des Remburses vom Wohnorte des Indossanten auf den Wohnort des Regreßpflichtigen gezogener Sichtwechsel hat [14], und die der Regreßnehmer in

---

schli, D. W. O. S. 94. — Koch, Wechselr. S. 241. — Wohnt der Regreßpflichtige am Zahlungsorte, so fällt die Cursvergütung weg. — Ueber den Wechselcurs s. Treitschke, Encycl. I. S. 308 f. — Siebenhaar, im Arch. f. deutsch. W. Bd. I. S. 186.

[11] D. W. O. Art. 50. — Schwed. W. O. §. 46. — Finnl. W. O. §. 43. — Nach dem Schweiz. Concord.-Entw. §. 51. 5 %.

[12] Mein Lehrbuch des Civilproceßrechts, S. 168. — Cod. de comm. Art. 185.

[13] Löhr, Centralorgan, N. F. Bd. II. S. 283 f.

[14] D. W. O. Art. 51 : „Der Indossant, welcher den Wechsel eingelöst „oder als Rimesse erhalten hat, ist von einem früheren Indossanten oder „von dem Aussteller zu fordern berechtigt :

„1) die von ihm gezahlte oder durch Rimesse berichtigte Summe nebst 6 Procent jährlicher Zinsen vom Tage der Zahlung,

„2) die ihm entstandenen Kosten,

„3) eine Provision von $1/3$ Procent.

„Die vorstehenden Beträge müssen, wenn der Regresspflichtige an „einem andern Orte, als der Regressnehmer wohnt, zu demjenigen Curse „gezahlt werden, welchen ein vom Wohnorte des Regressnehmers auf den „Wohnort des Regresspflichtigen gezogener Wechsel auf Sicht hat.

„Besteht im Wohnorte des Regressnehmers kein Curs auf den „Wohnort des Regresspflichtigen, so wird der Curs nach demjenigen „Platze genommen, welcher dem Wohnorte des Regresspflichtigen am „nächsten liegt.

einer nebst den nöthigen Belegen der quittirten Retourrechnung beizulegenden neuen Retourrechnung zusammenstellen muß.

Die für das gemeine Recht dagegen bestrittene Frage, ob der Regreß suchende Indossant eine Cursvergütung in Ansatz bringen kann [15], ist durch mehrere Gesetzgebungen verneint, nach welchen der Indossant von seinem Vormanne nur die remboursirte Summe ohne Ansatz einer Cursdifferenz anzusprechen berechtigt ist und demnach auf den nämlichen Wechsel nur Eine Retourrechnung Statt findet [16].

Von der remboursirten Summe können Zinsen zu 6% vom Tage des Rembourses an bis zu deren Erstattung [17], und von der übrigen Regreßsumme Proceßzinsen vom Tage der Klagebehändigung an verlangt werden.

Mag übrigens der letzte Nehmer oder ein Indossant regrediren, so ist bei einem Regresse auf einen ausländischen Ort die Berechnung höherer dort zulässiger Sätze nicht ausgeschlossen [18], und kann demnach der ausländische Remboursirende, welcher weiteren Regreß in das Inland nimmt, in seiner Retourrechnung die höheren Ansätze, die er entrichten mußte, von seinem Vormanne ersetzt verlangen [19].

„Wegen der Bescheinigung des Curses kommt die Bestimmung des „§. 50 zur Anwendung." — Leipziger Protoc. S. 110. — Schweiz. Concordats-Entw. §. 53. — Ungarisch. Wechselrecht, §. 167.

15 Treitschke, Encycl. II. S. 343 f.

16 Code de comm. Art. 179. 180. 182. 183 (Frémery, étud p. 155 f. — Liebe, Entw. S. 145 f.). — Niederländ. Handelsg. Art. 188—193. — Spanisch. Handelsg. Art. 554. — Portug. Handelsg. A. 413. — Waadtländ. Ges. v. 4. Juni 1829, Art. 80. — Neuenburg. Gesetz v. 3. Juni 1833, Art. 81. — Italien. Handelsg. Art. 268.

17 D. W. O. Art. 51. — Schweiz. Concord.-Entw. §. 52 (5%)

18 D. W. O. Art. 52: „Durch die Bestimmungen der Art. 50 u. 51, no. 1 und 3 wird bei einem Regresse auf einen ausländischen Ort die Be„rechnung höherer, dort zulässiger Sätze nicht ausgeschlossen." — Schweiz. Concord.-Entw. §. 53. — Dies. Lehrb. §. 8. 4.

19 Brauer, Erläut. S. 103.

Ausnahmsweise beschränkt sich nach der D. W. O. der Regreßanspruch des letzten Wechselinhabers sowohl wie des Indossanten auf die Wechselsumme nebst Verzugs- [20] und beziehungsweise Proceßzinsen, wenn der Regredient seiner Verpflichtung zur rechtzeitigen Notification von der Nichtzahlung des Wechsels nicht oder nicht gehörig nachgekommen ist [21]. Indem aber die Behauptung geschehener rechtzeitiger Benachrichtigung weder zur Begründung der Regreßklage überhaupt, noch zur Begründung des Gesuchs auf die ungeschmälerte Regreßsumme erforderlich ist [22], wird, wo jene Behauptung fehlt, die Verurtheilung nicht von Amtswegen auf die Wechselsumme beschränkt [23]. Vielmehr kömmt die unterlassene oder nicht rechtzeitig oder nicht in gehöriger Ordnung geschehene Notification nur auf die deßfallsige Einwendung des Beklagten in Frage [24], — eine Einwendung, welche auch der entferntere Vormann dem Regreßnehmer entgegensetzen kann, während diesem, der seinen unmittelbaren Vormann gehörig benachrichtigt hat, die von letzterem unterlassene weitere Notification selbst dann nicht schadet, wenn er gegen einen früheren Vormann regredirt [25]. Auf einen solchen Einwand liegt aber dem Regreß suchenden letzten Nehmer schlechtweg die Bescheinigung ob, daß er seiner Verpflichtung zur rechtzeitigen Notification der Nichtzahlung des Wechsels nachgekommen sei [26], während diese Beweislast den regredirenden Indossanten nur unter der Voraussetzung

[20] Arch. f. d. W. Bd. VIII. S. 202.

[21] D. W. O. Art. 45 u. Art. 98, no. 6. — Dies. Lehrb. §. 89.

[22] Leipzig. Protoc. S. 172 u. S. 90 a. E., S. 91. — Borchardt, die D. W. O mit den von den deutschen Gerichtshöfen ausgesprochenen Grundsätzen des Wechselrechts, Zus. 381. Dagegen: Thöl, Wechselrecht, S 367 a. E., 368

[23] O. A G. in Dresden im Arch. f. d. W. Bd. X. S. 102. — Siebenbürg. Landesgubernium als Oberst. Gerichtshof im Arch. f. d. W. Bd. XVI. S. 105 f.

[24] S. auch Löhr, Centralorgan, N. F. Bd III. S. 604.

[25] D. W. O. mit Einl. u. Erläut. S. 154 f.

[26] Ueber die proceßrechtliche Unförmlichkeit dieser Grundsätze vgl. Brauer, im Arch. f. deutsch. Wechselr., Bd. VIII. S. 19.

trifft, daß der Beklagte die an jenen von dessen Nachmann vorgenommene Benachrichtigung bescheinigt [27]. Die Bescheinigung aber, von deren Gelingen oder Mißlingen die Verurtheilung auf die ungeschmälerte Regreßsumme oder auf die bloße Wechselsumme abhängt, kann durch Postattest [28] und nicht weniger durch das Briefcopirbuch des Regreßnehmers geliefert werden [29].

§. 91.

Die Regreßnahme durch Rückwechsel, und die Regreßklage im Falle nicht honorirten Rückwechsels.

Die Regreßnahme Mangels Zahlung kann auf außergerichtlichem Wege versucht werden, und insbesondere durch einen Rückwechsel [1] (Retourwechsel, Herwechsel, Gegenwechsel, Widerwechsel, Ricorswechsel, Ritratte, ricambio, retraite) [2]. Der Rückwechsel aber ist ein vom Regreßsuchenden auf einen Regreßpflichtigen in der Absicht der Regreßnahme gezogener Wechsel [3]. Indem der Regreßnehmer die ihm auf den Vorwechsel

---

[27] Thöl, Wechselrecht, S. 368.

[28] D. W. O. Art. 46 : „Kommt es auf den Nachweis der dem Vormanne „rechtzeitig gegebenen schriftlichen Benachrichtigung an, so genügt zu „diesem Zwecke der durch ein Postattest geführte Beweis, dass ein Brief „von dem Betheiligten an den Adressaten an dem angegebenen Tage ab„gesandt ist, sofern nicht dargethan wird, dafs der angekommene Brief „einen anderen Inhalt gehabt hat.

„Auch der Tag des Empfanges der erhaltenen schriftlichen Benach„richtigung kann durch ein Postattest nachgewiesen werden.“ — Koch, Wechselrecht, S. 234 f. — Ditscheiner, Wechselrecht, S. 340 f.

[29] Anschütz in der Zeitsch. f. d. gesammte Handelsrecht, Bd. I. S. 218 a. E. f. — Seuffert, Arch. Bd. III. no. 287.

[1] Schon im 15. Jahrh. im Gebrauche. — v. Martens, Versuch, S. 72 und Anh. S. 32. — Mittermaier, Grunds. § 347, not. 1.

[2] Code de comm., A. 178. — Der Rückwechsel ist mit der Rückwechselung (rechange) nicht zu verwechseln. Code de comm. Art. 177. — Einert, Wechselr. S. 297 f. — Biener, wechselrechtl. Abhandl. S. 115 f.

[3] Bender, Grunds. II. S. 170 f. — Gengler, Lehrbuch des deutschen

gebührende Summe als Retrassant gegen Begebung des Rückwechsels zu erhalten sucht, begiebt er diesen unter gleichzeitiger Uebergabe des protestirten Wechsels sammt Protest und Retourrechnung nebst deren Anlagen an den Nehmer (Rücktratte mit Beilagen), oder ohne diese Papiere [4].

Die Wechselsumme kann im Rückwechsel durch folgende Ansätze gebildet werden:

1) die Regreßsumme, welche dem Regredienten aus dem Vorwechsel gebührt [5],
2) die Mäklergebühren für Negozirung des Rückwechsels [6], und
3) die etwaigen Stempelgebühren [7].

Indem aber die Regreßsumme, durch welche die Wechselsumme der Rücktratte in der Hauptsache gebildet wird, die Wechsel- und beziehungsweise Remburssumme des Vorwechsels nebst Kosten und Provision nach Curs ist, während in Ansehung der Regreßsumme zur Ansetzung der Wechselsumme im Rückwechsel eine weitere Cursberechnung nicht Statt findet, erhält der letzte Nehmer des Vorwechsels die volle Wechselsumme nebst Kosten und Provision als Valuta für die Begebung der Rücktratte nur dann, wenn er diese am Zahlungstage vom Zahlungsorte auf den Wohnort des Regreßpflichtigen und beziehungsweise Retrassaten gezogen, der aus dem Vorwechsel regredirende Indossant aber die volle Remburssumme nebst

---

Privatr. S. 650, not. 16. — Ueber fingirte Rückwechsel s. Treitschke, Encyc. II. S. 426 f. — Koch, Wechselrecht, S. 245 f.

[4] Thöl, Wechselrecht, §. 236. I.

[5] D. W. O. Art. 53, Abs 1: „Der Regressnehmer kann über den Betrag seiner Forderung einen Rückwechsel auf den Regresspflichtigen ziehen." Art. 98, no. 6, verbunden mit Art. 50. 51. — Schweiz. Concord.-Entw. §. 54, Abs. 1. — Koch, Wechselrecht, S. 245.

[6] D. W. O. Art. 53, Abs. 2; Art. 98, no. 6. — Schweiz. Concord.-Entw. §. 54, Abs. 2. — Bender, Grunds. II. S. 173 a. E.

[7] D. W. O. Art. 53, Abs. 2. — Schweiz. Concord.-Entw. §. 54. Abs. 2. — Bender, Grunds. II. S. 174.

Kosten und Provision allein unter der Voraussetzung, daß er den regreßpflichtigen Vormann am Tage des Remburses von seinem Wohnorte aus auf dessen Wohnort bezieht [8]. Auch muß die Rücktratte auf Sicht zahlbar [9] und unmittelbar auf den Regressaten (a drittura) [10] gezogen sein.

Dieß hat den Sinn, daß, wenn der Regreßpflichtige den so gezogenen Rückwechsel nicht honorirt, die Regreßklage Mangels Zahlung aus dem protestirten Vorwechsel auf die Wechselsumme der Rücktratte nebst 6% Zinsen von der Wechselsumme des Vorwechsels vom Zahlungstage an, und beziehungsweise von der Rembursſumme vom Einlösungstage an gegen ihn angestellt werden kann, und zwar vom Nehmer der Rücktratte, dem diese mit Beilagen begeben worden ist, oder vom Retrassanten, der den Rückwechsel eingelöst hat.

Dagegen ist der Retrassat, abgesehen von dem Falle stattgehabter Acceptation [11], zur Zahlung des Rückwechsels selbst nicht ver-

---

[8] Thöl, Wechselrecht, §. 236 u. §. 258. II. — Russisch. Handelsg. Art. 569. — Unrichtig Hoffmann im Arch. f. deutsch. Wechselr., Bd. X S. 163 f. Abweichende und keineswegs ganz klare Bestimmungen enthalten der Code de comm. Art. 180. 181. — Niederländ. Handelsg. Art. 188—190. — Spanisch. Handelsg. A. 549 f. — Portug. Handelsg. A. 409 f. — Serbisch. Handelsg. §. 153 f. — Italien. Handelsg. Art. 263 f. — Waadtländ. Ges. vom 4. Juni 1829, Art. 75 f.— Neuenburg. Ges. v. 3. Juni 1833, Art. 76 f. — Die Schwedische und Finnl. W. O. enthalten keine Bestimmungen über den Rückwechsel.

[9] D. W. O. Art. 53, Abs. 3. — Schw. Entw. §. 54, Abs 3. — Der in der Leipziger Conferenz gestellte Antrag, statt der Worte „auf Sicht zahlbar" die andern „auf kurze Sicht zahlbar" zu setzen, wurde verworfen. — Leipzig. Protoc. S 111 f. — S. auch Bluntschli, D. W. O. S. 96.

[10] Treitschke, Encyc. I. S. 120 f. II. S. 422. — D. W. O. Art. 53, Abs. 3. — Schw. Entw. § 54, Abs. 3. — Brauer, Erläut. S. 104. 2. — Der in der Leipziger Conferenz gestellte Antrag, die Worte „unmittelbar (a drittura)" zu streichen, weil der Rückwechsel oft auf einen Ort zu ziehen sein werde, auf welchen kein Curs notirt worden, wurde verworfen. Leipziger Protoc. S. 111 f.

[11] Da die Rücktratte auf Sicht lautet, so wird eine Acceptation selten dabei vorkommen. S. jed. Thöl, §. 167. — Durch die bloße Acceptation erwirbt

bunden [12]. Gegen dessen Zahlung aber kann er die Auslieferung des Vorwechsels sammt Protest und quittirter Retourrechnung verlangen [13].

III. Die Wechselverjährung.

Riccius, de praescriptione literarum cambialium. Gött. 1781; und in Exercitat. XV.

W. Gelpke, Beiträge zur Kenntniß des Handels- und Wechselrechts, 1tes Heft: der präjudicirte und der verjährte Wechsel. Berlin 1848. — S. 31 f.

Stern im Arch. f. d. W. Bd. IV. S. 269 f.; insbesondere S. 276 f.

Fick in dem nämlichen Arch. Bd. VI. S. 24 f.

Straß ebendas. Bd. IX. S. 51 f.

Purgold ebendas. Bd. X. S. 17 f.

N. Arch. f. Handelsrecht, Bd. III. S. 486 f.

§. 92.

Allgemeine Bestimmungen. — Eintreten der Wechselverjährung *.

Das Gemeine Recht kennt keine besondere Wechselverjährung [1].

---

der Retrassat kein Recht auf Auslieferung des Vorwechsels sammt Protest u. s. w., was im Zusammenhang mit der unrichtigen Ansicht, es finde durch die Acceptation der Rücktratte eine Novation Statt, behauptet wird, so z. B von Treitschke, Encyc. II. S. 418. S. jed. die Weimar. W. O. §. 139 und Thöl, Wechselrecht, S. 336 a. E., 337.

[12] Ueberhaupt nicht zur Honorirung. Thöl, S. 336. – Die entgegengesetzte Ansicht (Treitschke, Encycl. II. S. 418; Liebe, Motive, S. 149) beruht auf einer Verwechselung.

[13] D. W. O. Art. 54. — Schweiz. Concord.-Entw. §. 55. – Leipz. Protoc. S. 112.

* Gelpke, Zeitsch. f. das gesammte Handelsrecht, 3. S. 80 f.

[1] Mittermaier, deutsch. Privatrecht, §. 356. — Bender, Grunds. II. S. 284.

— Wo also das anzuwendende Particularrecht [2] nicht abweichende Bestimmungen über Wechselverjährung oder über Verjährung überhaupt aufstellt, finden auf Wechselverbindlichkeiten die Grundsätze des Gemeinen Rechts über Klagenverjährung Anwendung [3].

Particularrechtlich dagegen besteht vielfach eine eigenthümliche, an den Ablauf kurzer Fristen geknüpfte Wechselverjährung [4]; und so auch nach der D. W. O. [5], welche die Verjährungszeit mit folgenden Unterscheidungen bestimmt [6]:

1) Die Wechselklage gegen den Acceptanten und den Aussteller eines eigenen Wechsels verjährt in drei Jahren vom Verfalltage des Wechsels [7] und, wenn dieser an einem Sonntage oder

---

[2] Dies. Lehrb. §. 8 zu not. 29.

[3] Treitschke, Encyc. II. S. 572. — Thöl, Wechselrecht, §. 328. — Ueber das Erforderniß der bona fides s. Seuffert, Arch. Bd. II. no. 300.

[4] Rücksichtlich der Verjährungszeit befolgen die einzelnen W. O. verschiedene Systeme. — Thöl, a. a. O. §. 329. — Liebe, Motive, S. 191 f. — Borchardt, D. W. O. S. 147 f. — 1. Eine Zeit für jede Art von Wechselverbindlichkeit, und zwar 4 Jahre (Span. Handelsg. Art. 557, 569; s auch A. 567, 568), 2 Jahre (Russisch. Handelsg. §§. 531. 532; Ungar. Wechselr. §§. 203. 204); — 2. Zwei Zeiten für eigene Wechsel und Accept einerseits und andererseits für den Regreß und zwar 30 Jahre und 5 Jahre (Portug. Handelsg. Art. 423, 441); 10 Jahre nnd je nach Umständen 2 Jahre, 1 Jahr, 18 oder 15 Monate (Niederländ. Handelsg. Art. 206. 207. 209); 5 Jahre und 14 Tage, 2, 4, 6 Monate, 1 u. 2 Jahre (Code de comm. Art. 189. 165—167); 5 Jahre u. 14 Tage oder 3 Wochen (Neuenburg. Gesetz vom 3. Juni 1833, Art. 86 u. Art. 65, 66); 5 Jahre und 14 Tage, 1, 3, 6 Monate, 2 Jahre (Waadtländ. Ges. vom 4. Juni 1829, Art. 92, 62, 63); 5 Jahre und 3, 4, 6, 8, 12, 18 Monate (Italien. Handelsg. A. 282, 246).

[5] Bei Wechseln, welche vor der Wirksamkeit der D. W. O. ausgestellt worden, kann man sich auf die in derselben angeordnete kürzere Verjährungsfrist berufen, wenn diese seit dem in Krafttreten des neuen Gesetzes verstrichen ist. Archiv für deutsches Wechselrecht, Bd. III. S. 330; dagegen Bd. III. S. 333 und S. 341.

[6] Leipziger Protoc. S. 184 f.

[7] D. W. O. Art. 77: „Der wechselmässige Anspruch gegen den Acceptanten verjährt in drei Jahren, vom Verfalltage des Wechsels an gerechnet." — Art. 100: „Der wechselmässige Anspruch gegen den Aussteller

allgemeinen Feiertage verfällt, von dem nächsten Werktage an gerechnet (dies. Lehrb. §. 66. 1). Hierbei wird der Tag, in welchen der Anfangspunkt der Frist fällt, mitgezählt [8]. Die nämlichen Grundsätze gelten auch von der Verjährung der Klage gegen den Ehrenacceptanten [9], so wie gegen den Acceptanten einer Sichttratte [10]. Indem aber die Verjährungszeit für alle Wechselgläubiger von demselben Zeitpunkte an läuft, kann hier der Mißstand eintreten, daß ein Vormann, gegen den regredirt wird, sich an dem Acceptanten nicht mehr erholen kann, weil die Klage gegen diesen bereits verjährt ist [11].

2) Hinsichtlich der Regreßklage Mangels Zahlung ist wieder zu unterscheiden:

a) die Regreßklage des Inhabers, welcher den Wechsel Mangels Zahlung hat protestiren lassen, und beziehungsweise desjenigen, der in dessen Rechte getreten, verjährt in einer Frist, deren Dauer von 3, 6 oder 18 Monaten sich je nach der geringeren oder größern Entfernung des Zahlorts vom In-

---

„eines eigenen Wechsels, verjährt in drei Jahren, vom Verfalltage des „Wechsels an gerechnet." — Uebereinstimmend: Schwed. W. O. §. 76; Finnl. W. O. §. 74. — Nach dem Schweiz. Concord.-Entw. §§. 83 u. 90 beträgt die Verjährungszeit nur Ein Jahr vom Verfalltage an.

[8] Hierfür sprechen sowohl die Ausdrucksweise der D. W. O., wie allgemeine Grundsätze (Mein Lehrb. des Civilproceßrechts, S. 197), Thöl, Wechselrecht, §. 330. 5. — Dagegen mit Rücksicht auf die D. W. O. Art. 32: Gelpke, Zeitsch. f. Handelsrecht, Heft 3. S. 98 f. — Borchardt, die Allg. D. W. O. . . . mit den von den deutschen Gerichtshöfen ausgesprochenen Grundsätzen des Wechselrechts, Zus. 477. — Arch. f. d. Wechselr. Bd. X. S. 287 f.

[9] Hoffmann im Arch. f. pract. Rechtswissenschaft, Bd. I. Heft 3. S. 66 f.

[10] Thöl, Wechselrecht, §. 330. I. — Borchardt, a. a. O. Zus. 476. — Dagegen Hoffmann, Erläut. S. 561 f. — Volkmar u. Löwy, D. W. O. §. 174. 4.

[11] Leipzig. Protoc. S. 188 f. — Ortloff, D. W. O. S. 112 f. — Stern im Arch. f. d. W., Bd. IV. S. 277 f.

lande richtet [12], und die mit dem in dieselbe einzurechnenden Tage der Protesterhebung beginnt [13].

b) Die Regreßklage des einzelnen Indossanten verjährt in einer Frist von 3, 6 oder 18 Monaten, je nach der Entfernung des Wohnorts des Regreßnehmers vom Inlande [14]. Die

---

[12] D. W. O. Art. 78 : „Die Regressansprüche des Inhabers (Art. 50) „gegen den Aussteller und die übrigen Vormänner verjähren :

„1) in drei Monaten, wenn der Wechsel in Europa, mit Ausnahme von „Island und den Faröern, zahlbar war;

„2) in sechs Monaten, wenn der Wechsel in den Küstenländern von „Asien und Africa längs des mittelländischen und schwarzen Meeres oder „in den dazu gehörigen Inseln dieser Meere zahlbar war;

„3) in achtzehn Monaten, wenn der Wechsel in einem andern aussereu-„ropäischen Lande oder in Island oder den Faröern zahlbar war.

„Die Verjährung beginnt gegen den Inhaber mit dem Tage des erhobenen „Protests.“ D. W. O. Art. 98, Nr. 10. — D. W. O. mit Einleit. und Erläut. S. 209 a. E. u. f. — Der Schweiz. Concord.-Entw. §. 84 bestimmt : „Die Regressansprüche des Inhabers gegen die Indossanten und „den Aussteller erlöschen : 1) binnen Monatsfrist, wenn der Wechsel in der „Schweiz zahlbar war; 2) in 3 Monaten, wenn der Wechsel an einem „andern Orte Europa's, ausserhalb der Schweiz, zahlbar war; 3) in 12 Mo-„naten, wenn der Wechsel an einem aussereuropäischen Orte zahlbar war. „— Die Verjährung beginnt mit dem Tage der Protesterhebung.“ — S. ferner Schwed. W. O. §. 77; Finnl. W. O. §. 75.

[13] Thöl, Wechselrecht §. 330. 5. — Dagegen : Ob. Trib. in Berlin bei Kletke, Präjud. S. 212, no. 536; Borchardt, a. a. O. Zus. 479. 480; O. A. G. in Dresden im Arch. f. d. W. Bd. XV. S. 193 f. und Löhr, Centralorgan, N. F. Bd. II. S. 422 f. — S. ferner Sammlung handelsgerichtl. Entscheidungen ... in Bayern, Bd. II. S. 32 f.

[14] D. W. O. Art. 79 : „Die Regressansprüche des Indossanten (Art. 51) „gegen den Aussteller und die übrigen Vormänner verjähren :

„1) in 3 Monaten, wenn der Regressnehmer in Europa, mit Ausnahme „von Island und den Faröern, wohnt;

„2) in 6 Monaten, wenn der Regressnehmer in den Küstenländern von „Asien und Africa, längs des mittelländischen und schwarzen Meeres, oder „in den dazu gehörigen Inseln dieser Meere wohnt;

„3) in 18 Monaten, wenn der Regressnehmer in einem andern aussereu-„ropäischen Lande oder in Island oder den Faröern wohnt.“

Frist läuft gegen den einzelnen Indossanten von dem Tage an, an welchem er den Wechsel, ehe er hierzu mit der Wechselklage in Anspruch genommen worden, eingelöst hat, sonst aber von dem Tage der ihm geschehenen Behändigung der Klage oder Ladung [15]; daher denn im Verhältnisse des Indossanten zu dessen Vormännern der Lauf der Verjährung beginnt, ehe jener gegen diese eine actio nata hat [16].

Diese Grundsätze der D. W. O. über die Verjährung der Wechselklage und der Wechselregreßklage finden keine Anwendung auf die Wechseljudicatsklage, welche in 30 Jahren verjährt [17], während hinsichtlich des einfachen Executions-Antrags nur die 40jährige Verjährung der Litispendenz Statt hat [18].

„Gegen den Indossanten läuft die Frist, wenn er, ehe eine Wechselklage „gegen ihn angestellt worden, gezahlt hat, vom Tage der Zahlung, in allen „übrigen Fällen aber vom Tage der ihm geschehenen Behändigung der „Klage oder Ladung." — D. W. O. Art. 98, Nr. 10. — S. auch Arch. f. d. Wechselr. Bd. VI. S. 419 f. — Auf den Aussteller eines eigenen Wechsels findet die Verjährung des Art. 79 keine Anwendung. Kletke, Präjud. S 213. Nr. 539. — Die in Art. 78 u. Art. 79 bestimmten Fristen sind aus dem Entw. f. Holstein §. 30 u. für Oesterreich §. 237 entnommen. — Der Schw. Entw. §. 85 bestimmt hier : „Die Regressansprüche des Indossanten „gegen seine Vormänner und den Aussteller verjähren : 1) binnen Monats„frist, wenn der Regressnehmer in der Schweiz wohnt; 2) in drei Monaten, „wenn der Regressnehmer an einem andern Orte Europa's, ausserhalb der „Schweiz, wohnt; 3) in 12 Monaten, wenn der Regressnehmer in einem „aussereuropäischen Lande wohnt. — Diese Fristen werden von dem Tage „an berechnet, an welchem der Regressnehmer freiwillig den Wechsel ein„gelöst hat, oder an welchem gegen ihn auf Einlösung des Wechsels Klage „erhoben wurde." — S. ferner Schwed. W. O. §. 78; Finnländ. W. O. §. 76.

[15] D. W. O. Art. 79, Abs. 2 u. Art. 98 no. 10.

[16] Koch, Wechselrecht, S. 298. — Unrichtig ist die Ansicht Brauer's, Erläut. S. 135, daß schon die Behändigung der Klage oder Ladung die Regreßklage des Indossanten begründe. — S. auch Bluntschli, D. W. O. S. 123. — Stern im Arch. f. d. W. Bd. IV. S. 276.

[17] Löhr, Centralorgan, N. F. Bd. I. S. 315; Bd. II. S. 468 f.

[18] D. W. O. mit Einl. u. Erläut. S. 210. — Mein Lehrb. des Civilproceßrechts, S. 428. — Dagegen : Seuffert, Arch. Bd. IV.

Bestimmungen über die Verjährung der Regreßklage Mangels Annahme und wegen Unsicherheit enthält die D. W. O. nicht [19].

Auf die Wechselverjährung kann nicht zum Voraus verzichtet werden [20], so wie auch deren Anfang und Dauer nicht vertragsmäßig abgeändert zu werden vermag [21]. Dessenungeachtet ist die Klage aus einem verjährten Wechsel nicht von Amtswegen abzuweisen [22], und verdient nicht weniger die Ansicht keine Billigung, wonach dem Kläger der Beweis der Einhaltung der Verjährungszeit obliegen soll [23].

§. 93.

Die Unterbrechung der Wechselverjährung.

Die Wechselverjährung wird allein durch Behändigung der Klage oder Ladung [1] und zwar gegenüber dem Beklagten und nur diesem unterbrochen [2], in welcher Hinsicht jedoch die von letzterem vorge-

---

no. 142 u. Kletke, Präjudiz. (erste Fortsetzung) S. 120 no. 1024 (O. A. G. in Dresden).

[19] Brauer, Erläut. S. 134.

[20] Hoffmann im Arch. f. pract. Rechtsw. Bd. I. 2. S. 74 f. — O. A. G. in Dresden im Arch. f. deutsch. Wechselr., Bd. X. S. 309 u. Bd. XIV. S. 330 f. — Ob. Oesterr. Gerichtshof im Arch. f. deutsch. Wechselr., Bd. XIII. S. 220 f. — Dagegen: Berlin. Ob. Trib. bei Borchardt, a. a. O. Zus. 486 und Arch. f. deutsch. Wechselr. Bd. X. S. 267.

[21] Denn es läßt die D. W. O. die vertragsmäßige Abänderung gesetzlicher Bestimmungen nur in gewissen gesetzlich bestimmten Fällen zu (Art. 9. 14. 15. 19. 24). D. W. O. mit Einl. u. Erl. S. 211. — Borchardt, D. W. O. S. 146. — Arch. f. d. Wechselr. Bd. III. S. 345 f. — Ungarisch. Wechselrecht, §. 208.

[22] Dagegen: Thöl, Wechselrecht, §. 332. — Samml. handelsgerichtl. Entscheidung. . . . in Bayern, Bd. I. S. 504 f.

[23] Dagegen: Hoffmann im Arch. f. pract. Rechtswissenschaft, I. 3. S. 84 f.

[1] Der Ladung steht die Hausexpedition gleich (dies. Lehrb. §. 82, not. 11).

[2] D. W. O. Art. 80: „Die Verjährung (Art. 77—79) wird nur durch

nommene Streitverkündigung die Stelle der Klage vertritt [3]. Wie demnach ein Regreßnehmer zur Offenhaltung des Regresses gegen alle seine Vormänner alle rechtzeitig verklagen muß [4], so kann dagegen ein mit der Regreßklage belangter Indossant die zum Vortheile seiner Vormänner laufende Verjährung dadurch unterbrechen, daß er denselben den Streit verkündigt, während der Litisdenunciat zur Erhaltung seiner Regreßforderung gegen seinen Vormann der Streitverkündigung nicht bedarf, so wie er auch dazu nicht berechtigt ist [5].

Der Behändigung der Klage oder Ladung an den Wechselschuldner steht diejenige gleich, welche an einen berechtigten Vertreter desselben geschieht [6], und nicht weniger eine Edictalcitation [7], wo eine solche nach Proceßrechtsgrundsätzen an die Stelle einer gewöhnlichen Ladung tritt [8]. Indem aber die Behändigung der Klage die Wechselverjährung nur unter der Voraussetzung unterbricht, daß sie in der Absicht der Einleitung des Processes und in einer den Beklagten

„Behändigung der Klage unterbrochen und nur in Beziehung auf Denjenigen „gegen welchen die Klage gerichtet ist.

„Jedoch vertritt in dieser Hinsicht die von dem Verklagten geschehene „Streitverkündigung die Stelle der Klage. — Art. 98, no. 10 u. Arg. Art. „79, Abs. 2 : „Vom Tage der ihm geschehenen Behändigung der Klage „oder Ladung.“ — Schweiz. Concordats-Entw. §. 86. — Arch. f. d. W. Bd. V. S. 430 f. — Borchardt, a. a. O. Zus. 496. — Schwed. W. O. §. 79; Finnl. W. O. §. 77.

3 D. W. O. Art. 80, Abs. 2 und Art. 98, Nr. 10. — Großh. Hess. Einf.-G. §. 12 (die Provinz Rheinhessen betreffend) : „Die in Art. 80, Abs. 2 „der D. W. O. der Streitverkündigung verliehene Wirkung findet durch „Notification der Klage Statt.“ — Borchardt, a. a. O. Zus 511. — Arch. f. d. Wechselr. Bd. IX. S. 95 f.; Bd. X. S. 60 f. u. S. 281 f.

4 D. W. O. mit Einl. u. Erläut. S. 208.

5 Thöl, Wechselrecht, §. 331. — Dagegen : Hoffmann, Erläut. S. 570.

6 Borchardt, a. a. O. Zus. 497. — Arch. f. deutsch. Wechselr., Bd. X. S. 56 f.

7 Berlin. Ob. Trib. im Arch. f. d. W. Bd. VII. S. 412 f. — Borchardt, a. a. O. Zus. 516.

8 Mein Lehrb. des Civilproceßrechts, S. 418.

zur Aufnahme des Streits wirklich verpflichtenden Weise geschehen [9], wird die Verjährung der im Concurse des Schuldners geltend gemachten Wechselforderung erst durch die Insinuation des Decrets unterbrochen, durch welches dem Contradictor aufgegeben wird, sich auf die profitirte Forderung einzulassen [10].

Wie demnach weder die bloße Anmeldung der Wechselforderung im Concurse [11], noch außerhalb der Gant die Anstellung der Klage [12], oder gar deren Anmeldung [13], oder eine außergerichtliche Anerkennung der Schuld [14] die Wechselverjährung unterbricht, so tritt diese Wirkung auch nicht in Folge doloser Verhinderung der Insinuation der Wechselklage ein [15].

Bei liegen gebliebenem Processe findet die 40jährige Proceßverjährung an Stelle der Wechselverjährung Statt [16], welche letztere dagegen im Falle einer Zurücknahme der Klage als nicht unterbrochen gilt [17].

---

[9] Mein Lehrb. des Civilproceßrechts, S. 171. — Ob. Trib. in Stuttgart bei Seuffert, Arch. Bd. XX. no. 176. — Hoffmann, Erläut. S. 568.

[10] Mein Auff. im Arch. f. d. W. Bd. VIII. S. 321 f. — Thöl, Wechselrecht, §. 331 zu not. 13. — Arch. f. d. W., Bd. VI. S. 270. — Seuffert, Arch. Bd. IX. no. 208. — Kletke, Präjudiz. Bd. I. no. 545.

[11] Dagegen Borchardt in der Zeitsch. f. das gesammte Handelsrecht, Bd. II. S. 84. 85. — Oesterr. Ob. Gerichtshof im Arch. f. d. W. Bd. X. S. 72 f. u. Bd. XVI. S. 187 f.

[12] Arch. f. d. W. Bd. XI. S. 201 f. — Samml. handelsgerichtl. Entscheidung. . . . in Bayern, Bd. II. S. 209 f.

[13] Arch. f. d. W. Bd. III. S. 345 f.; Bd. V. S. 226.

[14] Seuffert, Arch. Bd. IV. no. 141. — Borchardt, a. a. O. Zus. 512. — Arch. f. deutsch. W. Bd. XVI. S. 195 f.

[15] Löhr, Centralorgan, N. F. Bd. III. S. 594 f.

[16] Mein Lehrb. des Civilproceßrechts, S. 167. — D. W. O. mit Einl. u. Erläut. S. 210. — Purgold im Arch. f. d. W. Bd. X. S. 17 f. — Dagegen Hoffmann, Erläut. S. 571 und im Arch. f. d. W. Bd. XII. S. 360 f. — S. auch dies. Lehrb. §. 92 zu not. 18.

[17] Mein Lehrb. des Civilproceßrechts, S. 171. — Dagegen das Berlin. Ob. Trib. bei Seuffert, Arch. Bd. XIX. no. 262.

Auch wird sowohl der Anfang wie der Lauf der Wechselverjährung durch ein dem Schuldner ertheiltes Moratorium [18], nicht aber überhaupt durch Hindernisse, welche der Klage entgegenstehen, gehemmt [19]. Um so weniger wird eine solche Wirkung durch die Eröffnung des Concurses über das Vermögen des Wechselschuldners erzeugt [20], sollte auch nach dem anzuwendenden Particularrechte ein Wechselverfahren gegen den Cridar nicht Statt haben. Nach einzelnen Particulargesetzgebungen schläft jedoch, so lange der Concurs dauert, die Verjährung der Wechselklagen [21].

Wenn aber die Unterbrechung der Wechselverjährung durch Behändigung der Klage oder Ladung und beziehungsweise durch die Streitverkündigung nur gegenüber dem Beklagten und resp. Litisdenuntiaten wirkt, so kömmt jene dagegen den Vor- und Nachmännern des Klägers so wie des Litisdenunciaten zu Statten [22].

---

[18] Const. 8 in f. C. qui bonis cedere (7. 71). — Treitschke, Encycl. II. S. 32 u. S. 580. — Brauer im Arch. f. deutsch. Wechselr. Bd. V. S. 35.

[19] Denn es bezieht sich der Satz „agere von valenti non currit praescriptio" nur auf gewisse rechtliche Hindernisse. Puchta, Pandect. §. 90. 3. S. auch D. W. O. Art. 79, Abs. 2. — Seuffert, Arch. Bd. II. no. 321. — Koch, Wechselr. S. 287.

[20] Mein Auff. im Arch. f. d. W. Bd. VIII. S. 319 f. — Thöl, Wechselrecht, §. 331. 5. — Eine entgegengesetzte Ansicht nimmt jedoch an, daß durch die Concurseröffnung eine separate Geltendmachung der Wechselforderung gegen den Cridar ausgeschlossen und der Lauf der Wechselverjährung gehindert werde. Kübel im Arch. f. d. W. Bd. XVI. S. 177 f. u. S. 233 f. — Hamburg. Ger. im Arch. f. d. W. Bd. VII. S. 201 f. und bei Schletter, Jahrbücher, Bd. V. S. 60. no. 6. — Berl. Ob. Trib. im Arch. f. d. W. Bd. IX. S. 92 f., S. 191 a. E. f. — Borchardt, a. a. O. Zus. 502. — Stuttg. Ob. Trib. Erk. v. 15. Febr. 1867 in Seuffert, Arch. Bd. XX. no. 177 und bei Löhr, Centralorgan, N. F. Bd. III. S. 415 f., gegen die frühere Ansicht dieses Gerichtshofs (Kübel, a. a. O. S. 180).

[21] K. Sächs. Gesetz v. 7. Juni 1849, §. 20. — Mothes im Arch. f. d. W. Bd. I. S. 266 f.

[22] Arg. const. 5 C. de duobus reis (8. 40). — Thöl, Wechselr. §. 331 (S. 745).

§. 94.

Die Wirkungen der Wechselverjährung.

Wie nach Gemeinem Rechte die Verjährung die Wechselforderung schlechthin aufhebt, so daß diese auch nicht durch Klage im ordentlichen Processe oder Einredeweise geltend gemacht werden kann [1], so erkennt denselben Grundsatz im Allgemeinen die D. W. O. ebenfalls an [2], während andere Wechselordnungen im Zusammenhange mit der Verschiedenheit der Ansichten über die Natur der Wechselschuld abweichende und wieder sehr verschiedene Bestimmungen über die Wirkungen der Wechselverjährung aufstellen [3].

Indem aber insbesondere durch die Verjährung der Regreßforderung des letzten Wechselinhabers alle Vormänner befreit werden [4], hat der Indossant, welcher den verjährten (oder präjudicirten) Wechsel eingelöst, keinen Regreßanspruch gegen seine Vormänner, während er die Einlösungssumme nicht gegen den bezahlten Indossatar mit der condictio indebiti ersetzt verlangen kann, weil hier keine in entschuldbarem Irrthum geschehene Leistung vorliegt, wenn überhaupt ein indebitum geleistet worden [5].

---

[1] Thöl, Wechselrecht, §. 332.

[2] D. W. O. Art. 83 u. Art. 98. 10. — Uebereinstimmend: Schweiz. Concord-Entw. §§. 83. 87. — Code de comm. Art.. 189; 168—170. Span. Handelsg. Art. 557. 567. 568. 569. — Portugies. Handelsg. Art. 423. — Niederl. Handelsg. Art. 206. 207. 209. — Ungar. Wechselrecht, §. 201. — Italien. Handelsg. A. 282. — Schwed. W. O. §§. 76—78. — Finnländ. W. O. §§. 74—76.

[3] Thöl, Wechselr., §. 332. 1) Der trassirte Wechsel gilt als bezahlt, der eigene Wechsel, aus welchem nach Wechselrecht nicht weiter verfahren werden kann, ist ein documentum guarentigiatum, welches eine executivische Klage begründet. Altenburg. W. O. Kap. V. §. 9 (s. auch Einert, Wechselr. S. 593; — 2) verjährte Wechsel ohne Unterschied gelten als außergerichtliche Schuldverschreibungen, als bloße Handschriften. Cöthen. W. O. §. 23. — Rudolst. W. O. §. 6. — S. auch Arch. f. d. W. Bd. V. S. 446 u Haimerl's Magazin, Bd. XI. S. 213.

[4] Thöl, Wechselrecht, §. 332 a. E. — Ob. Trib. in Berlin im Arch. f. d. W., Bd. VIII. S. 213 f.

[5] Borchardt, die Allg. D. W. O. . . . mit den von den deutschen Ge-

Wie es nämlich, was diesen letzteren Punkt anbetrifft, möglich ist, daß der Wechselverbindlichkeit ein anderweitiges Rechtsverhältniß von vorn herein nicht zu Grunde gelegen, und demnach mit der Wechselverjährung jede Forderung des bisherigen Wechselgläubigers erloschen ist [6], so kann andrerseits dem Wechselversprechen ein materielles Rechtsverhältniß unterliegen, auf welches alsdann die Wechselverjährung ohne Einfluß ist. In einem solchen Falle kann noch aus dem civilrechtlichen Verhältnisse während der demselben angehörigen Verjährungszeit geklagt werden [7], ohne daß freilich ein Indossament des verjährten Wechsels an sich hierzu legitimirte [8]. Doch fällt selbstverständlich auch jene Klage weg, wenn das materielle Rechtsverhältniß schon bei der Wechselbegebung oder Acceptation dadurch erloschen, daß der Wechsel an Zahlungsstatt empfangen oder durch Annahme des Wechselversprechens eine Novation vorgenommen worden ist.

Eine solche Tilgung der civilen Schuld ist jedoch weder schlechtweg [9], noch auch im Zweifel anzunehmen [10]. Ebensowenig verdient

---

richtshöfen ausgesprochenen Grundsätzen des Wechselr. Zus. 414. — Volkmar u. Löwy, D. W. O. S. 171. — Dagegen (hinsichtlich der Einlösung eines präjudicirten Wechsels) Wolff in Löhr's Centralorgan, N. F. Bd. II. S. 21 f.

6 Weber im Arch. f. pract. Rechtsw. Bd. III. S. 177.

7 Meine Abh. im Arch. f. civ. Praxis, Bd. 46. S. 361. — Thöl, Wechselrecht, §. 332. — Hiergegen spricht nicht die D. W. O. Art. 83. — Anders Koch, Wechselr. S. 322 f. — Ditscheiner, Wechselr. S. 418. — Volkmar u. Löwy, D. W. O. S. 318

8 O. A. G. in München bei Seuffert, Arch. Bd. XX. no. 66.

9 Dieß nehmen an: 1) und zwar durch Novation: Treitschke, Encyc. I. S. 153; Gelpke, Beiträge zur Kenntniß des Wechselrechts, Heft I. S. 21 und mit Beschränkungen Günther im Arch. f. deutsch. Wechselrecht, Bd. IV. S. 129 f. (s. auch S. 115), welcher zwar in der Ausstellung eines eigenen Wechsels als Regel nur die Sicherung der früheren Forderung, in der Acceptation einer vom Gläubiger gezogenen Tratte eine Novation, in der Trassirung und Indossirung eines Wechsels eine Tilgung der früheren Schuld durch Compensation erblickt; 2) durch datio in solutum bei Tratten und Novation bei eigenen Wechseln: Einert, Wechselr. S. 51 f. und

aber die andere Ansicht Billigung, wonach die Aufhebung des materiellen Rechtsverhältnisses in keinem Falle durch Novation [11],

S. 576; — 3) durch datio in solutum schlechtweg: Kuntze, Inhaberpapiere, S. 554 f. — Gerichtl. Entscheidungen: Die Ausstellung eines trockenen Wechsels bewirkt Novation (Mannheim. O. Hofger. im Magaz. für badische Rechtspflege, Bd. I. S. 512); ebenso die Ausstellung oder Begebung eines Wechsels überhaupt (Appellat.-Ger. zu Zwickau bei Kletke, Präjud. S. 231, Nr. 591 u. O. A. G. in Dresden bei Kletke, Präjud. S. 226, Nr. 578 u. erste Fortsetzung, S. 128, Nr. 1048. 1049 und Löhr, Centralorgan, N. F. Bd. I. S. 471 f.; Frankfurt. Handelskammer bei Malß, auserwählte Gutachten, N. X. S. 28 u. N. XI. S. 30); — nicht weniger die Acceptation durch den Schuldner eines vom Gläubiger trassirten Wechsels (O. A. G. in Dresden bei Seuffert, Arch. Bd. VIII. no. 298 u. Kletke, Präjud. S. 229, Nr. 589; gegen die frühere Ansicht dieses Gerichtshofs bei Seuffert, Arch. Bd. II. no. 88 u. no. 89. — Durch das Geben eines Wechsels für eine bestehende Schuld wird diese in der Regel sei es durch datio in solutum, sei es durch Novation getilgt (O. A. G. in Dresden im Arch. f. deutsch. Wechselr. Bd. XII. S. 84 f.). — Wenn der Gläubiger von dem Schuldner über den Belauf einer Buchschuld einen acceptirten Wechsel übernimmt, so ist die Buchschuld in eine Wechselschuld übergegangen, folglich ein Neuerungsvertrag erfolgt (Oberst. Oesterr. Gerichtshof im Arch. f. d. W. Bd. XI. S. 209 f.; s. ferner Allgem. Oesterr. Gerichtszeit. 1861, S. 246). — In der Annahme von Wechseln ist eine Annahme an Zahlungsstatt zu finden, wenn über die Wechsel disponirt worden. O. A. G. in Celle bei Löhr, Centralorgan, N. F. Bd. II. S. 494. Dagegen: Auch nach französ. Rechte enthält die bloße Hingabe, Annahme und Weiterbegebung eines vom Schuldner über eine Waarenschuld ausgestellten und demnächst nicht bezahlten Wechselaccepts für sich allein weder eine Zahlung, noch eine Novation der Waarenschuld (Berl. Ob. Tr. im Arch. f. d. Wechselrecht, Bd. X. S. 401 f.).

[10] Dieß thun vom Gesichtspunkte einer Novation Hoffmann im Arch. f. pract. Rechtswiss. Bd. I. 1. S. 44 f.; Ladenburg im Arch. f. deutsch. Wechselr., Bd. V. S. 122 f. (im Widerspruch mit seiner früheren Ansicht [Bd. I. S. 461]) und im Arch. f. pract. Rechtsw. Bd. VII. S. 1 f. — Vgl. hiergegen R. Schauberg, über Novation durch Wechsel (Zürich, 1866), S. 52 f. — Samml. handelsgerichtl. Entscheidung....in Bayern, Bd. II. S. 69.

[11] Dieß die Ansicht von Salpius, Novation und Delegation, S. 496 f. — R. Schauberg, a. a. O. S. 58 a. E. f. — S. auch Löhr, Centralorg. N. F. Bd. II. S. 460 f. — Dagegen hält Fick im Arch. f. deutsch. Wechselr.

sondern nur durch das Geben und Nehmen des Wechsels an Zahlungsstatt möglich, indem in der That die Wechselschuld in der einen und andern Art getilgt werden kann, wenn nur die dahin gehende Absicht der Parteien, sei es aus einer ausdrücklichen Erklärung [12], sei es aus den Umständen bei der Annahme des Wechsels, mit Bestimmtheit sich ergiebt [13].

Bd. VII. S. 121 f. und in der Zeitsch. f. d. gesammte Handelsrecht, Bd. III. S. 277 a. E. f. und S. 616. 617) die Novation für möglich beim Accepte und bei Ausstellung eines Eigenwechsels, nicht aber beim Begeben einer Tratte und dem Giro, bei welchen der Uebergang der alten Schuld durch Compensation mit dem Preise des Wechsels erfolgt. — So auch Römer, die Leistung an Zahlungs-Statt (Tübing. 1866), S. 106 f. — Ueber die ganz unhaltbare Ansicht von Hassenpflug, über den Einfluß des Wechsels auf unterliegende Obligationsverhältnisse (Cassel 1858), wonach das Wechselgeschäft keine Novation bewirkt, sondern als ein Constitutum erscheint. Vgl. Fick in der Zeitsch. f. d. gesammte Handelsrecht, Bd. III. S. 276 f.

12 Eine ausdrückliche Erklärung zur Aufhebung des materiellen Schuldverhältnisses verlangt: Siebenhaar im Arch. f. deutsch. Wechselr. Bd. I. S. 165 f. u. S. 180. — Gerichtliche Entscheidungen: — Die Ausstellung eines trockenen Wechsels über eine schon bestehende Schuld begründet nur im Falle ausdrücklicher Verabredung eine Novation (Berl. Ob. Trib. im Arch. f. d. W. Bd. V. S. 426), ebenso die Acceptation einer Tratte an eigene Ordre (Berlin. Ob. Trib im Arch. für deutsch. Wechselrecht, Bd. V. S. 222 u. bei Seuffert, Arch. Bd. IX. no. 63; Leipz. Appellat. G. im Arch. f. deutsch. Wechselr. Bd. IV. S. 357); anders dagegen, wenn der über eine Waarenforderung gezogene Wechsel acceptirt und vom Zieher weiter begeben worden ist (Berlin. Ob. Trib. im Arch. f. d. W. Bd. III. S. 199 u. Kletke, Präjud. S. 220, Nr. 557 c.). — (Abweichend das Erk. im Arch. f. d. W. Bd. III. S. 197). — Die Ausstellung eines trockenen Wechsels über eine civilrechtliche Obligation enthält nur dann eine Angabe an Zahlungsstatt oder eine Novation, wenn eine ausdrückliche Verabredung darüber nachgewiesen wird (Berlin. Ob. Tr. bei Löhr, Centralorgan, N. F. Bd. II. S. 494 und im Arch. f. deutsch. Wechselr. Bd. XV. S. 89 f.); — deßgleichen bei einem vom Gläubiger über eine Waarenschuld auf den Schuldner gezogenen und von diesem acceptirten Wechsel, wenn dieser auch weiter girirt und die Waarenschuld mittelst Eintragung des Wechselbetrages in die Handlungsbücher saldirt worden (Berl. Ob. Trib. im Arch. f. deutsch. W. Bd. XI. S. 308 f.). — Der Wechsel vertritt nicht schon für sich selbst die Zahlung; die Uebernahme eines Wechsels für eine Waarenforderung enthält, abgesehen von einer

§. 95.

Fortsetzung. — Die s. g. Bereicherungsklage *.

Wenn die Verjährung (oder Präjudicirung) des Wechsels im Allgemeinen die Wechselforderung schlechtweg tilgt, dagegen ohne Einfluß auf das der Begebung oder Acceptation des Wechsels unterliegende materielle Rechtsverhältniß ist, während andererseits ein solches möglicherweise nie vorhanden gewesen oder durch die Annahme des Wechsels aufgehoben sein kann, so giebt die D. W. O. ohne weitere Unterscheidung dem Inhaber des verjährten (oder präjudicirten) Wechsels eine Klage gegen den Aussteller oder Acceptanten, so weit als sich dieser mit jenes Schaden bereichern würde [1].

---

deßfallsigen ausdrücklichen Erklärung, keine Novation (Sammlung handelsgerichtlich. Entscheidungen ... in Bayern, Bd. I. S. 44 f.).

[13] Förster, Preuß. Privatrecht, S. 597. not. 12. — Gerichtliche Entscheidungen: Die Ausstellung oder Annahme eines Wechsels an eigene Ordre über eine schon bestehende Schuld bewirkt für sich allein noch keine Tilgung oder Novation der Schuld. Es kömmt vielmehr darauf an, ob die Absicht der Parteien auf diese Wirkung gerichtet war (Berlin. Ob. Trib. im Arch. f. d. Wechselr. Bd. VI. S. 197 f.; Bd. VII. S. 86 f.). — S. ferner Arch. f. d. W. Bd. XI. S. 104. — Seuffert, Arch. Bd. XX. S. 431. — Ueber die Hingabe von Wechseln an Zahlungsstatt kann Eideszuschiebung Statt finden (Samml. handelsgerichtl. Erkenntnisse ... in Bayern, Bd. II. S. 7 a. E. f.

* Grävell im Arch. f. d. Wechselr. Bd. I. S. 115 f. — Koch, ebendas. Bd. II. S. 32 f. — Ladenburg im Arch. f. pract. Rechtsw. Bd. V. 2. S. 36 f. — Jacobi im Arch. f. deutsch. Wechselr., Bd. IX. S. 26 f. — Ladenburg, ebendas. Bd. X. S. 20 f. — Meine Abh. im Arch. f. civ. Praxis, XLVI. S. 359 f. u. Bd. XLVII. S. 1 f. — Swoboda im Arch. f. d. W. Bd. XV. S. 290 f.

[1] D. W. O. Art. 83, Abs. 1: „Ist die wechselmässige Verbindlichkeit „des Ausstellers oder des Acceptanten durch Verjährung oder dadurch, dass „die zur Erhaltung des Wechselrechts gesetzlich vorgeschriebenen Handlungen verabsäumt sind, erloschen, so bleiben dieselben dem Inhaber des

Ist nun bei solcher Sachlage die in Frage stehende Klage keine Klage aus dem dem Wechselversprechen unterliegenden Rechtsverhältnisse [2], so vermag sie ebensowenig als eine condictio causa data, causa non secuta [3] oder als condictio sine

„Wechsels nur so weit, als sie sich mit dessen Schaden bereichern würden, „verpflichtet." — Art. 98, Nr. 10. — Preuß. Entw. §. 75 u. die Motive dazu (Leipz. Ausg. der Protoc. der Leipzig. Conferenz, S. LXXIII), welche nur besagen, daß dieser §. aus dem Preuß. Landrecht (Th. II. Art. 8. §§. 974 u. 1080), mit welchem im Principe das Rhein. Handelsgesetzb. (Code de comm.) übereinstimme, aufgenommen worden. — Der Code de comm. bestimmt, Art. 117 : „L'acceptation suppose la provision. Elle en établit „la preuve à l'égard des endosseurs. Soit qu'il y ait ou non acceptation, le „tireur seul est tenu de prouver, en cas de dénégation, que ceux sur qui „la lettre était tirée avaient provision à l'échéance; sinon il est tenu de „la garantie, quoique le protêt ait été fait après les délais fixés." — Art. 168 : ... Le porteur de la lettre de change est déchu de tous droite contre „les endosseurs." — Art. 170 : „La même déchéance a lieu contre le por„teur et les endosseurs à l'égard du tireur lui-même, si ce dernier justifie „qu'il y avait provision à l'échéance de la lettre de change." — Art. 189 : „Toutes actions relatives aux lettres de change et à ceux des billets à ordre „souscrits par des négocians etc. ou pour faits de commerce, se prescrivent „par cinq ans . . . Néanmoins les prétendus débiteurs seront tenus, s'ils „en sont requis, d'affirmer sous serment qu'ils ne sont plus redevables; „et leurs veuves, héritiers ou ayants cause, qu'ils estiment de bonne foi „qu'il n'est plus rien dû." — Uebereinstimmend mit dem Code de comm. : das Portug. Handelsg. Art. 420 u. Art. 423; Niederländ. Handelsges. Art. 206. 207. — Mit der Fassung der D. W. O. Art. 83 stimmen im Wesentlichen überein : der Schweiz. Concord.-Entw. §. 87, Abs. 1 u. 2 : „Durch Verjährung oder durch Versäumniss einer zur Erhaltung des Wech„selrechts vorgeschriebenen Frist oder Form erlöschen die wechselrecht„lichen Verbindlichkeiten sämmtlicher aus dem Wechsel Verpflichteten. „— Der Acceptant und der Aussteller bleiben jedoch im gewöhnlichen „Processe dem Wechselinhaber insoweit verbindlich, als sie sich mit dessen „Schaden bereichern würden. War der Wechsel für Rechnung eines „Dritten gezogen, so haftet der Dritte aus der Bereicherung." Art. 89 a. E. Schwed. W. O. §. 96; Finnländ. W. O. §. 93.

[2] Dieß meint Liebe, die Allg. D. W. O. mit Einl. u. Erl. S. 220 f.

[3] Dieß meint Grävell im Arch. f. deutsch. Wechselr. Bd. I. S. 138 f. — S. aber dagegen : Koch, ebendas. Bd. II. S. 40 f. u. S. 44 f.; — u. meine Abh. im Arch. f. civ. Prax. Bd. XLVI. S. 362.

causa [4] oder gar als eine Entschädigungsklage [5] aufgefaßt zu werden. Vielmehr ist die s. g. Bereicherungsklage eine Wechselklage im weitern Sinne dieses Worts [6]. Denn kann sie auch nicht im Wechselprocesse geltend gemacht werden [7], und finden auf dieselbe die Grundsätze der D. W. O. über Eintritt der Wechselverjährung und Wechselarrest keine Anwendung, während sie andererseits eine Klage „cum taxatione" ist, so hat die Bereicherungsklage ihr rechtliches Fundament lediglich im Wechselrechte [8]. Wie daher zu deren Begründung die Vorlegung eines gültigen Wechsels gehört, dem weiter nichts zur vollen Wirksamkeit fehlt, als daß er verjährt oder präjudicirt ist [9], so steht sie dem nach wechselrechtlichen Grundsätzen legitimirten Wechselinhaber nur gegen Wechselverbundene, mit Ausschluß der ausdrücklich ausgenommenen Indossanten [10], also gegen Aussteller und Acceptanten zu.

---

[4] So Swoboda im Arch. f. d. W. Bd. XV. S. 294 f. — S. aber meine Abh. a. a. O. S. 362. 363.

[5] So das Oberlandesgericht in Wien im Arch. f. d. W. Bd. VIII. S. 175 f. — Dagegen das nämliche Gericht und der Oberste Gerichtshof in Wien in demselb Arch. Bd. XI. S. 278 f.; Bd. XIII. S. 432.

[6] Arg. D. W. O. Art. 83, Abs. 1: Aussteller und Acceptanten bleiben dem Wechselinhaber verpflichtet.

[7] Die Schlußworte der Preuß. Entw. §. 75: „Dieser Anspruch kann „jedoch nicht im Wechselverfahren verfolgt werden" wurden lediglich aus Redactionsgründen weggelassen.

[8] Leipz. Protoc. S. 195. — Jacobi im Arch. f. d. Wechselr. Bd. IX. S. 33 f.

[9] Berlin. Ob. Trib. bei Borchardt, die Allg. D. W. O. . . . mit den von den deutschen Gerichtshöfen ausgesprochenen Grundsätzen des Wechselrechts, Zus. 567. — Jacobi, a. a. O. S. 48. — Dagegen kann die Bereicherungsklage nicht auf Grund eines verloren gegangenen Wechsels angestellt werden. — Seuffert, Arch. Bd. XX. no. 259.

[10] D. W. O. Art. 83, Abs. 2: „Gegen die Indossanten, deren wechsel„mässige Verbindlichkeit erloschen ist, findet ein solcher Anspruch nicht „Statt." Art. 98. no. 10. — Schweiz. Concord.-Entw. §. 87, Abs. 3. — Code de comm. A. 117 u. A. 168. — Ungar. Wechselrecht, §. 67. — Dagegen: Preuß. Entw. §. 75: „Ist die wechselmässige Verbindlich„keit eines Wechselverpflichteten durch Verjährung . . . . erloschen, so „bleibt der frühere Wechselverpflichtete dem Eigenthümer des Wechsels

Die Bereicherungsklage geht gegen den Aussteller der Tratte, und steht gegen diesen zunächst dem in der Innehabung des Wechsels befindlichen Remittenten zu. Indem aber die Klage nur insoweit gegeben, als sich der Beklagte mit dem Schaden des Wechselinhabers bereichern würde, ist dieselbe weder allein durch das Deckungsverhältniß [11], noch auch mittelst des bloßen Nachweises einer durch den Aussteller empfangenen Valuta zu begründen [12]. Vielmehr gehört zu dieser Begründung die Behauptung und der Beweis, daß der Trassant vom Wechselinhaber eine Valuta empfangen, und dann daß jener das für den Wechsel empfangene Aequivalent ohne Entgeld in Händen behalten habe [13]. In der ersteren Hinsicht ist die Bereicherungsklage durch den Nachweis zu begründen, daß der Remittent dem Aussteller eine Valuta gegeben [14], und in welchem

„nur so weit, als er sich mit dessen Schaden bereichern würde, verpflichtet." Ueber die Gründe, warum die Bereicherungsklage gegen die Indossanten in der D. W. O. ausgeschlossen wurde, s. Leipzig. Protoc. S. 193. — S. aber Grävell im Arch. f. d. W. Bd. I. S. 118 f.; Ladenburg, ebendas. Bd. IV. S. 262 f.; Stern, ebendas. Bd. IV. S. 281 f.; Fick, in dem näml. Arch. Bd. VII. S. 121 f. (s. aber Thöl, Wechselr. §. 238. not. 16); Ladenburg, ebendas. Bd. X. S. 20 f.

[11] Dieß meint Thöl, Wechselr. §. 238 (S. 353).

[12] Dagegen: Wien. Oberlandesger. im Arch. f. deutsch. Wechselr. Bd. XII. S. 262 f.

[13] Brauer, die Allg. D. W. O. S. 141. no. 2; Koch, Wechselr. S. 325; Volkmar u. Löwy, D. W. O. S. 321. no. 5; Hoffmann, Erl. S. 595; Wächter, Wechsellehre, S. 578; Heinisch, D. W. O., S. 221; Swoboda im Arch. f. d. W. Bd. XV. S. 298; die Erkennt. des Ob. Trib. in Berlin und des Oberst. Oesterr. Gerichtshofs bei Borchardt, a. a. O. Zus. 568 a; ferner des Berl. Ob. Trib. bei Kletke, Samml. von Präjud. S. 233. no. 600 und im Rhein. Arch. Bd. LIII. 2. 13; Oberster Oesterr. Gerichtshof im Arch. f. d. Wechselr. Bd. XII. S. 201 f.; Sammlung handelsgerichtl. Entscheidungen ... in Bayern, Bd. II. S. 151 f.

[14] Daher kann von der Bereicherungsklage nicht die Rede sein, wenn der Trassant den Wechsel donandi causa begeben, oder derselbe sich mittelst der Wechselbegebung hat verbürgen wollen: Ob. Trib. in Stuttgart bei Seuffert, Arch. Bd. XV. S. 421 f. — Haimerl, Anleit. z. Studium des Wechselrechts, S. 244 f. — Voigt im N. Arch. f. Handelsrecht, Bd. II. S. 132. — Dagegen Thöl, Wechselrecht, §. 238 zu not. 11.

Betrage er ihm diese gegeben, während es darauf, wie die Valuta berichtigt worden, ob durch Baarzahlung oder mittelst Waaren, durch Tilgung einer Schuld des Trassanten, durch einfaches oder durch Wechselversprechen, durch Uebertrag einer einfachen oder einer Wechselforderung u. s. w. nur insoferne ankömmt, als regelmäßig die Nachweisung des Betrags, um welchen das Vermögen des Ausstellers durch die Valuta vermehrt, ein Aufdecken der Art der Valuta-Berichtigung erfordern wird [15].

Andererseits erscheint als weiteres Fundament der Bereicherungsklage des Remittenten gegen den Trassanten die Behauptung und der Beweis, daß das Vermögen des Ausstellers durch Uebermachung von Deckung nicht vermindert oder doch nur um einen geringeren Betrag als den der empfangenen Valuta vermindert worden sei, — gleichgültig übrigens, ob der Aussteller keine Deckung angeschafft oder die gegebene Deckung zurückbekommen, oder ob derselbe auf Schuld trassirt, oder den Bezogenen nur durch einfaches Versprechen gedeckt, so wie ferner, ob der Deckungswerth in das Vermögen des Trassaten gekommen und beziehungsweise in demselben geblieben, oder ob dieß nicht der Fall ist [16].

Wiewohl nun der Aussteller dem Inhaber des verjährten (oder präjudicirten) Wechsels nur insoweit haftet, als er sich mit dessen Schaden bereichern würde, so liegt dessenungeachtet nicht dem Kläger der Beweis ob, daß Beklagter zur Zeit der Litiscontestation noch bereichert gewesen sei [17], während letzterer die Klage aus der Bereicherung mittelst des Einredebeweises elidiren kann, daß

---

[15] Meine Abh. im Arch. f. civ. Prax. Bd. XLVI. S. 367 f. — S. auch Arch. f. d. W. Bd. VII. S. 429 f. — Ueber den Gebrauch der Valuta-Formel für den dem Wechselinhaber obliegenden Beweis vgl. meine Abh. im Arch. f. civ. Prax. Bd. XLVII. S. 1 f. — Dies. Lehrb. §. 18. II. 1.

[16] Meine Abh. im Arch. f. civ. Prax. Bd. XLVI. S. 371 a. E. f.

[17] Meine Abh. a. a. O. S. 376. — Arch. f. d. W. Bd. VII. S. 431. — Dagegen: Koch in demselb. Arch. Bd. II. S. 57 f. — Löhr, Centralorgan, N. F. Bd. I. S. 135 i. A.

gerade dasjenige, was er als Valuta empfangen, für ihn ohne sein Verschulden verloren gegangen [18].

In der nämlichen Weise ist die Bereicherungsklage gegen den Trassanten auch dann zu begründen, wenn sie von einem Indossatar angestellt wird, indem hier das zwischen diesem und dessen Indossanten bestehende Valuta-Verhältniß nicht in Betracht kömmt [19].

Wie aber beim Wechsel an eigene Ordre die Klage aus der Bereicherung nach den nämlichen Grundsätzen gegen den ersten Indossanten Statt findet [20], so ist sie dagegen bei der Commissinnstratte nicht gegen den Committenten [21], sondern gegen den Trassanten zu richten, gegen welchen sie durch den Nachweis begründet wird, daß er eine Valuta von dem und dem Betrage empfangen, und daß dieser Werth nicht oder nicht in seinem vollen Betrage in das Vermögen desjenigen übergegangen sei, für dessen Rechnung der Wechsel gezogen worden [22].

Indem nun in diesen verschiedenen Anwendungen die Klage nicht auf die Wechselsumme, sondern auf dasjenige geht, worum der Aussteller und beziehungsweise der erste Indossant des an eigene Ordre ausgestellten Wechsels in Folge der Wechselbegebung bereichert worden, kann der Kläger außer 5 % Proceßzinsen anderweitige Zinsen

---

[18] Arg. l. 18 D. quod metus causa (4. 2). — Meine Abh. im Arch. f. civ. Prax. Bd. XLVI. S. 376 f. — S. auch Arch. f. d. Wechselrecht, Bd. XIII. S. 214.

[19] Meine Abh. a. a. O. Bd. XLVII. S. 9 f. — Arch. f. d. Wechselr. Bd. XIII. S. 430 f.

[20] Meine Abh. a. a. O. Bd. XLVII. S. 8 f. — Seuffert, Arch. Bd. XIII. no. 82.

[21] Arg. D. W. O. Art. 83, Abs. 1. — Jacobi im Arch. f. d. W. Bd. IX. S. 49. — Meine Abh. im Arch. f. civ. Prax. Bd. XLVII. S. 14 f. — Thöl, Wechselrecht, §. 238. not. 6. — Dagegen Leipzig. Protoc. S. 195. — Brauer, D. W. O. S. 141. — Kletke, Encyc. I. S. 450 — Kheil, Wechselrecht (3. Aufl.), §. 445. — Schweiz. Concord.-Entw. §. 87, Abs. 2 (s. oben not. 1).

[22] Meine Abh. im Arch. f. civ. Prax. Bd. XLVII. S. 16 f.

nur insoweit ansprechen, als er zu beweisen im Stande ist, daß der Beklagte Zinsen aus der Valuta bezogen habe [23].

Die s. g. Bereicherungsklage geht jedoch nicht allein gegen den Trassanten, sondern auch gegen den Acceptanten, dagegen nicht gegen den Ehren-Acceptanten [24] oder den Bezogenen, welcher den Wechsel nicht acceptirt hat [25]. Gegen den Acceptanten aber wird die Klage, gleichgültig ob sie vom Trassanten, Remittenten, Indossatar oder Indossanten angestellt wird, mittelst des Nachweises begründet, daß und um wie viel das Vermögen des Beklagten durch die angeschaffte Deckung vermehrt worden [26], so wie, falls die Tratte einen Domiciliaten bezeichnet, daß Acceptant jenen Betrag nicht oder nicht ganz zur Deckung des Domiciliaten aus der Hand gegeben habe [27].

Indem jedoch die s. g. Bereicherungsklage gegen den Aussteller oder den Acceptanten Statt findet, entscheiden die Umstände darüber, welcher von Beiden auszuklagen ist, ohne daß der beklagte Trassant der Klage entgegensetzen könnte, daß der Wechsel nur gegen ihn und nicht gegenüber dem Acceptanten verjährt oder präjudicirt sei [28].

Gegen den Aussteller eines eigenen Wechsels ist die Bereicherungsklage begründet, wenn und insoweit derselbe für die Wechselbegebung eine Valuta erhalten [29], während in dem Falle, daß der

---

[23] Meine Abh. a. a. O. Bd. XLVI. S. 379 f.

[24] Volmar u. Löwy, D. W. O. S. 322. – Meine Abh. a. a. O. Bd. XLVII. S. 23.

[25] Meine Abh. a. a. O. Bd. XLVII. S. 23 a. E. f. — Dagegen: Ladenburg im Arch. f. d. W. Bd. IV. S. 259 f.

[26] Meine Abh. im Arch. f. civ. Prax. Bd. XLVII. S. 19 f. — Arch. f. d. W. Bd. XI. S. 278 f. — Löhr, Centralorgan, N. F. Bd. II. S. 436 f. — Die auf dem Wechsel stehende Deckungsformel „und stellen es auf Rechnung" ist jedoch nicht geeignet den dem Kläger hier obliegenden Bereicherungs-Beweis herzustellen. – Erk. des O. A. G. in Dresden im Arch. f. d. W. Bd. IX. S. 101. — Dagegen: Ob. Oest. Gerichtsh. im Arch. f. d. W. Bd. X. S. 295 f.

[27] Meine Abh. im Arch. f. civ. Prax. Bd. XLVII. S. 22 f.

[28] Volkmar u. Löwy, D. W. O. S. 321.

[29] Zeitsch. f. d. gesammte Handelsrecht, Bd. X. S. 577 f.

Wechsel einen Domiciliaten benennt, der weitere Beweis erfordert ist, daß der Aussteller den Werth, um welchen sein Vermögen durch die Valuta vermehrt worden, nicht oder nicht ganz zur Deckung des Domiciliaten aus der Hand gegeben habe [30].

IV. Die Geltendmachung der Wechselrechte im Falle eines Concurses des Wechselschuldners.

Borchardt in der Zeitsch. f. d. gesammte Handelsrecht, Bd. II. S. 80 f.

Meine Abhandlung im Arch. f. d. W. Bd. VIII. S. 277 f.

§. 96.

Der Einfluß des Concurses des Wechselschuldners auf die Geltendmachung der Wechselforderung im Allgemeinen.

Wenn die Eröffnung des Concurses über das Vermögen eines Wechselschuldners selbstverständlich eine Particular-Execution des Wechselgläubigers in die Güter des Cridars, so weit dieselben zur Concursmasse gehören, hindert [1], so schließt jene dagegen die separate Geltendmachung der Wechselforderung gegen den Gemeinschuldner im Wechselprocesse (oder auch im ordentlichen Verfahren) nicht aus [2], soferne das particuläre Recht nicht etwas Anderes anordnet [3]. Wie

---

[30] Meine Abh. im Arch. f. civ. Prax. Bd. XLVII. S. 24. 25.

[1] Mein Lehrb. des Civilproceßrechts, S. 665. — Nach österreich. Rechte kann jedoch der Wechselgläubiger, welcher die executive Pfändung auf die beweglichen Güter seines Schuldners erwirkt hat, dieselbe des nachher ausgebrochenen Concurses ungeachtet bei dem nämlichen Gerichte fortsetzen. Arch. f. d. W. Bd. V. S. 431. 442. 444.

[2] Meine Abh. im Arch. f. d. W. Bd. VIII. S. 319 f. — Thöl, Wechselrecht, §. 338 (S. 764). — Dagegen: Kübel im Arch. f. d. W. Bd. XVI. S. 239 a. E. f. — Berlin. Ob. Trib. im Arch. f. d. W. Bd. IX. S. 202 f. — Ob. Trib. in Stuttgart bei Seuffert, Arch. Bd. XX. no. 171.

[3] Preuß. Concursordn. v 8. Mai 1855. §§. 8. 9. — Berl. Ob. Tr.

demnach der Wechselgläubiger, welcher seinen Schuldner während der Dauer oder auch vor der Eröffnung der Gant ohne nachherige Anmeldung seiner Forderung im Concurse im Wechselprocesse ausgeklagt hat, das erlangte condemnatorische Urtheil mittelst Realexecution in das Vermögen des Cridars, soweit dasselbe nicht zur Concursmasse gehört, so wie neben oder statt einer solchen Zwangsvollstreckung durch Personalarrest zum Vollzuge bringen kann (vgl. jed. dies. Lehrb. §. 22), so ist dagegen die Ausklagung des Gemeinschuldners im Wechselprocesse weder zur Unterbrechung der Wechselverjährung nöthig (dies. Lehrb. §. 93), noch auch gleichzeitig mit der Liquidation der Wechselforderung im Concurse möglich [4].

Wohl aber muß der Wechselgläubiger, wenn er aus der Masse eines in Concurs gefallenen Wechselschuldners die Zahlung seiner Forderung beansprucht, dieselbe im Professionstermine anmelden, sollte er auch gegen den nunmehrigen Cridar schon vor der Ganteröffnung beim Concursgerichte oder anderswo klagbar geworden sein.

Die Liquidation der Wechselforderung im Concurse, welche zum Zwecke der Befriedigung aus der Masse alsdann nöthig ist, wenn der Anspruch nicht schon vor der Ganteröffnung gerichtlich anhängig gemacht worden, geschieht nicht im Wechselprocesse; dessenungeachtet behält die Forderung ihren Character als Wechselforderung [5], welcher sonach auch nur die nach den Grundsätzen des Wechselrechts zulässigen Einreden entgegengesetzt werden können [6].

---

bei Kletke, Präjud. I. S. 214 no. 542. — Borchardt in der Zeitsch. f. das gesammte Handelsrecht, Bd. II. S. 83 a. E.

[4] O. A. G. in Darmstadt im Arch. f. d. W. Bd. VII. S. 201. — Meine Abh. in demselben Arch. Bd. VIII. S. 320. — Thöl, Wechselrecht, §. 338 (S. 764). — Kübel im Arch. f. deutsch. W. Bd. XVI. S. 239 a. E., 240.

[5] Meine Abh. im Arch. f. d. W. Bd. VIII. S. 278. — Thöl, Wechselrecht, §. 314, no. 1. — Dagegen Zeitsch. f. d. gesammte Handelsrecht, Bd. III. S. 575 f.

[6] Meine Abh. im Arch. f. d. W. Bd. VIII. S. 284. — Berl. Ob. Tr. im Arch. f. deutsch. Wechselr., Bd. X. S. 397 f.

Es kann aber der Wechselgläubiger auch eine betagte oder bedingte Wechselforderung im Concurse seines Schuldners geltend machen, und zwar nicht allein in der Gant des Ausstellers eines eigenen Wechsels oder eines Acceptanten, sondern selbst in derjenigen des Trassanten oder eines Indossanten, so wie überhaupt eines Wechselschuldners, gegen welchen ein Protest M. Z. an sich nöthig ist, wenn auch ein solcher nicht vorhanden [7].

Braucht nun der Liquidant so wenig wie bei einer im ordentlichen Processe angestellten Wechselklage [8] seine Forderung sofort liquid zu machen, so muß er doch den Wechselbrief nicht allein zur Hebung der Dividende [9], sondern zur Erlangung einer Condemnation spätestens im Beweistermine vorlegen, was in gleicher Weise von der Vorlage des Protests M. Z. gilt, wo ein solcher zur Begründung der Wechselforderung gehört, den Fall ausgenommen, daß diese noch nicht fällig ist [10].

Die Wechselforderung genießt übrigens, wie nach gemeinem Rechte, so auch nach der D. W. O. keines Vorzugsrechts im Concurse [11]; daher denn der Wechselgläubiger, wo ihm nicht particular-

---

[7] Meine Abh. a. a. O. S. 279 f. — Treitschke, Encyc. I. S. 278. — Günther, Concurs, S. 62. — Thöl, Wechselrecht, §. 314. 2. — Arch. f. d. W. Bd. X. S. 62 f. u. S. 293 f.

[8] Kletke, Präjud. S. 217. no. 550; S. 255. no. 665; II. Fort. S. 286. no. 1607. a.

[9] Berl. Ob. Trib. bei Borchardt, die Allg. D. W. O. mit den von den deutschen Gerichtshöfen ausgesprochenen Grundsätzen. Zus. 829.

[10] Meine Abh. im Arch. f. deutsch. Wechselr., Bd. VIII. S. 280 a. E. f. — Löhr, Centralorgan, N. F. Bd. III. S. 590 f.

[11] Mittermaier, Grunds. §. 355 zu Note 6. — Brem. Einf.-G. §. 10: „Das Wechselrecht ertheilt dem Gläubiger keinen Vorzug vor andern chiro-„graphischen Gläubigern." — Das particularrechtlich vorkommende Vorzugsrecht der Wechselforderungen ist durch folgende Einführungsgesetze der D. W. O. aufgehoben worden: Bayer. Einführ.-Ordn. §. 10; — Braunschweig. Einf.-Ordn. §. 7; — Hannöv. Einf.-Ordn. §. 5; so wie durch die Preuß. Concursordn. v. 8. Mai 1855, §. 197. — S. auch Arch. f. d. W. Bd. I. S. 90 u. S. 333.

rechtlich ein Privilegium eingeräumt [12], durch einen gerichtlich bestätigten Accord gebunden ist [13], so wie ihm auch ein dem Gemeinschuldner ertheiltes allgemeines Moratorium entgegensteht [14].

Der Wechselinhaber hat aber als solcher auch keinerlei Separationsrechte im Concurse des Wechselschuldners [15]. Wie er demnach in der Gant des Trassanten oder eines Indossanten weder die bezahlte Valuta vindiciren, noch auch die Cession der Ansprüche verlangen kann, die der Aussteller wegen der Deckung an den Bezogenen hat [16], oder der dem Zieher bei einer Commissionstratte gegen den Committenten zustehenden Rechte [17], so hat der Wechselgläubiger ebensowenig ein Recht auf Herausgabe der Deckung im Concurse des Acceptanten [18], sollte auch die nach der Ganteröffnung eingetroffene Deckung vom Concursverwalter ganz zur Masse gezogen worden sein [19].

---

[12] Dieß ist der Fall: in Schleswig (Seuffert, Arch. Bd. VII. no. 96) und in Würtemberg (Prioritäts-Gesetz v. 15. April 1825, Art. 13 u. 15, und Pfandentwickl.-Gesetz v. 21. Mai 1828, Art. 43). S. aber über den letzteren Staat Heß im Arch. f. deutsch. Wechselr. Bd. II. S. 122. Ueber das für eine Wechselforderung bestellte Pfandrecht, s. dies. Lehrb. §. 18 a. E.

[13] Heise, Handelsrecht, S. 291. 3.

[14] Heise, Handelsrecht, S. 292.

[15] Abgesehen natürlich von dem Separationsrechte des Wechselgläubigers als Handelsgläubiger (dies. Lehrb. §. 12 a. E.) im Concurse der offenen oder der Commanditgesellschaft. Allg. D. Handelsg. Art. 122 u. Art. 169.

[16] Bender, Wechselrecht, II. S. 462 f. — Heise u. Cropp, jurist. Abh. II. S. 381. — Meine Abh. im Archiv für deutsches Wechselrecht, Bd. VIII. S. 288 f. — Thöl, Wechselrecht, §. 314. 7.

[17] Heise u. Cropp, jurist. Abh. II. S. 383 f. — Hamburg. Handelsgericht, in der Zeitsch. f. d. gesammte Handelsrecht, Bd. II. S. 138 no. 72. — Meine Abh. a. a. O. S. 289 a. E. f.

[18] Heise u. Cropp, jurist. Abh. II. S. 360 u. not. 50. — Wolffsohn im N. Arch. f. Handelsrecht, Bd. I. S. 292 f. — Meine Abh. im Arch. f. d. W. Bd. VIII. S. 290 f. — Hamburg. Handelsger. in der Zeitsch. f. d. gesammte Handelsrecht, Bd. II. S. 138, not. 69.

[19] Meine Abh. a. a. O. S. 291 f. — Dagegen Ladenburg im Arch. f. d. W. Bd. IV. S. 255 f.

§. 97.

Die Liquidation der Wechselforderung im Concurse des Wechselschuldners im Falle geschehener Theilzahlung *.

Wenn es sich von selbst versteht, daß der Wechselinhaber, welcher von seinem noch zahlungsfähigen Schuldner eine Abschlagszahlung auf den Wechsel erhalten, nur den Restbetrag seines Anspruchs im Concurse des nämlichen Schuldners liquidiren kann [1], so entsteht dagegen die Frage, wie es sich mit der Liquidation in der Gant eines Wechselschuldners verhält, wenn von einem andern Wechselinteressenten an den dermaligen oder einen andern Wechselinhaber eine Theilzahlung erfolgt ist.

Es ist zu unterscheiden zwischen einer auf die Wechselsumme und einer auf die Regreßsumme geschehenen Theilzahlung.

Ist auf die Wechselsumme eine Abschlagszahlung an den legitimirten Wechselinhaber durch den Acceptanten und beziehungsweise Aussteller des eigenen Wechsels, einen Mitacceptanten oder Mitaussteller oder auch eine dritte Person erfolgt, so kann der Wechselgläubiger, da durch eine solche Theilzahlung der Wechsel im Verhältnisse des Acceptanten und resp. Ausstellers zum Wechselinhaber zu dem bezüglichen Theile entkräftet ist (dies. Lehrb. §. 84), auch nur den Restbetrag der Forderung im Concurse des Schuldners der Wechselsumme anmelden. Gleichgültig ist es hierbei, ob der dermalige Wechselgläubiger oder ein anderer legitimirter Wechselinhaber die Theilzahlung empfangen, ob diese vor oder nach der Protesterhebung,

---

* Wolffsohn im N. Arch. f. Handelsrecht, Bd. I. S. 275 f. — Borchardt in der Zeitschrift f. d. gesammte Handelsrecht, Bd. II. S. 86 f. — Ladenburg im Arch. f. d Wechselr. Bd. VIII. S. 233 f. — Meine Abh. ebendas. Bd. VIII. S. 293 f. — Löwy im Arch. f. d. W. Bd. XI. S. 165 f. — Hoffmann, ebendas. Bd. XI. S. 385 f. — Wolff in demselben Arch Bd. XII. S. 127 f.

[1] Meine Abh. im Arch. f. deutsch. Wechselr Bd. VIII. S. 293 f.

vor oder nach der Concurseröffnung erfolgt [2], wenn sie nur vor der Anmeldung oder doch der rechtskräftigen Location der Wechselforderung in der Gant geschehen ist [3].

Indem aber eine auf die Wechselsumme geschehene Abschlagszahlung die Regreßforderung des Wechselinhabers dann mindert, wenn sie vor Erhebung des Protests M. Z. erfolgt ist, kann unter dieser Voraussetzung der Regreßanspruch allein bezüglich des nicht bezahlten Theils der Wechselsumme im Concurse des Trassanten oder eines Indossanten geltend gemacht werden [4], während eine nach der Protestlevirung erfolgte Theilzahlung der Wechselsumme nur insoferne in Betracht kömmt, als die nach der vollen Regreßsumme berechnete Dividende bloß bis zum vollen Betrage jener Summe einschließlich der Abschlagszahlung zu entrichten ist [5].

Was dagegen eine auf die Regreßsumme an den legitimirten Wechselinhaber geschehene Theilzahlung anbetrifft, so mindert dieselbe die Summe, nach welcher die dem Wechselgläubiger gebührende Dividende zu berechnen ist, im Concurse des Mittrassanten oder Mitindossanten, wenn sie von einem Mittrassanten oder Mitindossanten vor der Anmeldung oder doch vor der rechtskräftigen Location der Wechselforderung in der Gant geleistet worden ist [6].

Indem aber andererseits die Zahlung eines Theils der Regreßsumme durch den Trassanten oder einen Indossanten so wenig Einfluß auf das Verhältniß des Wechselinhabers, der die Zahlung nicht empfangen, zum Acceptanten hat [7], wie die von einem Indossanten

---

[2] Dagegen: Borchardt in der Zeitsch. f. d. gesammte Handelsr. Bd. II. S. 90 u. not. **.

[3] Meine Abh. a. a. O. S. 295 f.

[4] Wolffsohn im N. Arch. f. Handelsrecht, Bd. I. S. 282 f.

[5] Wolffsohn, ebendas. Bd. I. S. 283. — Meine Abh. im Arch. f. d. W. Bd. VIII. S. 297 f. — Anders Thöl, Wechselrecht, §. 315 (S. 689).

[6] Meine Abh. im Arch. f. d. W. Bd. VIII. S. 303. — Hoffmann in demselben Arch. Bd. XI. S. 388.

[7] Dies. Lehrb. §. 84. II. Anders Wolffsohn im N. Arch. f. Handelsr. Bd. I. S. 277 f.

geleistete Abschlagszahlung auf das Verhältniß des Inhabers des eigenen Wechsels zu dessen Aussteller [8], kann der Wechselgläubiger ungeachtet der vom Trassanten oder einem Indossanten an einen andern legitimirten Wechselnehmer gemachten Theilzahlung im Concurse des Acceptanten und resp. Ausstellers des eigenen Wechsels den ganzen Betrag der Wechselsumme sammt Zinsen und Kosten liquidiren [9].

Ebenso kann der Wechselinhaber ungeachtet einer von einem Indossanten auf die Regreßsumme geleisteten Theilzahlung den vollen Regreßanspruch im Concurse des Trassanten oder eines früheren Indossanten geltend machen [10].

Wenn endlich vom Trassanten oder einem Indossanten eine Abschlagszahlung gemacht worden ist, so ist der legitimirte Wechselinhaber nur zur Liquidation des Restbetrags der Regreßforderung im Concurse eines Nachmannes des Zahlenden berechtigt [11].

§. 98.

Die Liquidation der Wechselforderung in den Concursen mehrerer Wechselschuldner.

Wenn der Concurs über das Vermögen mehrerer oder auch sämmtlicher Wechselschuldner eröffnet worden, und der Wechselinhaber, welcher seine Forderung zunächst in der Gant eines vor den übrigen fallit gewordenen Schuldners liquidirt, hier eine Theilzahlung erhalten hat, bevor er sich in den andern Concursen gemeldet, so entscheiden die im vorigen §. dargestellten Grundsätze darüber, ob er

---

[8] Berlin. Ob. Trib. bei Kletke, Präjud. II. Forts. S. 263, no. 1540.

[9] Meine Abh. im Arch. f. deutsch. W. Bd. VIII. S. 300 f.

[10] Wolffsohn im N. Arch. f. Handelsrecht, Bd. I. S. 278. — Meine Abh. im Arch. f. d. W. Bd. VIII. S. 301. — Thöl, Wechselrecht, §. 315 (S. 689 a. E., 690).

[11] Dies. Lehrb. §. 84. II. — Thöl, Wechselrecht, §. 315 (S. 689 a. E.). — Eine andere Ansicht hat der Verfasser vertreten im Arch. f. d. W. Bd. VIII. S. 301 a. E. f.

daselbst seinen vollen Wechselanspruch oder nur einen geminderten Betrag zu profitiren befugt ist.

Andererseits versteht es sich von selbst, daß so lange der Wechselinhaber keine Abschlagszahlung empfangen, er seinen vollen Anspruch aus dem Wechsel in den Concursen sämmtlicher fallit gewordenen Wechselschuldner anmelden kann. Hat nun in einem derartigen Falle der Wechselgläubiger aus der einen Masse eine Dividende bezogen, so bestehen hinsichtlich des Einflusses einer solchen Theilzahlung auf den in den anderen Ganten geltend gemachten Wechselanspruch verschiedene Systeme.

Nach einer Ansicht hat jede im Concurse eines Wechselschuldners erfolgte Theilzahlung die Minderung der in den Ganten der übrigen Wechselverbundenen angemeldeten Forderung zur Folge, so daß bei Bestimmung der Dividende in der zweiten Masse nur der noch nicht bezahlte Betrag der Gesammtforderung in Anschlag zu bringen ist u. s. f. [1].

Nach einer andern Meinung empfängt der Wechselinhaber bis zu seiner völligen Befriedigung von jeder Concursmasse die nach dem Gesammtbetrage seiner Forderung zu berechnende Dividende [2].

---

[1] Treitschke, Encyc. II. S. 289 u. II. S. 362 f. — Daniels, Grunds. S. 361 f. — Borchardt, D. W. O. S. 103. — Walter, Syst. §. 365; Ladenburg im Arch. f. d. W. Bd. VIII. S. 238 f. — Günther, Concursproc. S. 62, der diese Meinung als die gewöhnliche, wiewohl kaum ganz richtige, bezeichnet. — Dessau. W. O. §. 44 : „Sind einem Wechselgläubiger „mehrere Wechselinteressenten verhaftet und bricht über alle Concurs aus, „so kann er sich mit der ganzen Summe in allen Concursen melden. Gelangt er jedoch in einem derselben zur ganzen oder theilweisen Zahlung, „so tilgt oder mindert dieselbe ipso jure seine Forderung in allen übrigen „Concursen." — Uebereinstimmend ist mit jener Ansicht auch das O. A. G. in Dresden, wiewohl mit der Maßgabe, daß der in dem Locationsurtheile festgesetzte Betrag den Maßstab für die Dividenden-Vertheilung auch dann bildet, wenn später von einer andern Gantmasse Zahlungen auf den Wechselanspruch geleistet werden. Arch. f. d W. Bd. II. S. 87 f. u. S. 96 f. und ferner die Berichtigung in dem nämlichen Arch. Bd. XIII. S. 218 f.

[2] Bender, Grunds. II. S. 475 f. — Pöhls, Wechselrecht, S. 633 f. — Mittermaier, Grunds. §. 355. 10. — Brauer, Erläut. S. 138. —

Da es jedoch Theilzahlungen giebt, die anderen Wechselverbundenen zu Statten kommen, und solche, bei denen dieß nicht der Fall ist (vgl. §. 97), andererseits der Concurs mehrerer Wechselschuldner hieran nichts zu ändern vermag, so ist weder das eine noch das andere jener Systeme in solcher Allgemeinheit für richtig zu erachten, vielmehr folgendermaßen zu unterscheiden:

Hat der Wechselinhaber in der Gant eines Acceptanten oder Ausstellers eines eigenen Wechsels eine Dividende bezogen, so ist er im Concurse des Mitacceptanten oder Mitausstellers nur mit dem Restbetrage seiner Forderung zu lociren; was auch vom Concurse des Mittrassanten oder Mitindossanten gilt, wenn der Wechselgläu-

---

Arch. f. d. W. Bd. X. S. 35 f. — Schw. Entw. §. 57: „Sind Regresspflichtige in Concurs gerathen, so ist der Regressnehmer berechtigt, bei „jeder Concursmasse seine ganze Forderung an Capital, Zinsen, Auslagen „u. s. w. geltend zu machen. Er muss jedoch dasjenige, was er aus einer „Masse erhält, der andern in Abzug bringen. — Den Wechsel, den Protest „und die quittirte Retourrechnung ist er erst derjenigen Masse auszuliefern „verbunden, welche den Rest seiner Regresssumme bezahlt." Meine Kritik, S. 23. — Code de comm. Art. 542 und Französ. Gesetz vom 28. Mai 1838. — Còdico de comercio, Art. 537. — Niederländ. Handels-Gesetzb. Art. 97. — Bremer Einführ.-Ordn. §. 11: „Gerathen mehrere dem Wechselinhaber wechselmässig Verpflichtete in Insolvenz, so ist derselbe bei jeder Masse seine gesammte Forderung an „Capital, Zinsen und Auslagen bis zu seiner völligen Befriedigung geltend „zu machen befugt, muss sich jedoch dasjenige, was er aus einer andern „Masse erhält, in Anrechnung bringen lassen. Er braucht erst derjenigen „Masse, welche ihm den Rest seiner Forderung bezahlt, den quittirten „Wechsel nebst Protesturkunde auszuliefern." — §. 12: „Der mit einer „Masse eingegangene Accord verhindert den Wechselinhaber nicht, seine „gesammte Forderung nach Massgabe des §. 11 gegen die übrigen Wechselverpflichteten oder deren Debitmassen geltend zu machen, und im Falle „eines Accordes der letztern die Accordgelder für den ursprünglichen Gesammtbetrag seiner Forderung bis zu seiner vollständigen Befriedigung „zu erheben." Nassau. Wechselpr.-Ordn. v. 7. Nov. 1848, §. 31 u. 32. — Preuß. Concursordn. vom 8. Mai 1855, §. 87 (Zeitsch. f. d. gesammte Handelsrecht, Bd. II. S. 83).

biger in der Gant eines Mittrassanten oder Mitindossanten eine Theilzahlung empfangen hat [3].

Das Nämliche findet in dem Falle Anwendung, daß der Wechselgläubiger aus der Masse des Trassanten oder eines Indossanten eine Dividende erhalten, indem er nur mit der Restforderung im Concurse der Nachmänner des Schuldners, in dessen Gant er die Dividende bekommen, so wie in demjenigen des Acceptanten und resp. Ausstellers des eigenen Wechsels, zu lociren ist.

In den übrigen Fällen ist die im Concurse eines Wechselschuldners bezahlte Dividende ohne Einfluß auf die Summe, nach welcher in den Ganten der anderen Wechselverbundenen die auf den Wechselinhaber fallende Summe zu berechnen ist [4].

Ist jedoch der Wechselinhaber nach stattgehabter Anmeldung seines vollen Anspruchs in den Concursen der mehreren Wechselschuldner mit demselben rechtskräftig daselbst locirt worden, so ist die ihm aus den verschiedenen Massen gebührende Dividende nach dem vollen zuerkannten Betrage zu berechnen, ohne daß eine nachher erfolgte Abschlagszahlung auf diese Berechnung Einfluß haben könnte. Vielmehr kömmt eine solche Zahlung in den anderen Concursen jedenfalls nur insoferne in Betracht, als sie von den daselbst auszuzahlenden Dividenden soweit abgezogen wird, als durch die volle Auszahlung der letztern der Wechselinhaber mehr wie den ganzen von ihm aus dem Wechsel anzusprechenden Betrag erhielte [5]. Andererseits ist zu einem derartigen Abzuge allein die Masse desjenigen Schuldners berechtigt, welchem die von dem andern Wechselschuldner und beziehungsweise dessen Masse geleistete Theilzahlung zu Statten kömmt [6].

---

[3] Meine Abh. im Arch. f. d. W. Bd. VIII. S. 307. — Thöl, Wechselrecht, §. 315, no. III. 1. — Hoffmann im Arch. f. deutsch. Wechselr. Bd. XI. S. 386.

[4] Meine Abh. im Arch. f. d. W. Bd. VIII. S. 307 f.

[5] O. A. G. in Dresden im Arch. f. d. W. Bd. XII. S. 95 f.

[6] Meine Abh. im Arch. f. d. W. Bd. VIII. S. 308 f.

Indem aber bei der Liquidation der Wechselforderung in den Concursen mehrerer Wechselschuldner die Möglichkeit gegeben ist, daß der Wechselinhaber durch die Erhebung von Dividenden aus den mehreren Massen eine Gesammtsumme bezieht, welche den Betrag seiner Forderung aus dem Wechsel an Kapital, Zinsen, Kosten u. s. w. übersteigt, unterliegt die Verpflichtung des Wechselgläubigers, die über jenen Betrag hinaus empfangene Summe zu restituiren, keinem Zweifel. Dagegen gehen die Ansichten darüber, wem ein solcher Ueberschuß gebühre, auseinander. Während nämlich nach einer Meinung der Wechselinhaber den empfangenen Ueberschuß zu gleichen Theilen an die mehreren Gantmassen, in welchen er zur Hebung gekommen, ohne Rücksicht auf die Größe der von ihnen geleisteten Theilzahlungen zurückzuerstatten hat [7], geht vielmehr das richtige Princip für die Restituirung des in Frage stehenden Betrags dahin, daß dieser zunächst an die Masse auszuliefern ist, welcher die von den übrigen Wechselverbundenen, beziehungsweise deren Massen, geleisteten Theilzahlungen zu Statten kommen. Hiernach hat der Wechselinhaber den aus den mehreren Concursen empfangenen Ueberschuß an die Masse des ihm nächsten Vormannes, aus welcher er eine Dividende bezogen, wiewohl nicht über den Betrag dieser hinaus, auszuliefern; und was von dem erhaltenen Ueberschusse übrig bleibt, an die Masse desjenigen Vormannes herauszugeben, der nach jenem ihm der nächste, falls dieselbe Zahlung auf den Wechsel geleistet hat [8]. Unter den Massen mehrerer Correal-Schuldner, wie mehrerer Mittrassanten, Mitindossanten, Mitacceptanten, gebührt jedoch der Ueberschuß zunächst derjenigen, welche zuletzt bezahlt, weil sie eine Nichtschuld geleistet hat [9].

---

[7] Borchardt in der Zeitsch. f. d. gesammte Handelsrecht, Bd. II. S. 91, der freilich zunächst auf das preuß. Recht (Concursordn. vom 8. Mai 1855) reflectirt.

[8] Treitschke, Encycl. II. S. 375. — Meine Abh. im Arch. f. d. W. Bd. VIII. S. 310 a. E. f. — Hoffmann, ebendas. Bd. XI. S. 386. 4. — Uebereinstimmend Code de comm. Art. 543 (Gilbert, cod. annot. zu Art. 543, not. 11). — Löwy im Arch. f. d. W. Bd. XI. S. 185 f. geht hier von einem andern Principe aus.

[9] Meine Abh. a. a. O. S. 316 f. — Hoffmann im Arch. f. d. W.

Wenn nun selbstverständlich der Wechselinhaber, so lange er nicht seine volle Befriedigung erhält, sich nur gefallen zu lassen braucht, daß die ihm ausbezahlten Dividenden auf dem Wechsel abgeschrieben werden, während er nach erlangter voller Zahlung den Wechsel sammt Protest nicht an sich zu behalten berechtigt ist, hat er diese Urkunden weder an die Masse, welche die letzte Zahlung geleistet [10], noch gemeinschaftlich an die sämmtlichen Theilzahler auszuliefern [11]. Indem er vielmehr durch diejenige Masse seine volle Befriedigung empfangen, welche zu derselben nicht allein mit einer von ihr geleisteten Theilzahlung beigetragen, sondern sie mittelst einer solchen und den ihr zu Statten kommenden Dividendenzahlungen anderer Massen, gleichgültig, zu welcher Zeit die verschiedenen Distributionen geschehen, bewirkt hat, sind Wechsel und Protest an die Masse des nächsten Vormannes auszuhändigen [12]. Die Masse dieses Vormannes kann sich aber wegen der von ihr remboursirten Summe an den Vormännern und dem Acceptanten erholen, wiewohl sie keinerlei Ansprüche gegen deren Massen geltend machen kann, wenn diese bereits auf den Wechsel Dividenden bezahlt haben [13].

Bd. XI. S. 386 a. E. 387. — Dagegen: Treitschke, Encyc. II. S. 375. not. *. — Löwy im Arch. f. d. W. Bd. XI. S. 186 f.

[10] So Borchardt, in der Zeitsch. f. d. gesammte Handelsr. Bd. II. S. 93. — Wolff im Arch. f. d. W. Bd. XII. S. 148. — Thöl, Wechselr. §. 315. V. — Diese Ansicht ist in einzelne Particularrechte übergegangen (vgl. oben not. 2).

[11] So Löwy im Arch. f. d. W. Bd. XI. S. 179 f.

[12] Wolffsohn im N. Arch. f. Handelsrecht, Bd. I. S. 283 f. — Meine Abh. im Arch. f. d. W. Bd. VIII. S. 309 a. E. f. — Hoffmann in demselben Arch. Bd. XI. S. 386.

[13] Meine Abh. im Arch. f. d. W. Bd. VIII. S. 313.

Achtes Kapitel.

Die Klagen auf den Wechsel und die Rechte aus dem abhanden gekommenen Wechsel.

Riccius, exercit. XVI. de literar. cambialium amissione. Jolly im Arch. f. d. W. Bd. IV. S. 1 f.

§. 99.

Die Klagen auf den Wechsel *.

Die Aushändigung des Wechselpapiers [1] kann, wie mit einer persönlichen [2] oder possessorischen Klage [3], so auch mit der Eigenthumsklage verfolgt werden, insoweit als die Vindication der Fahrniß nach dem anzuwendenden Particularrechte nicht beschränkt ist [4].

Die Eigenthumsklage steht dem Aussteller zu, welcher den Wechsel nicht begeben hat [5] oder der für den verkauften Wechsel die

* Goldschmidt in der Zeitsch. f. d. gesammte Handelsrecht, Bd. VIII. S. 313 f.

[1] Verschieden von einer Klage auf Aushändigung des Wechselpapiers ist die aus dem Wechselschlusse auf das Geben eines Wechsels, resp die Ausstellung eines Wechselversprechens. Dies. Lehrb. §. 14.

[2] Thöl, Wechselrecht, §. 311. 1. — Goldschmidt, Zeitsch. f. d. gesammte Handelsrecht, Bd. VIII. S. 329. III.

[3] Arch. f. d. W. Bd. VII. S. 101 f. — Goldschmidt, a. a. O. S. 337 not. 23.

[4] Mittermaier, Grunds. §. 352 zu not. 26. — Ohne zureichenden Grund behauptet Jolly im Arch. f. d. W. Bd. IV. S. 36 f. die Unzulässigkeit irgend einer der gewöhnlichen dinglich wirkenden Klagen auf Wiedererlangung einer abhanden gekommenen Wechselurkunde. Dagegen: Goldschmidt, a. a. O. S. 338 f.

[5] Ueber den Fall einer bedingten Begebung des Wechsels vgl. die Erkenntn. in der Zeitsch. f. d. gesammte Handelsr. Bd. X. S. 578 f. (no. I u. III).

nicht creditirte Valuta nicht empfangen hat [6]. Sie steht ferner unter den nämlichen Voraussetzungen dem Remittenten oder Indossatar zu, welcher den Wechsel durch Begebung eigenthümlich erworben; demselben aber auch in dem Falle, daß er den Wechsel in procura indossirt [7], oder in der Form eines eigentlichen Giro's ohne Absicht der Eigenthumsübertragung weiter begeben [8]. Bei mehrfach indossirtem Wechsel endlich ist derjenige zur Eigenthumsklage berechtigt, welcher zur Zeit, wo ihm der Wechsel abhanden gekommen, als Wechselgläubiger (Indossatar oder Indossant) legitimirt war, falls die Aechtheit sämmtlicher vorausgehender Indossamente so wie das Recht der Wechselgeber zur Wechselbegebung feststeht, und außerdem bei einem Indossanten die gegenüber dem Eigenthümer des Wechsels vorgenommene Einlösung [9]. Fehlt es dagegen an einem dieser Erfordernisse, wie z. B. an dem Nachweise der Aechtheit sämmtlicher Indossamente, so ist der Indossatar und beziehungsweise Indossant nur zur publicianischen Klage legitimirt [10].

Wenn nun nach gemeinem Rechte das dingliche Recht auf den Wechsel nicht allein gegen den, welcher nichts weiter als die Innehabung des Papiers für sich anzuführen vermag [11], wirksam ver-

---

[6] l. 19 D. de contrah. emt. (18. 1). — §. 41 J. de rer. divis. (2. 1). — Treitschke, Encyc. I. S. 191 f. — Heise, Handelsrecht. S. 293. — Particularrechtlich (so z. B. nach der Hannöv. W. O. §. 11) ist die Vindication hier auf den Fall beschränkt, daß der Wechsel sich noch in den Händen des ersten Empfängers befindet.

[7] Goldschmidt, a. a. O. S. 326.

[8] Goldschmidt, a. a. O. S. 326 a. E., 327.

[9] Ueber den Fall, daß ein Procurist nach dem Tode seines Principals den Wechsel indossirt, vgl. Jacobi im N. Arch. f. Handelsr. Bd. I. S. 171 f. — S. ferner Central-Organ, N. F. Bd. II. S. 611 f.

[10] Dagegen Goldschmidt, a. a. O. S. 327 u. S. 325 a. E., welcher den Satz aufstellt, daß derjenige, welcher einen Wechsel durch eine ununterbrochen bis auf ihn fortlaufende Kette von Indossamenten bona fide erworben, Eigenthümer des Wechsels geworden sei, wenn auch die Indossamente falsch oder verfälscht, oder nicht vom Eigenthümer des Wechsels u. s. w. ausgestellt sein sollten.

[11] In Ansehung der Wechsel auf den Inhaber und in bianco greifen hier jedoch die Bestimmungen des Allg. D. Handelsg., Art. 306. 307 ein.

folgt werden kann, sondern auch demjenigen gegenüber, welcher zur Zeit der Klage in Folge eines inzwischen eingetretenen Moments als zur Zahlungserhebung legitimirt erscheint [12], mag derselbe in bösem oder in gutem Glauben sich befinden [13], — während selbstverständlich der redliche Besitzer dem Kläger nicht zu weichen braucht, der seine Klage nur als eine publicianische zu begründen vermag, so hat dagegen die D. W. O. diese Grundsätze im Interesse des Wechselverkehrs verlassen.

Nach diesem Gesetze nämlich geht die Eigenthums- und beziehungsweise publicianische Klage [14] nur gegen den Wechselinhaber, der entweder nicht als Wechselgläubiger legitimirt ist, oder welchem, wenn er in dieser Eigenschaft als legitimirt erscheint, böser Glauben oder grobe Fahrlässigkeit bei der Erwerbung des Wechsels nachgewiesen wird [15].

---

[12] Solche Fälle bei Goldschmidt, a. a. O. S. 316.

[13] Seuffert, Arch. Bd. III. Nr. 93. – Urth. des O. A. G. in Lübeck bei Goldschmidt, a. a. O. S. 319. — Mittermaier, Grunds. §. 352. IX. — Koch, Wechselr. S. 288 f. — Andere Ansichten sind: 1) die Vindication ist nicht statthaft gegen den Indossatar, welcher nur mittelbar den Wechsel durch falsches Indossament erworben, weil derselbe ein Recht aus dem Wechsel und sonach das Eigenthum am Wechsel hat. Thöl, Wechselrecht (1. Aufl.), S. 504. — Allein das Recht aus dem Wechsel beruht hier auf einer Vermuthung, die entkräftet werden kann, — und zwar nicht allein durch den Beweis des bösen Glaubens oder der groben Fahrlässigkeit des Inhabers. — 2) Die Vindication ist gegen den gutgläubigen Besitzer ausgeschlossen; durch den kaufmännischen Gebrauch (Maurenbrecher, Deutsch. Privatr. II. S. 550), — durch die Natur des Wechsels als circulirenden Geldes. Eichhorn, Einl. in das deutsch. Privatr. §. 149.

[14] D. W. O. Art. 74, woselbst freilich die Natur der gegen den Besitzer des Wechsels gegebenen Klage nicht bezeichnet wird. S. aber Goldschmidt, a. a. O. S. 337 f.

[15] D. W. O. Art. 74: „Der nach den Bestimmungen des §. 36 legitimirte Besitzer eines Wechsels kann nur dann zur Herausgabe desselben „angehalten werden, wenn er den Wechsel in bösem Glauben erworben „hat oder ihm bei der Erwerbung des Wechsels eine grobe Fahrlässigkeit „zur Last fällt." Art. 98, Nr. 9. — Leipzig. Protoc. S. 141 u. S. 228 f. — Ortloff, D. W. O. S. 110. — D. W. O. mit Einl. u. Erläut.

Hat aber der der Vindication unterworfene Besitzer den Wechsel vernichtet, weiter begeben oder dem Bezogenen ausgehändigt, so kann die Vindication gegen ihn als fictus possessor auf die Leistung des vollen Interesses gerichtet werden [16]. Nicht weniger kann der zur Eigenthums- und beziehungsweise publicianischen Klage Legitimirte den aus einer solchen Klage haftenden Erwerber des Wechsels, welcher ihn weiter begeben oder eincassirt hat, mit der actio negotiorum gestorum auf Herausgabe desjenigen belangen, was er durch seine Thätigkeit erhalten hat [17]; so wie hier endlich eine condictio sine causa bei unmöglich gewordener Vindication auf Herausgabe der Bereicherung zulässig ist [18].

§. 100.

Die Rechte aus einem abhanden gekommenen Wechsel *.

Derjenige, dem die Wechselurkunde abhanden gekommen, kann

S. 196. — Mittermaier im Arch. f. die civil. Prax. Bd. XXXII. S. 127 f. und insbesondere Goldschmidt, a. a. O. S. 320 f. — Schweiz. Concord.-Entw. §. 78 u. §. 89. — Bei Beurtheilung der Frage, ob und in welchem Falle Jemand Fahrlässigkeit im Sinne des A. 74 vorzuwerfen (Thöl, Wechselrecht, S. 671 f.), kömmt es auch auf die Art und Weise an, in welcher an dem betreffenden Handelsplatze der Geschäftsgang ordentlicher Weise geführt wird (O. A. G. in Lübeck bei Seuffert, Arch. Bd. VII. Nr. 347 u. Borchardt, die D. W. O. mit den von den Gerichten ausgesprochenen Grunds. Zus. 466); s. ferner Kletke, Präjudiz. S. 210. Nr. 528 und Fortsetzung S. 119. Nr. 1020.

[16] Windscheid, Pandect. §. 193 zu not. 8. — Goldschmidt, a. a. O. S. 340.

[17] Thöl, Wechselrecht, §. 312. II. — Jolly im Arch. f. d. W. Bd. IV. S. 41. — Die Klage geht also nicht der Regel nach auf den Wechselbelauf, wie das O. A. G. in Lübeck (bei Seuffert, Arch. Bd. VII. no. 346) angenommen; wohl aber kann sie auf die deponirte Wechselsumme gerichtet werden. (Berl. Ob. Trib. im Arch. f. d. W. Bd. VII. S. 320 f.)

[18] v. Vangerow, Pandect. §. 628.

* Jolly, von verlorenen Wechseln im Arch. f. d. W. Bd. IV. S. 1 f. — Leonhard Wächter, über die Amortisation von Wechseln in demselben Arch. Bd. IV. S. 241 f.

regelmäßig so lange, als er diese nicht wieder hat, keine Rechte aus dem Wechsel geltend machen [1]; wohl aber durch Benachrichtigung des Trassaten und beziehungsweise Ausstellers die Acceptation und resp. Zahlung des Wechsels zu verhindern suchen [2]. Hat er jedoch ein Duplicat der Tratte [3], so kann er auf dieses hin die Acceptation, zu welcher übrigens der Bezogene auch in Folge der Annahme des abhanden gekommenen Exemplars nicht verpflichtet ist [4], oder Zahlung nachsuchen, und im Falle verweigerter Honorirung Regreß nehmen. Die Regreßklage Mangels Annahme oder Zahlung wird auch dadurch nicht ausgeschlossen, daß die Honorirung des Duplicats auf Grund der bereits Statt gehabten Acceptation des verlorenen Exemplars verweigert worden ist [5], wohl aber werden jene Klagen durch den Einwand des Regressaten zurückgewiesen, daß schon ein acceptirtes Exemplar bestehe [6].

Doch erkennt die D. W. O. insoferne eine Ausnahme von diesen Grundsätzen an, als sie nach Einleitung eines Amortisations-Verfahrens eine Geltendmachung von Wechselrechten ohne Vorzeigung und beziehungsweise Auslieferung des Wechsels in beschränktem Umfange gestattet [7].

---

[1] Thöl, Wechselrecht, §. 313 i. A.; — auch nicht im ordentlichen Processe. Dagegen Treitschke, Encycl. II. S. 589.

[2] Treitschke, Encyc. II. S. 593 f. — S. aber Jolly im Arch. f. d. W. Bd. IV. S. 32 f.

[3] S. auch dies. Lehrb. §. 19 zu Note 8.

[4] Jolly im Arch. f. d. W. Bd. III. S. 271.

[5] Dies. Lehrb. §. 60. 1. — D. W. O. mit Einl. u. Erl. S. 199. — Eigenthümliche Bestimmungen enthält der Code de comm. Art. 150 f.

[6] Jolly im Arch. f. d. W. Bd. III. S. 271. — D. W. O. mit Einl. u. Erl. S. 199 a. E.

[7] D. W. O. Art. 73: „Der Eigenthümer eines abhanden gekommenen „Wechsels kann die Amortisation des Wechsels bei dem Gerichte des Zahlungsorts beantragen. Nach Einleitung des Amortisationsverfahrens kann „derselbe vom Acceptanten Zahlung fordern, wenn er bis zur Amortisation „des Wechsels Sicherheit bestellt. Ohne eine solche Sicherheitsbestellung „ist er nur die Deposition der aus dem Accepte schuldigen Summe bei „Gericht oder bei einer andern zur Annahme von Depositen ermächtigten

Die Amortisation eines Wechsels [8] kann aber von demjenigen verlangt werden, der sein Eigenthum an einem ihm abhanden gekommenen, in Abschrift vorzulegenden oder doch sonst genau zu bezeichnenden Wechselpapiere glaubhaft zu machen vermag [9].

„Behörde oder Anstalt zu fordern berechtigt." D. W. O. Art. 98. 9. — Ueber die Fassung des Art. 73 der D. W. O. s. Arch. f. d. W. Bd. I. S. 213 f. — Der Art. 73 der Oesterr. W. O. lautet:

„Der Eigenthümer eines abhanden gekommenen Wechsels kann die Amor-„tisation desselben bei dem Gerichte des Zahlungsorts beantragen. Das „Gericht, bei welchem ein Gesuch um Amortisation eines Wechsels über-„reicht worden ist, hat hierüber ein Edict mit der Aufforderung an den „Inhaber des Wechsels, denselben dem Gerichte vorzulegen, zu erlassen, „darin die Frist auf 45 Tage zu bestimmen, und den Anfang derselben, „wenn der Wechsel noch nicht fällig ist, auf den ersten Tag nach der „Verfallzeit des Wechsels festzusetzen.

„Nach Einleitung des Amortisations-Verfahrens und nach der Verfallzeit „des Wechsels kann der Eigenthümer vom Acceptanten Zahlung fordern, „wenn er bis zur Amortisation des Wechsels Sicherheit bestellt. Ohne eine „Sicherheitsbestellung ist er nur die Deposition der aus dem Accepte „schuldigen Summe bei Gericht zu fordern berechtigt." — Schweiz. Concord.-Entw. §§. 77. 79. 80. — Schwed. W. O. §§. 70. 71. — Finnl. W. O. §§. 68. 69.

[8] Die Amortisation der Wechsel ist dem gemeinen Rechte unbekannt. Schumm im Beilageheft zu Bd. XIII. des Arch. f. civ. Prax. S. 131 f. — Die D. W. O. hat aber, indem sie ein Amortisationsverfahren gestattet, die Regulirung desselben der Gesetzgebung der einzelnen Staaten überlassen. Leipzig. Prot. S. 140 a. E. u. S. 141.

[9] Ueber die Bedeutung des Glaubhaftmachens s. Straß im Arch. f. d. W. Bd. I. S. 144 f.; — ferner Löhr, Centralorgan, N. F. Bd. III. S. 609. — „Der Eigenthümer des abhanden gekommenen Wechsels hat die Kennbarkeitszeichen desselben gehörig anzugeben, auch den Besitz und Verlust desselben wahrscheinlich zu machen" (Nassau. Einf.-G. §. 2; Preuß. Einf.-O. §. 2; Bad. Einf.-O. Art. 4; Großh. Hess. Einf.-G. §. 3; K. Sächs. Gesetz v. 24. Dec. 1850, die Amortisation der Wechsel und Anweisungen betreffend, §. 2; Weimar. Einf.-O. §. 3; Schw. Entw. §. 77). — Die Erlassung der Edictalien kann ohne weiteren Beweis Statt finden, wenn der Originalwechsel mit der Klage gerichtlich eingereicht worden, nachher aber verloren gegangen ist. Arch. f. d. W. Bd. II. S. 427 f.

Indem nun das zu jenem Zwecke anzugehende Gericht des Zahlungsorts [10], wenn es den Amortisations-Antrag nicht als ungegründet verwirft [11], das Amortisations-Verfahren dadurch einzuleiten hat, daß es mittelst Edictalladung den unbekannten Wechselinhaber zur Anmeldung binnen bestimmter Frist [12] auffordert [13], können nach

---

[10] D. W. O. Art. 73. — Nassau. Einf.-O. §. 3 (bei dem Justizamte des Zahlungsorts); Preuß. Einf.-O. §. 2 (bei dem Handelsgerichte des Z. O., wo Handelsgerichte bestehen); desgleichen K. Sächs. Gesetz v. 24. Dec. 1850 §. 1; Bad. Einf.-O. Art. 4 (bei dem Amts- oder Handelsgerichte des Z. O.); Holstein. Einf. §. 5 (bei dem Wechselgerichte des Z. O.); Coburg-Gotha §. 3 (bei dem Untergerichte des Z. O.); Großh. Hess. Einf.-G. §. 3 (in den Provinzen Starkenburg u. Oberhessen beim Stadt- oder Landgerichte, in Rheinhessen beim Handelsgerichte des Z. O.); Weimar. Einf.-O. §. 3 (beim ordentlichen Gerichte des Z. O.); — Bayern, beim Handelsgerichte des Z. O. (Sammlung handelsgerichtl. Entscheidungen ... in Bayern, Bd. I. S. 336 f.).

[11] Ein Amortisationsverfahren kann auch hinsichtlich acceptirter Wechsel eingeleitet werden, welche abhanden gekommen sind, bevor sie mit der Unterschrift des Ausstellers versehen waren. — Löhr, Centralorgan, N. F. Bd. II. S. 120 f.

[12] Diese Frist ist in den einzelnen Landesgesetzgebungen verschieden bestimmt: Oesterr. W. O. Art. 73: 45 Tage vom Tage nach dem Verfalle; Nassau. Einf.-O. §. 3: wenigstens 3 Monate, welche, wenn der Wechsel noch nicht verfallen, erst vom Verfalltage an laufen; Preuß. Einf.-O. §. 2: mindestens 6 Monate und höchstens 1 Jahr vom Verfalltage ab gerechnet; Löhr, Centralorgan, N. F. Bd. II. S. 126 u. S. 452 f.; Bad. Einf.-O. Art. 4: binnen einer Frist, welche, wenn der Wechsel noch nicht verfallen, erst vom Verfalltage an zu laufen beginnt; Hannöv. Einf.-O. §. 4: der Anmeldungstermin ist, wenn der Wechsel noch nicht fällig, erst auf eine geräumige Zeit nach dem Verfalltage zu bestimmen; Holstein. Einf.-O. §. 5: mindestens 12 Wochen von der letzten (dritten) Bekanntmachung an gerechnet; K. Sächs. Gesetz v. 24. Dec. 1850 §. 5: mindestens 6 Monate und höchstens 1 Jahr; Gotha. Einf.-O. §. 3: mindestens 3 Monate und höchstens 1 Jahr von Zeit der Ausfertigung der Bekanntmachung. — Großh. Hess. Einf.-O. §. 3: höchstens 3 Monate vom Verfalltage an, wenn der Wechsel noch nicht verfallen; Weimar. Einf.-O. §. 3: mindestens 6 Monate, höchstens 1 Jahr vom Verfalltage ab.

[13] Gegen die Erlassung der Edictalien kann nicht appellirt werden; keinenfalls wäre der Acceptant hierzu legitimirt. Sammlung handelsgerichtl. Entscheid. ... in Bayern, Bd. I. S. 338 f.

einer solchen Einleitung [14] gewisse Wechselrechte ohne das Wechselpapier geltend gemacht werden.

Derjenige nämlich, auf dessen Antrag die Edictalladung erlassen worden ist, ist hierdurch als Wechselgläubiger insoferne legitimirt [15], als er innerhalb der für die Wechselklage gegebenen Verjährungsfrist [16] gegen den geständigen oder erweislichen Acceptanten und beziehungsweise Aussteller des eigenen Wechsels im Wechsel- [17] oder im ordentlichen Processe in wechselmäßiger Weise [18] Zahlung der fälligen Wechselsumme gegen Sicherheitsbestellung [19], — und in Ermangelung von Sicherheitsbestellung gerichtliche Deposition zu fordern berechtigt ist [20].

Doch fällt diese Befugniß des Mortificanten gegen den Acceptanten alsdann weg, wenn der Wechsel die Bezeichnung eines Domiciliaten enthält, und bei diesem, gleichgültig ob das Papier vor oder nach Verfall verloren gegangen, nicht rechtzeitig Protest aufgenommen worden ist [21].

---

[14] Jolly im Arch. f. d. W. Bd. IV. S. 9; und nicht erst dann, wenn die Amortisation des Wechsels erkannt worden ist. Dagegen: Leipziger Appellat.-Gericht im Arch. f. d. W. Bd. I. S. 212 f.

[15] Thöl, Wechselrecht, §. 313 (S. 677). — Löhr, Centralorgan, N. F. Bd. III. S. 608 f.

[16] Jolly im Arch. f. d. W. Bd IV. S. 16.

[17] Bei sofortiger Liquidität aller die Klage begründenden Thatsachen (Koch, Wechselrecht, S. 286; Kletke, Präjud. S. 207 no. 521; Arch. f. d. W. Bd. VII. S. 227 f.; — dagegen: Leonhard Wächter im Arch. f. d. W. Bd. IV. S. 247; Thöl, Wechselrecht, S. 678; O. A. G. in Dresden im Arch. f. d. W. Bd. IV. S. 434 f.; Berl. Kammergericht in der Zeitsch. f. d. gesammte Handelsr. Bd. I. S. 604 f.

[18] Daher auch die Zulässigkeit der Wechselexecution. Jolly im Arch. f. d. W. Bd. IV. S. 9.

[19] Arch. f. d. W. Bd. IX. S. 419.

[20] D. W. O. Art. 73 u. Art. 98. 9. — Nicht zu billigen ist die Meinung Jolly's (Arch. f. d. W. Bd. IV. S. 12 a. E. f.), daß der Acceptant erst nach Ablauf der Protestzeit zur Deposition angehalten werden könne. S. Volkmar u. Löwy, D. W. O. S. 257.

[21] Jolly im Arch. f. d. W. Bd. IV. S. 14 f. u. S. 21. — O. A. G. in

Auch besteht das Recht der Geltendmachung der Wechselforderung ohne Wechsel so wenig gegenüber einem Ehrenacceptanten im weitesten Sinne dieses Worts [22], wie gegen einen Indossanten oder den Trassanten [23].

Die bestellte Sicherheit wird zurückgegeben, sobald der Wechsel amortisirt ist [24], unter welcher Voraussetzung auch die Wechselsumme aus dem Deposito gehoben werden kann. Indem somit nach erfolgter Amortisation des Wechsels der Mortificant Zahlung ohne Sicherheitsbestellung zu fordern berechtigt ist [25], wenn nur im Falle der Bezeichnung eines Domiciliaten bei diesem rechtzeitig Protest erhoben worden [26], kann dagegen der Inhaber des kraftlos erklärten Wechselbriefs keine Rechte aus demselben geltend machen [27].

Wohl aber kann der Einleitung des Amortisations-Verfahrens unerachtet der Acceptant, wenn nicht ein richterliches Zahlungsverbot erwirkt [28] oder die Wechselsumme nach Ablauf der Protestzeit von ihm hinterlegt worden [29], durch den legitimirten Wechselinhaber

---

Dresden im Arch. f. d. W. Bd. IV. S. 442; Oberst. Oesterr. Gerichtshof in dem nämlichen Arch. Bd. X. S. 306 f. — Berl. Ob. Trib. ebendas. Bd. XII. S. 178 f.

22 Arg. D. W. O. Art 73. — Lutteroth im Arch. f. d. W. Bd. I. S. 47 f. — Brauer, Erläut. S. 112, Nr. 2. — Thöl, Wechselr. S. 680.

23 Arg. D. W. O. Art. 73. — Preuß. Motive, S. LXXI. — Thöl, Wechselrecht, S. 680. 681. — Anderer Ansicht sind in Beziehung auf den Trassanten: Koch, Wechselrecht, S. 287. III. u. Jolly im Arch. f. d. W. Bd. IV. S. 20, letzterer jedoch nur für den Fall, daß der Wechsel erst nach gehöriger Protesterhebung M. Z. verloren gegangen und noch nicht acceptirt war.

24 D. W. O. Art. 73. — Koch, Wechselr. S. 285.

25 Arch. f. d. W. Bd. IX. S. 186 a. E. f.

26 Arch. f. d. W. Bd. VIII. S. 184 f.

27 Volkmar u. Löwy, D. W. O. S. 257.

28 Nach dem Schw. Entw. §. 77 soll das Gericht zugleich mit der Erlassung der Edictalien dem Bezogenen die Zahlung untersagen.

29 Dies. Lehrb. §. 69.

zur Zahlung angehalten werden [30], durch welche die noch nicht erfüllten Ansprüche des Mortificanten an ihn dahinfallen [31]. Hat dagegen der Acceptant bereits an diesen gezahlt, so kann er sich an der bestellten Sicherheit erholen [32], resp. die von ihm hinterlegte Wechselsumme aus dem Deposito erheben, wogegen der Verlierer sich an den abbezahlten Wechselinhaber zu halten befugt ist (dies. Lehrb. §. 99 a. E.).

---

[30] Koch, Wechselrecht, S. 286.

[31] Jolly im Arch. f. d. W. Bd. IV. S. 13.

[32] Jolly, a. a. O. S. 11.

Verbesserung und Nachtrag.

Seite 41 lies: G. F. Heinisch statt Keinisch.

Während des Drucks erschien:

Kheil, Wechselrecht des österreichisch. Kaiserstaats, 3. Aufl., Wien 1867.

Register.

A.

Z.

Druck von Wilhelm Keller in Gießen.

FSC
www.fsc.org
MIX
Papier | Fördert gute Waldnutzung
FSC® C083411

Kolibri 360 GmbH
Ferdinand-Jühlke-Straße 7
99095 Erfurt, Deutschland
produktsicherheit@kolibri360.de